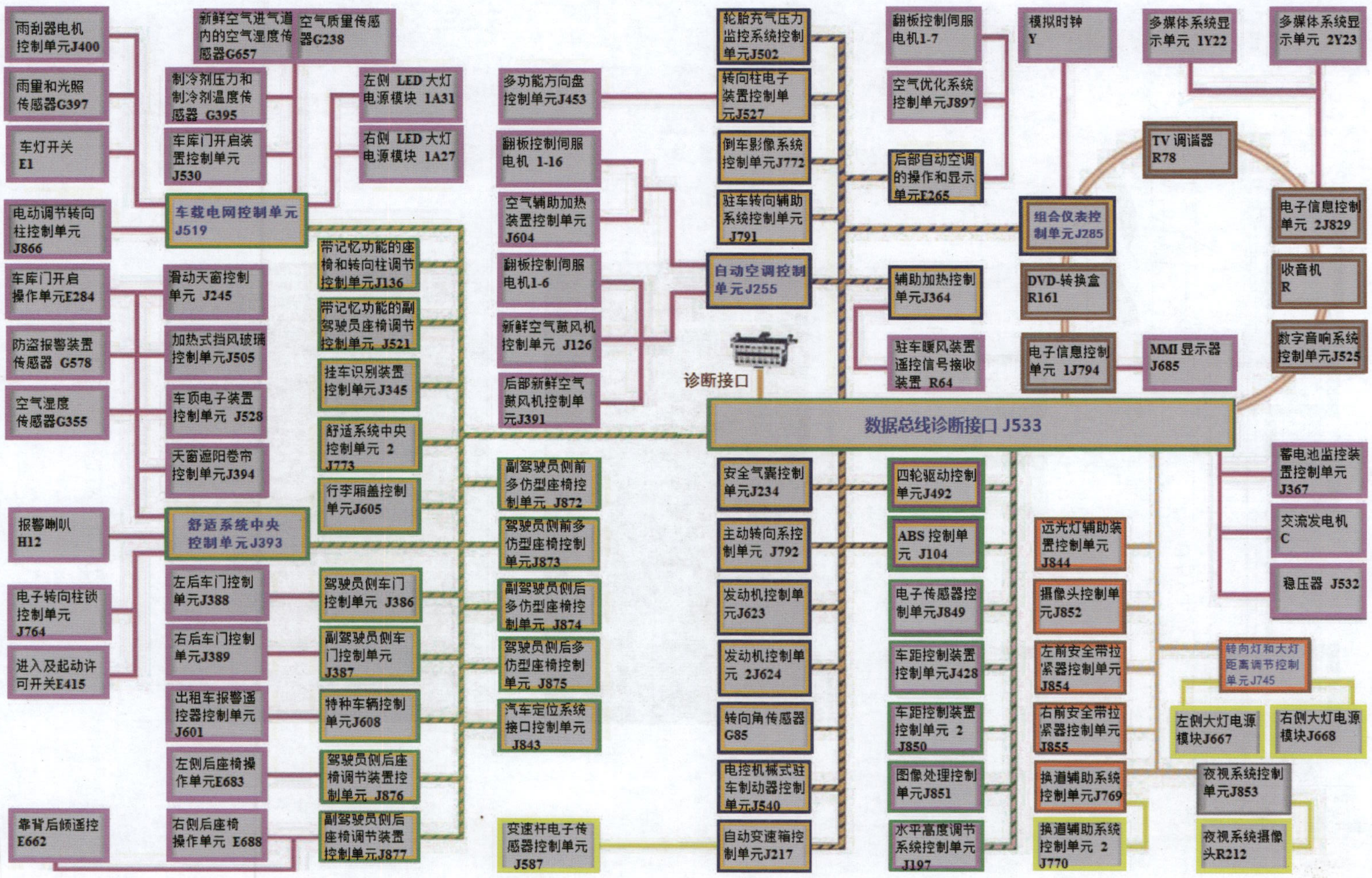

雨刮器电机控制单元J400
雨量和光照传感器G397
车灯开关E1
电动调节转向柱控制单元J866
车库门开启操作单元E284
防盗报警装置传感器 G578
空气湿度传感器G355
报警喇叭H12
电子转向柱锁控制单元J764
进入及起动许可开关E415
靠背后倾遥控E662
新鲜空气进气道内的空气湿度传感器G657
空气质量传感器G238
制冷剂压力和制冷剂温度传感器 G395
车库门开启装置控制单元J530
车载电网控制单元J519
滑动天窗控制单元 J245
加热式挡风玻璃控制单元J505
车顶电子装置控制单元 J528
天窗遮阳卷帘控制单元J394
舒适系统中央控制单元J393
左后车门控制单元J388
右后车门控制单元J389
出租车报警通控器控制单元J601
左侧后座椅操作单元E683
右侧后座椅操作单元 E688
左侧 LED 大灯电源模块 1A31
右侧 LED 大灯电源模块 1A27
带记忆功能的座椅和转向柱调节控制单元J136
带记忆功能的副驾驶员座椅调节控制单元 J521
挂车识别装置控制单元J345
舒适系统中央控制单元 2 J773
行李厢盖控制单元J605
驾驶员侧车门控制单元 J386
副驾驶员侧车门控制单元J387
特种车辆控制单元J608
驾驶员侧后座椅调节装置控制单元 J876
副驾驶员侧后座椅调节装置控制单元J877
多功能方向盘控制单元J453
翻板控制伺服电机 1-16
空气辅助加热装置控制单元J604
翻板控制伺服电机1-6
新鲜空气鼓风机控制单元 J126
后部新鲜空气鼓风机控制单元J391
副驾驶员侧前多仿型座椅控制单元 J872
驾驶员侧前多仿型座椅控制单元J873
副驾驶员侧后多仿型座椅控制单元 J874
驾驶员侧后多仿型座椅控制单元 J875
汽车定位系统接口控制单元J843
变速杆电子传感器控制单元J587
轮胎充气压力监控系统控制单元J502
转向柱电子装置控制单元J527
倒车影像系统控制单元J772
驻车转向辅助系统控制单元J791
自动空调控制单元J255
诊断接口
数据总线诊断接口 J533
安全气囊控制单元J234
主动转向系控制单元 J792
发动机控制单元J623
发动机控制单元 2J624
转向角传感器G85
电控机械式驻车制动器控制单元J540
自动变速箱控制单元J217
翻板控制伺服电机1-7
空气优化系统控制单元J897
后部自动空调的操作和显示单元E265
辅助加热控制单元J364
驻车暖风装置遥控信号接收装置 R64
四轮驱动控制单元J492
ABS 控制单元 J104
电子传感器控制单元J849
车距控制装置控制单元J428
车距控制装置控制单元 2 J850
图像处理控制单元J851
水平高度调节系统控制单元J197
模拟时钟Y
组合仪表控制单元J285
DVD-转换盒R161
电子信息控制单元 1J794
MMI 显示器J685
远光灯辅助装置控制单元J844
摄像头控制单元J852
左前安全带拉紧器控制单元J854
右前安全带拉紧器控制单元J855
换道辅助系统控制单元J769
换道辅助系统控制单元 2 J770
多媒体系统显示单元 1Y22
多媒体系统显示单元 2Y23
TV 调谐器R78
电子信息控制单元 2J829
收音机R
数字音响系统控制单元J525
蓄电池监控装置控制单元J367
交流发电机C
稳压器 J532
转向灯和大灯距离调节控制单元J745
左侧大灯电源模块J667
右侧大灯电源模块J668
夜视系统控制单元J853
夜视系统摄像头R212

图 1-11　奥迪车系车载网络系统

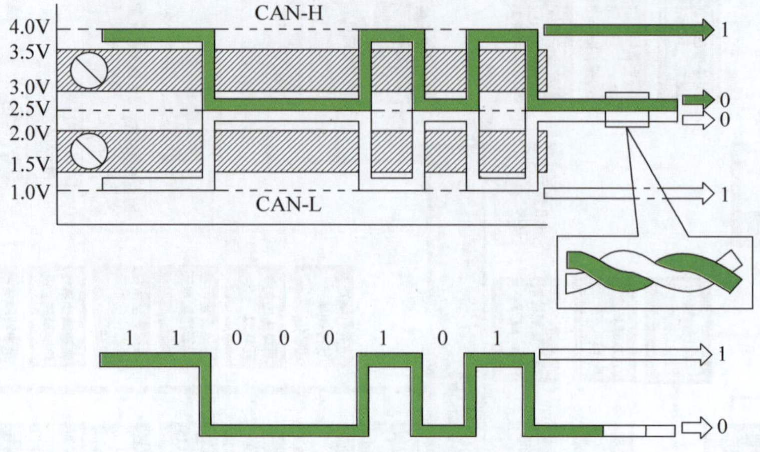

图 1-67　CAN 总线数据传输示意图

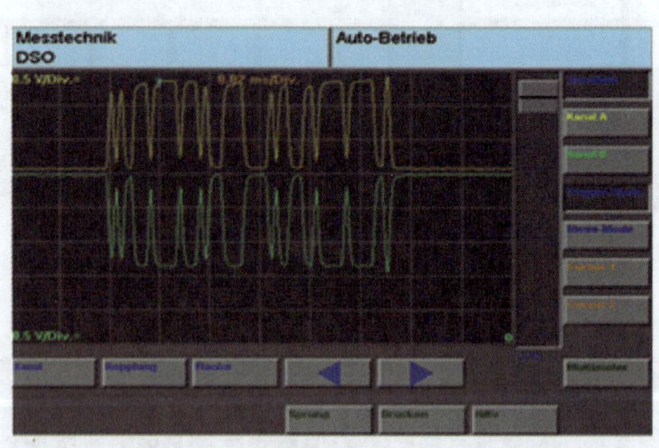

(a) 动力CAN

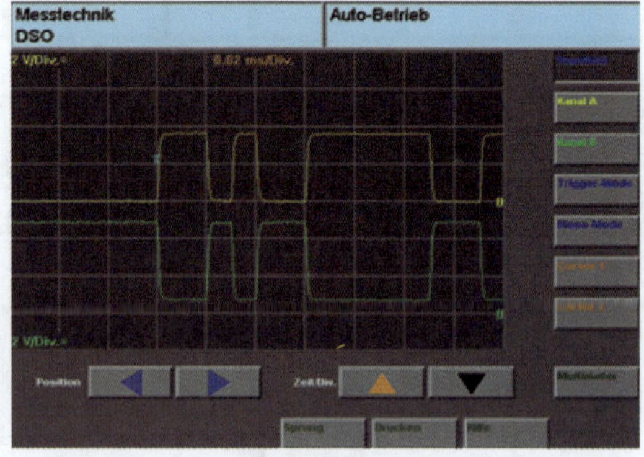

(b) 舒适CAN

图 2-8　动力 CAN/舒适 CAN 正常波形

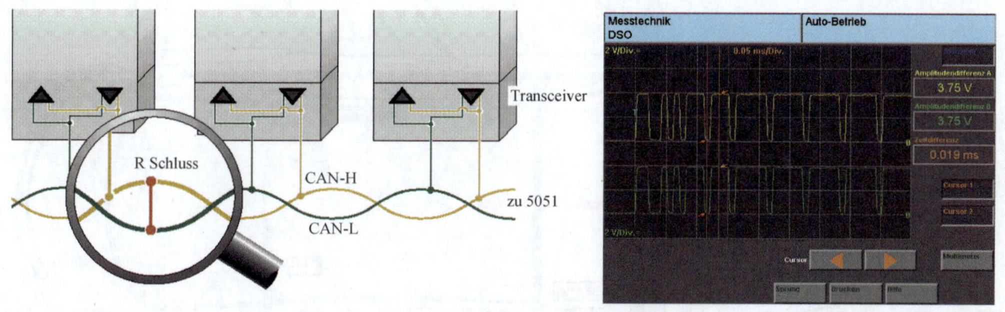

图 2-16　CAN-L 与 CAN-H 交叉连接

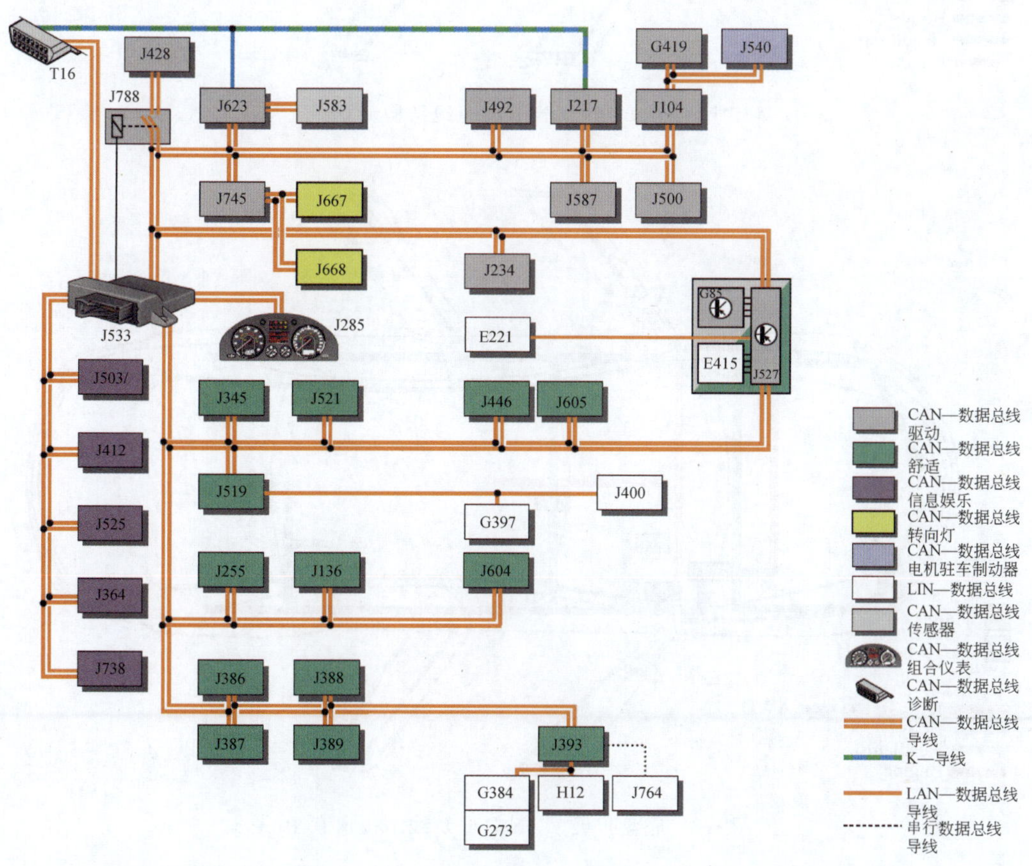

图 3-1　大众迈腾车载网络系统的组成及结构

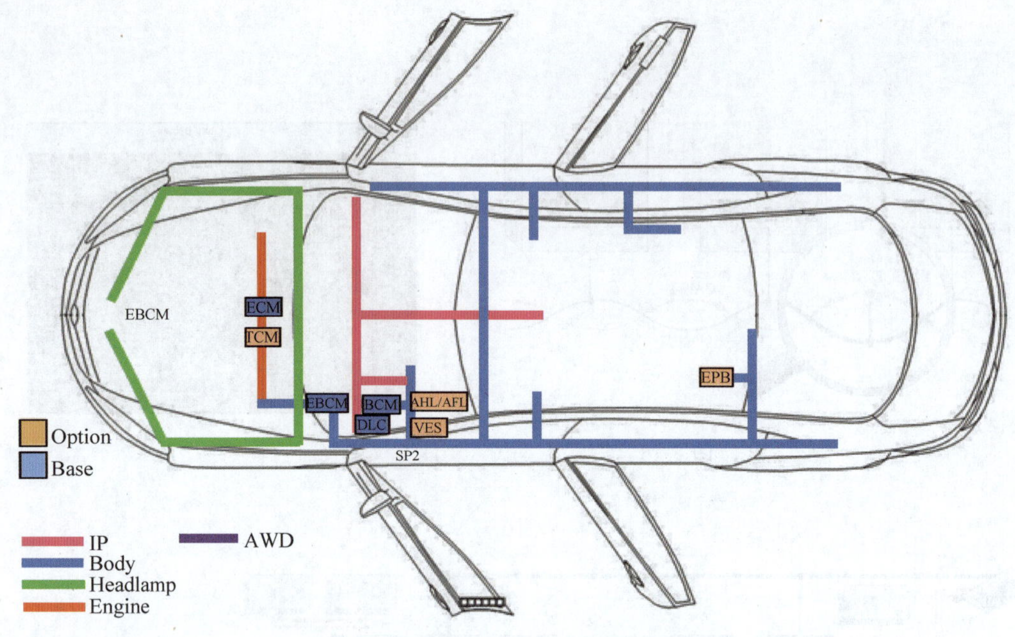

图 4-3　高速 CAN-Bus 总线结构示意图

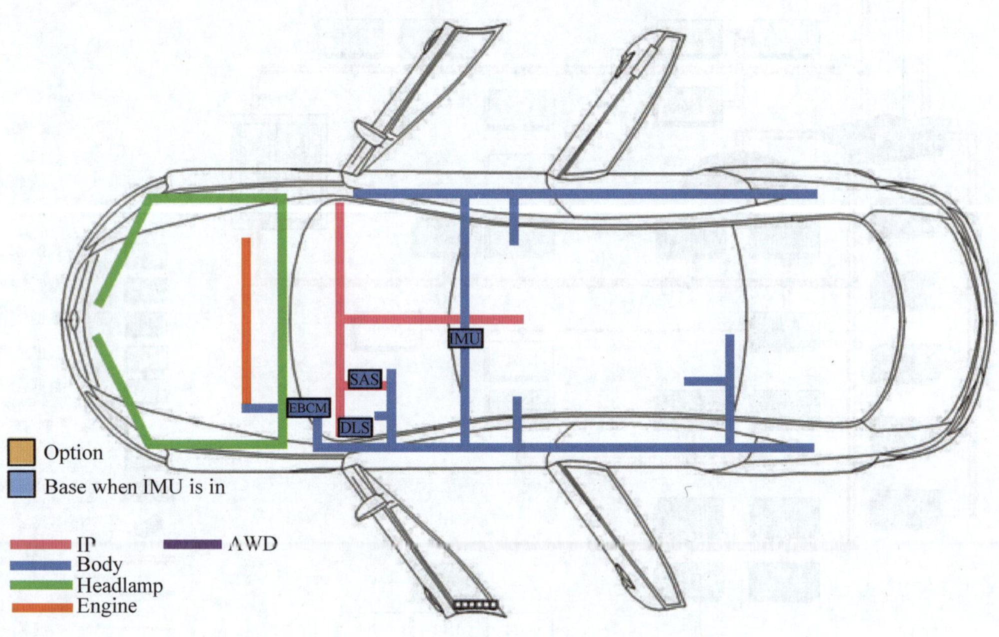

图 4-8　底盘扩展 CAN-Bus 总线结构示意图

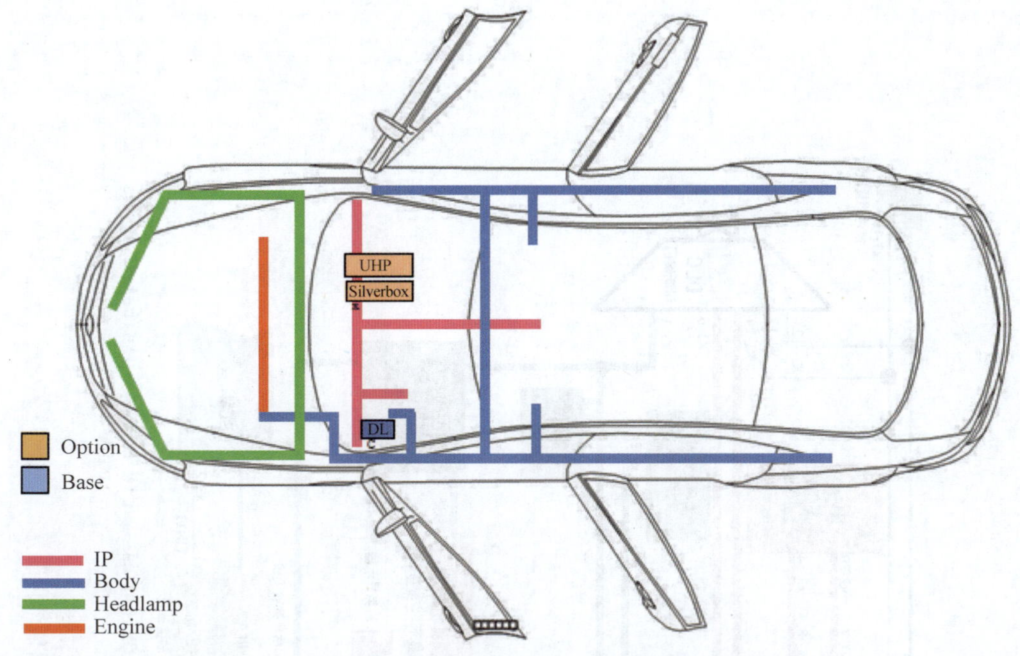

图 4-11　中速 CAN-Bus 总线结构示意图

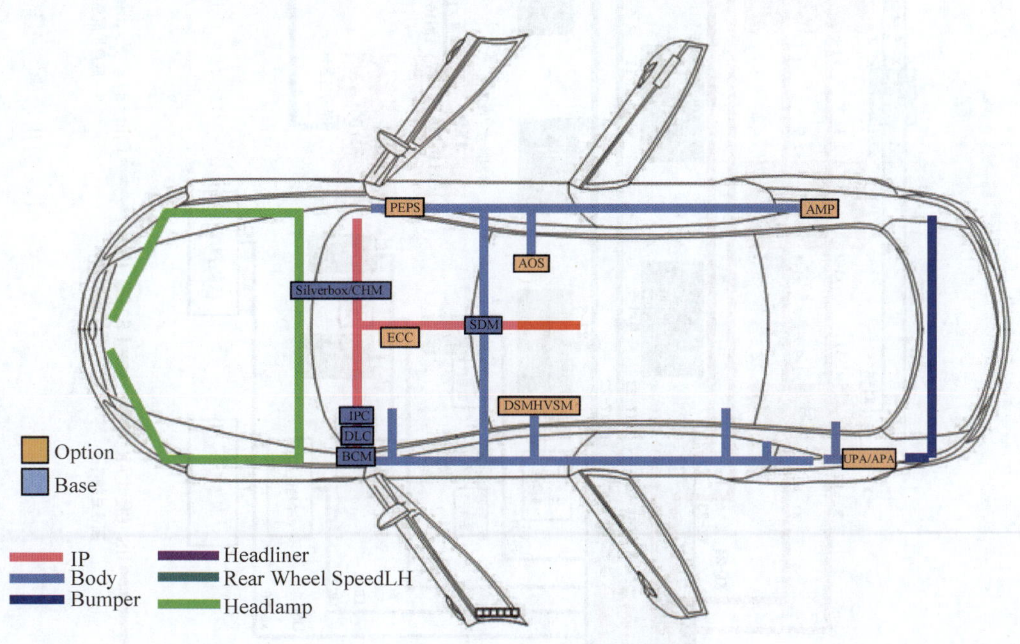

图 4-14　低速 CAN-Bus 结构示意图

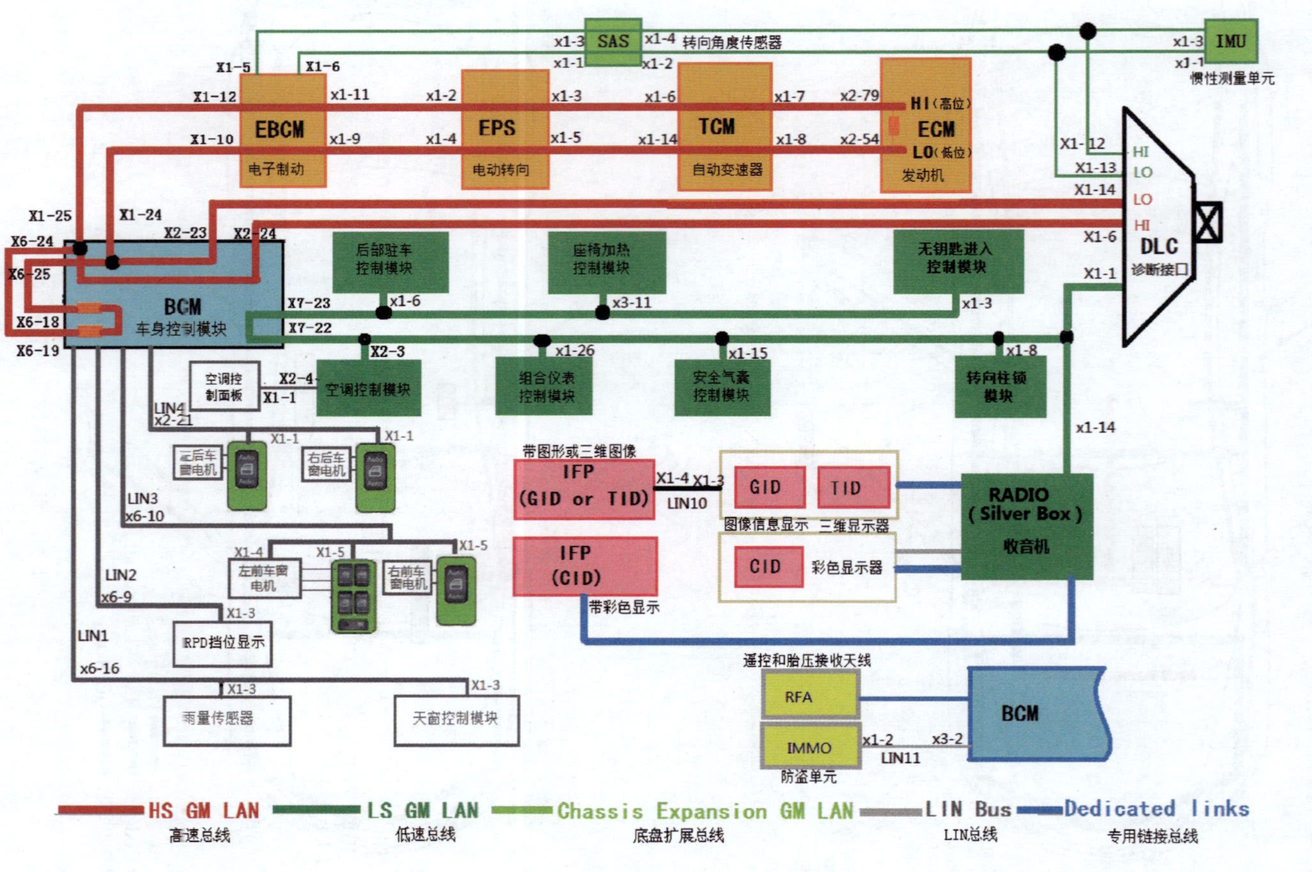

图 4-17　上海通用雪佛兰车系网络通信结构图

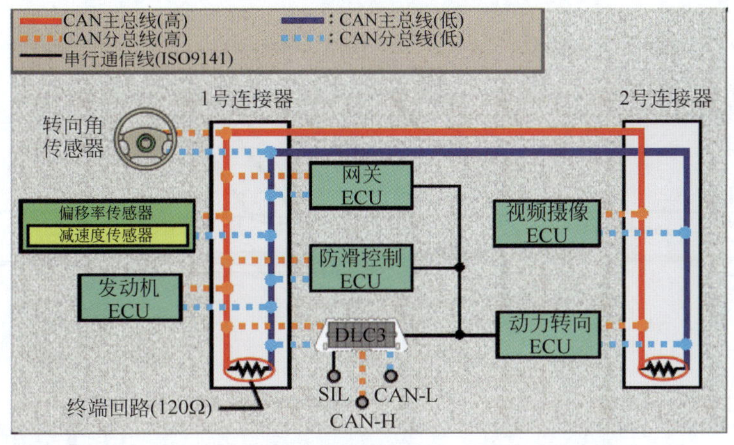

图 5-21　丰田皇冠多路传输系统(1 号、2 号连接器)

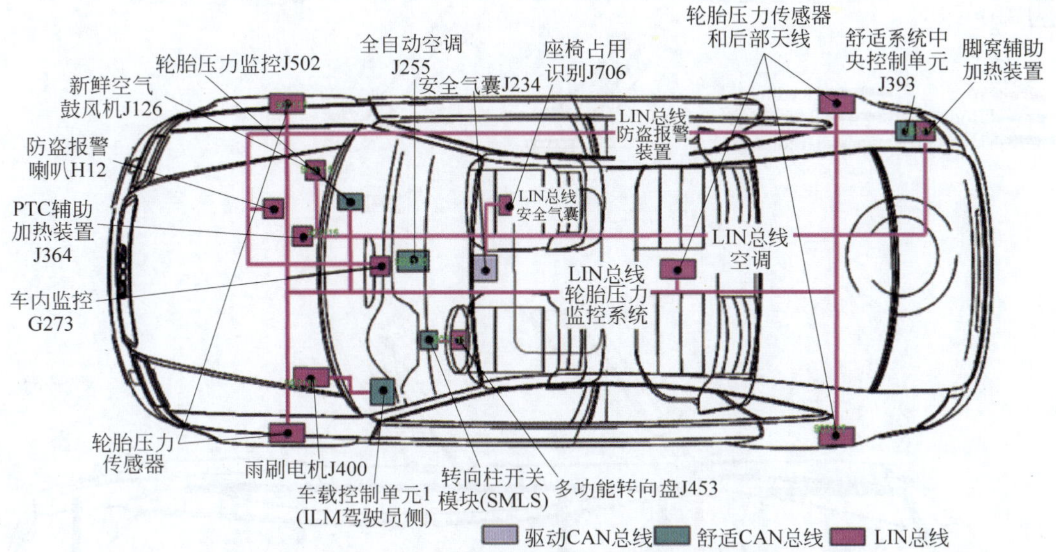

图 6-10　奥迪 A6 车载网络系统——LIN 总线结构示意图

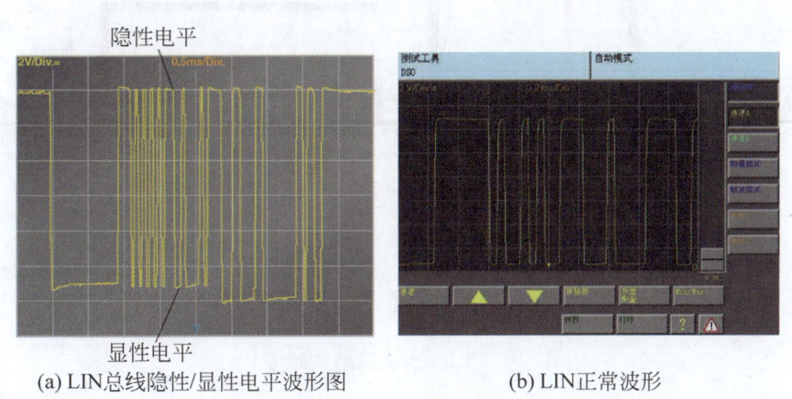

图 6-21　LIN 总线隐性/显性电平波形图/LIN 正常波形

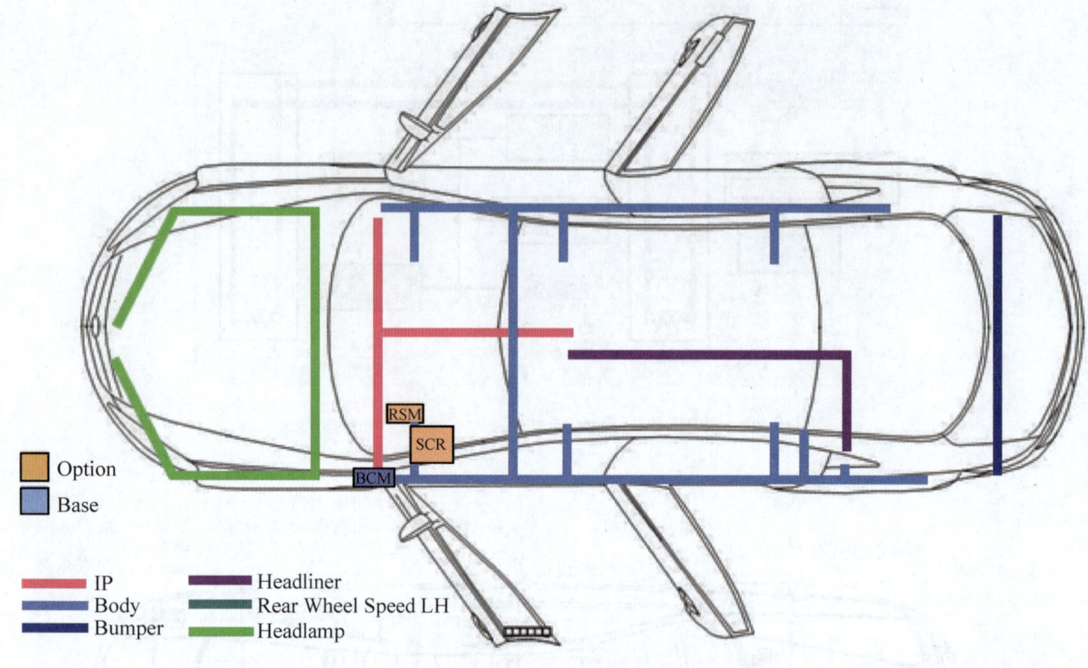

图 7-2　LIN 1 总线结构示意图

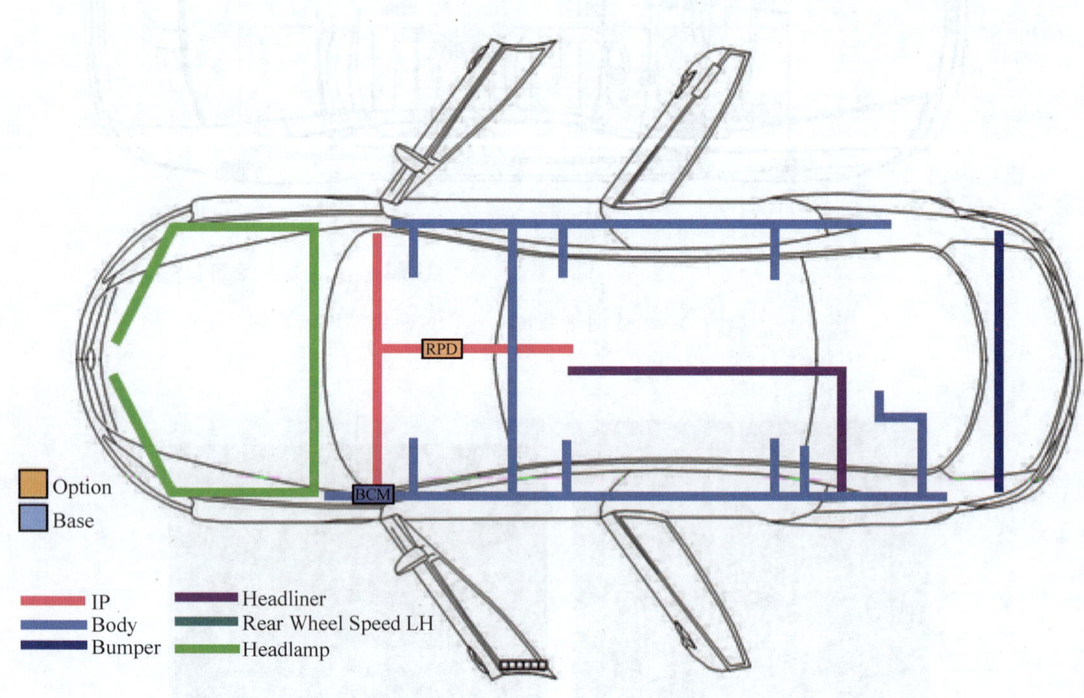

图 7-5　LIN 2 总线结构示意图

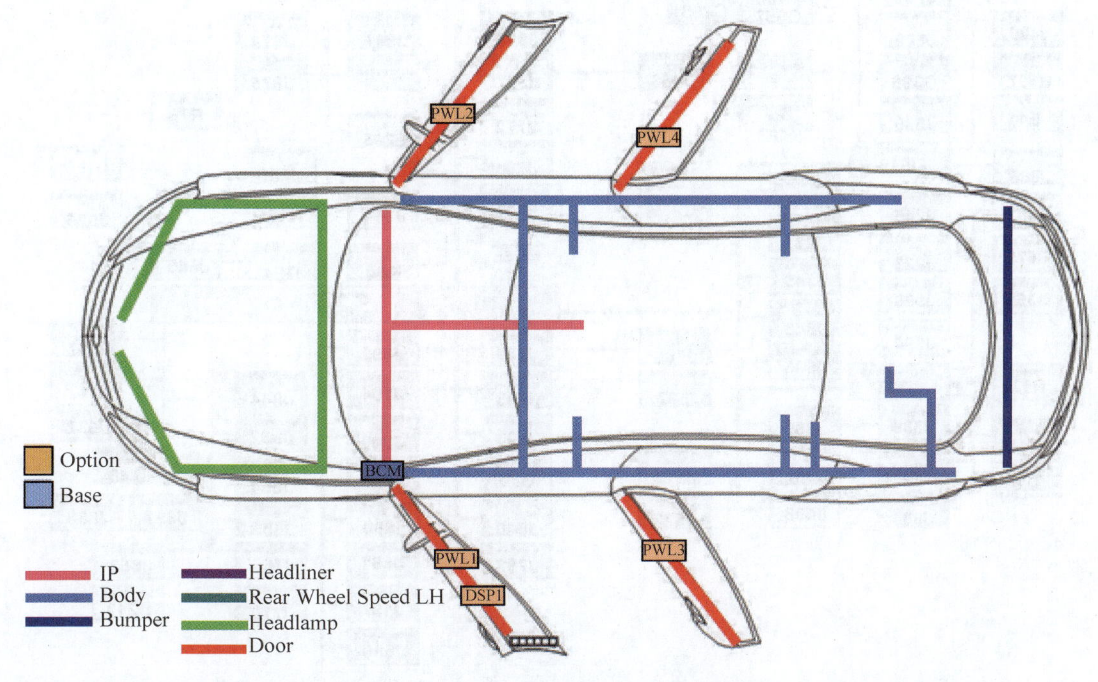

图 7-6　LIN 3/LIN 4 结构示意图

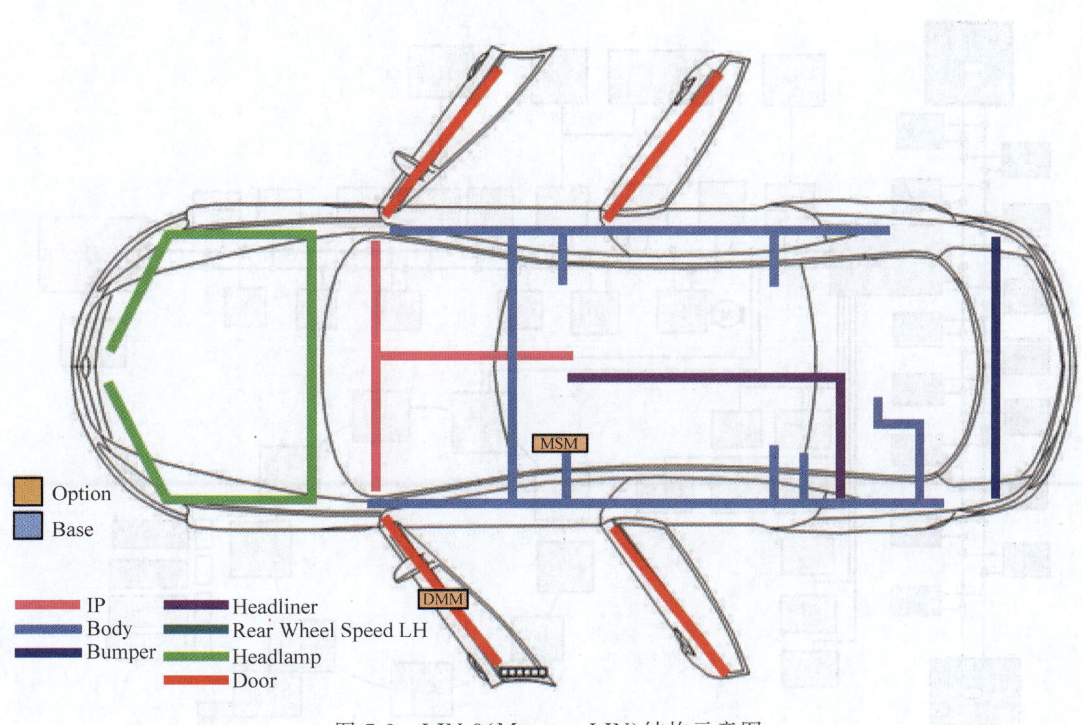

图 7-8　LIN 8(Memory LIN)结构示意图

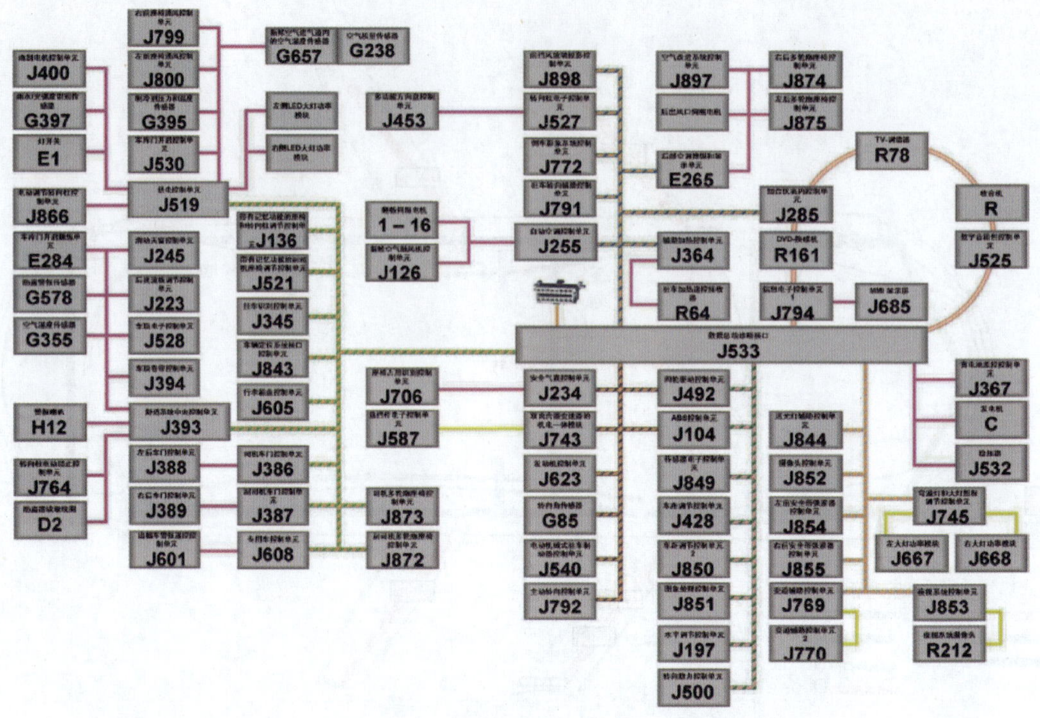

图 8-6　奥迪 C7 车载网络系统/MOST 拓扑结构图

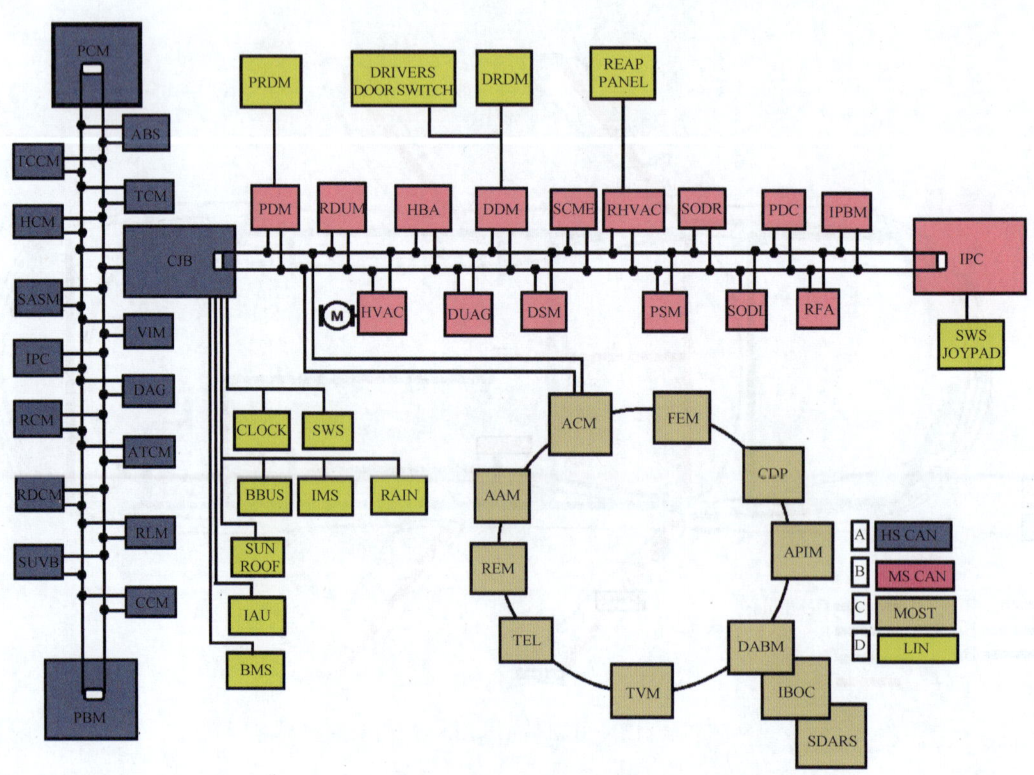

图 8-7　路虎揽胜车载网络系统/MOST 拓扑结构图

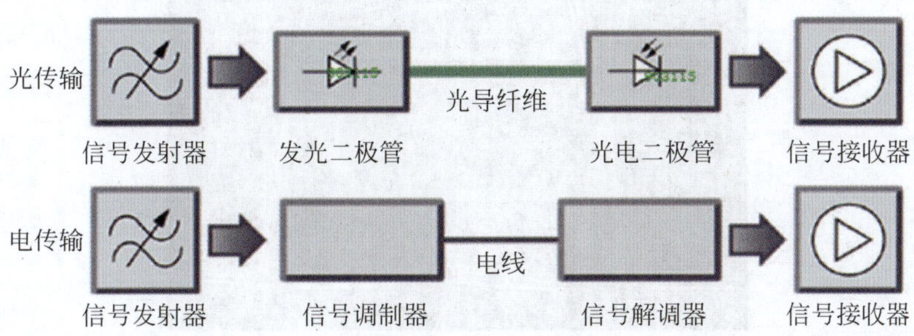

图 8-28 光传输与电传输的区别

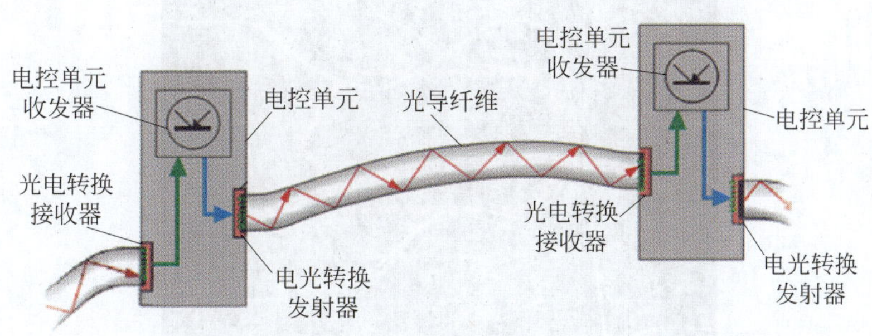

图 8-30 光导纤维中光波的传送

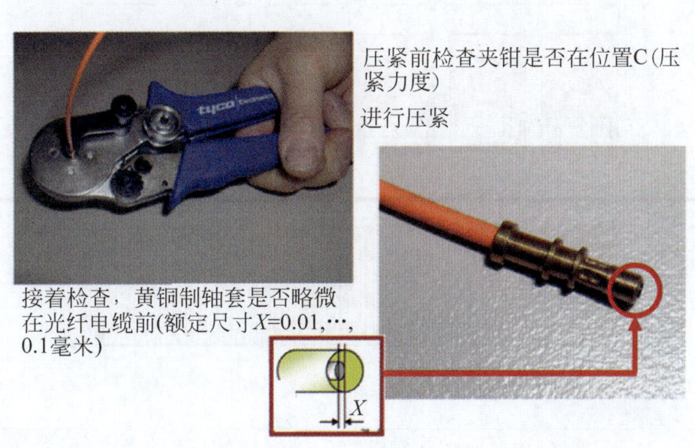

图 8-65 光缆压接

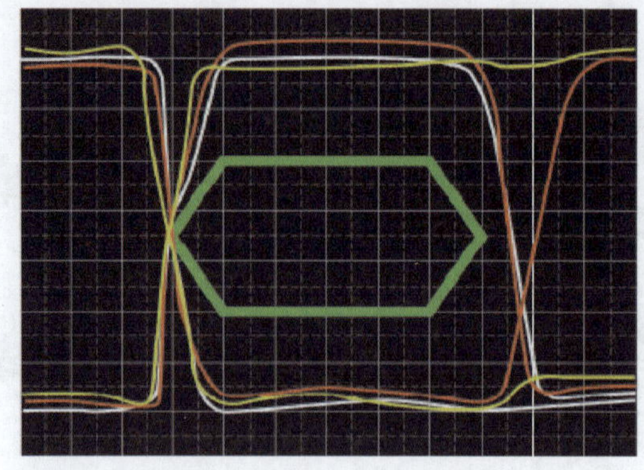

图 9-12　FlexRay 总线波形(正常)

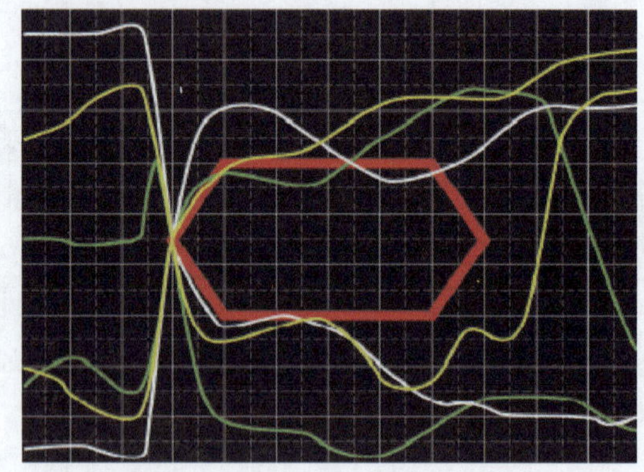

图 9-13　FlexRay 总线波形(不正常)

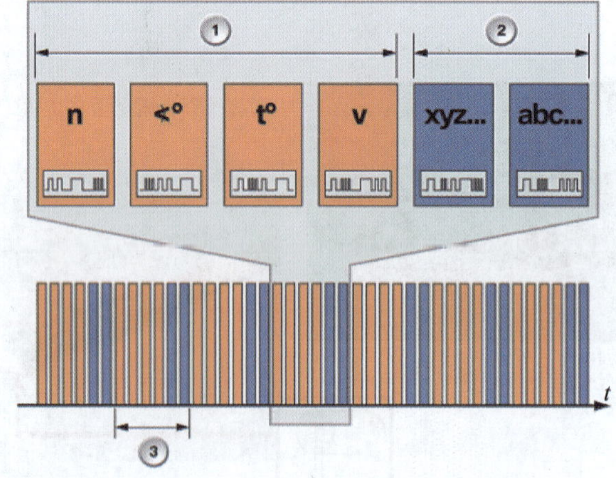

图 9-14　FlexRay 总线系统内确定性数据的传输过程

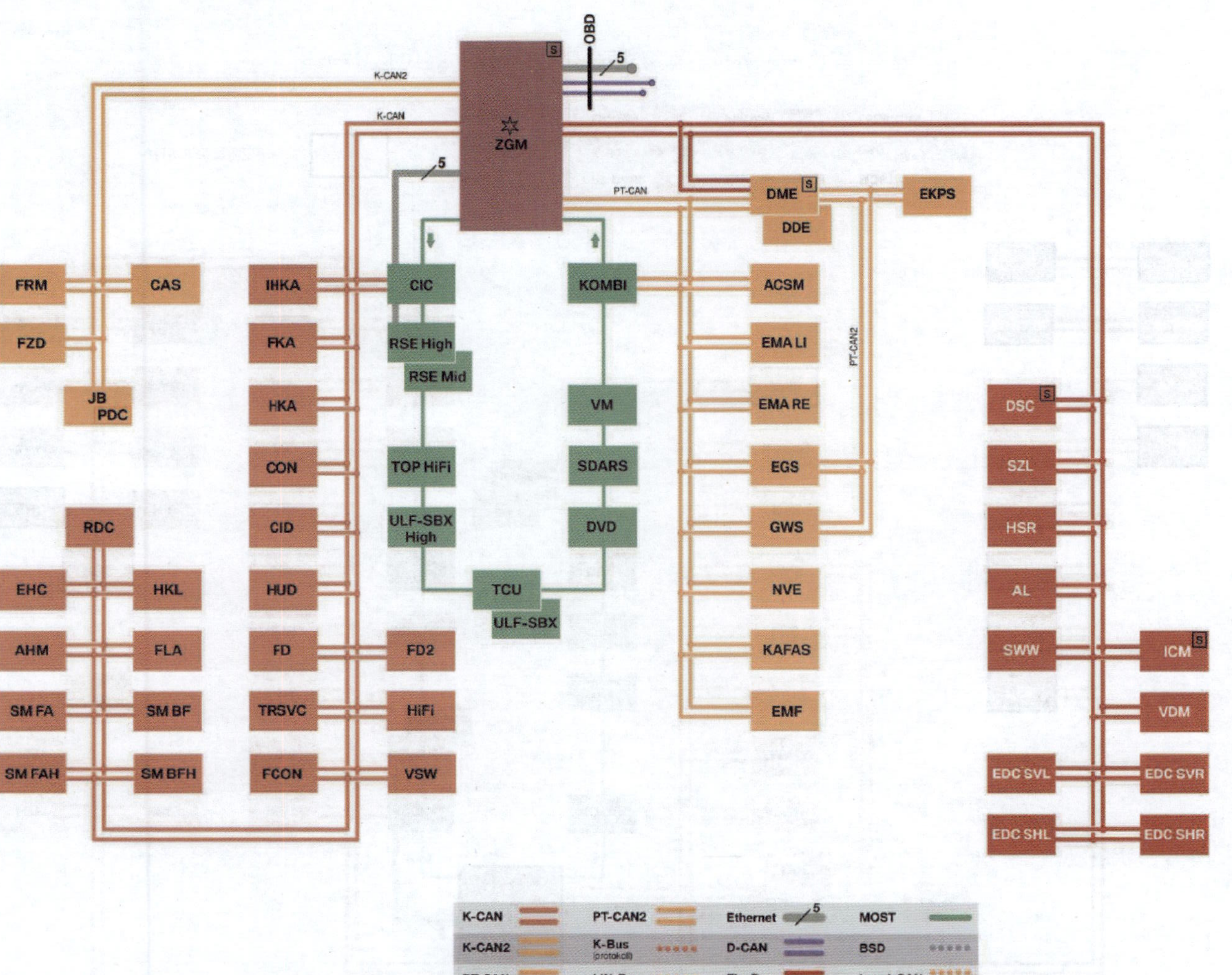

图 9-17 宝马 F01/F02 车载网络系统拓扑图

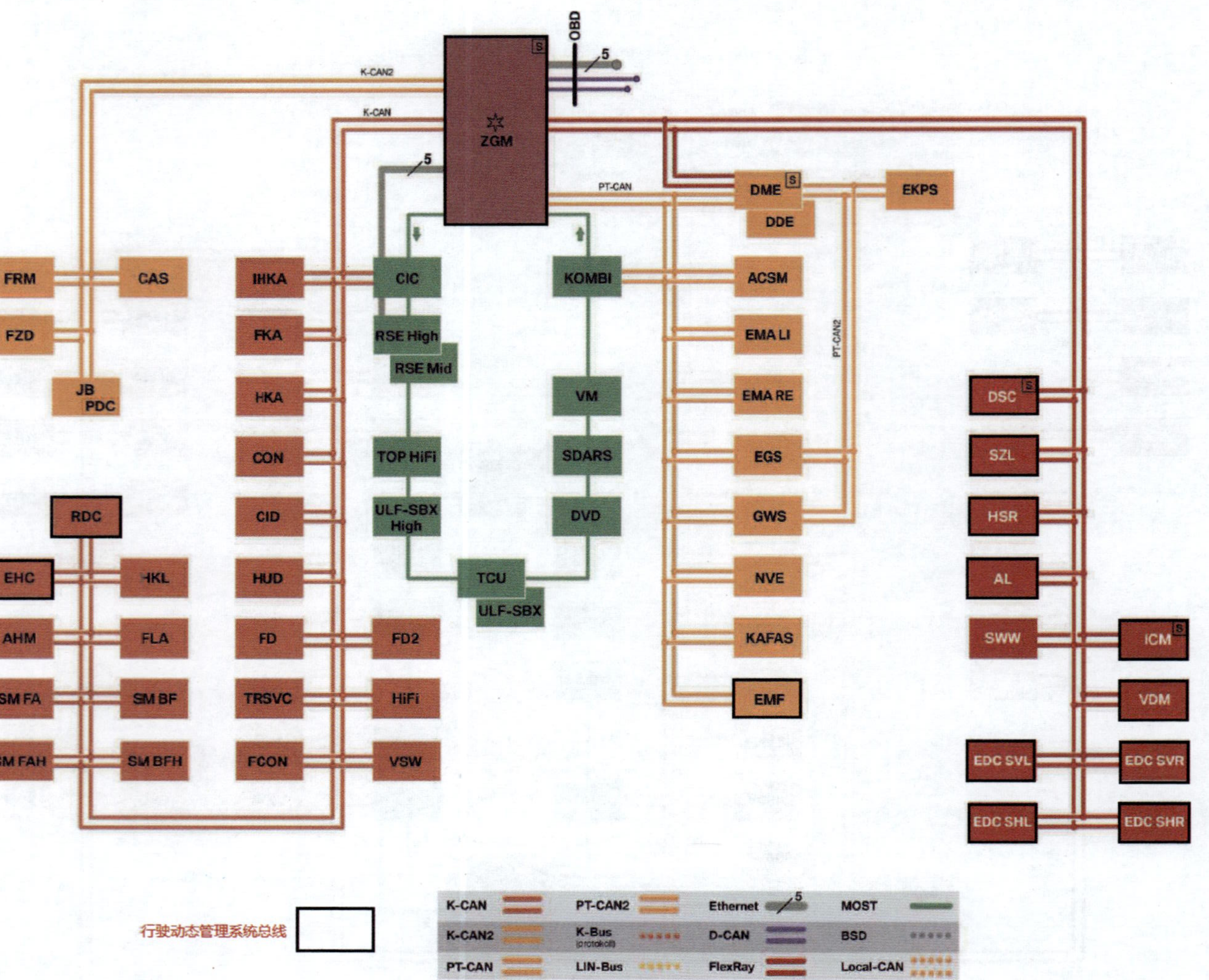

图 9-24　F01/F02 行驶动态管理系统总线(FlexRay 总线)概览

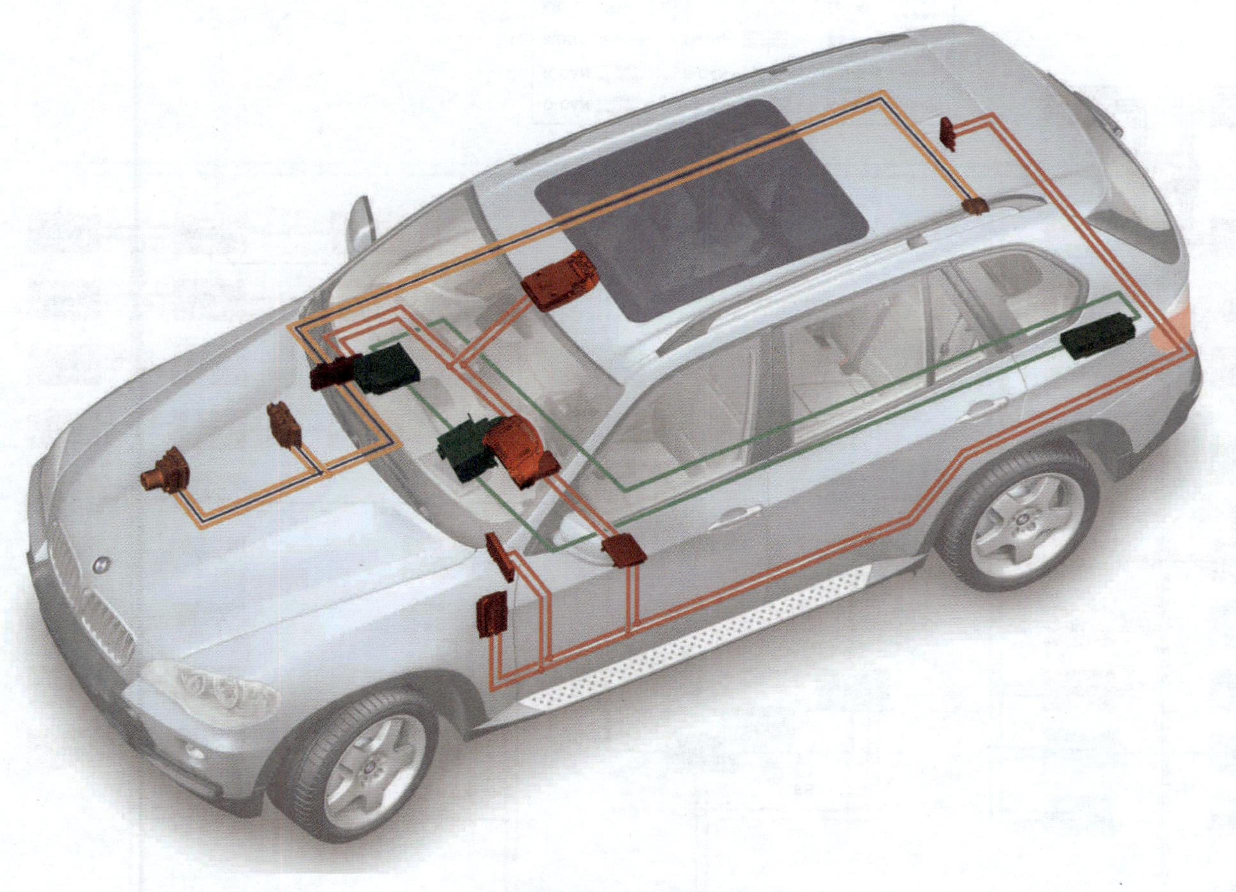

图 9-28　宝马 E70 车载网络系统在车上的布置

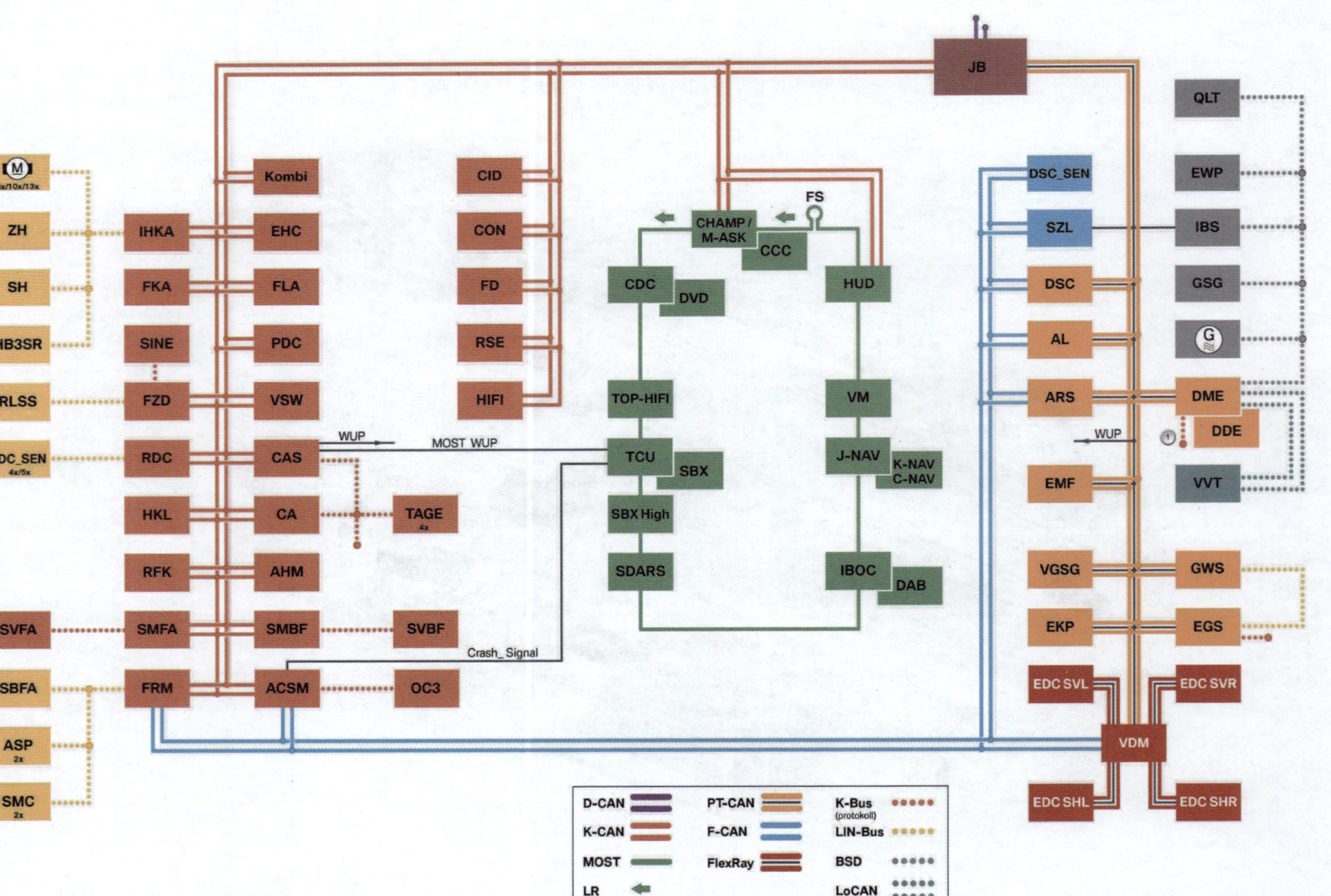

图 9-29　宝马 E70 车载网络系统概览

高等职业技术教育汽车类专业规划教材

汽车网络系统故障诊断与检修

景忠玉 编著

清华大学出版社
北京

内 容 简 介

本书以项目驱动、工作任务引领为导向，内容紧贴企业实际，以美系、德系、日系典型车型为代表，以解决汽车网络系统故障为目标，对汽车网络系统 LIN 总线、CAN 总线、MOST 总线、FlexRay 总线的结构原理、故障诊断与检修方法进行了系统介绍。

本书可作为高职、高专院校汽车运用技术、汽车检测与维修技术、汽车电子技术、汽车运用与维修等专业的教材，也可作为技师学院、中等专业学校、技工学校汽车类专业教材使用，还可供汽车技术培训、汽车维修技术人员学习参考。

图书在版编目(CIP)数据

汽车网络系统故障诊断与检修/景忠玉编著. --北京：清华大学出版社，2015(2020.1重印)
高等职业技术教育汽车类专业规划教材
ISBN 978-7-302-39386-3

Ⅰ. ①汽… Ⅱ. ①景… Ⅲ. ①汽车－计算机网络－故障诊断－高等职业教育－教材 ②汽车－计算机网络－维修－高等职业教育－教材 Ⅳ. ①U472.41

中国版本图书馆 CIP 数据核字(2015)第 031442 号

责任编辑：刘翰鹏
封面设计：傅瑞学
责任校对：刘 静
责任印制：杨 艳

出版发行：清华大学出版社
网 址：http://www.tup.com.cn，http://www.wqbook.com
地 址：北京清华大学学研大厦 A 座 **邮 编**：100084
社 总 机：010-62770175 **邮 购**：010-62786544
投稿与读者服务：010-62776969，c-service@tup.tsinghua.edu.cn
质量反馈：010-62772015，zhiliang@tup.tsinghua.edu.cn
课件下载：http://www.tup.com.cn，010-83470410
印 装 者：三河市龙大印装有限公司
经 销：全国新华书店
开 本：185mm×260mm **印 张**：15 **插 页**：8 **字 数**：385 千字
版 次：2015 年 8 月第 1 版 **印 次**：2020 年 1 月第 3 次印刷
定 价：36.00 元

产品编号：061235-01

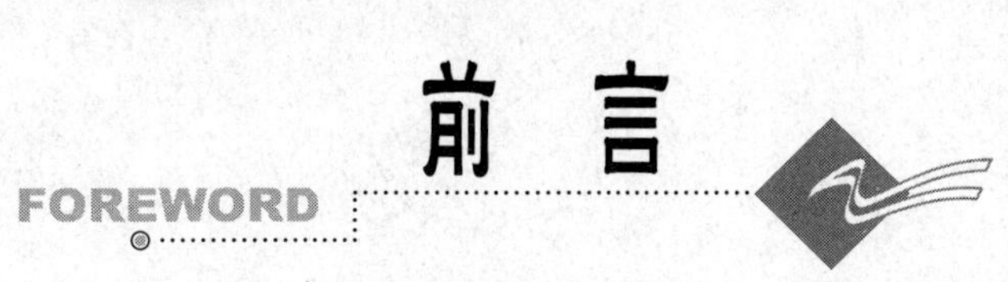

前言

FOREWORD

本书以教育部《关于全面提高高等职业教育教学质量的若干意见》的精神为指引，以高职高专汽车类专业人才培养方案为依据，以强化学生职业能力为目标，结合职业岗位(群)的任职要求，参照相关的职业资格标准进行编写。

本书以任务驱动方式编写，重视校内学习与实际工作的一致性，融“教、学、做”为一体，充分体现职业能力特别是就业创业能力的新课程特色。基础理论以应用为目的，以必需、够用为度，实践技能突出针对性和实用性。

本书强调由浅入深，循序渐进，通过大量图片来诠释结构和原理，使学生能够较轻松掌握所学内容。

编写本书的立足点是：遵从职业院校学生的特点和认知规律，放弃“读懂书，再操作”的传统方法，通过任务描述，创设问题情境，诱发、驱动并支撑学生的探索、思考与问题解决活动，引导学生在实践中建构相关知识和技能。

在编写本书的过程中，编者深入甘肃、山东、北京等省市的多家汽车 4S 店，参与企业生产实践，实地进行观摩和调研，撷取了宝贵的一手信息和典型案例。同时，本书得到了许多专家、同行的支持，并通过多种信息平台参考借鉴了大量的文献资料，特别是宝马、奥迪、大众、通用、丰田、路虎、本田车系的技术培训和维修资料，在此表示诚挚的感谢！

由于编者水平有限，不足之处恳请广大读者不吝批评和指正，以便不断修改和完善。

景忠玉

2015 年 5 月

目录

CONTENTS

任务1

认识汽车网络系统

能够正确描述汽车网络系统的组成及工作过程，熟悉常见车系车载网络系统的类型，能排除常见车型 CAN 总线一般性故障。

某汽车 4S 店接修一辆帕萨特轿车，发现该车不能起动，用诊断仪读取发动机电控单元故障码，显示发动机电控单元锁死，与仪表电控单元失去通信。同时仪表板显示不正常，仪表板上的蓄电池报警灯和 EPC 报警灯闪烁。请按照专业要求排除该车故障。

任务分析

发动机电控单元锁死一般属于发动机防盗系统的故障，但是大众车系的发动机防盗系统钥匙认证失败或防盗单元出现故障时车辆是可以起动的，只是起动后 2～3s 内会自动熄火。该车没有能起动的征兆，可初步分析不单纯是防盗系统故障。该车装有车载总线，那么如果仪表网关接口与动力总线的连接出现断路，则会导致发动机控制单元、安全气囊、ABS、自动变速器控制单元都不能工作，当然发动机就无法起动了。

为了解决这个问题，需要了解、熟悉汽车网络系统的结构和工作原理，在此基础上才能按照上面分析的思路进行诊断、排除。

1.1 汽车网络系统基本认知

1.1.1 网络技术概述

网络技术是通信技术与计算机技术相结合的产物，是按照网络协议，将某一空间内分散的、独立的计算机或控制单元相互连接的集合。大的计算机网络空间，其覆盖范围可以从地球表面到周围的人造卫星，如全球互联网。小的计算机网络空间可以容纳在一个汽车里，如车载网络系统。平时人们接触到的办公网络、校园网络,都属于计算机网络。

(1) 按网络所覆盖的地理范围,可将网络分为局域网、广域网、城域网。

局域网(LAN Local Area Network)网络覆盖范围有限,大约在几米至几千米,比如校园网,如图 1-1 所示。

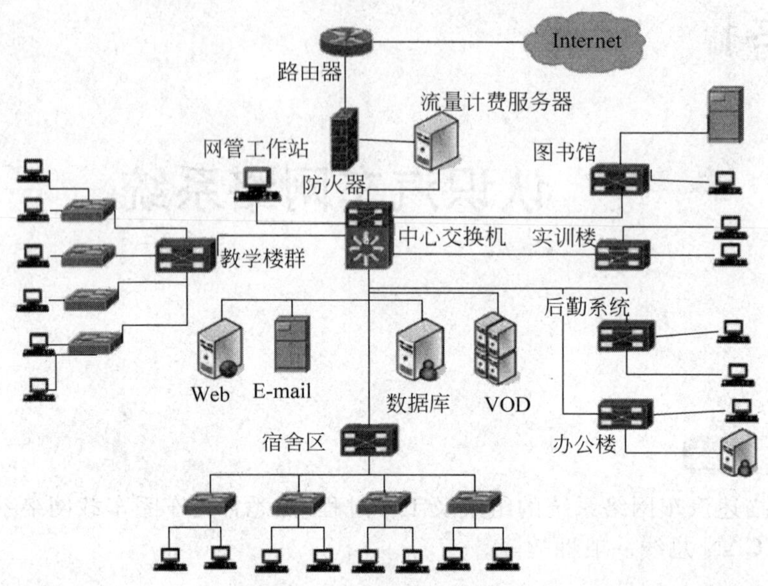

图 1-1 校园网络示意图

广域网(WAN Wide Area Network),也称远程网,覆盖范围大约在几十至几千千米,可以覆盖一个国家或地区,甚至可以横跨几个洲,形成国际性的远程网,因特网就是典型的广域网。

城域网(MAN Metropolitan Area Network)的覆盖范围介于局域网和广域网之间。

(2) 按网络的拓扑结构,可将网络分为总线型网、星型网、环型网、树型网、网状型网。

总线型拓扑结构是将网络中的所有设备通过相应的硬件接口直接连接到公共总线上,节点之间按广播方式通信,一个节点发出的信息,总线上的其他节点均可“收听”到。

总线型网络具有结构简单、扩展容易、可靠性高等优点,是汽车车载网络(图 1-2)的常用网络。因为所有的数据都需经过总线传送,总线成为整个网络的瓶颈,出现故障时诊断较为困难,如图 1-3 所示。在汽车行业,习惯将总线型计算机网络简称为“总线”、“汽车总线技术”,将多个不同的“总线”联网称为“网络”。有时也将“总线”等同于“网络”。

星型拓扑结构的每个节点都由一条单独的通信线路与中心节点连接,如图 1-4 所示。它结构简单、容易实现、便于管理,连接点的故障容易监测和排除。中心节点是全网络的可靠瓶颈,中心节点出现故障会导致网络的瘫痪。

环型拓扑结构的各节点通过通信线路组成闭合回路,环中数据只能单向传输,如图 1-5 所示。其特点是结构简单,适合使用光纤,传输距离远,传输延迟确定。汽车网络系统中的 MOST 网络一般采用这种拓扑结构。环网中的每个节点均成为网络可靠性的瓶颈,任意节点出现故障都会造成网络瘫痪,另外故障诊断也较困难。

树型拓扑结构是一种层次结构,节点按层次连接,信息交换主要在上下节点之间进行,相邻节点或同层节点之间一般不进行数据交换,如图 1-6 所示。其优点是连接简单,维护方

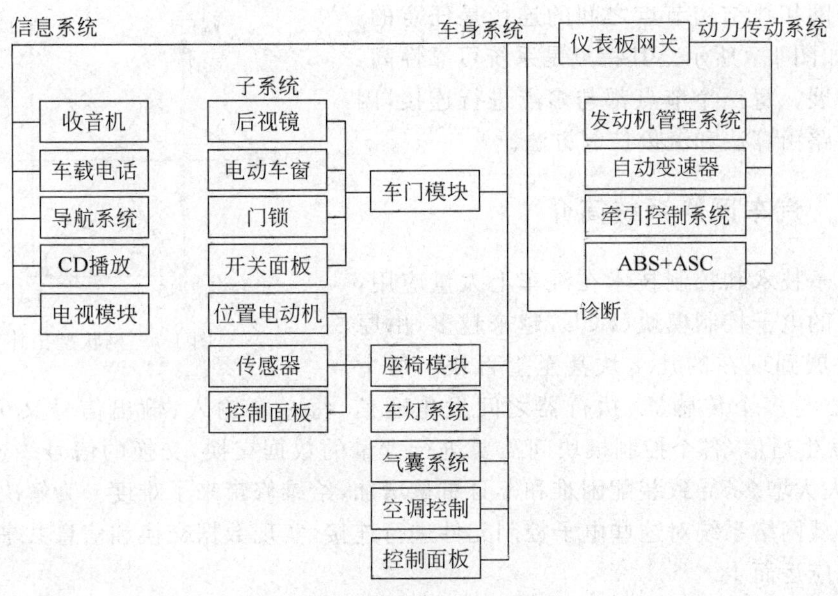

图 1-2　汽车车载网络系统结构示意图

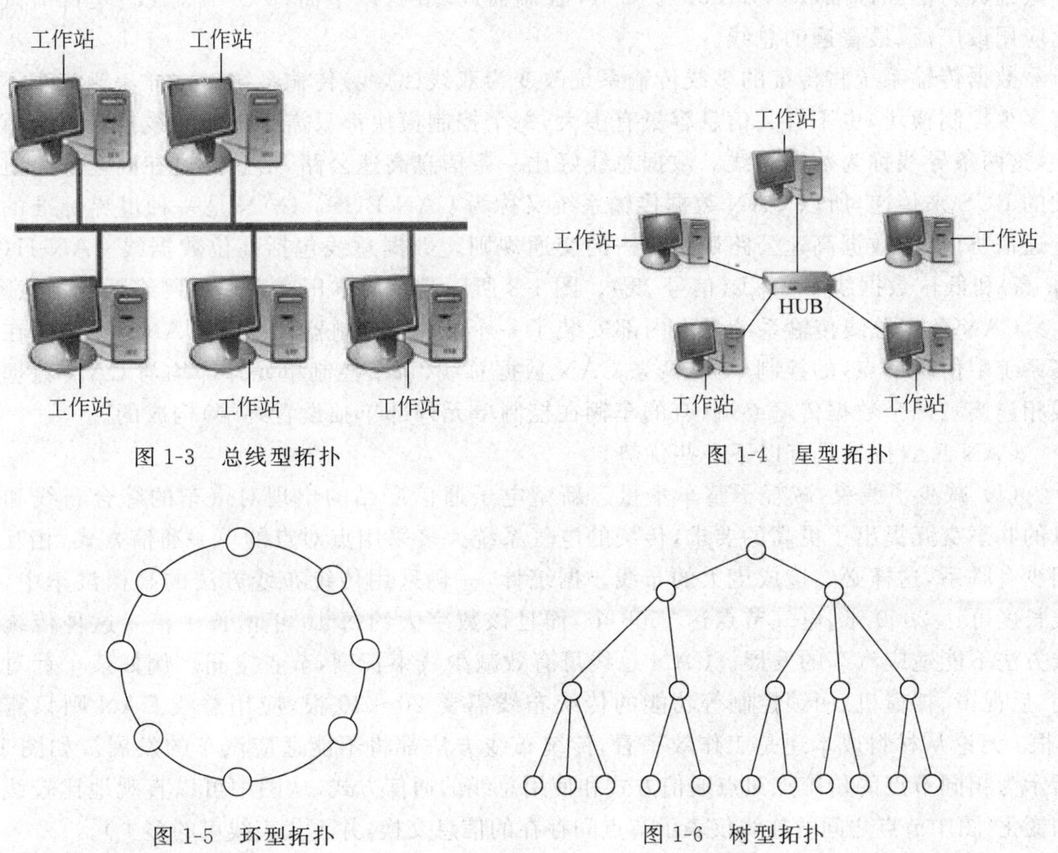

图 1-3　总线型拓扑

图 1-4　星型拓扑

图 1-5　环型拓扑

图 1-6　树型拓扑

便，适用于汇集信息的应用要求。缺点是资源共享能力较低，可靠性不高，任何一个工作站或链路的故障都会影响整个网络的运行。

网状型网拓扑结构节点之间的连接是任意的，没有规律，如图 1-7 所示。其特点是系统可靠性高，比较容易扩展。每一个节点都与多点进行连接，因此必须采用路由算法和流量控制方法。

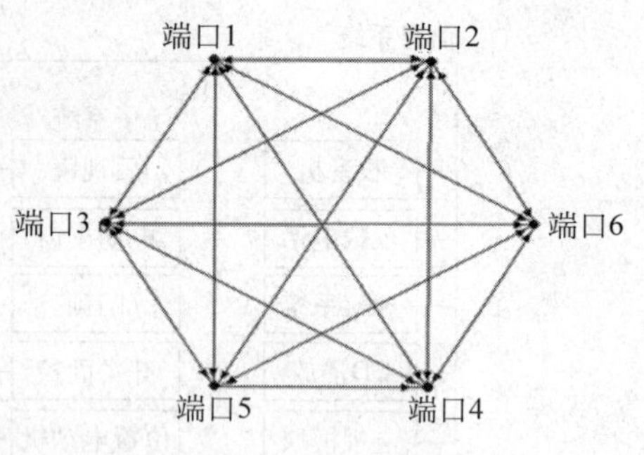

图 1-7 网状型拓扑

1.1.2 汽车网络系统简介

随着电子技术和控制技术在汽车上大量应用，汽车上采用的电子控制模块（ECU）越来越多，由原来的几块发展到现在的几十块甚至上百块。每个 ECU 都需要与多个传感器、执行器之间发生通信，每一个输入、输出信号又可以与多个 ECU 之间发生通信，各个控制模块间需要进行大量的数据交换，交换的信号线连接将使线束、插接件大大增多，导致装配困难和车身重量增加，给维修带来了难度。为解决这一问题，需要通过车载网络系统对这些电子控制元件进行连接，实现数据交换和信息共享。因此，汽车网络系统应运而生。

CAN 是控制器局域网络（Controller Area Network）的简称，由德国 Bosch 公司开发，并最终成为国际标准（ISO 11898）。CAN 控制器局域网（以下简称 CAN 总线）是目前汽车上应用最广泛、最普遍的总线。

数据传输系统将传统的多线传输系统改变为双线（总线）传输系统。这样一辆汽车不论有多少控制模块，也不管其信息容量有多大，每个控制模块都只需引出两条线接在两个节点上，这两条导线称为数据总线。数据总线好比一条信息高速公路，信息通过在高速公路上行驶的 BUS 来传递，所以 CAN 数据传输系统又称为 CAN-BUS。CAN 是一种世界标准的串行通信协议，为数据高速公路确定统一的交通规则。数据总线包括高位数据线 CAN-H（信号-高）和低位数据线 CAN-L（信号-低）。图 1-8 所示为东风本田车系车载网络系统示意图。

CAN 数据总线传输系统是由内部安装了一个 CAN 控制器和一个 CAN 收发器（在网络系统中俗称节点）的控制单元、两条 CAN 数据总线（每个控制单元外部均与 CAN 数据总线相连接）、两个数据传输终端（有的车辆在控制单元外部单独设置终端）构成的。

CAN 总线技术具有以下一些优势。

（1）减少了线束，减轻了整车重量。新型电子通信产品的出现对汽车的综合布线和信息的共享交互提出了更高的要求，传统的电气系统大多采用点对点的单一通信方式，相互之间少有联系，这样必然造成庞大的布线。据统计，一辆采用传统布线方法的高档汽车中，导线长度可达 2000 米，电气节点达 1500 个，而且该数字大约每 10 年增长 1 倍。这种传统布线方法不能适应汽车的发展。CAN 总线可有效减少线束长度，节省空间。例如某车针对车门、后视镜、摇窗机、门锁控制等功能的传统布线需要 20～30 根，应用总线 CAN 则只需要 2 根。无论从材料成本还是工作效率看，传统布线方法都将不能适应汽车的发展。如图 1-9 所示为相同节点的传统点对点通信方式和使用总线的通信方式，从图中可以直观地比较线束的变化（图中节点之间的连线仅表示节点间存在的信息交换，并不代表线束的多少）。

（2）可实现信息共享。采用 CAN 总线技术可以实现各 ECU 之间的信息共享，减少不必要的线束和传感器。例如具有 CAN 总线接口的电控发动机，其他电器可共享其提供的转速、水温、机油压力、机油温度、油量瞬时流速等信息，这样一方面可省去额外的传感器，另

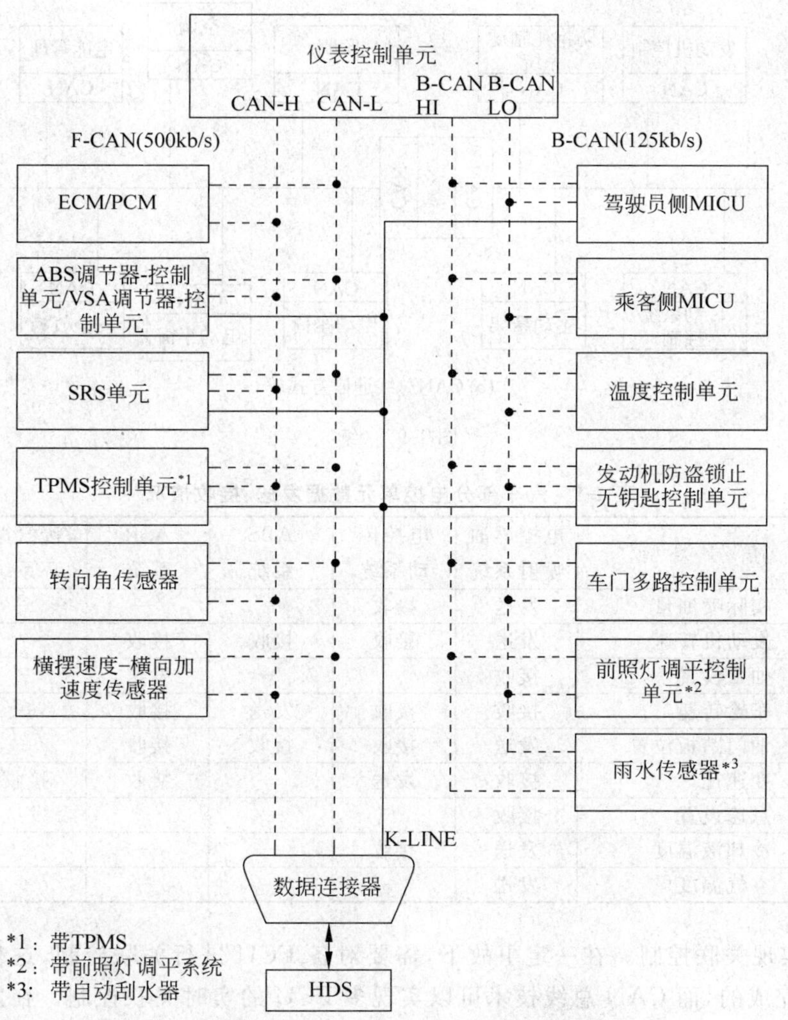

图 1-8 东风本田车系车载网络系统

一方面可以将这些数据显示在仪表上，便于司机检查发动机运行工况，从而便于发动机的保养维护。传感器共享可实现控制器和执行器的就近连接原则，减少转配时间。汽车部分电控单元产生及发送的数据类型及其他单元对这些信息共享的情况见表 1-1。

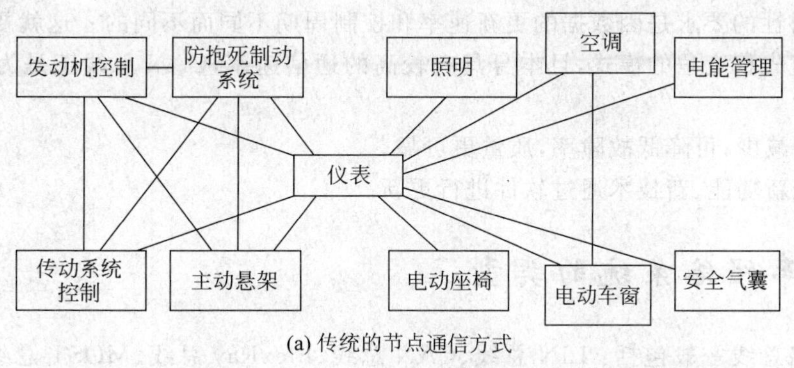

(a) 传统的节点通信方式

图 1-9 传统的节点通信方式与 CAN 总线通信方式的比较

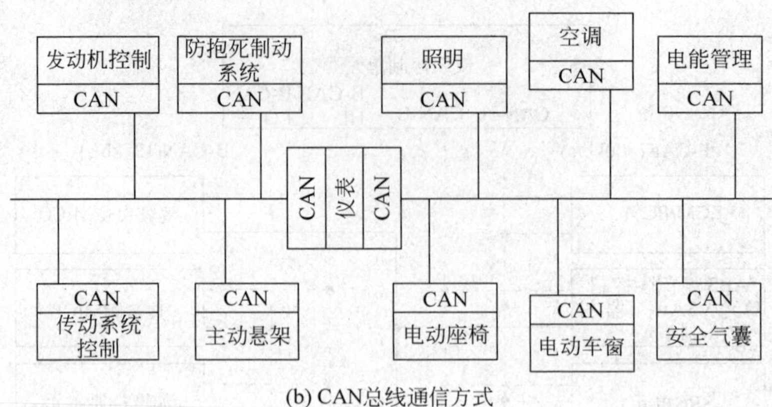

(b) CAN总线通信方式

图 1-9 (续)

表 1-1 汽车部分电控单元数据发送、接收情况

优先权	信号类型	电控燃油喷射系统	电控传动系统	ABS系统	ASR系统	废气循环系统	空调系统
1	实际喷油量	发送	接收	—	—	—	—
2	发动机转速	发送	接收	接收	接收	—	接收
3	油量设置	接收	—	—	发送	—	—
4	车轮转速	接收	接收	发送	接收	—	—
5	油门踏板位置	发送	接收	接收	接收	—	—
6	变速比	接收	发送	—	接收	接收	—
7	怠速设置	接收	—	—	—	发送	发送
8	冷却液温度	发送	接收	—	—	—	接收
9	空气温度	发送	—	—	—	—	接收

(3) 可实现关联控制。在一定事故下,需要对各 ECU 进行关联控制,这是传统汽车控制方法难以完成的,而 CAN 总线技术可以实现多 ECU 的实时关联控制。在发生碰撞事故时,汽车上的多个气囊可通过 CAN 总线协调工作,它们通过传感器感受碰撞信号,通过 CAN 总线将传感器信号传送到一个中央处理器内,控制各安全气囊的启动弹出动作。

汽车电子控制系统包括电控燃油喷射系统、电控传动系统、防抱死制动系统(ABS)、防滑控制系统(ASR)、废气再循环控制、巡航系统和空调系统。为了满足各子系统的实时性要求,有必要对汽车公共数据实行共享,如发动机转速、车轮转速、油门踏板位置等。每个控制单元对实时性的要求是因数据的更新速率和控制周期不同而不同的。这就要求其数据交换网是基于优先权竞争的模式,且本身具有较高的通信速率,CAN 总线正是为满足这些要求而设计的。

(4) 插头减少,可降低故障率,质量更可靠。

(5) 便于新功能、新技术通过软件进行更新。

1.2 汽车网络系统的类型

车载网络总线一般包括:LIN 总线、CAN 总线、FlexRay 总线、MOST 总线、Byteflight 总线、VAN 总线、LAN 总线、TTP/C、TTCAN、DDB/Optical、IEEE 1394 以及 Bluetooth、

Ethernet 等，见表 1-2。

表 1-2　主要车载网络概要

车载网络的名称	概　　要	通信速度/bps	组织/推广单位
CAN(Controlle Area Network)	车身/动力传动系统控制	1M	Robert Bosch 公司、ISO
VAN(Vehicle Area Network)	车身系统控制	1M	ISO
J1850	车身系统控制	41.6K	Ford Motor 公司
LIN(Local Interconnect Network)	车身系统控制	20K	LIN 协会
TTP/C(Time Triggered Protocol by CAN)	被动安全系统	2M 25M	TIT 公司
TTCAN(Time Triggered CAN)	被动安全系统	1M	Robert Bosch 公司
Byteflight	被动安全系统	10M	BMW 公司
FlexRay	被动安全系统 行驶动态管理系统	5M	BMW 公司 Daimler Chrysler 公司
DDB(Domestic DigitalBus)Optical	音频系统通信协议，将DDB 作为音频系统总线，采用光通信	5.6M	C&C 公司
MOST(Media Oriented System Transport)	汽车多媒体系统	22.5M	MOST 合作组织
IEEE 1394	信息系统通信协议	100M	1394 工业协会
Ethernet	维修时车辆编程、多媒体系统	100M	BMW F01/F02 车系
Bluetooth	无线通信、语音、个人娱乐	1M	各车系均有应用

图 1-10～图 1-14 分别为几种常见车系的车载网络系统示意图。

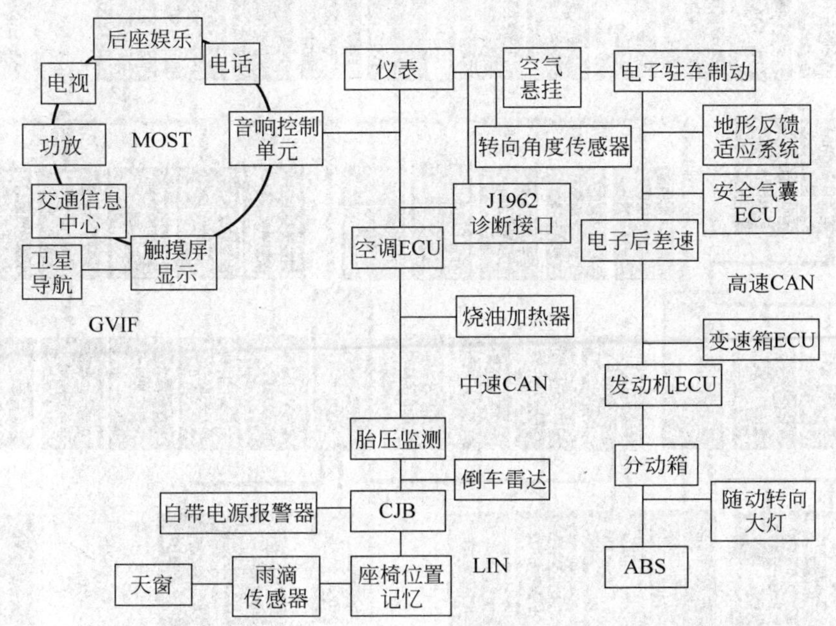

图 1-10　路虎车系车载网络系统

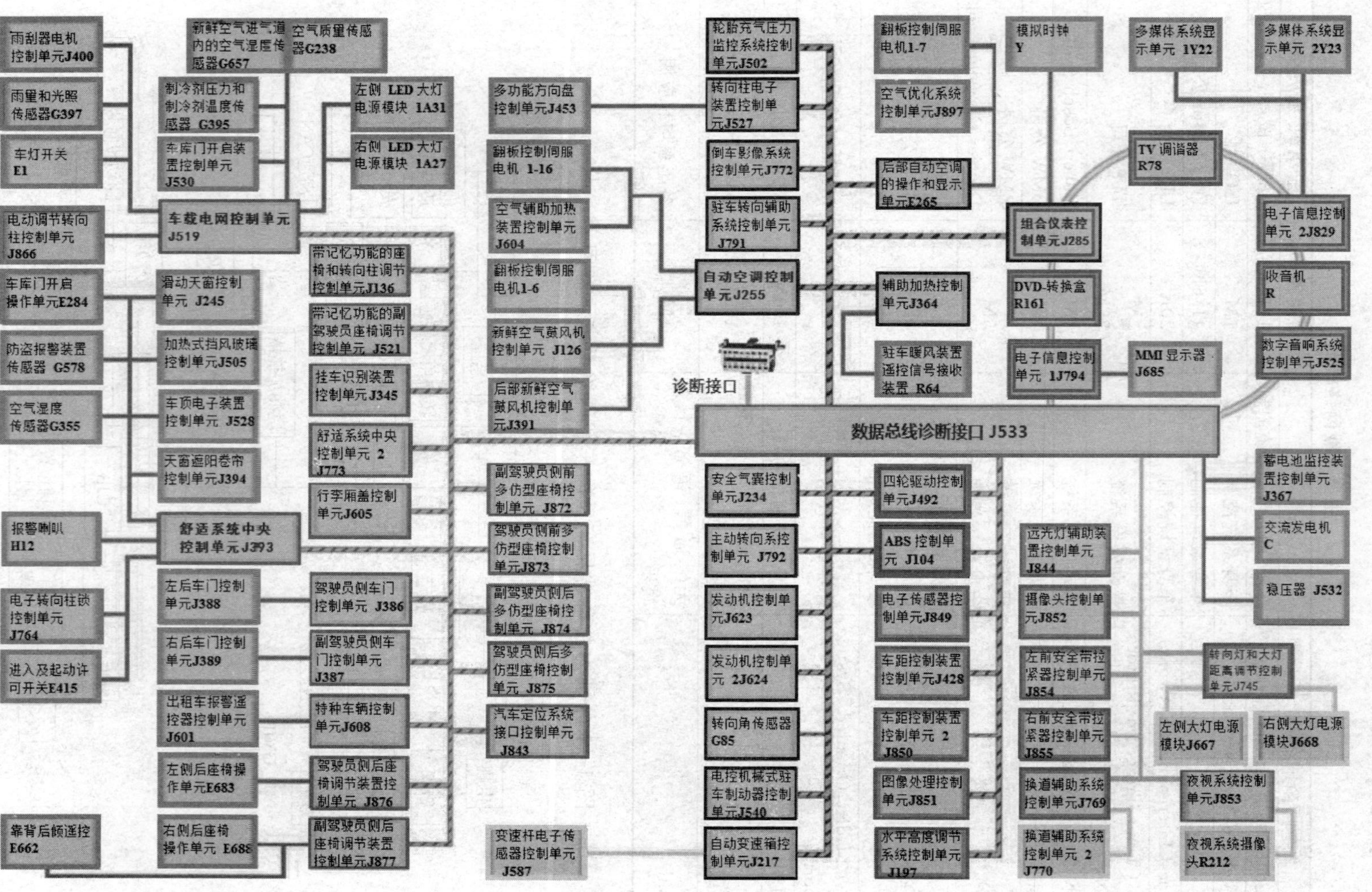

图 1-11 奥迪车系车载网络系统（见彩色插页）

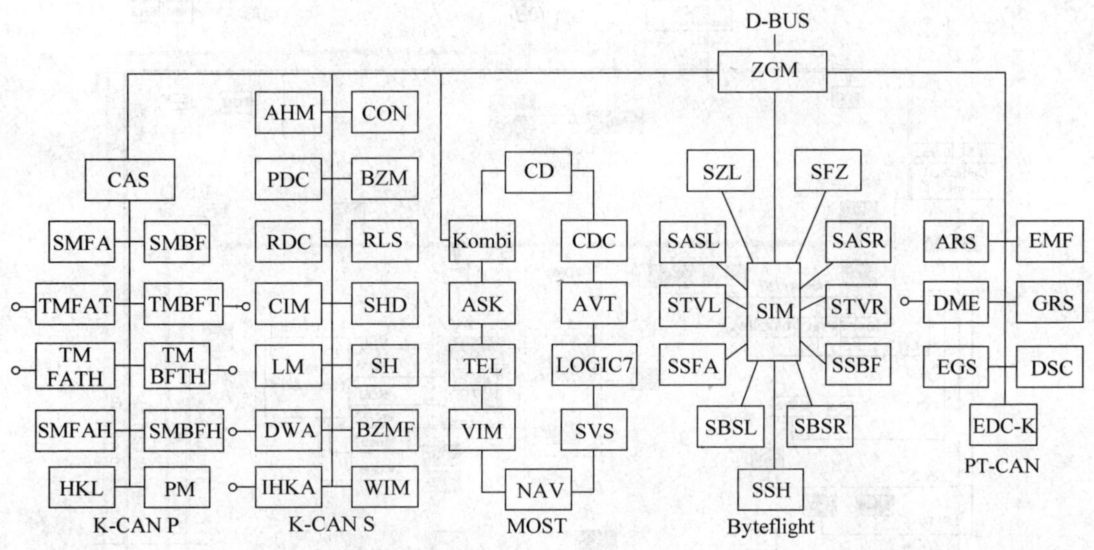

图 1-12　宝马 745Li 汽车车载网络系统的拓扑结构

K-CAN P(Body CAN Periphery)—车身外围总线；K-CAN S(Body CAN System)—车身总线系统；MOST—多媒体传输总线；Byteflight—安全总线系统；PT-CAN—动力传动系统总线；ZGM—中央网关模块；CAS—汽车进入系统；SMFA—驾驶侧座椅电脑；SMBF—乘客侧座椅电脑；TMFAT—左前车门电脑；TMBFT—右前车门电脑；TMFATH—左后车门电脑；TMBFTH—右后车门电脑；SMFAH—驾驶侧后座椅电脑；SMBFH—后乘客侧座椅电脑；HKL—行李厢盖升起控制；PM—电源电脑；AHM—拖车电脑；CON—按键控制；PDC—驻车距离控制系统；BZM—仪表板中控台操作中心；RDC—轮胎压力警告系统；RLS—雨水传感器；CIM—底盘智能电脑；SHD—天窗；LM—灯光电脑；SH—驻车加热；DWA—防盗报警系统；BZMF—后中控台操作中心；IHKA—自动空调；WIM—刮水器系统；CD—控制显示单元；Kombi—组合仪表；CDC、CD—转换盒；ASK—音响控制；AVT—天线放大器和调谐器；TEL—电话；LOGIC7—顶级高保真功率放大器；VIM—音量控制电脑；SVS—音量调节；NAV—导航系统；SZL—转向柱开关总成；SASL—左前 A 柱碰撞传感器；STVL—左前门碰撞传感器；SSFA—驾驶侧座椅碰撞传感器；SBSL—左前 B 柱碰撞传感器；SSH—后座椅碰撞传感器；SBSR—右前 B 柱碰撞传感器；SSBF—乘客侧座椅碰撞传感器；STVR—右前门碰撞传感器；SASR—右前 A 柱碰撞传感器；SFZ—车辆中央碰撞传感器；SIM—安全信息电脑；ARS—动力驱动；EMF—驻车制动；DME—发动机电脑；EGS—自动变速器；DSC—动态稳定控制；EDC-K—电子减震控制系统

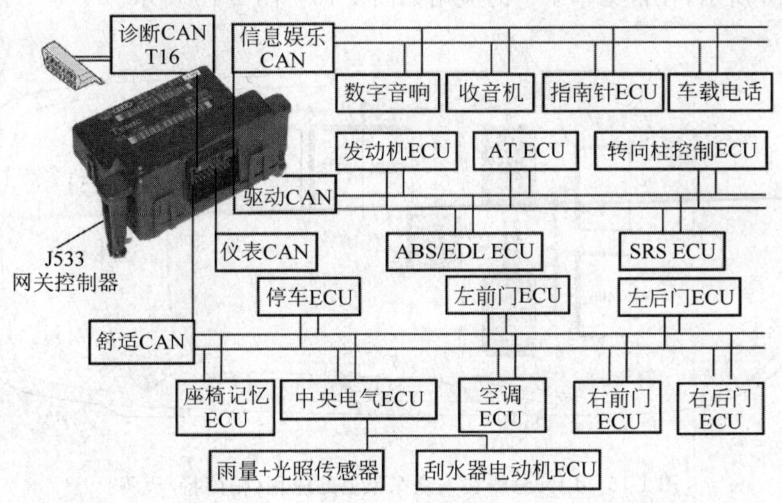

图 1-13　大众车系车载网络系统

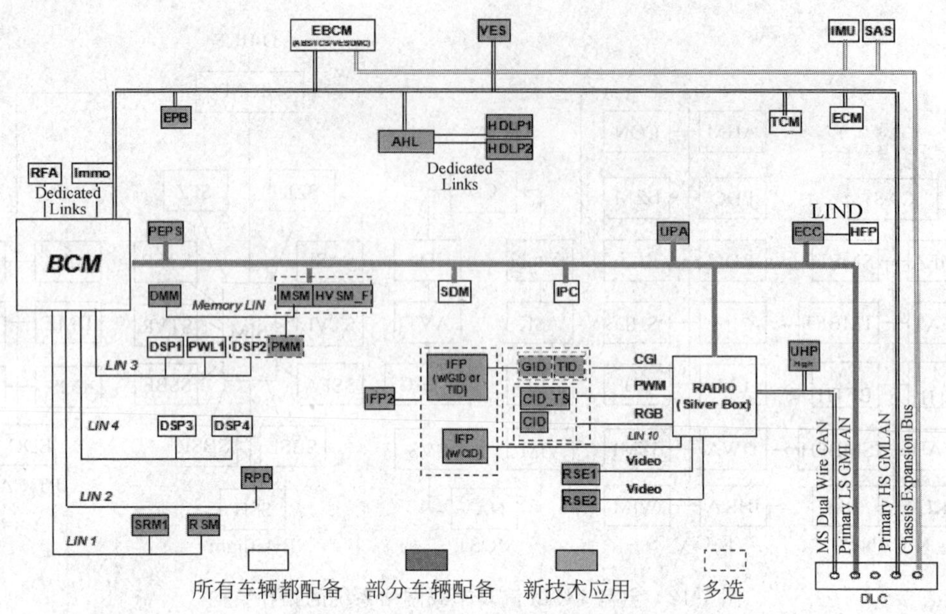

图 1-14 上海通用车系车载网络系统

1.2.1 LIN总线(A类总线)

A类总线和协议是面向传感器和执行器的低速网络,数据传输位速率通常小于10Kbps,主要用于后视镜调整及电动窗、灯光照明等控制,也有用于面向智能化传感器或执行器的数字化通信场合。

A类常用的总线是LIN总线,主要用于串行异步通信(UART)的数据格式、主从结构的单线12V总线通信系统。LIN是Local Interconnect Network的缩写,它也被称为“局域网子系统”,即LIN总线是CAN总线网络下的子系统。车上各个LIN总线系统之间的数据交换是由控制单元通过CAN数据总线实现的。LIN总线在大众车系上的应用(帕萨特/迈腾)如图1-15所示,在常见车系中的应用如图1-16～图1-18所示。

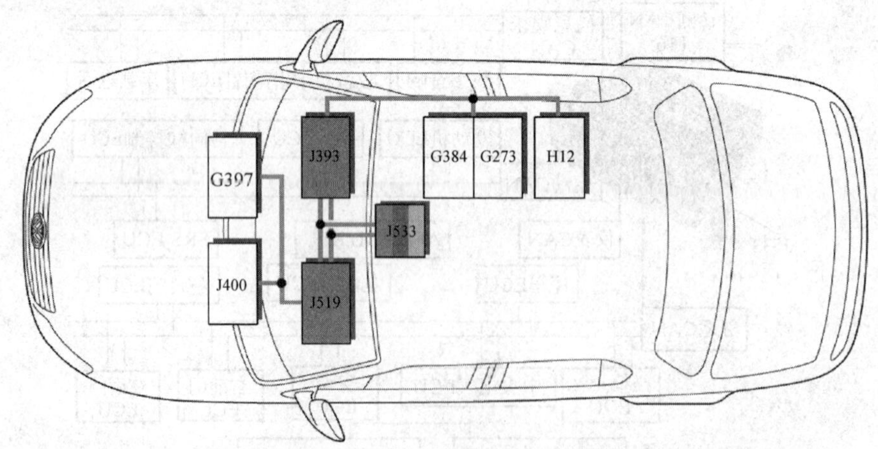

图 1-15 LIN总线在大众车系上的应用(帕萨特/迈腾)

G273—车内监控传感器;G384—车辆侧倾传感器;G397—晴雨与光线识别传感器;H12—报警喇叭;J393—舒适系统中央控制单元;J400—刮水器电机控制单元;J519—车载电网控制单元;J533—数据总线诊断接口(网关)

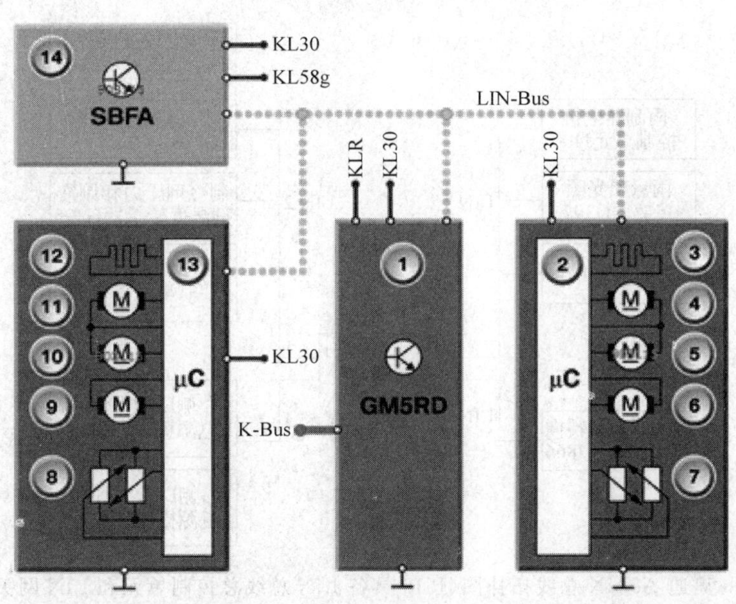

图 1-16　LIN 总线在 BMW 车系中的应用(宝马 E83 外后视镜控制系统)

1—基本控制模块 5 Redesign；2—右侧外后视镜电子装置；3—右侧外后视镜加热装置；4、5、6、9、10、11—两侧后视镜折起电机、水平调整电机、垂直调整电机；7、8—两侧后视镜调节角度传感器；12—左侧外后视镜加热装置；13—左侧外后视镜电子装置；14—驾驶员侧开关组；K-Bus—车身总线；LIN—局域互联网；KL30—接线端子 30；KL58g—接线端子 58g

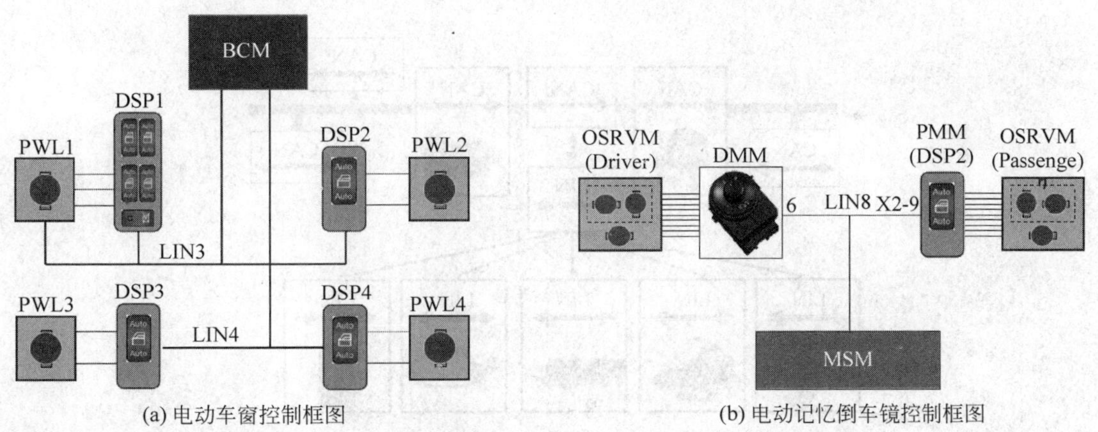

(a) 电动车窗控制框图　　(b) 电动记忆倒车镜控制框图

图 1-17　LIN 总线在通用车系中的应用

BCM—车身控制模块；MSM—记忆座椅控制模块；DMM—驾驶员侧记忆倒车镜控制模块；PMM—乘客侧记忆倒车镜控制模块

LIN 总线的主要特性是：①低成本，基于通用 UART 接口，几乎所有微控制器都具备 LIN 必需的硬件；②传输速率最高可达 20Kbps；③单主控器/多从设备模式无须仲裁机制；④从节点不需晶振或陶瓷振荡器就能实现自同步，节省了从设备的硬件成本；⑤保证信号传输的延迟时间；⑥只需要改变 LIN 从节点的硬件和软件就可以在网络上增加节点；⑦通常一个 LIN 网络上节点数目小于 12 个，共有 64 个标志符。

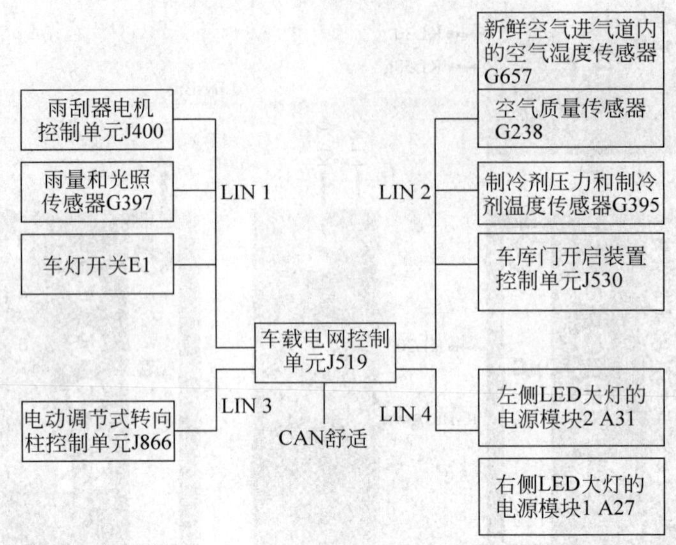

图 1-18　奥迪 A8LIN 总线拓扑图(J519 具备 LIN 总线总控制单元和 LIN 网关功能)

和 LIN 比较,CAN 总线主要特性是:①低成本;②极高的总线利用率;③很远的数据传输距离(长达 10km);④高速的数据传输速率(高达 1Mbps);⑤可根据报文的 ID 决定接收或屏蔽该报文;⑥可靠的错误处理和检错机制;⑦发送的信息遭到破坏后,可自动重发;⑧节点在错误严重的情况下具有自动退出总线的功能;⑨报文不包含源地址或目标地址,仅用标志符来指示功能信息、优先级信息。(见图 1-19)

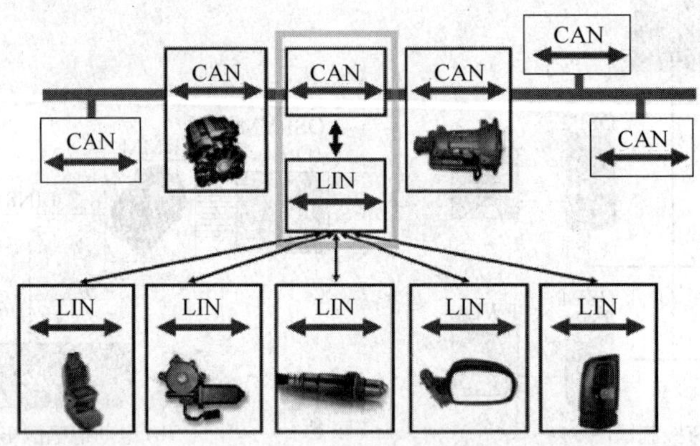

图 1-19　LIN 总线与 CAN 总线应用领域比较

1.2.2　CAN 总线(B 类总线)

B 类总线和协议是面向独立模块间数据共享的中速网络,位速率在 10～125Kbps,主要用于车身电子舒适模块、仪表显示等控制。

B 类常用的总线是中速 CAN 总线,CAN 是一种串行数据通信协议,是一种多主总线,通信介质为同轴电缆、双绞线或光纤。图 1-20 所示为大众辉腾轿车 CAN 总线结构示意图。

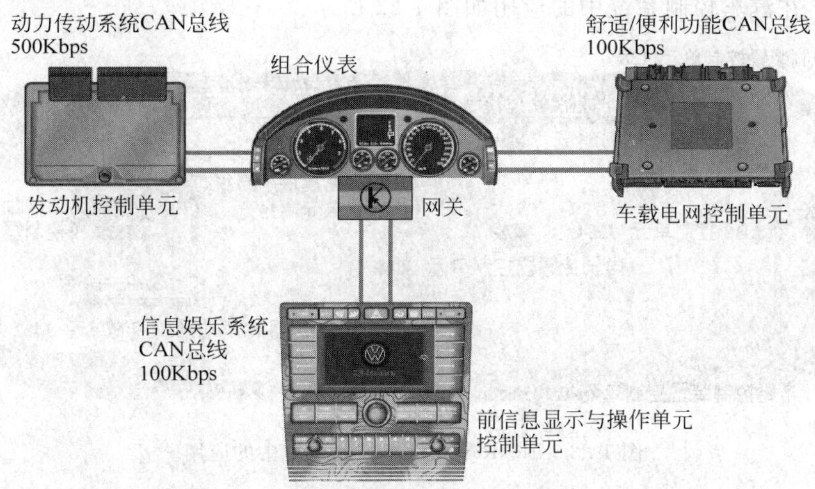

图 1-20　大众辉腾轿车 CAN 总线结构示意图

1.2.3　高速 CAN 总线(C 类总线)

C 类总线和协议是面向高速、实时闭环控制的多路传输网，位速率在 125Kbps～1Mbps 之间，支持实时的周期的参数传输，主要用于发动机、自动变速器、ABS、安全气囊等电控模块，C 类常用的总线是高速 CAN 总线。

动力系统 CAN 总线一般为 C 类总线。动力系统 CAN 总线连接发动机控制单元、变速器控制单元、ABS 控制单元、安全气囊单元、ESP 控制单元等，如图 1-21 所示。

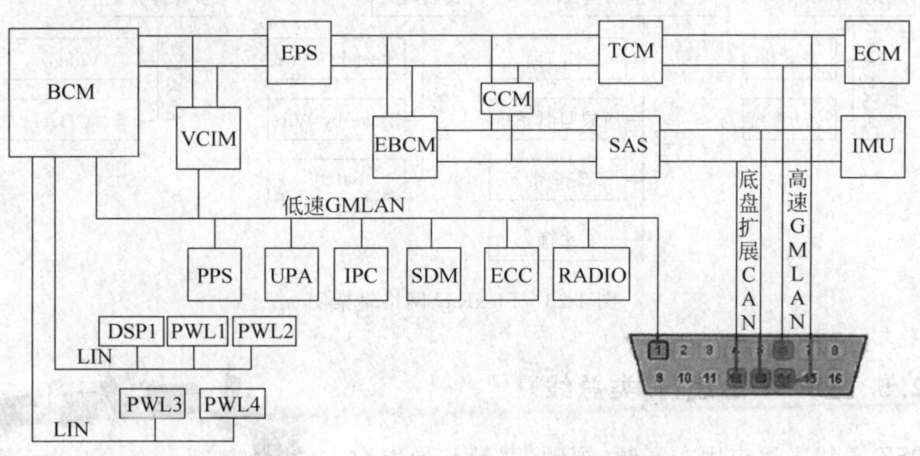

图 1-21　上海通用昂克拉总线拓扑图

1.2.4　FlexRay 总线(D 类总线)

FlexRay 通信协议运用于可靠的车内网络中，是一种具备故障容错的高速汽车总线系统。FlexRay 协议标准中定义了同步和异步帧传输，同步传输中保证帧的延迟和抖动，异步传输中有优先次序，还有多时钟同步，错误检测与避免，编码解码，物理层的总线监控设备等。FlexRay 在汽车控制系统中的应用如图 1-22 所示。

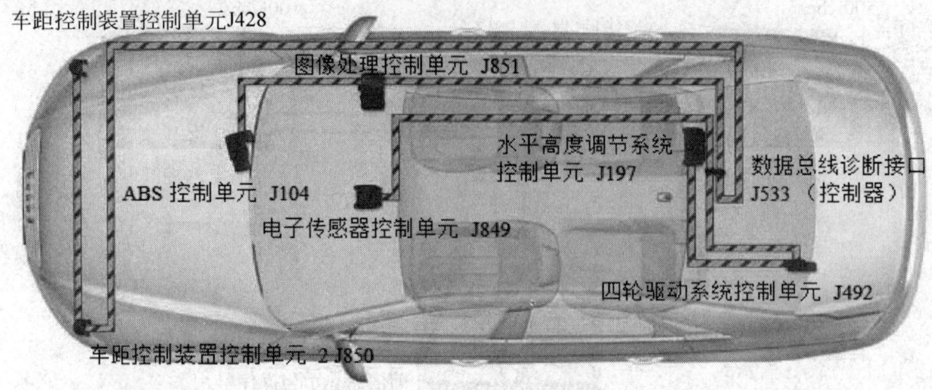

图 1-22 FlexRay 在汽车控制系统中的应用

目前，CAN 通信网络最高性能极限为 1Mbps，而 FlexRay 两个信道上的数据速率最大可达 10Mbps，总数据速率可达到 20Mbps。因此，FlexRay 的网络带宽可能是 CAN 的 20 倍之多。凭借高速率，可以将 FlexRay 作为整个车载网络的骨架，用于连接动力总成、底盘、车身、安全和多媒体应用等多个独立网络，如图 1-23 所示。另外，FlexRay 控制器可以将工作在 10Mbps 下的速度根据需求配置成 2.5Mbps，5Mbps 或者 8Mbps 的通信速度，这使得 FlexRay 可以灵活地应用于更广泛的领域，另一方面也缓解了总线之间的带宽匹配。

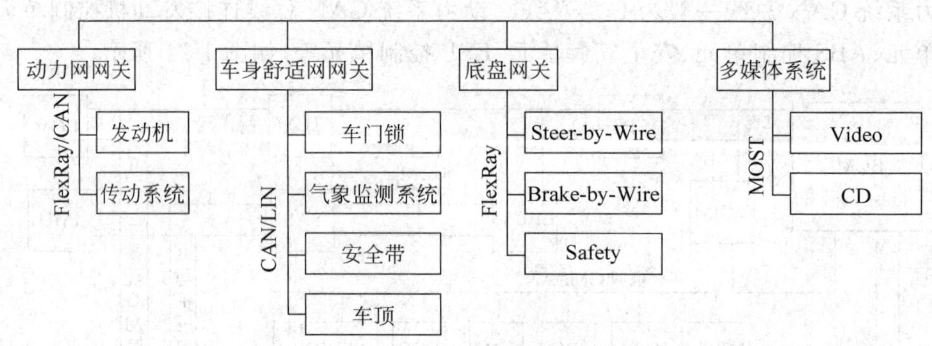

图 1-23 FlexRay 网络骨架图

1.2.5 MOST 总线（E 类总线）

MOST 总线主要应用在音频、视频、宽带和导航数据传输等多媒体领域，如图 1-24 所示，传输介质主要为光纤，环型结构。

图 1-24 MOST 总线网络在车载多媒体娱乐系统上的应用

MOST 总线系统传输速度可达 24.8Mbps，具有性能可靠、成本低、系统简单、结构灵活、数据兼容性好、减小电磁干扰(EMI)等特点，沃尔沃 XC90、宝马 7 系、奥迪 A8、路虎等都使用了 MOST 总线，如图 1-25 和图 1-26 所示。

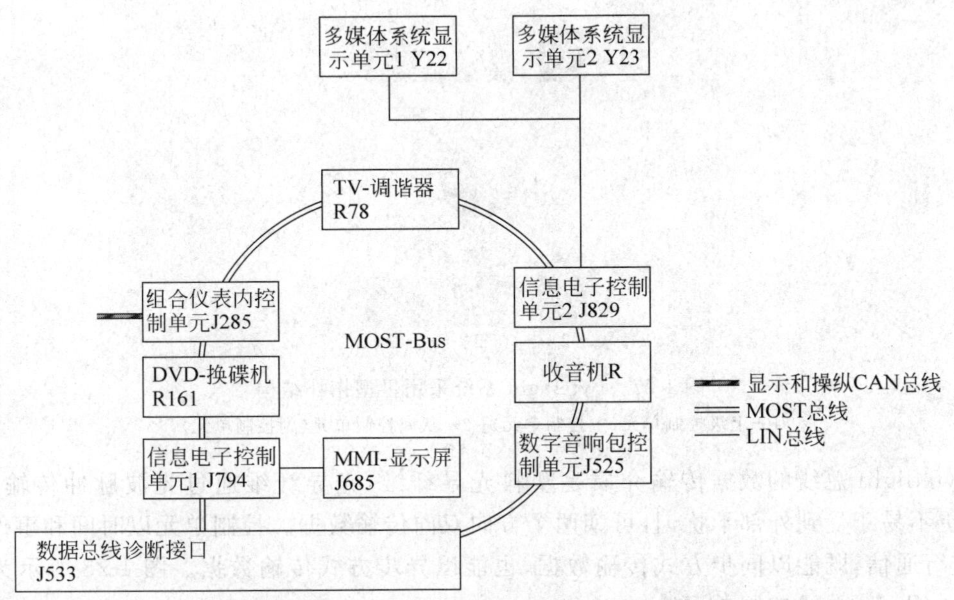

图 1-25　奥迪车系 MOST 总线结构布置

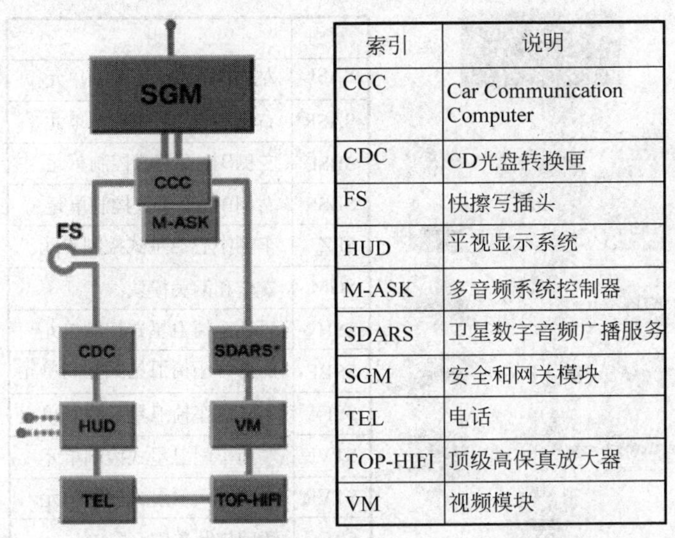

索引	说明
CCC	Car Communication Computer
CDC	CD光盘转换匣
FS	快擦写插头
HUD	平视显示系统
M-ASK	多音频系统控制器
SDARS	卫星数字音频广播服务
SGM	安全和网关模块
TEL	电话
TOP-HIFI	顶级高保真放大器
VM	视频模块

图 1-26　宝马 E60 车载网络系统——MOST 总线环型拓扑结构

1.2.6　Byteflight 总线

Byteflight 系统是由 BMW 与 Motorola、Elmos、Infineon 合作开发的，主要用于传输时间上要求特别紧迫的安全气囊系统数据，如图 1-27 所示。

Byteflight 系统的数据传输速率为 10Mbps，可以满足对数据传输的实时性要求非常高的汽车安全气囊系统的要求，且可在强电磁干扰条件下可靠地传输数据。

Byteflight 在 ISIS(智能安全集成系统)和 ASE (高级安全电子设备)中使用。这两个安全系统负责控制安全气囊、安全带拉紧装置和断开安全蓄电池接线柱。

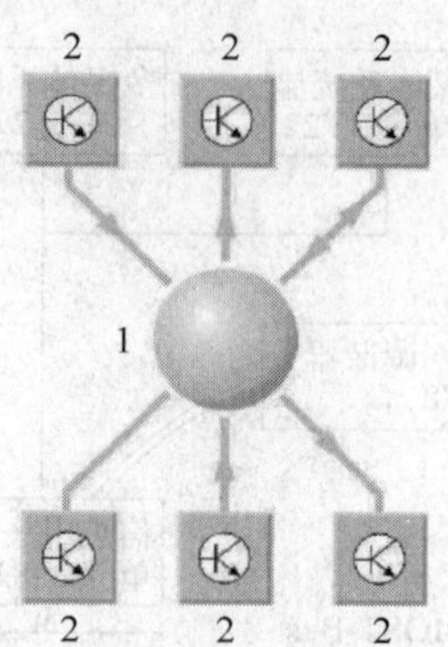

图 1-27 Byteflight 系统采用星型拓扑结构

1—上级控制单元(主控制单元)；2—从属控制单元(副控制单元)

Byteflight 总线的数据传输介质是塑料光导纤维,光导纤维通过光波脉冲传输数据。因此,更不易于受到外部干扰,且可朝两个方向双向传输数据。控制单元以时间和事件触发方式进行通信,既能以同步方式传输数据,也能以异步方式传输数据。图 1-28 所示为宝马 E65 Byteflight 总线控制单元。

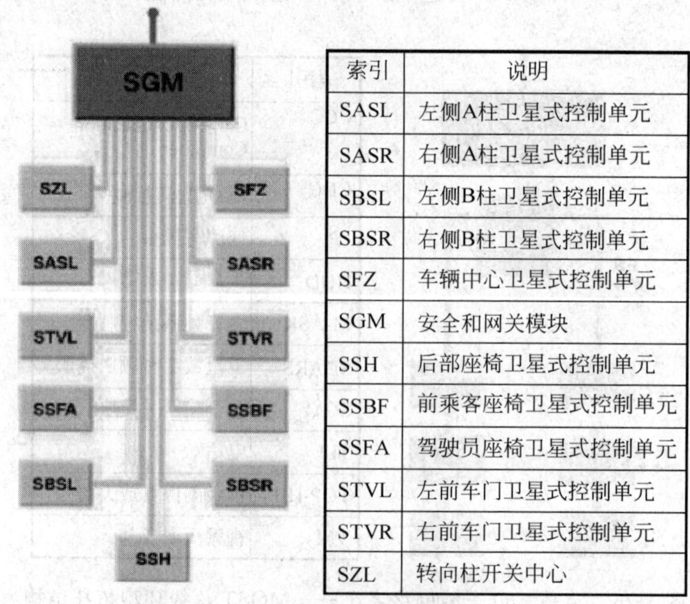

索引	说明
SASL	左侧A柱卫星式控制单元
SASR	右侧A柱卫星式控制单元
SBSL	左侧B柱卫星式控制单元
SBSR	右侧B柱卫星式控制单元
SFZ	车辆中心卫星式控制单元
SGM	安全和网关模块
SSH	后部座椅卫星式控制单元
SSBF	前乘客座椅卫星式控制单元
SSFA	驾驶员座椅卫星式控制单元
STVL	左前车门卫星式控制单元
STVR	右前车门卫星式控制单元
SZL	转向柱开关中心

图 1-28 宝马 E65 Byteflight 总线控制单元

Byteflight 的数据结构同 CAN 总线一样,数据也通过数据电码传输,除数据字节的数量外数据电码结构完全相同。Byteflight 可传输最长为 12 个字节的数据。Byteflight 数据电码的结构如图 1-29 所示。

ISIS 有多个集成了碰撞传感器的控制单元,安装在车内的关键位置处。因为这些控制单元在星型拓扑结构的 Byteflight 系统中是环绕主控制单元存在的,类似于环绕地球的卫星,所以宝马称这些集成了碰撞传感器的控制单元为卫星式控制单元。卫星式控制单元与主控制单元之间的电码始终以起始顺序为开始,接下来是一个标识符。数据电码的优先级通过该标识符确定。系统不断查询所有碰撞传感器信息并将数据分配给 Byteflight 系统所

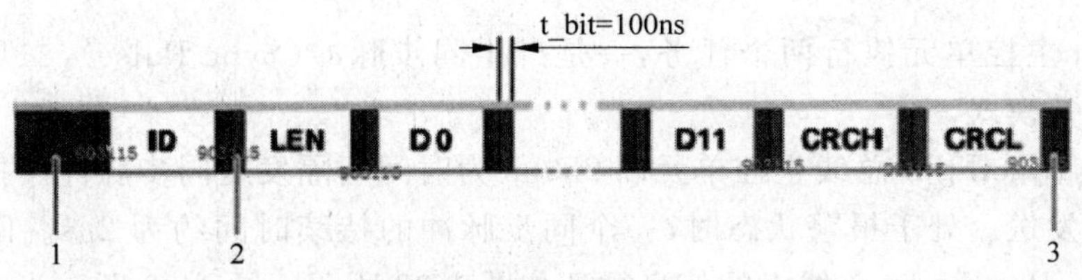

图 1-29 Byteflight 数据电码的结构

1—起始顺序；2—起始位；3—停止位；ID—标识符(决定电码的优先级和数据内容)；LEN—长度(包括数据字节的数量)；D0—数据字节 0(起始数据字节)；D11—数据字节 11(最大的结束数据字节)；CRCH—高位循环冗余码校验；CRCL—低位循环冗余码校验

有控制单元。各个卫星式控制单元与 SIM(安全和信息模块)之间的数据流如图 1-30 所示。

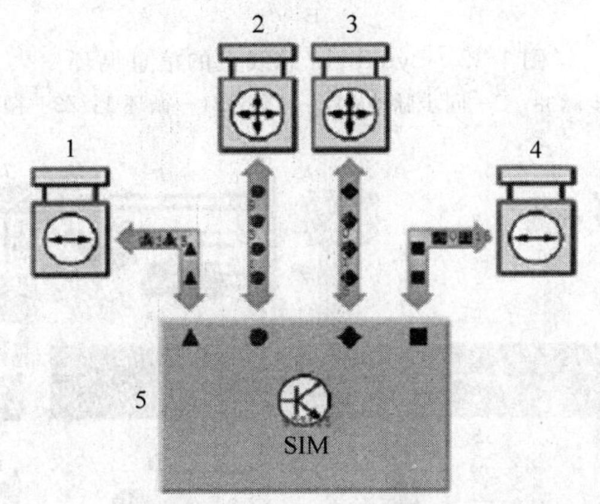

图 1-30 各个卫星式控制单元与 SIM 之间的数据流

1～4—安装于车内不同位置的卫星式控制单元；5—SIM(安全和信息模块)

Byteflight 系统根据规定的时间间隔分配来控制总线访问情况。执行这个控制程序时，只能在规定时间内发送特定信息，该信息通过其标识符进行识别。

发送和接收模块能够将电信号转变为光信号并通过光导纤维传输。每个卫星式控制单元都有一个电子光学发送和接收模块(SE)。

这些 SE 模块分别通过光导纤维连接在 SIM 内的智能型星型连接器上。SIM 内也有用于与各个卫星式控制单元交换数据的发送和接收模块 SE，如图 1-31 所示。

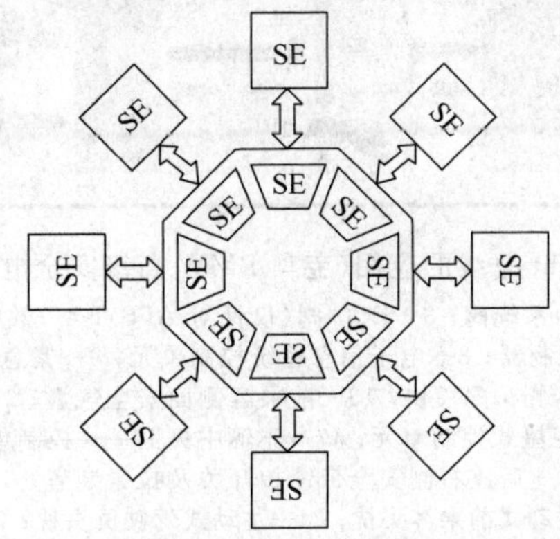

图 1-31 星型连接器与卫星式控制单元通过 SE 进行数据交换

Byteflight 主控单元执行两个任务，一是产生同步脉冲(Sync Pulse)，二是使卫星式控制单元进入报警模式。

SIM 内的 Byteflight 总线主控单元以 250μs 为时间间隔发送同步脉冲。报警模式通过同步脉冲宽度发送。处于报警状态时，一个同步脉冲的持续时间约为 2μs。同步脉冲时间通常约为 3μs。Byteflight 总线上的信息循环如图 1-32 所示。图 1-33 所示为宝马高级安全电子系统的组成。

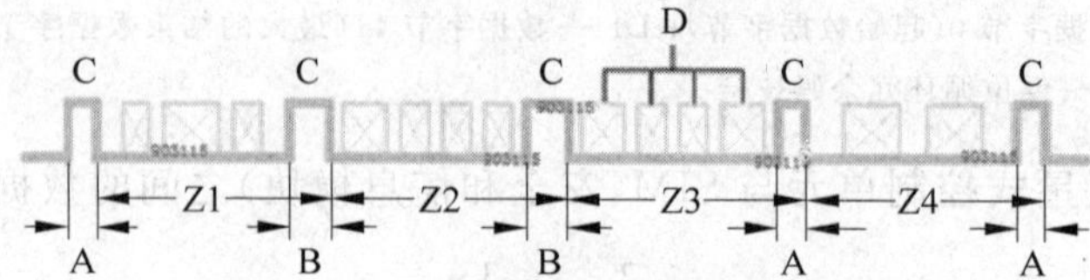

图 1-32 Byteflight 总线上的信息循环

A—报警同步脉冲；B—正常同步脉冲；C—同步脉冲；D—电码；Z1—循环 1；Z2—循环 2；Z3—循环 3；Z4—循环 4

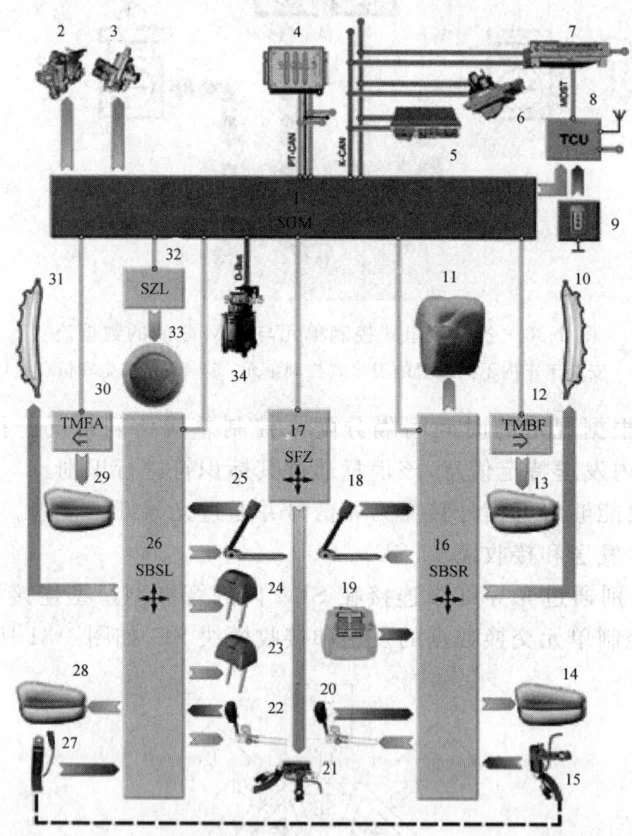

图 1-33 Byteflight 总线的应用(宝马 BMW 高级安全电子系统的组成)

1—安全和网关模块；2—伺服转向助力系统阀；3—ECO 阀(仅针对 AFS)；4—数字式发动机控制单元；5—车身控制模块；6—灯光模块；7—多音频系统控制器；8—电子信息系统控制单元；9—紧急呼叫按钮；10—右侧头部安全气囊；11—前乘客前部安全气囊；12—前乘客侧车门模快；13—前乘客侧面安全气囊；14—后座右侧侧面安全气囊；15—行李厢内监控屏蔽接头；16—右侧 B 柱卫星式控制单元；17—车辆中央卫星式控制单元；18—前乘客安全带锁扣开关及拉紧装置；19—座位占用识别装置；20—后座右侧安全带锁扣开关及拉紧装置；21—安全蓄电池接线柱；22—后座左侧安全带锁扣开关及拉紧装置；23—主动式前乘客头枕；24—主动式驾驶员头枕；25—驾驶员安全带锁扣开关及拉紧装置；26—左侧 B 柱卫星式控制单元；27—发动机舱内监控屏蔽接头；28—后座左侧侧面安全气囊；29—驾驶员侧面安全气囊；30—驾驶员侧车门模块；31—左侧头部安全气囊；32—转向柱开关中心；33—驾驶员前部安全气囊；34—诊断接口

1.2.7 VAN总线

VAN是Vehicle Area Network(局域连接网络)的缩写，是一种中等通信速率的通信协议网络，由法国雪铁龙、雷诺和标致汽车公司联合开发。

VAN总线系统传输速度可达1Mbps，广泛运用于汽车门锁、电动车窗、空调、自动报警及娱乐控制系统，与一般总线相比，其数据通信具有突出的可靠性、实时性和灵活性。

VAN采用两根导线进行数据传输。这两根导线分别称为DATA数据导线和DATAB数据导线(对应于CAN-H导线和CAN-L导线)。VAN的数据导线既可以采用铜质双绞线，也可以采用同轴电缆，还可以采用光导纤维(即光纤或光缆)。

VAN总线的DATA数据导线和DATAB数据导线电压如图1-34所示。不难看出，与控制器局域网CAN一样，VAN也采用差动信号传输方式，抗干扰能力强，且有良好的容错能力。同时，VAN总线在一条导线出现故障的情况下，还具有单线工作能力。

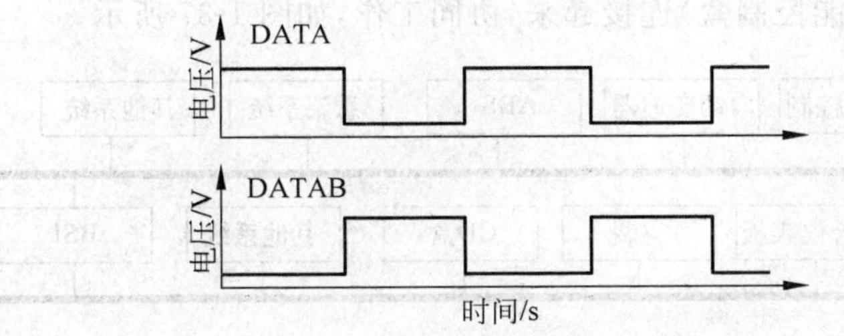

图1-34 VAN总线DATA与DATAB的电压示意图

1. 单一的VAN网络

VAN舒适网用于空调、报警、导航系统、CD、收放机、组合仪表、多功能显示屏、门锁、车窗、车灯等，为多主控式网络，传输速率为125Kbps。比如塞纳和毕加索，是单一的VAN网络。VAN总线和VAN多功能传输系统的结构示意图分别如图1-35和图1-36所示。

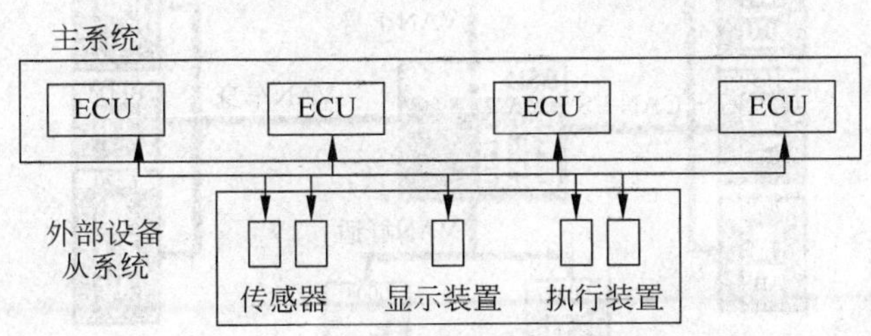

图1-35 VAN总线结构示意图

2. VAN-CAN混合网络

CAN总线为多主系统网络，用于机械功能、发动机和底盘等。CAN和VAN这两种网络都具有可靠性、简单性、经济性，其中CAN网络往往用于连接轿车中实时控制的功能控制系统，VAN多用在连接车身中的功能控制系统上。

目前，为了满足功能需要，广泛应用的VAN-CAN双网结构出现了"多网"的趋势，其中VAN网络又分为舒适VAN网和车身VAN网，车身VAN网又分为车身网VAN1和车身

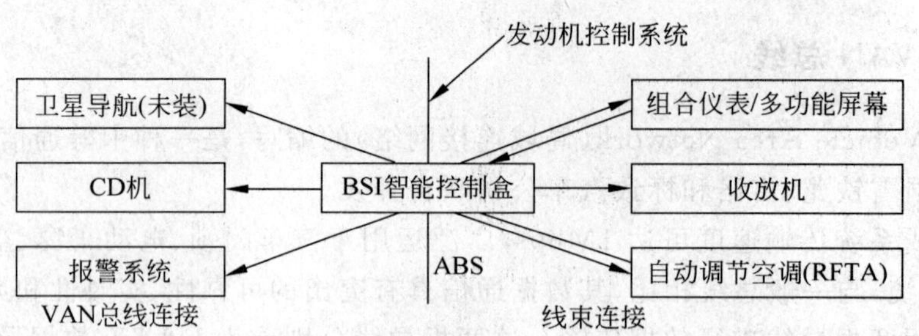

图 1-36 VAN 多功能传输系统结构示意图

网 VAN2，适用于安全气囊、前照大灯、车门、车窗、车门玻璃、座椅、微粒过滤器以及转向盘等，传输速率为 62.5Kbps 的典型速率。

在 VAN-CAN 双网并存的混合网络系统中，VAN 总线主要用于汽车舒适系统的控制，CAN 总线主要用于汽车动力传动、制动、悬架等系统的控制，VAN 总线和 CAN 总线两个网络系统由网关(BSI 智能控制盒)连接起来，协同工作，如图 1-37 所示。

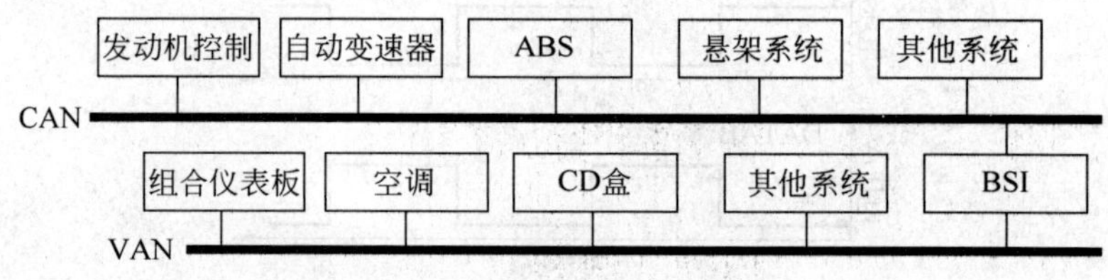

图 1-37 VAN-CAN 混合结构

3. VAN 网络结构

以智能控制盒(BSI)为网关的 VAN 网络结构示意图如图 1-38 所示。

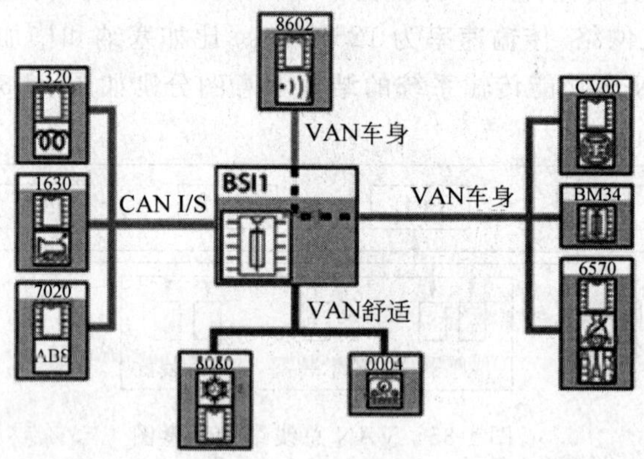

图 1-38 以智能控制盒(BSI)为网关的 VAN 网络

BSI1—智能控制盒；1320—发动机控制单元；1630—自动变速器控制单元；7020—ABS 控制单元；0004—组合仪表；8080—空调控制单元；BM34—发动机舱控制盒；CV00—转向盘下转换模块；6570—安全气囊控制单元；8602—防盗报警控制单元

智能控制盒(BSI)是整车网络系统的核心控制单元，由电子电路部分和功率部分(包括熔断器和继电器)构成，如图 1-39 所示。

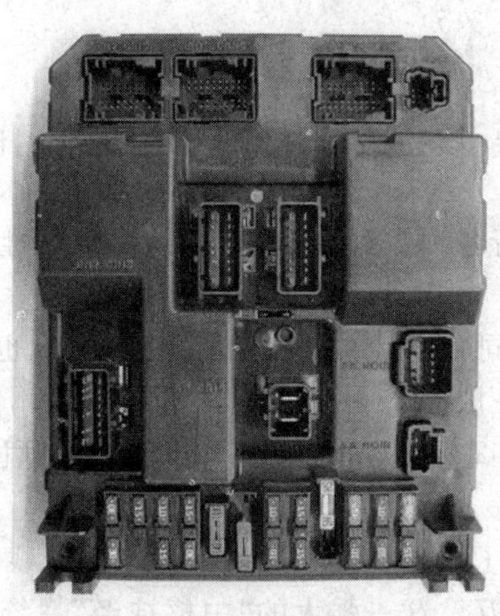

图 1-39 智能控制盒(BSI)

作为 VAN 网络系统的网关,智能控制盒(BSI)除了负责管理 VAN 网络的电量(电源)供应(休眠、激活和暂停供电)之外(图 1-40),还负责在下面网络之间进行数据传输和协议转换。

(1) CAN I/S、VAN 舒适网络和 VAN 车身网络之间。

(2) 诊断工具和(舒适、车身)VAN 网络之间。

此外,智能控制盒(BSI)还可以实施远程编码和数据下载,以方便故障的检测与维修工作。

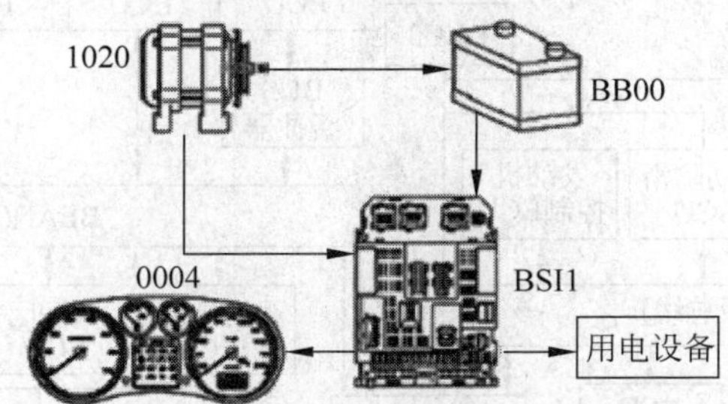

图 1-40 智能控制盒 BSI 的电源管理功能

发电机—1020;蓄电池—BB00;BSI1—智能控制盒;0004—组合仪表

4. 休眠与激活模式

VAN 网络的激活(工作)条件如图 1-41 所示。

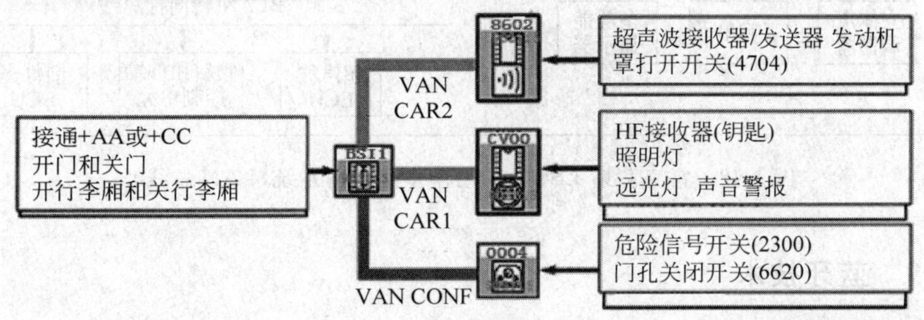

图 1-41 VAN 网络的激活(工作)条件

1.2.8 LAN 总线

LAN 是 Local Area Network(局域连接网络)的简称,可用于社区、学校、楼宇以及家庭的个人计算机联网,也可以用于汽车,作为车内局域网。LAN 用于汽车,和 CAN 相似,主要是为了车载各电控单元进行各种数据交换,以达到对汽车性能精确、高速控制,减少配线的目的。

LAN 的传输介质:采用同轴电缆的总线型/树型网络,也可以是采用双绞线、同轴电缆、光纤的环型网,传输速率一般为 1~20Mbps。

LAN 总线协议:IEEE 802 标准(美国电气和电子工程师协会为 LAN 网络介质访问控制技术制定的协议)。

LAN 应用:爱唯欧采用了全数码化智能 GM-LAN 总线架构,通过高速、低速两路总线,实现了整车智能化信息交互。这一强大的"中枢神经"系统使得爱唯欧车内信息传递更加快速、智能并具备了搭载高端科技配备的能力。

雷克萨斯 LS430 轿车全车电控单元以网关控制单元为中心,设置了几个总线系统,包括仪表板总线、门控总线、转向柱总线、Back-up 总线(控制转向信号灯、尾灯、制动灯和后雾灯)和 AVC-LAN。BEAN 通信采用单线传输,CAN 和 AVC-LAN 通信采用双绞线传输,如图 1-42 所示。

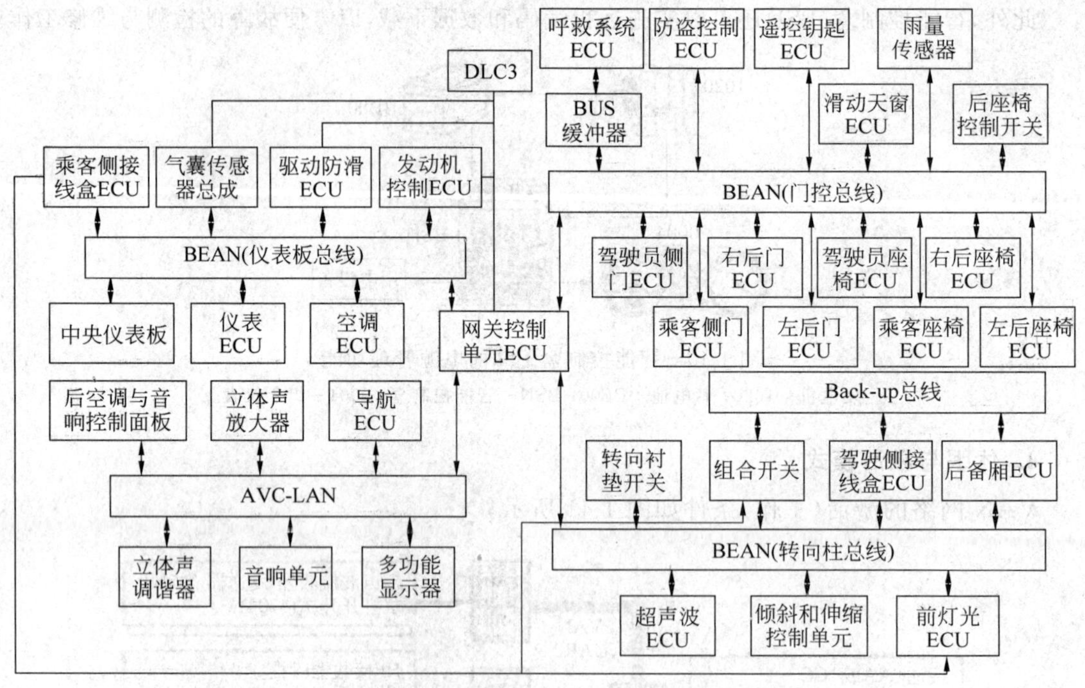

图 1-42 雷克萨斯 LS430 乘用车多路传输系统(LAN 总线)

1.2.9 蓝牙技术

蓝牙技术(Bluetooth)是一种支持短距离通信(一般 10m 以内)的无线电技术。通过它能在移动电话、掌上电脑(PDA)、无线耳机、笔记本电脑、无线鼠标、计算机相关外设等众多设备之间进行无线信息交换。短距离无线电收发器(发射器和接收器)直接安装在所选用的移动装置内或集成在适配器(如 PC 卡、USB 等)内。

利用蓝牙技术,能够有效地简化移动通信终端设备之间的通信,也能够成功地简化设备与因特网(Internet)之间的通信,从而使数据传输变得更加迅速和高效,为无线通信拓宽了道路。

蓝牙技术采用分散式网络结构以及快速跳频和短包技术,支持点对点及点对多点通信,工作在全球通用的 2.4GHz ISM(即工业、科学、医学)频段。蓝牙技术使用 IEEE 802.15 协议,采用时分双工传输方案实现全双工传输,其数据传输速率可达 1Mbps。

1. 蓝牙技术在汽车上的应用

蓝牙技术在汽车上的应用如图 1-43 和图 1-44 所示。

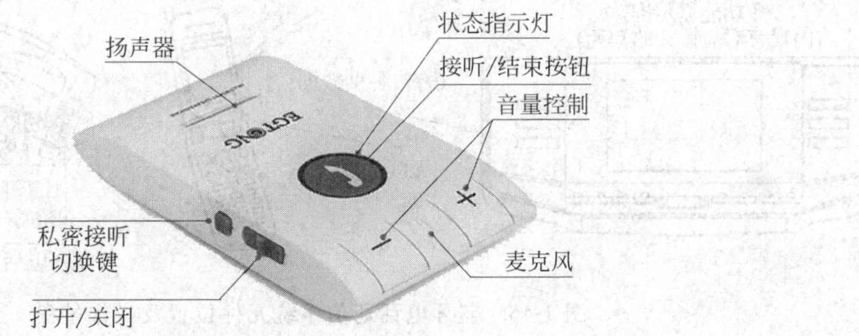

图 1-43　蓝牙车载免提系统框图

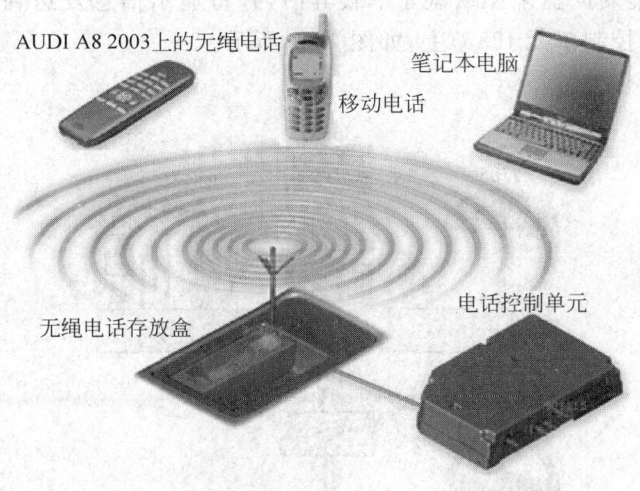

图 1-44　蓝牙技术在奥迪 A8 2003 年车型上的应用

2. 汽车中的蓝牙网

在汽车里,每个门、前座和操纵轮都有灵活的电缆,而这些灵活的电缆常常会出现问题。这里可以在小范围内采用无线电缆延伸器。汽车中的蓝牙网位置及工作过程如图 1-45、图 1-46 所示。

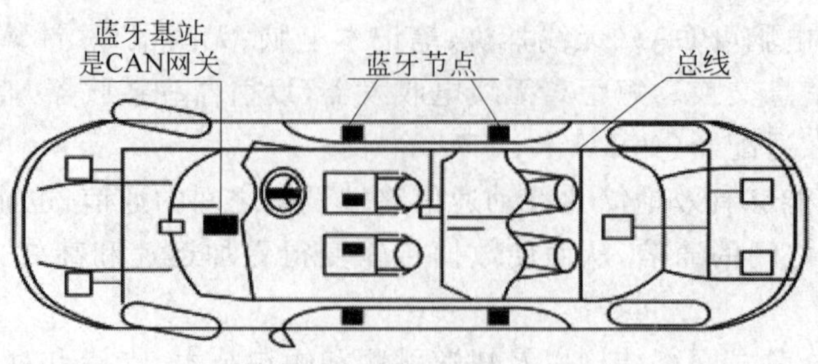

图 1-45 蓝牙装置在车上的位置

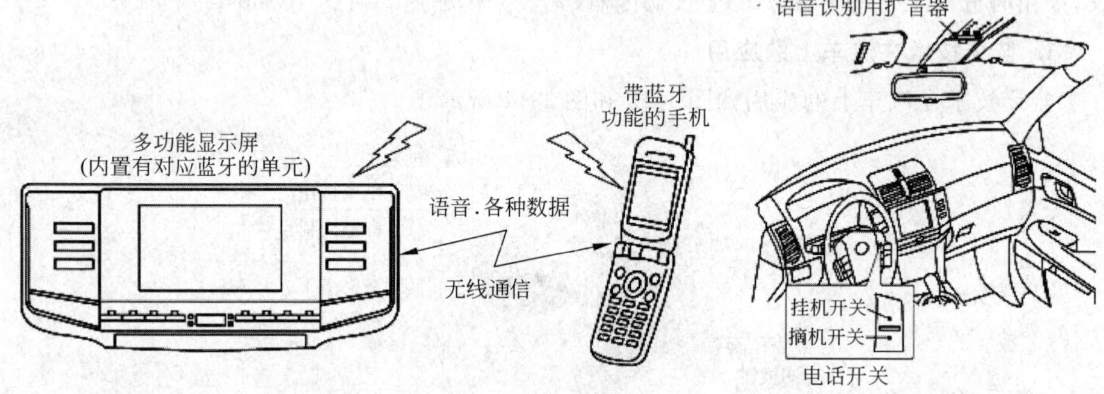

图 1-46 蓝牙电话通信系统元件位置及工作过程

蓝牙车载电话接在 MOST 总线上，它通过 MOST 总线来与其他信息娱乐设备进行通信。可以通过多功能转向盘来操纵蓝牙车载电话，并将显示信息发送到组合仪表的中央显示屏(组合仪表内的控制单元 J285)上，如图 1-47 所示。

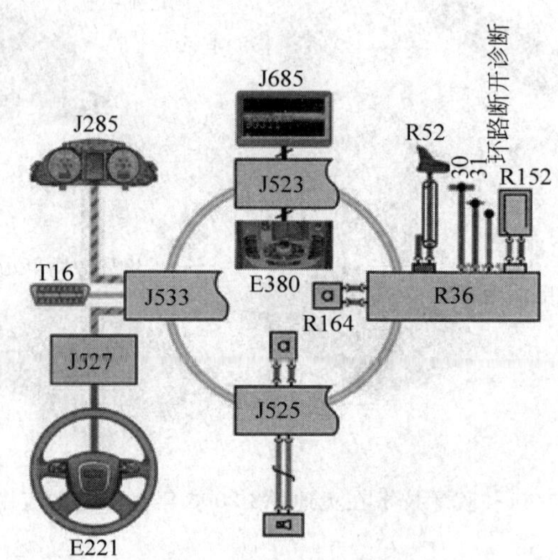

图 1-47 蓝牙车载电话接在 MOST 总线上

E221—转向盘上的操纵单元；E380—多媒体系统操纵单元；J285—组合仪表内控制单元；J523—前部信息显示和操纵控制单元；J525—数字音响包控制单元；J527—转向柱电子控制单元；J533—数据总线诊断接口；J685—前部信息显示单元；R36—电话发送和接收单元；R52—收音机、电话和导航系统(GPS/GSM/RC)车顶天线；T16—诊断接口；R152—蓝牙天线；R164—前部车顶模块内的麦克风

1.3 汽车网络系统的基本结构及工作原理

CAN(控制器局域网)是国际标准化的串行通信协议。目前,CAN总线是汽车网络系统中应用最多,也是最为普遍的一种总线技术。下面通过CAN总线技术的介绍来理解汽车网络系统的结构及工作原理。

1.3.1 CAN数据传输系统的组成

1. 网络节点(控制单元/控制模块)

网络上的节点是网络活动的核心部分,对车载网络而言,电子装置或控制单元就是网络节点,智能传感器就是一种最简单的节点,而ECU是车载网络系统中最复杂的模块,如图1-48所示。

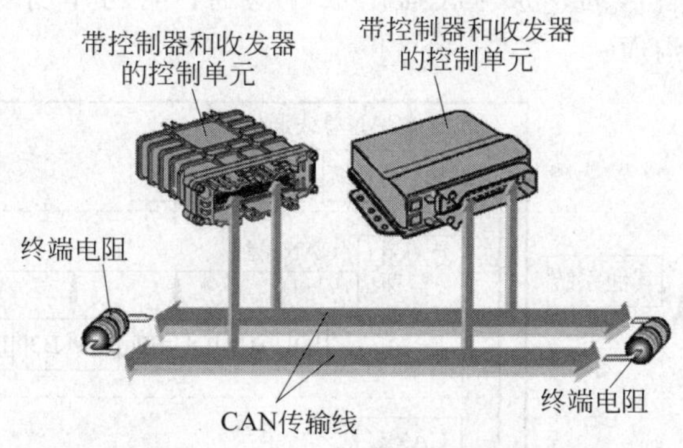

图1-48 网络节点(控制单元)及终端电阻

CAN控制器是在一块可编程芯片上通过逻辑电路的组合实现这些功能的,它对外提供了与微处理器物理线路的接口,通过对它的编程,CPU可以设置它的工作方式,控制它的工作状态,进行数据总线的发送和接收。

CAN收发器是一个发送器和接收器的组合,将CAN控制器提供的数据转化成电信号并通过数据总线发送出去,同时,它也接收总线数据,并将数据传到CAN控制器。

图1-49所示为大众车系CAN总线结构示意图。大众汽车的CAN总线系统分为5个不同的总线区域——动力系统、舒适系统、信息系统、诊断系统、仪表系统。其运行特点有如下4点。

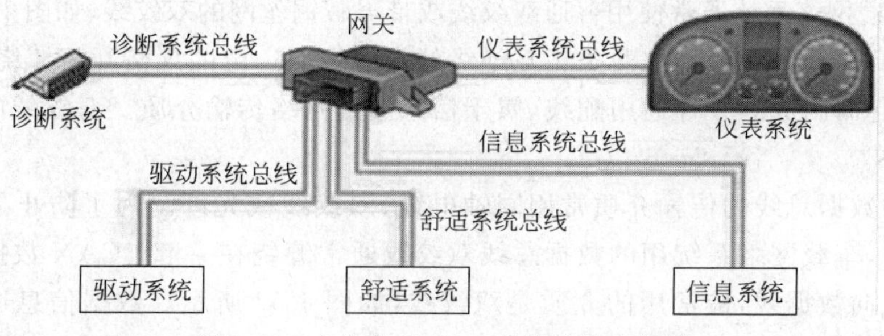

图1-49 大众车系CAN总线结构示意图

(1) 动力 CAN 数据总线经过短时无载运行后切断，舒适系统 CAN 数据总线保持随时可用状态。

(2) 为了降低供电网络的负荷，若动力总线系统关闭，舒适总线系统则进入休眠状态。

(3) 舒适/信息 CAN 数据总线在一条数据线短路时，可以用另一条线继续工作，并切换进入“单线工作模式”。

(4) 动力 CAN 总线数据信号与舒适/信息 CAN 数据信号是不同的。

CAN 总线动力系统主要包含发动机控制单元、ABS 控制单元、ESP 控制单元、自动变速器控制单元、安全气囊控制单元、组合仪表控制单元等，即传统意义上的发动机控制与底盘控制。

舒适系统和信息系统主要包含自动空调控制单元、车门控制单元、舒适控制单元、收音机和导航显示单元，也就是传统意义的车身控制单元(BCM 模块)。

CAN 总线控制在公交车中应用的典型方案如图 1-50 所示，主要解决以下问题：①与驾驶员沟通；②与驱动设备沟通；③与底盘总成件沟通；④与车身部分人性化设施沟通；⑤与运营信息管理系统沟通。

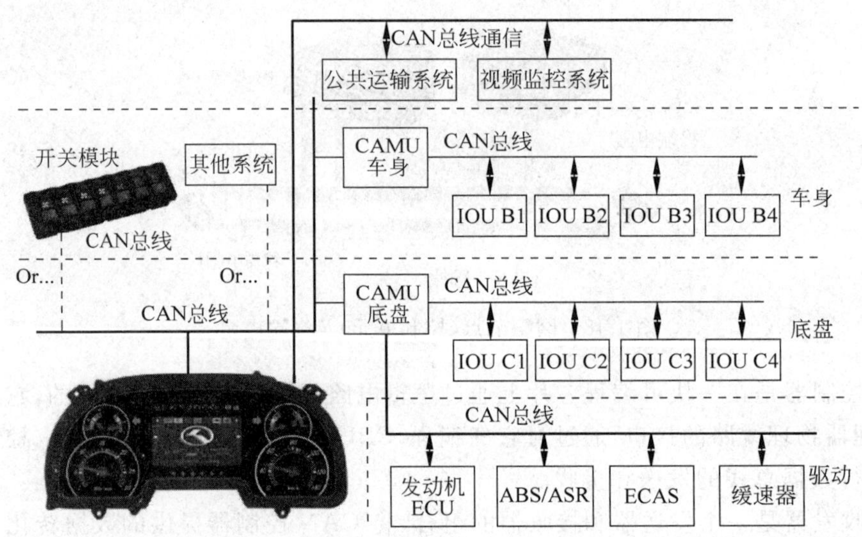

图 1-50 CAN 总线控制在公交车应用的典型方案

2. 数据传输总线

数据传输总线的传输介质主要有同轴电缆、双绞线和光纤，无线传输介质主要有无线电波和红外线。车载网络系统通常使用普通双绞线或带屏蔽铜丝网的双绞线，如图 1-51 所示。

双绞线(Twisted Pair)是由两条相互绝缘的导线按照一定的规格互相缠绕(一般以逆时针缠绕)在一起而制成的一种通用配线，属于信息通信网络传输介质。双绞线的传输速度可达 1～10Mbps 。

汽车上的数据总线的传输介质常用同轴电缆、双绞线或光纤。为了防止外界电磁波干扰和向外辐射，车载网络系统用的数据总线双绞线通常缠绕在一起。CAN 数据总线是用以传输数据的双向数据线，最常用的介质是双绞线，如图 1-52 所示。数据信息通过数据总线发送给各控制单元，各控制单元接收后进行计算。

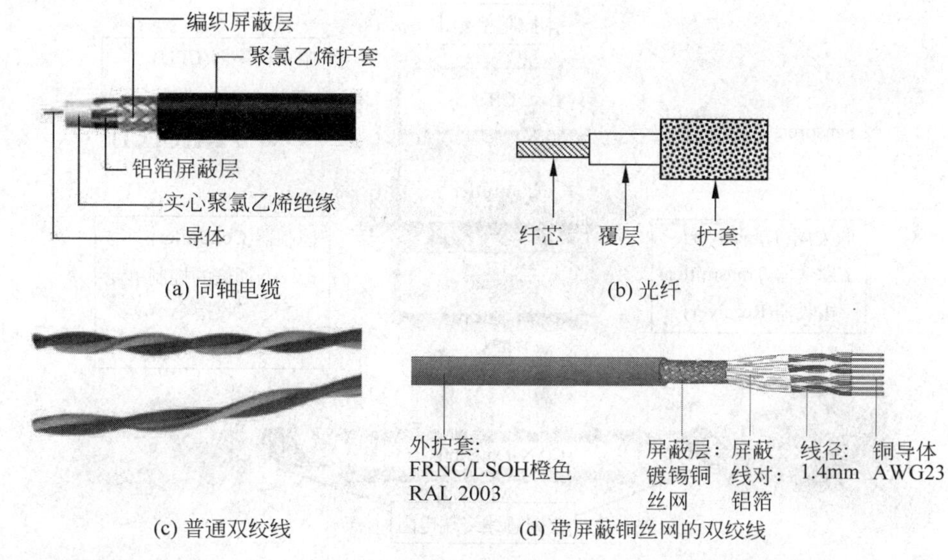

(a) 同轴电缆　(b) 光纤　(c) 普通双绞线　(d) 带屏蔽铜丝网的双绞线

图 1-51　网络传输介质示意图

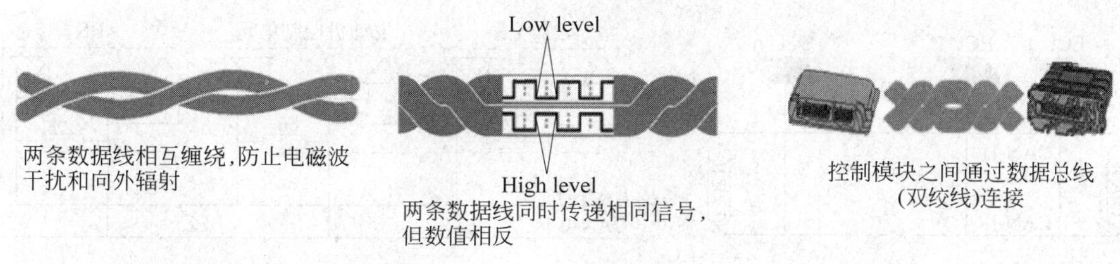

图 1-52　双绞线

由于信号采用差分电压方式传送,两条信号线分别被称为 CAN 高位数据线(CAN-H)和低位数据线(CAN-L),静态时均是 2.5V 左右,此时状态表示为逻辑“1”,也可以叫作“隐性”。

用 CAN-H 比 CAN-L 高表示逻辑“0”,称为“显性”,此时 CAN-H 和 CAN-L 线上的数据为逻辑互补(电位相反)的值,且高低位相加始终保持电压总和为一常数。如果 CAN-H 对地电压为 2.6V,那么 CAN-L 则为 2.4V。CAN 总线结构及原理示意图如图 1-53 所示。

CAN 也是一条现场的诊断通路,可作为诊断接口或者诊断界面对各控制单元进行诊断。

3. 数据传输终端

数据传输终端实际是一个终端电阻器,作用是防止数据在线端反射,并以回声的形式返回,产生反射波而使数据遭到破坏。一般在动力传输终端的两个控制单元中各有一个 120Ω 的终端电阻,经网线并联后,两根网线之间的标准电阻为 60Ω。大众部分车型中设有两种终端电阻,分别为 66Ω 和 2.6kΩ,如图 1-54 所示。

CAN 动力网中每一个 ECU 都通过两根网线上网,一根称为 CAN-H,另一根则称为 CAN-L,当 CAN 动力网正常工作时,CAN-H 的电位为 2.6V 左右;CAN-L 的电位为 2.4V 左右。所以 CAN 动力网必须同时满足两根网线之间的电阻在 60Ω 附近的电阻条件和两根

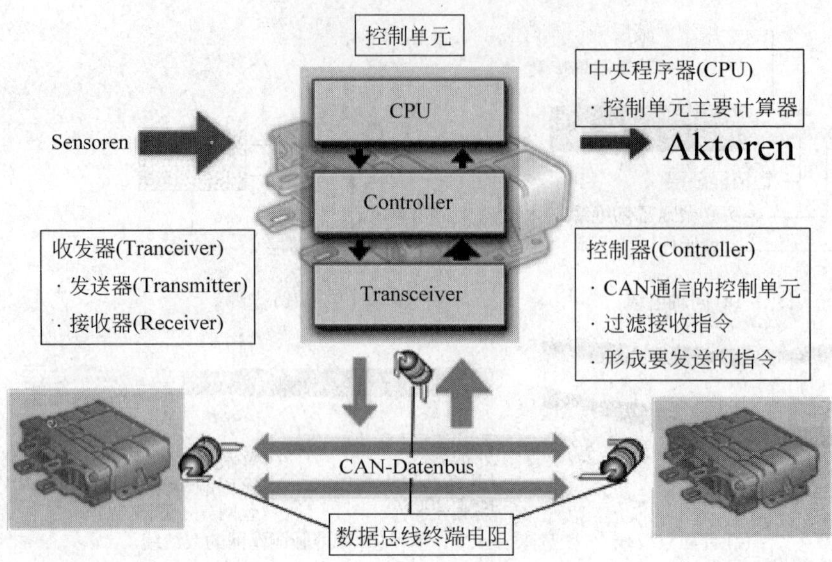

图 1-53 CAN 总线结构及原理示意图

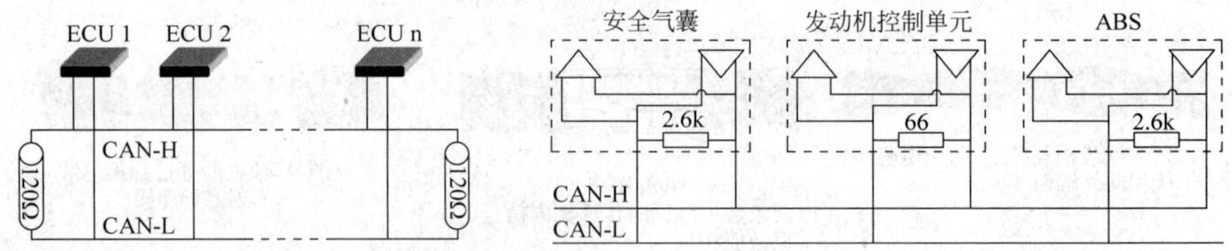

图 1-54 CAN 总线终端电阻

网线的电压分别为 2.6V 左右、2.4V 左右的电位条件时，才能正常工作。当 CAN 动力网的任一根网线断路(包括接触电阻过大)、短路(搭铁)、接电源正极或两根网线相连、同时断路时，CAN 动力网就不可能同时满足上述的电阻条件和电位条件，陷入瘫痪。瘫痪后一方面造成不能传递防盗信号，发动机 ECU 不能控制发动机起动；另一方面造成电子稳定程序计算机(ESP)的轮速传感器不能通过 CAN 动力网把车速、行驶里程等信息传递到 BSI，并再由 BSI 通过 CAN 舒适网把车速、行驶里程等信息传递到组合仪表，组合仪表上也将无车速、行驶里程等显示。

4. 网络协议

1) 介质访问控制 MAC(Medium Access Control)方法

现场总线网络属于广播式网络，仅有一条信道，网络上的所有节点共享传输媒体、介质使用权，介质访问控制是解决局域网中共用信道产生竞争时信道使用权的分配问题。介质访问控制方法可分为争用型介质访问控制和确定型介质访问控制。争用型介质访问控制也称随机型介质访问控制协议，包括 CSMA/CD 和 CSMA/CR。确定型介质访问控制，又称有序的访问控制协议，如 Token(令牌)方式。下面介绍随机竞争类的两种方式。

(1) CSMA/CD。随机竞争 MAC 技术为 CSMA/CD(Carrier Sense Multiple Access/Collision Detection，载波侦听多路访问/冲突检测协议)，主要用于总线型和树型网络拓扑

结构,包括以下三个要点：载波侦听,即一个节点只有在确认网络空闲之后才能发送信息；多路访问,表示多个节点可以同时访问媒体,也表示一个节点发送的信息帧可以被多个节点所接收；冲突检测,如果多个节点同时检测到网络空闲并发送信息,就会产生冲突。如发生冲突,则节点停止发送,并等待一个随机的时间重新发送,等待时间的长短由节点的退避算法决定。

(2) CSMA/CR。CSMA/CR (Carrier Sense Multiple Access/Collision Resolution 带冲突决定的载波监听多路访问)方式主要用于总线型网络拓扑结构。根据需要预先设定节点优先级,每个节点边发送边监听,当有多个节点同时发送报文时将产生冲突,这时总线进行位仲裁,优先级低的节点将退出发送,由发送节点转为接收节点。CAN 总线协议就是采用 CSMA/CR 的介质访问方式。

2) 总线网络访问的触发方式

(1) 时间触发协议(TTP,Time Triggered Protocol)：按一定规则安排每个节点发送信息的时刻和信息发送的延续时间。信息传输延时小,实时性好,网络时间发生的时间可以预知,比较适合车载网络控制系统。FlexRay 总线采用时间触发协议。

(2) 事件触发协议(ETP,Event Triggered Protocol)：节点在需要发送信息或请求发送信息时才启动网络访问过程,否则处于接收状态。一个节点要发送信息时,可能有信息占有总线,信息传输延时不确定,实时性差。CAN 总线采用事件触发协议。

汽车上常用的网络协议见表 1-3。

表 1-3 网络协议(A/B/C/D)

类别	位速率/Kbps	应用范围	LIN	CAN	FlexRay	MOST
A	10～125(面向传感器、执行器的低速网络)	电动门窗、座椅调节、灯光照明等控制	↕			
B	125～1000(面向独立模块间数据共享的中速网络)	电子车辆信息中心、故障诊断、仪表显示、安全气囊等系统		↕		
C	1000～10000(面向高速、实时闭环控制的多路传输网)	悬架控制、牵引控制、发动机控制、ABS 等系统			↕	
D	10000 或更高(面向多媒体系统)	汽车导航系统、车载娱乐系统等				↕

5. 网关

网关(Gateway)是连接不同网络,能实现不同网络协议转换的设备。网关是网络上的一个节点,是连接异型网络的接口装置。网关的作用是对双方不同的协议进行翻译和解释,实现不同网络之间无差错数据通信。网关用来识别和改变不同总线网络的信号和速率；改变信号的优先级；网关还可作为诊断接口。图 1-55 所示为上海帕萨特轿车的网关。

(1) 网关安装位置

① 集成在组合仪表控制单元内部,例如宝来、奥迪 A6。

② 集成在中央电器控制单元 J519 内，例如波罗。

③ 单独的网关 J533，安装在仪表板左下方，加速踏板上方，例如速腾(图 1-56)、途安。

(2) 网关主要功能

① 在驱动总线、舒适总线、信息娱乐总线以及仪表总线系统之间交换数据；在不改变数据的情况下，将驱动总线、舒适总线、信息娱乐总线以及仪表总线的诊断信息传递到自诊断接口。

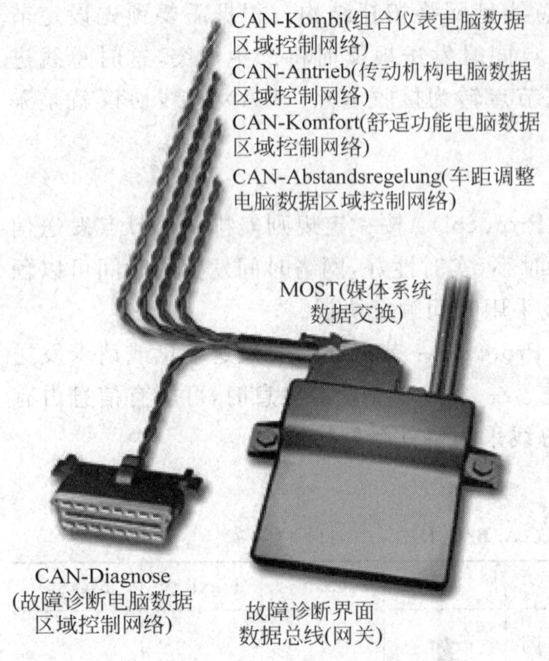

图 1-55 上海帕萨特轿车网关

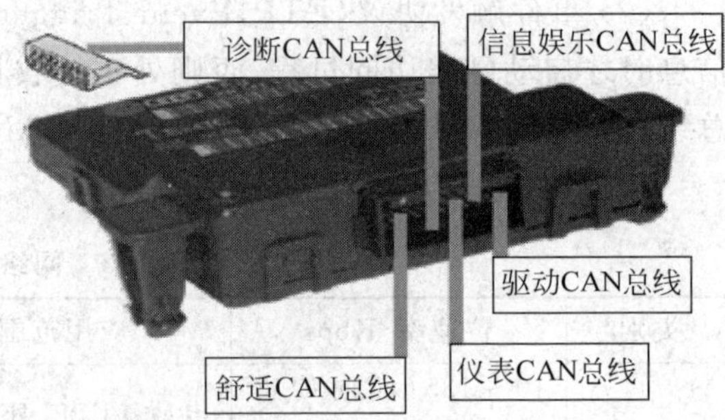

图 1-56 一汽大众速腾网关 J533

② 15 号正电的延迟功能动力总线系统在 15 号正电关闭后一段时间内，有些控制单元仍然需要交换信息，因此，在控制单元内部，用 30 号正电延迟控制单元内部的 15 号正电，保证断电后，信息的正常传递。延迟功能的时间在 10 秒到 15 分钟之间，如图 1-57 所示。

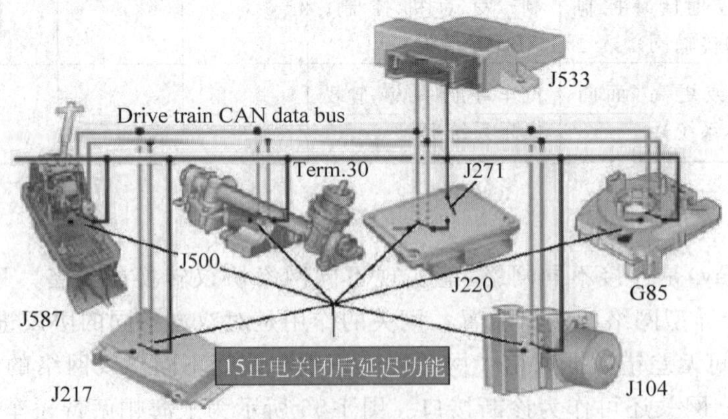

图 1-57 速腾网关 15 号正电关闭后延迟功能

③ 睡眠和唤醒模式的监控(图 1-58)。

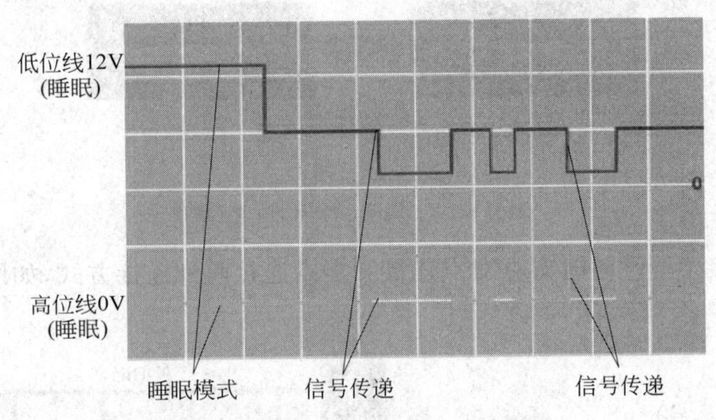

图 1-58　睡眠和唤醒模式的监控

a. 当舒适和信息娱乐系统总线处于空闲状态时,控制单元发出睡眠命令;当网关监控到所有总线都有睡眠要求时,进入睡眠模式。

b. 睡眠模式下总线电压:CAN-L 为 12V,CAN-H 为 0V。

c. 当动力总线处于信息传递过程时,舒适和信息娱乐总线不允许进入睡眠状态;当舒适总线处于信息传递过程时,信息娱乐总线不允许进入睡眠状态。

d. 当某个信息激活相应的总线后,控制单元会激活其他的总线系统(在动力 CAN 总线系统中控制单元通常是在点火开关打开后被唤醒;在舒适 CAN 总线系统中,通过打开点火开关,激活闪烁报警装置,车门、后备厢盖、车前盖和点火钥匙的状态发生变化,接通车外照明等动作被唤醒)。

④ 运输模式。

在商品车运输到经销商之前,为了防止蓄电池过多放电,应当使车辆的能耗减少到最小。因此,有些功能将被关闭。

经销商在销售给用户前,必须用 VAS5051 的自诊断功能(收集服务信息)来进行关闭运输功能。

运输模式在低于 150km 时,可以用网关进行切换,当高于此值时,系统自动关闭运输模式。

运输模式下,以下舒适和娱乐信息系统不工作:

a. 收音机。

b. 遥控钥匙功能。

c. 内部监控系统。

d. 驻车加热的遥控接收器。

e. 倾斜传感器。

f. 仅有 30 秒的内部照明灯激活。

h. 二极管防盗指示灯(驾驶+副驾驶侧)。

6. 接口

接口负责建立计算机与周围环境(其他设备)之间的连接,如图 1-59 所示。

图 1-59 接口

1—计算机；2—接口；3—软件；4—硬件

通过接口连接不同设备时有点对点连接和多点连接两种连接方式，如图 1-60 和图 1-61 所示。

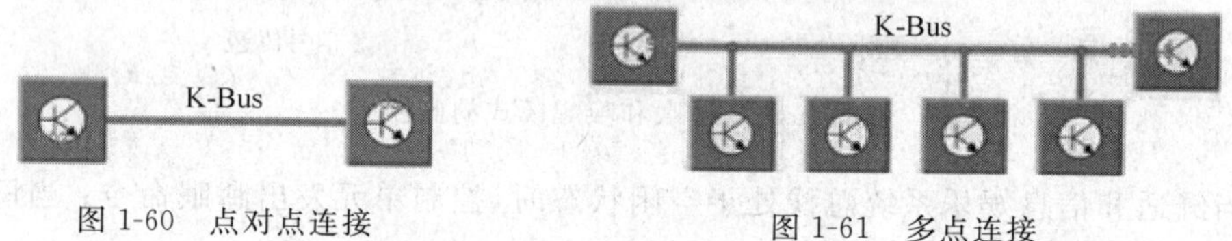

图 1-60 点对点连接

图 1-61 多点连接

接口是连接两个电子单元的部件，有串行接口和并行接口之分。串行接口一次传输一位数据；并行接口同时传输两位或两位以上的数据。

1.3.2 数据传输方式

根据发送装置向接收装置传输信息时各字节的传输方式不同，数据传输方式分为并行传输和串行传输两种形式。

1. 并行传输

进行并行数据传输时，发送装置向接收装置同时(并行)传输 7～8 位数据。以并行形式传输数据时，两个设备之间的电缆必须包括 7 或 8 根平行排列的导线(加接地导线)，如图 1-62 所示。并行传输时，其数据犹如在具有 8 条车道的公路上行车，同一时间内可通过 8 辆车，每辆车的载运量相当一位数据，8 辆车的载运量之和相当于一个字节。

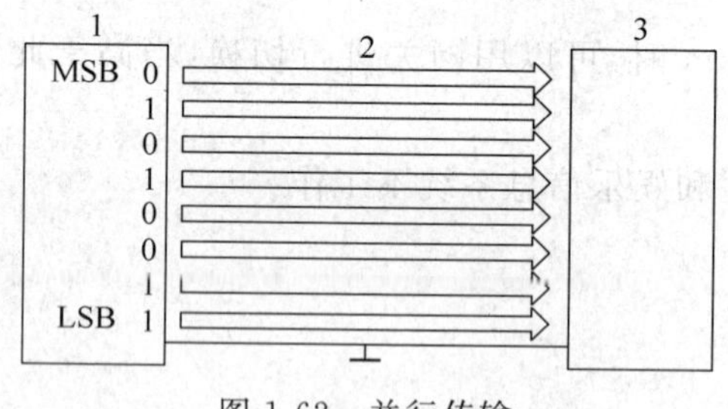

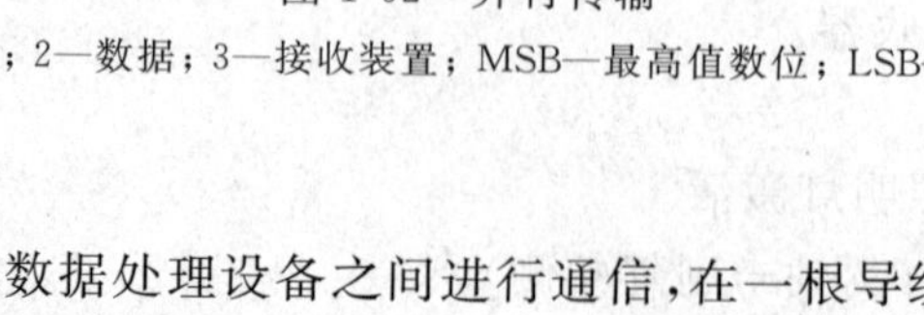

图 1-62 并行传输

1—发送装置；2—数据；3—接收装置；MSB—最高值数位；LSB—最低值数位

2. 串行传输

串行传输主要用于在数据处理设备之间进行通信，在一根导线上以位为单位依次(连续形式)传输所需数据，如图 1-63 所示。

数据的传输速率(速度)一般使用位传输速率(也称比特率)表示，其定义为每秒传输的

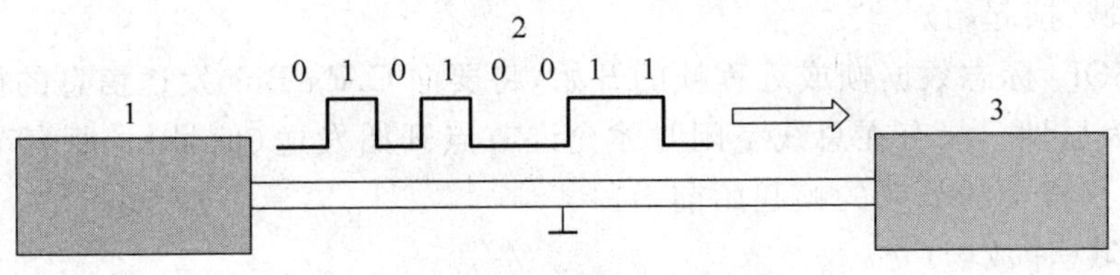

图 1-63　串行传输
1—发送装置；2—数据；3—接收装置

数据位数(bit)，单位为 bps。

目前汽车上并行数据传输方式多在控制单元内部线路中使用，而在控制单元外部传输信息则大都以串行传输方式进行。

串行数据传输既可以采用同步传输方式，也可以采用异步传输方式。

1.3.3　CAN 报文的传送和帧结构

CAN 总线传送的数据又称报文，是一帧一帧地传送，每帧数据由一组二进制数或数字脉冲组成，这组二进制数按功能又分为一段一段的，每一段称为帧的域或场。

在进行数据传送时，发出报文的节点为该报文的发送器。收发器由一个发射器和一个接收器组合而成，收发器将从控制器接收的数据转化成能够通过 CAN-Bus 传递的电信号，并能双向传递。对于发送器而言，如果直到帧结束末尾一直未出错，则报文有效。如果报文受损，将允许按照优先权顺序自动重发送。为了能同其他报文进行总线访问竞争，总线一旦空闲，重发送立即开始。对于接收器而言，如果直到帧结束的最后一位一直未出错，则报文有效。

CAN 总线所传输的数据有数据帧、远程帧、错误帧和过载帧 4 种。

(1) 数据帧：数据帧将数据从发送器传输到接收器。

(2) 远程帧：通过总线节点发送，以请求发送具有相同标识符的数据帧。

(3) 错误帧：任何节点检测到总线错误就发出错误帧。

(4) 过载帧：过载帧用以在先行的和后续的数据帧(或远程帧)之间提供一附加延迟。

数据帧和远程帧可以使用标准帧及扩展帧两种格式。它们用一个帧间空间与前面的帧分隔。

1. 数据帧

数据帧由 7 个不同的位场(域)组成：开始域(帧起始 SOF，start of frame)、状态域(仲裁场，arbitration frame)、控制域(控制场，control frame)、数据域(数据场，data frame)、安全域(CRC 场，CRC frame)、检验域(应答场，ACK Frame)、结束域(帧结尾 EOF，end of frame)，如图 1-64 所示。数据场的长度为 0～8 位。CAN-Bus 传递的最大长度为 108bit。

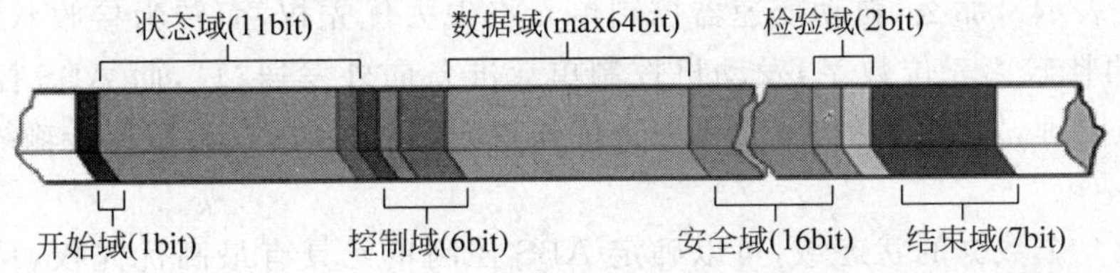

图 1-64　数据帧的信息结构

(1) 开始域(帧起始)

帧起始(SOF)标志数据帧或远程帧的开始,将要向 CAN-Bus 发送信息的标志。其大小为一位,状态为显性。只有在总线空闲时才允许节点开始发送(信号)。所有节点必须同步于首先开始发送报文的节点的帧起始前沿。

(2) 状态域(仲裁场)

仲裁场由标识符和远程发送请求位(RTR 位)组成,用来确定信息的优先权。RTR 位在数据帧中为显性,在远程帧中为隐性。对于 CAN 2.0A 标准,标识符长度为 11 位,这些位按 ID.10 到 ID.0 的顺序发送,最低位是 ID.0,7 个最高位(ID.10~ID.4)必须不能全是"隐性"。

状态域的仲裁作用:为了避免多个信息在传递时发生冲突,CAN 数据总线在同一时刻只允许传递一个数据。数据传递的先后顺序是按数据的优先级别来确定的,具有更高优先级别的数据首先发送,而数据的优先级别是由二进制的 11 位数值来表示。当多个控制单元同时发送数据时,在数据传输线上由左到右对表示优先级别的 11 位数字逐一进行比较。每个单元都会在总线空闲时尽快发送它的最高优先级信息。

如果几个单元同时向总线启动传输数据,会产生总线冲突。解决的方法是利用总线结构上的"线与"裁决功能。其结果是让最高优先级的信息最优先存取,而且不会有时间或数据位的损失。在总线仲裁中失败的单元会自动返回到等待状态,一旦总线空闲时再次重复发送传输请求。

① 每个控制单元在发送信息时通过发送标识符来识别。

② 所有控制单元都是通过自己的 RX 线来跟踪总线上的一举一动并获知总线的状态。

③ 每个控制单元将 TX 线和 RX 线的状态一位一位地进行比较。

④ 数据总线传输的优先原则:用标识符中位于前部的"0"的个数代表信息的重要程度,从而保证按照信息的重要程度来依次发送信息。

仲裁规则是标识符的读码越小(1 前面的 0 位越多),该信息越重要,优先级别越高。越早出现 1 的控制单元,越早推出发送状态而转为接收状态。

如果一个控制单元发送了一个低电位(用"1"表示)而检测到一个即将接收的高电位(用"0"表示),那么,该控制单元就停止发送而转变为接收状态;如果一个控制单元向外发送高电位(用"0"表示),而同时,另一个控制单元向外发送低电位(用"1"表示),则数据传输线将体现高电位(用"0"表示)。

例如,发动机控制单元要发送的数据为"00101000000";而自动变速器控制单元要发送的数据为"01000100000";ABS 控制单元要发送的数据为"00011010000"。那么,数据传输线将如何传递这些数据呢?首先,第一位均为"0",数据传输线上也体现为"0";三个数据的第二位数字,自动变速器控制单元准备向外发送"1",而发动机控制单元和 ABS 控制单元均准备向外发送"0",因此,自动变速器控制单元发送了一个低电位(用"1"表示),而接收一个高电位(用"0"表示),那么,自动变速器控制单元将失去优先权,而转为接收状态,数据传输线传送"0";再比较第三位数字,发动机控制单元准备向外发送"1",而 ABS 控制单元准备向外发送"0",同理,发动机控制单元将失去优先权而转为接收状态,数据传输线传输"0",如图 1-65 所示。

通过比较 3 个数据的状态域,可以确定 ABS 控制单元具有最高优先权,从而可以接管数据总线的控制权,该优先权保证其持续发送数据直至发送终了。ABS 控制单元结束发送

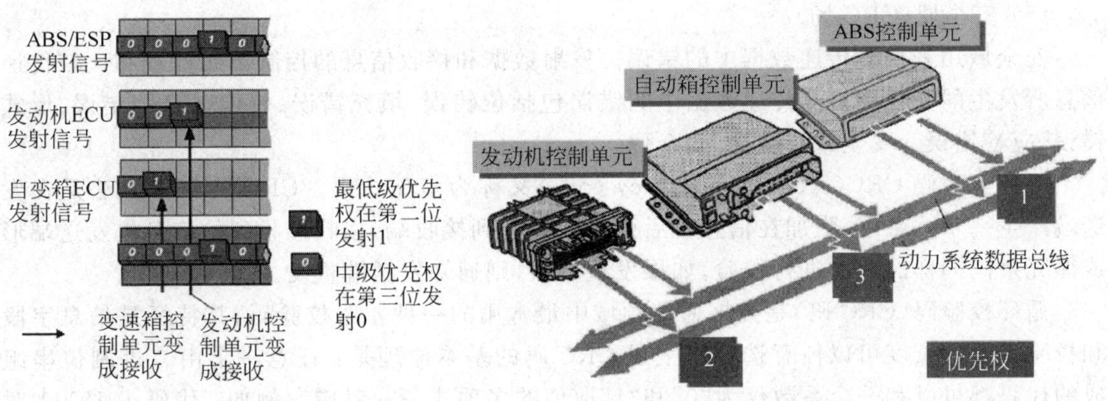

图 1-65　优先权判定

数据后，因发动机控制单元的优先权高于自动变速器控制单元，所以数据总线的发送次序是：首先发送 ABS 控制单元数据，然后发送发动机控制单元数据，最后发送自动变速器控制单元数据。

所有控制单元同时开始向 CAN-Bus 发射信息避免数据碰撞，在 12 位的状态域中预先定义数据的优先权；发射隐性电位的控制单元，若检测到一个显性电压，那么该控制单元停止发射转为接收。

(3) 控制域(控制场)

控制域标示数据的大小即字节长度(显示数据域中包含的信息项目)。控制场由 6 个位组成，其中 4 位是数据长度代码，即数据的字节数量，另两位作为扩展用的保留位。

(4) 数据域(数据场)

数据域标示被传递到其他控制单元的信息所在位置(此信息被传到其他控制单元)，信息所对应的数据(max. 64bit＝8byte)。数据场由数据帧里的发送数据组成。它可以为 0～8 个字节，每字节包含了 8 位，数据帧最大为 64 位。例如将节气门的开度按百分数表示：0%表示节气门关闭，发动机处于怠速状态，100%表示节气门全开，发动机处于全负荷状态，其数据域代码见表 1-4。

表 1-4　节气门开度数据域代码

节气门开度	数据域代码			
	DL3	DL2	DL1	DL0
0%	0	0	0	0
10%	0	0	0	1
20%	0	0	1	0
30%	0	0	1	1
40%	0	1	0	0
50%	0	1	0	1
60%	0	1	1	0
70%	0	1	1	1
80%	1	0	0	0
90%	1	0	0	1
100%	1	0	1	0

(5) 安全域(CRC 场)

安全域用来检测传递数据中的错误。发射数据和接收信息的控制单元检查和比较传递信息所发生的变化。检测传递数据中的错误包括位错误、填充错误、校检(CRC)错误、形式错误、应答错误。安全域长度为 16 个位。

循环冗余码 CRC(cyclic redundancy code)又称为多项式码。CRC 的工作方法是在发送端产生一个冗余码,附加在信息位后面一起发送到接收端,接收端收到的信息按发送端形成循冗余码同样的算法进行校验,如果发现错误,则通知发送端重发。

循环校验码(CRC 码)是数据通信领域中最常用的一种差错校验码,其特征是信息字段和校验字段的长度可以任意选定。生成 CRC 码的基本原理是:任意一个由二进制位串组成的代码都可以和一个系数仅为"0"和"1"取值的多项式一一对应。例如:代码 1010111 对应的多项式为 $x_6+x_4+x_2+x+1$,而多项式为 $x_5+x_3+x_2+x+1$ 对应的代码 101111。

(6) 检验域(应答场/ACK 场)

应答场长度为 2 位,包含应答间隙(ACK slot)和应答界定符(ACK delimiter),在 ACK 场(应答场)里,发送节点发送两个"隐性"位。

应答场用来反映接收器通知发送器是否已经正确接收到数据,接收器接收信号并通知发送器,其所发信号已被正确接收;如果检查到错误,接收器立刻通知发送器,发送器会再发送一次数据。当接收器正确地接收到有效的报文时,接收器就会在应答间隙(ACK slot)期间向发送器发送一"显性"位以示应答。

(7) 结束域(帧结束,标准格式以及扩展格式)

每一个数据帧和远程帧均由一标志序列界定。这个标志序列由 7 个"隐性"位组成,标志着数据报告结束,这是显示错误并得到重复发送数据的最后可能区域。

2. 远程帧

作为接收器的节点,可以通过向相应的数据源节点发送远程帧激活该源节点,让该源节点把数据发送给接收器。远程帧也有标准格式和扩展格式,而且都由 6 个不同的位场组成:帧起始、仲裁场、控制场、CRC 场、应答场、帧结尾。远程帧具有如下特点。

(1) 按设定和需要主动发布,例如制动信号,当驾驶员踩制动踏板时 ABS 电控单元就会主动发布,发动机电控单元接到后会立即将发动机转速由高速降为低速。

(2) 请求发布,如果 A 控制单元需要 B 控制单元的数据,A 控制单元先发布请求信号,这个请求信号就是远程帧。总线上所有控制单元都会接收到这个请求(远程帧),并对远程帧中的标识符进行识别,需要则接收,不需要则不处理。在对各电控单元进行编程时,已经设定若 B 控制单元接收 A 控制单元的这个远程帧,B 控制单元则随即发布 A 控制单元所需要的数据。比如,自动变速器控制单元在自动换挡决策前,向发动机控制单元请求发动机转速信号,以便确定最佳换挡时机,发动机控制单元接到这个请求后,随即发布发动机转速信号,自动变速器控制单元接到后,再决定是否换挡或等待发动机转速达到一定数值后再换挡。

3. 错误帧

错误帧由两个不同的场组成,第一个场是不同节点提供的错误标志(error flag)的叠加,第二个场是错误界定符。

4. 过载帧

过载帧(overload frame)包括两个位场：过载标志和过载界定符。

5. 帧间空间

数据帧和远程帧可以使用标准帧、扩展帧两种格式，用一个帧间空间与前面的帧分隔。

帧间空间包括间歇(intermission)、总线空闲(bus idle)的位场。如果“错误认可”的节点已作为前一报文的发送器，则其帧间空间除了间歇、总线空闲外，还包括称作“挂起传送”(暂停发送)(suspend transmission)的位场。

1.3.4 CAN数据传输系统的工作原理

1. CAN总线数据的传输

CAN数据总线的数据传递类似于“电话会议”。一个电话用户(控制单元)将数据“讲”入网络中，其他用户通过网络“接听”这个数据，对这个数据感兴趣的用户就会利用该数据，而其他用户则选择忽略，如图1-66所示。

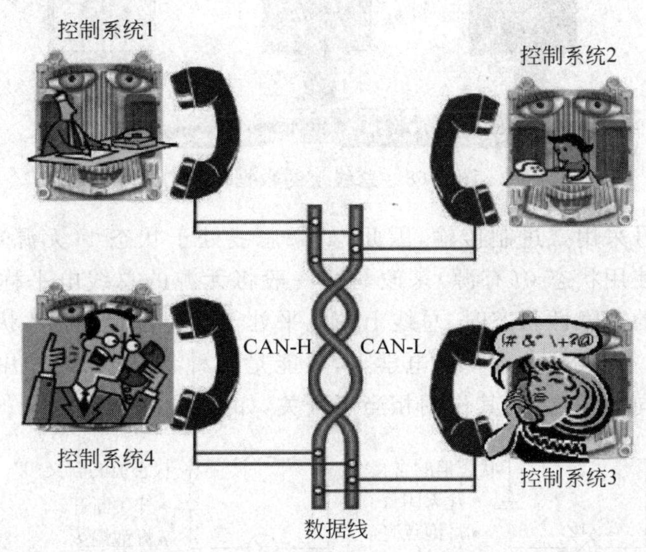

图1-66 CAN总线控制单元数据传输交换(相当于电话会议)

为了提高数据传递的可靠性，CAN数据总线系统的两条导线(双绞线)分别用于不同的数据传送，这两条线分别称为CAN-H线和CAN-L线。

CAN总线系统会将传感器的电压信号转换为以0和1代表的二进制信号(比如11000101)通过CAN总线(CAN-H/CAN-L)传递至控制单元，再由控制单元向执行器输出控制指令，如图1-67所示。

在CAN总线的每个节点，其内部进行运算的二进制信号(逻辑信号)电平都很小，要实现数据信号的传递，必须进行升压，即将二进制逻辑信号转变为电信号。CAN收发器收到CAN控制器传来的信号后控制三极管导通或截止，CAN收发器就像一个开关，根据控制器传来的数据不断地导通和截止，使总线上的电压不断变化。因此，总线上就会出现两种状态，高电位表示逻辑1，低电位表示逻辑0，如图1-68所示。

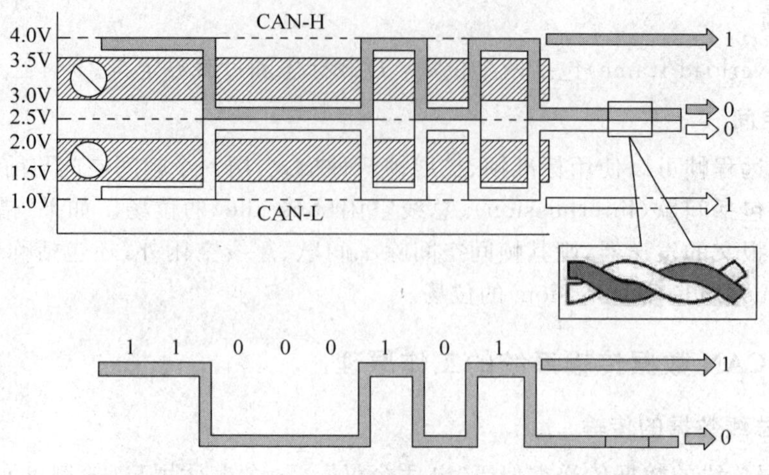

图 1-67 CAN 总线数据传输示意图(见彩色插页)

图 1-68 总线上的数据传输

总线系统中信号采用二进制传输,因此,如果总线处于状态 1(无源),那么此状态可以由某一个控制单元使用状态 0(有源)来改写。一般将无源的总线电平称为隐性的,有源的总线电平称为显性的。隐性状态时,总线上的电平处于静止位置;显性状态时,总线上的电平处于传递位置。一位数据在逻辑和电学上,只能是两种状态(0 或 1)中的一种。CAN 总线由收发器产生不同的逻辑值,其作用相当于开关,如图 1-69 所示。

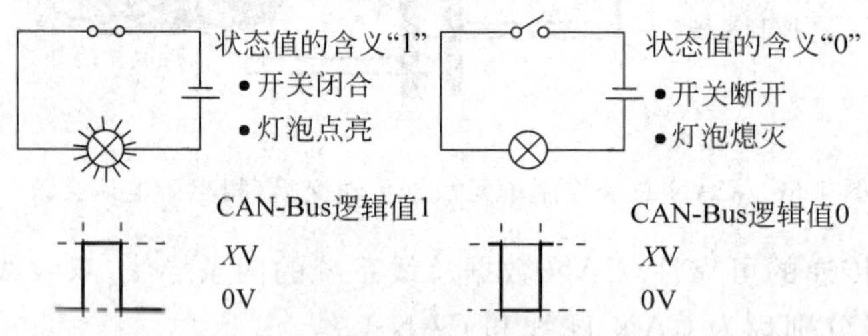

图 1-69 数据的逻辑状态

CAN 总线寻址。CAN 总线根据内容进行数据寻址。每一条信息被赋予一条恒定的标识符,用于表明该信息的内容(比如发动机转速)。挂接在系统上的每一个单元先判别是否含有其“接受列表”(认可检查表)中所列特定标识符,并只对含有这种标识符的信息进行处理。这意味着 CAN 总线在发送数据时不需要附带相应的单元地址,而接口操作与系统结构型式无关。CAN 传输总线相当于信息高速公路,在公路上运行的汽车不断地运送乘客(乘客上下),CAN 总线不断地传送数据信息。

如图 1-70 所示,数据传输过程包括以下几个环节。

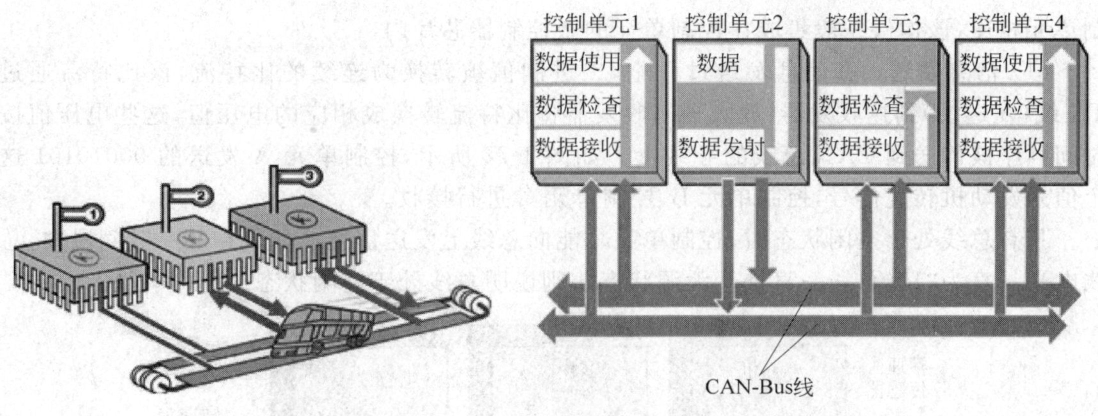

图 1-70 CAN 总线数据传输的过程

(1) 提供数据。相应控制单元向 CAN 控制器提供须发送的数据。

(2) 发射数据。CAN 收发器接收 CAN 控制器传来的数据并转化为电信号传递。

(3) 接收数据。CAN-Bus 网络中所有其他控制单元,作为潜在的接收器。

(4) 检查数据。收到信号的控制单元,评估该信号是否与其功能有关。

(5) 使用数据。如果接收到数据是相关的,控制单元接受并处理;否则忽略。

CAN-Bus 上的控制器中发送信息的线路通过一个开路集电极和总线相连。

CAN-Bus 的收发器如图 1-71 所示,使用一个电路进行控制,这样也就是说控制单元在某一时间段只能进行发送或接受一项功能。

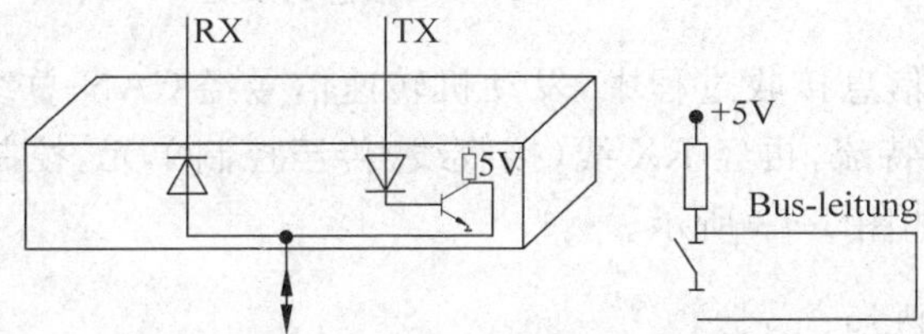

图 1-71 CAN-Bus 的收发器

逻辑“1”: 所有控制器的开关断开; 总线电平为 5V 或 3.5V; CAN-Bus 未通信。

逻辑“0”: 某一控制器闭合; 总线电平为 0 伏; CAN-Bus 进行通信。

收发器的 TX 线始终与总线耦合,两者的耦合过程是通过开关电路实现的。收发器内晶体管三极管的状态与总线电平之间的对应关系如下。

状态 1: 截止状态,晶体管截止(开关未闭合); 无源: 总线电平=1,电阻高。

状态 0: 接通状态,晶体管导通(开关已闭合); 有源: 总线电平=0,电阻低。

当用 2 个以上的控制器连接在 CAN-Bus 上时,用逻辑 1 来表示断开,用逻辑 0 表示闭合。在不考虑其他总线规则情况下,总线会出现: ①任何开关闭合,总线上的电压为 0V; ②所有开关断开,总线上的电压为 5V。

因此,只要任何一个控制器激活,则总线激活;所有控制器关闭时,总线处于未激活状态。激活的总线电平称为显性电平; 未激活的总线电平称为隐性电平。

2. CAN 总线数据信息的发送和接收

数据传输总线构件通过接收邮箱(接受信息存储器)或发送邮箱(发送信息存储器)与控

制单元相连，该构件一般集成在控制单元的微控制器芯片内。

(1) 信息发送。在信息发送过程中，二进制值被转换为连续的比特流，该比特流通过TX线(发送线)到达收发器(放大器)，收发器将比特流转换成相应的电压值，这些电压值按时间顺序被传送到CAN总线的导线上。如图1-72所示，控制单元A发送的00010101这个值是发动机转速信号，控制单元B、控制单元C进行接收。

只有总线处于空闲状态时，控制单元才能向总线上发送信息。如果在某一时间段内，总线电平一直为“1”(总线一直处于无源状态)，则说明总线处于空闲状态。

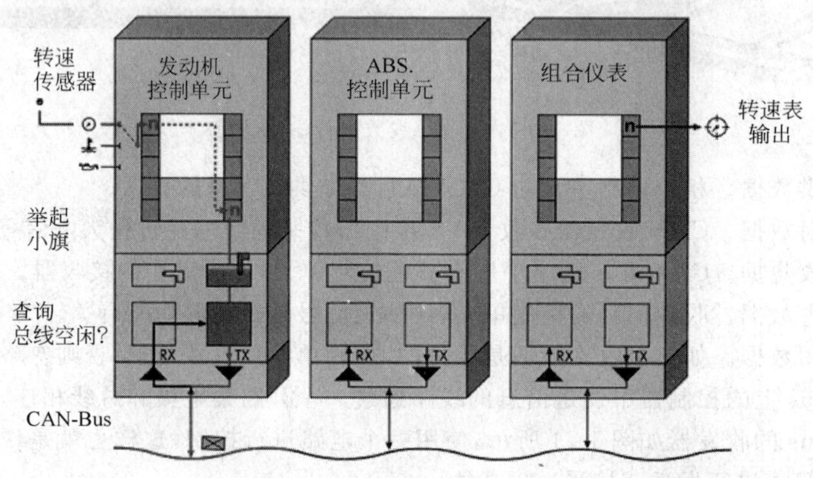

图1-72 CAN数据信息的发送

(2) 信息接收。在信息接收过程中，发动机转速信号经CAN总线传输到控制单元B、C的收发器上又转换成比特流，再经RX线(接收线)传至控制单元，控制单元再将二进制值转换成发动机转速信息，如图1-73所示。

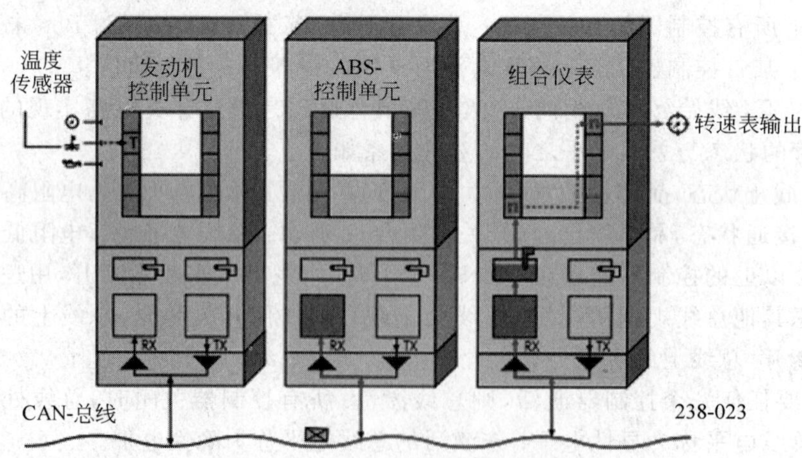

图1-73 CAN数据信息的接收

在信息接收过程中，数据帧中16位的CRC场(安全域)检测传递数据中的错误，如果确定无传递错误，接收器就会在应答(ACK场，即检验域)间隙期间向发送器发送一"显性"位以示应答，否则将重发数据，如图1-74所示。

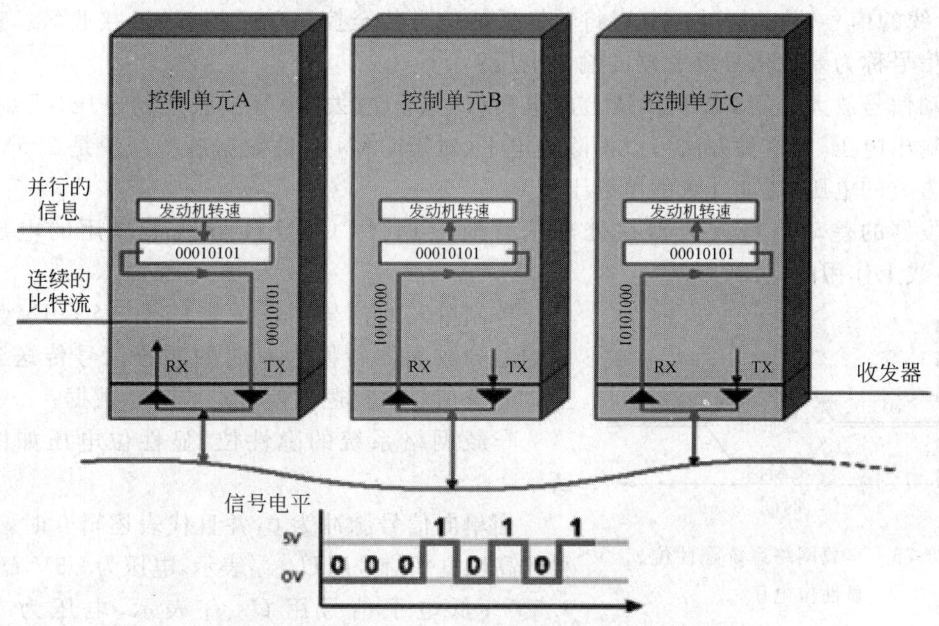

图1-74　车载网络系统信息的发送和接收

车载网络系统的信息交换如图1-75所示。

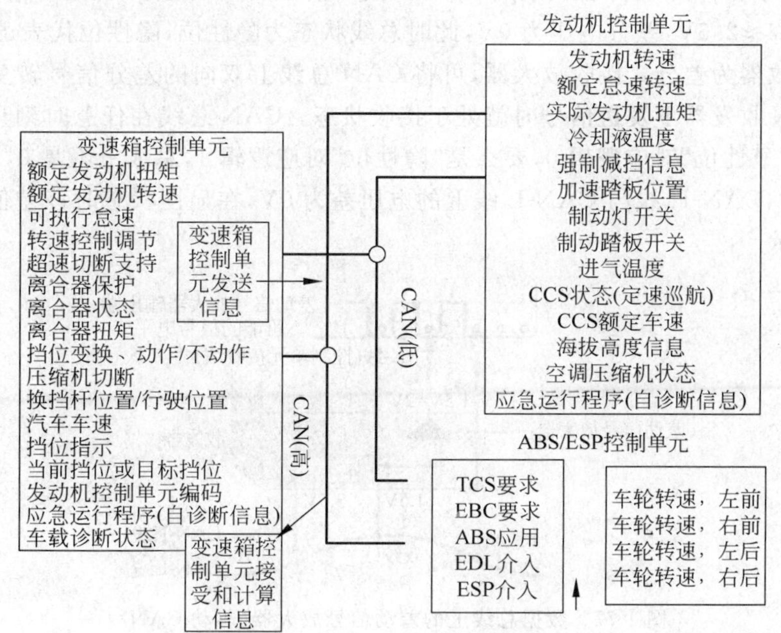

图1-75　车载网络系统信息交换

3. 差动信号放大器

控制单元是通过收发器连接到CAN驱动总线上的，在这个收发器内有一个接收器，该接收器是安装在接收一侧的差动信号放大器。差动信号放大器用于处理来自CAN-H线和CAN-L线的信号，除此以外还负责将转换后的信号传至控制单元的CAN接收区。这个转换后的信号称为差动信号放大器的输出电压。

差动信号放大器用CAN-H线上的电压($U_{CAN\text{-}H}$)减去CAN-L线上的电压($U_{CAN\text{-}L}$)，就得出了输出电压，用这种方法可以消除静电平(对于CAN驱动数据总线来说是2.5V)或其他任何重叠的电压(比如外来的电磁干扰)。

收发器的差动信号放大器在处理信号时，会利用CAN-H导线上作用的电压减去CAN-L线上作用的电压。

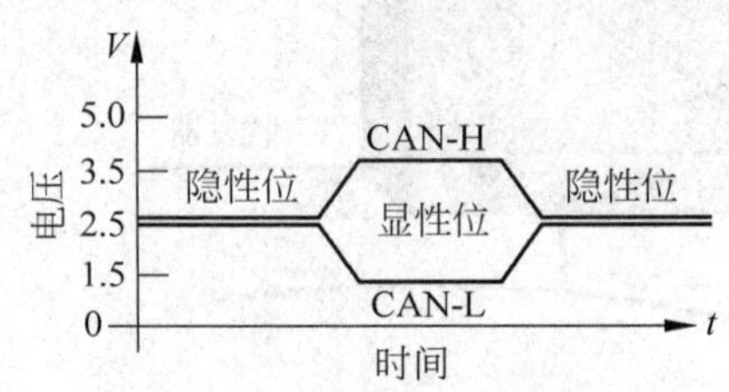

图1-76 车载网络系统隐性位、显性位电压

控制单元的信号用正逻辑信号，经CAN发送器中的差分放大器转换为双向的差分信号传送到总线上。差分信号以负逻辑信号形式表示数据。

车载网络系统的隐性位、显性位电压如图1-76所示。

当单向信号脉冲为0，并且代表逻辑0时，差分信号的高压电平信号用$U_{CAN\text{-}H}$表示，电压为3.5V，$U_{CAN\text{-}H} \approx 3.5V$；低电平信号用$U_{CAN\text{-}L}$表示，电压为1.5V，$U_{CAN\text{-}L} \approx 1.5V$；差分电压为2V，此时总线状态为显性位，显性位代表逻辑0。

当单向信号脉冲为1，并且代表逻辑1时，差分信号的高压电平、低电平信号均为2.5V，$U_{CAN\text{-}H} \approx U_{CAN\text{-}L} \approx 2.5V$，差分电压为0V，此时总线状态为隐性位，隐性位代表逻辑1。

CAN接收器为差分式接收放大器，可将CAN总线上双向的差分信号转变为单向的脉冲信号。CAN收发器不发送信号时就处于接收状态。CAN总线在任意时刻只能处于一种状态，要么是“显性位”对应逻辑0，要么是“隐性位”对应逻辑1，总线上不是0，就是1。因此在隐性状态时，CAN-H线与CAN-L线上的电压差为0V，在显性状态时该差值最低为2V，如图1-77所示。

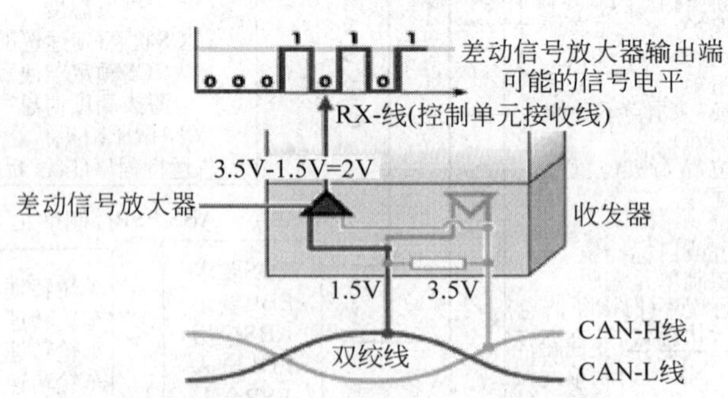

图1-77 数据总线上的差动信号放大器(驱动CAN)

单独的驱动器(功率放大器)这两个CAN信号就不再有彼此依赖的关系。与动力CAN数据总线不同，舒适/信息CAN数据总线的CAN-H线和CAN-L线不是通过电阻相

连的，也就是说，CAN-H 线和 CAN-L 线不再彼此相互影响，而是彼此独立作为电压源来工作。

CAN-H 和 CAN-L 信号经过差动放大器处理后，可最大限度消除干扰影响，这些干扰包括对地短路、蓄电池电压、点火装置的电火花放电和静态放电。即使车上的供电电压有波动(如发动机起动时)，也能保证各控制单元数据传输的可靠性，如图 1-78 所示。

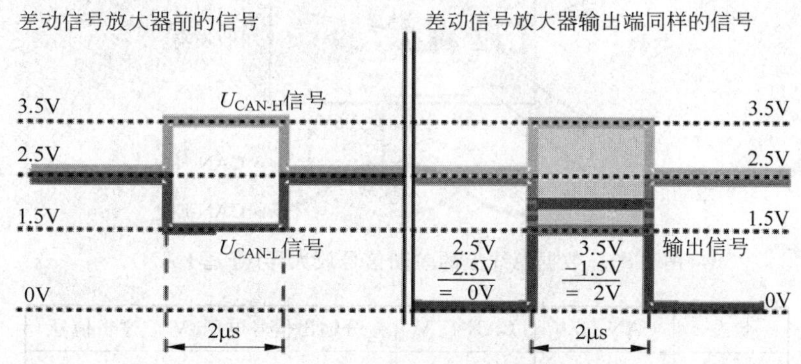

图 1-78　差动信号放大器内的信号转换(驱动 CAN)

干扰信号的消除。CAN-H 信号和 CAN-L 信号经过差动信号放大器处理后(就是所谓的差动传输技术)，可最大限度地消除干扰的影响。即使车上的供电电压有波动(如起动发动机时)，也不会影响各个控制单元的数据传输，这就大大提高了数据传输的可靠性。

由于 CAN-H 线和 CAN-L 线是扭绞在一起的(双绞线)，所以干扰脉冲 X 就总是有规律地作用在两条线上。由于差动信号放大器总是用 CAN-H 线上的电压(3.5V－X)减去 CAN-L 线上的电压(1.5V－X)，因此在经过处理后，差动信号中就不再有干扰脉冲了，如图 1-79 所示。如果用数学关系式表示，则为：(3.5V－X)－(1.5V－X)＝2V。

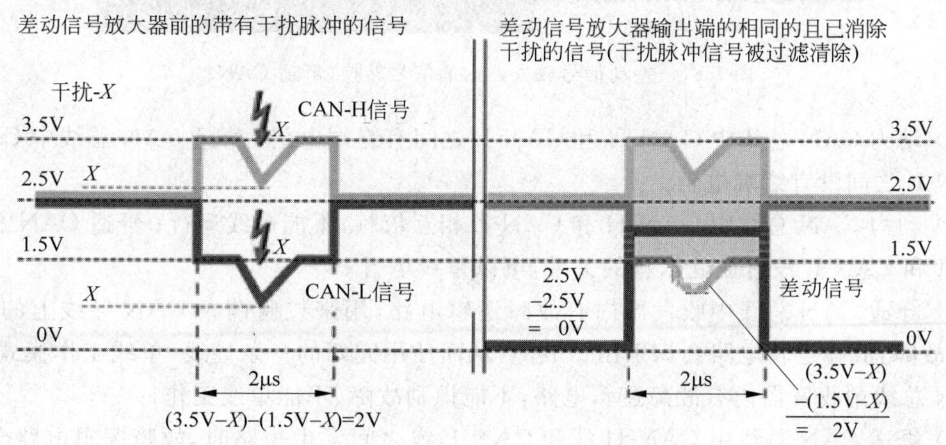

图 1-79　CAN 驱动数据总线差动信号放大器内的干扰过滤

图 1-80 和图 1-81 所示为舒适 CAN 总线上的差动信号放大器及其中的信号转换示意图。

4. CAN 总线舒适系统与动力系统的区别

(1) 动力 CAN 总线中 CAN-H 和 CAN-L 使用一个驱动器(功率放大器)；舒适 CAN 总线中 CAN-H 和 CAN-L 使用了单独的驱动器(功率放大器)。

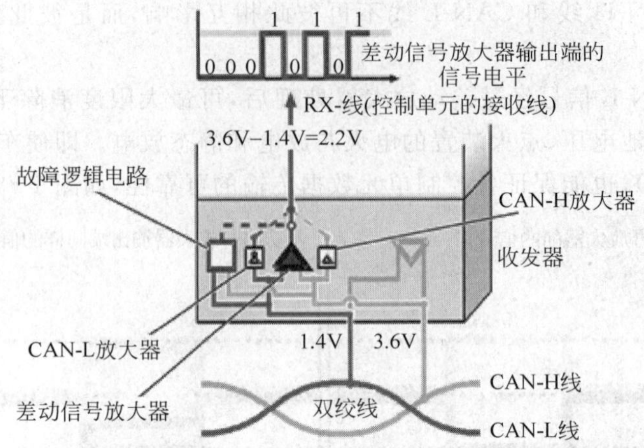

图 1-80 数据总线上的差动信号放大器(舒适 CAN)

状态	CAN-H/V	CAN-L/V	差分输出信号电压/V	逻辑信号
显性	3.6	1.4	3.6−1.4=2.2>2	0
隐性	0	5	0−5=−5<0	1

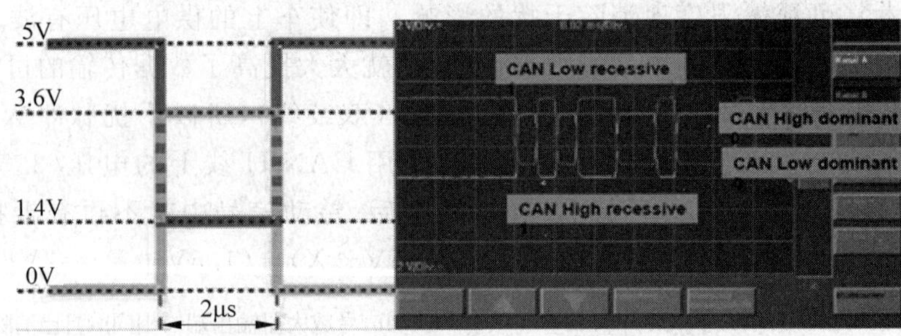

图 1-81 差动信号放大器内的信号转换(舒适 CAN)

(2) 动力 CAN 总线中 CAN-H 和 CAN-L 之间有终端电阻；舒适 CAN 总线中 CAN-H 和 CAN-L 之间没有终端电阻。

(3) 动力 CAN 总线中 CAN-H 和 CAN-L 相互依赖，不能单线运行；舒适 CAN 总线中 CAN-H 和 CAN-L 没有彼此依赖的关系，可以单线运行。

(4) 舒适 CAN 总线中收发器内有故障逻辑电路，用来校验两条 CAN 导线上的信号，若出现故障，故障逻辑电路会识别出该故障，从而使用完好的一条导线(单线工作模式)；动力 CAN 总线中收发器内有故障逻辑电路，不能识别故障(不能单线工作)。

(5) 舒适 CAN 总线中 CAN-H 线和 CAN-L 线之间发生短路时，故障逻辑电路会识别出该故障，并且，在出现故障时会关闭 CAN-L 驱动器；动力 CAN 总线没有此功能。

(6) 动力 CAN 总线由 15 号线供电或切断，或经过短时无载运行后切断；舒适 CAN 总线由 30 号线供电且必须保持随时可用状态，但在“15 号接线柱关闭”后，若总线系统不再需要舒适数据总线，舒适数据总线进入所谓“睡眠模式”(降低对供电电网产生的负荷)。

(7) 动力 CAN 总线位速率 500Kbps，为高速 CAN；舒适 CAN 总线位速率 100Kbps，

为低速 CAN。

(8) 动力 CAN 总线 CAN-H 为橙/黑色；舒适 CAN 总线位速率 CAN-H 为橙/绿色。

1. 故障现象分析

通过对汽车网络系统的结构、原理以及车载网络系统总线的类型的了解和认识，即可对排除帕萨特不能起动的故障有了清晰的思路。

帕萨特轿车不能起动，用诊断仪读取发动机电控单元故障码，显示发动机电控单元锁死，与仪表电控单元失去通信。同时仪表板显示不正常，仪表板上的蓄电池报警灯和 EPC 报警灯闪烁。

发动机电控单元锁死一般属于发动机防盗系统的故障，但是大众车系的发动机防盗系统钥匙认证失败或防盗单元出现故障时车辆是可以起动的，只是起动后 2～3s 内会自动熄火。该车没有能起动的征兆，可初步分析不单纯是防盗系统故障。该车装有车载总线，那么如果仪表网关接口与动力总线的连接出现断路，则会导致发动机控制单元、安全气囊、ABS、自动变速器控制单元都不能工作，当然发动机就无法起动了。

2. 故障诊断与检修

拆下仪表电控单元，失去通信的故障码属于总线系统故障码，后用诊断仪进入仪表电控单元，还发现仪表电控单元与 ABS、气囊、发动机电控单元都失去了通信，仪表电控单元和整个总线系统没关联了，因此应将该车故障初步认定为 CAN 数据总线系统的链路(通信线路)故障。

根据上面的分析、诊断，应重点检查与仪表电控单元相连的总线(双绞线)。考虑到用电阻测量法需要拔下至少 2 个电控单元的插头，再做线间测量太麻烦。于是改用示波器检测总线上的信号波形。将示波器的探针接在仪表板后的网线接口处检测，如果信号正常，说明仪表电控单元内部的 CAN 控制器或收发器有故障，需要更换仪表电控单元。如果信号不正常，说明网线自身有故障，需检修网线。测试后发现两根线上只有一根有脉冲信号，而另一根信号波形始终为零，如图 1-82 所示，说明此网线断路，经检查发现在仪表板后面的线束插头内部的一根网线断了，接好网线后故障排除。

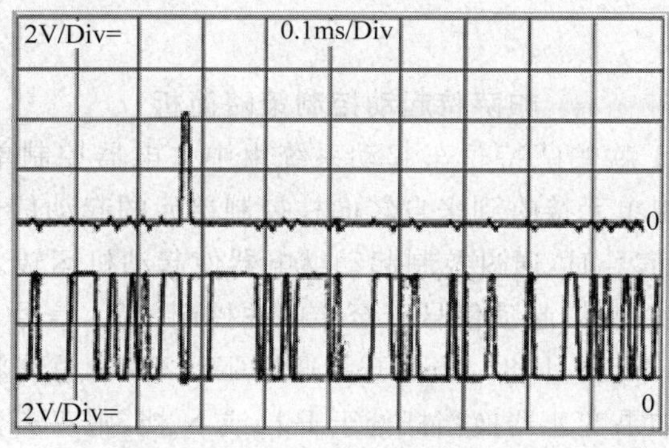

图 1-82 CAN-H 断路波形

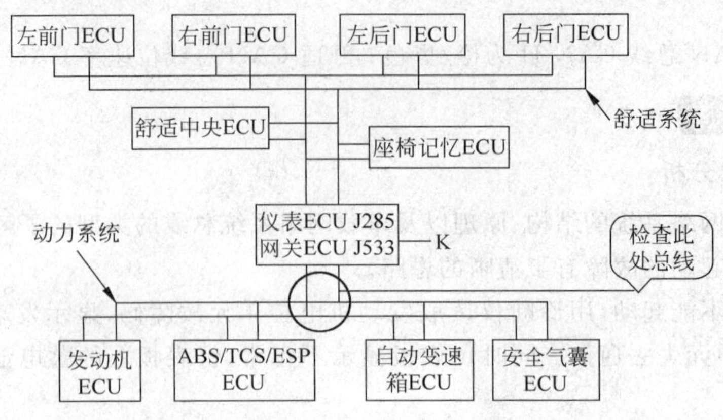

图 1-83 帕萨特车载网络系统拓扑图

3. 故障小结

帕萨特车载网络系统拓扑图如图 1-83 所示。总线断路导致发动机电控单元与发动机防盗电控单元无法通信，所以才出现了发动机不能起动和发动机电控单元锁死的现象。但要注意，这个故障与发动机防盗系统因钥匙非法或故障而锁止有所区别。

结果检查

(1) 对学生任务完成情况进行检查监督，并提出改进意见。

(2) 根据厂家标准和资料进行过程和结果检查。

(3) 组间交流、互检。

(4) 按照企业的 5S 标准整理工作现场。

评价总结

(1) 根据学生任务工单，指出检修过程中的不足，提出改进意见。

(2) 根据教学目标，考核学生技能和情境知识掌握程度，并分析成因。

(3) 小组讨论进行自我工作评估。

(4) 分析工作步骤的合理性，根据教师评价建议修改。

(5) 工作任务完成情况评价及考核。

知识拓展

帕萨特起动控制策略简析

如图 1-84 所示，2011 款帕萨特轿车起动系统由中央电器控制单元通过起动继电器进行控制。当中央电器控制单元接收到来自转向柱控制单元的起动信号以及双离合变速器机电控制单元的 P/N 挡位信号时，通过控制起动继电器使起动机运转。

当点火开关位于起动挡时，起动信号传至转向柱控制单元，信号 50 及 15 在经过防盗验证后，传至中央电器控制单元。同时，挡位开关通过驱动 CAN 总线将挡位信号传至双离合变速器机电控制单元。如果变速器换挡杆处于 P 档或 N 档，则双离合变速器机电控制单元通过单根信号线将 P/N 挡位信号传到中央电器控制单元。因此，中央电器控制单元控制起动继电器工作，必须同时满足两个条件：①转向柱控制单元传来起动信号；②双离合变速器机电控制单元传来 P/N 挡位信号。

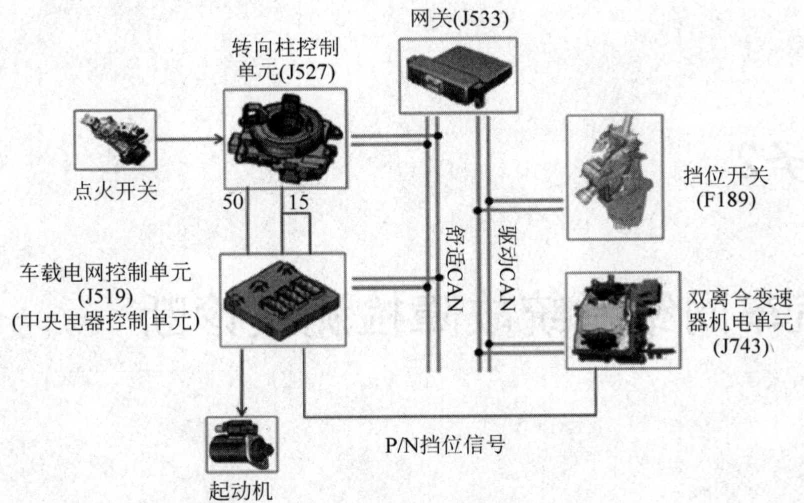

图 1-84　2011 款帕萨特起动控制原理示意图

任务2

汽车网络系统故障检测及诊断

任务目标

通过分析、检测、诊断CAN总线故障,举一反三,掌握汽车网络系统故障检测及诊断的思路、流程和方法。

任务描述

帕萨特B5轿车CAN总线示教板,用解码仪读取故障代码,诊断ECU无响应。请按照专业要求进行检修。

任务分析

帕萨特B5轿车CAN总线示教板,用解码仪读取故障代码,诊断ECU无响应,有可能是OBD诊断口数据线故障,也有可能是总线系统的节点故障或者链路故障。应该从链路故障、节点故障的诊断着手,排查通信线路和控制单元。

CAN总线系统链路故障形式主要有CAN-H与CAN-L短路,CAN-H对正极、对地短路,CAN-H断路,CAN-L对正极、对地短路和CAN-L断路等故障。这些故障可以通过读取故障代码、测量终端电阻、测量总线电压以及读取波形、进行动态数据分析等方法和途径来解决。而对于节点故障,可通过替换法进行排除。

2.1 汽车网络系统故障检测及诊断的思路和流程

(1) 了解车载网络系统的结构形式,画出其网络结构基本框图。

(2) 了解该车型多路信息传输系统的特点。

① 传输介质,如双绞线、同轴电缆、光纤和无线电(蓝牙技术)等。

② 网络总线类型,如LIN总线、CAN总线、FlexRay总线、MOST总线、Byteflight总线、VAN总线、LAN总线等。

③ 网络通信协议类型，如CAN协议、VAN协议、CCD协议、ABUS协议、HBCC协议和DLCS协议等。

(3) 了解车载网络系统的各种功能，如有无唤醒功能、休眠功能等。

(4) 利用车载网络系统的故障自诊断功能。

① 连接专用诊断仪，与出现故障的各电控系统进行通信，并读取故障码。

② 如有故障码，按故障码的提示进行检查。当车载网络系统的故障码与其他故障码同时出现时，应优先对车载网络系统进行故障诊断。若诊断仪具有电控单元诊断支持监视器功能，可充分利用该功能确定故障位置。

③ 检查电控单元的电源供应及搭铁回路是否良好。

④ 检查CAN总线的两根线路是否良好，最好用多通道示波器对其进行波形检测。如不正常，再用万用表检查其是否断路或短路。

⑤ 拔下电控单元线束插接器，对电控单元在CAN总线接口两端的数据传递终端电阻进行检测。如不符合要求，说明电控单元内部接触不良。

⑥ 拔下电控单元线束插接器，检查CAN总线接口的接触情况，并使该电控单元在不接入车内网络系统的情况下观察故障现象的变化。若故障消失，则说明电控单元硬件损坏或内部软件故障(如未进行相应编程、设定等)。

⑦ 对该电控单元进行重新设定，若故障不消失，则换用新电控单元，再视情况进行重新设定。

(5) 检查汽车电源系统是否存在故障。

(6) 检查汽车多路信息传输系统的链路是否存在故障。

(7) 检查是否为节点故障，如果是节点故障，只能采用替换法进行检测。

(8) 波形信号分析，见表2-1。

表2-1　常见信号类型判断依据

信号类型	判断依据				
	幅值	频率	形状	脉冲宽度	阵列
直流	√				
交流	√	√	√		
频率调制	√	√	√		
脉宽调制	√	√	√	√	
串行数据	√	√	√	√	√

2.2　汽车网络系统的故障状态

(1) 错误激活状态。错误激活状态是指正常参与总线通信的状态，当错误激活状态单元检测到错误时，输出错误激活标志。

(2) 错误认可状态。错误认可状态是指容易出现错误的状态。处于错误认可状态的组件可以参与总线上的通信，但为了不妨碍其组件的通信，接收信息时不能发出出错激活的通知。处于错误认可状态的组件检测到错误，但其余处于错误激活状态的组件若没有检测到错误，即可判断为整个总线没有错误。当处于错误认可状态的组件检测到错误时，输出错误认可标志。

(3) 总线关闭状态。

2.3 汽车网络系统的故障类型

一般说来，引起汽车车载网络信息传输系统故障的原因有3类：①电源系统故障；②网络节点(或电控模块)故障；③网络链路(通信线路)故障。

1. 车载网络电源系统故障

汽车车载网络信息传输系统的核心部分是含有通信IC芯片的电控模块(ECM)，电控模块的正常工作电压在12.5～15.0V。如果汽车电源系统提供的工作电压低于该范围，就会造成一些对工作电压要求高的电控模块出现短暂的停工，从而使整个汽车多路信息传输系统出现短暂无法通信的现象。

这类故障产生的原因主要是蓄电池、发电机、供电线路、熔断丝等元器件有故障，一般通过检测电压、查找保险和线路来解决。

车载网络电源系统故障检测方法如下。

汽车网络系统正常的工作电压应该保证12.5～15.0V。如果汽车电源系统提供的电压低于该范围，就会造成某些电控设备不能正常工作，从而使整个通信网络中断对于电源故障，需要检查蓄电池电压、发电机工作情况、熔断丝、接插件的连接状况、搭铁处的连接状况等。

2. 车载网络节点故障

节点主要是汽车车载网络信息传输系统中的电控模块，因此节点故障主要也就是电控模块的故障。它包括软件故障和硬件故障两类。软件故障即传输协议和软件程序有缺陷或冲突，从而使汽车多路信息传输系统通信出现混乱或无法工作，这种故障一般成批出现，且无法维修。硬件故障一般由于通信芯片或集成电路故障，造成汽车多路信息传输系统无法正常工作。对于采用低版本信息传输协议，即点到点信息传输协议的汽车多路信息系统，如果有节点故障，将出现整个汽车多路信息传输系统无法工作的现象。

还有一类是新更换的节点(例如更换了新的电控单元)，更换后没有激活或匹配软件，结果新更换的节点软件不能正常工作，这样也会出现节点故障。

节点故障产生的原因主要是各类控制单元、传感器等元器件有故障，一般通过"替换法"来排除。

车载网络节点故障检测方法如下。

在检查车载网络传输系统前，首先要检查网络中各节点的工作状况，判断是否存在功能性故障，功能性故障会影响网络中局部系统的工作。若存在功能性故障，应首先排除。对于诊断传感器是否有功能性故障，可以通过检测传感器的电压值、电阻值等参数来诊断。

3. 车载网络链路故障

链路是指各节点间的通信连接线路。链路故障即数据通信线路出现故障，如短路、断路以及线路因物理性质改变而引起的通信信号衰减或失真，这些因素常常会引起多个电控单元无法正常工作或控制系统出现错误动作，如图 2-1 所示。判断是否为链路故障一般采用测量系统电阻、电压，用示波器观察波形或汽车专用的光纤诊断仪，观察当前数据通信信号是否与标准数据通信信号相符。维修方法一般是修复短路、断路的双绞线线路，或消除改变双绞线物理性质的根源等。

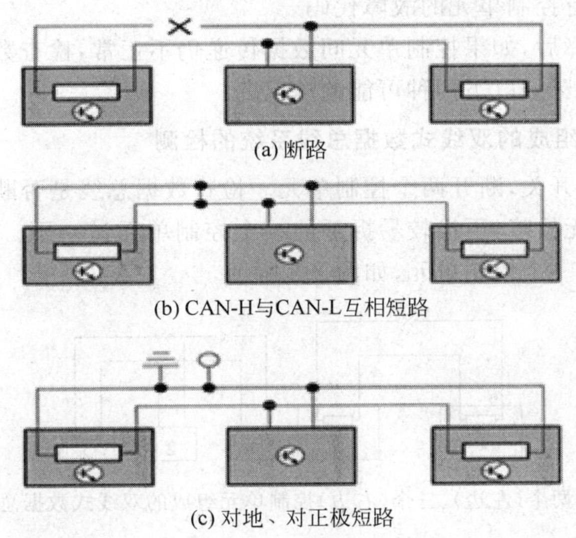

(a) 断路

(b) CAN-H与CAN-L互相短路

(c) 对地、对正极短路

图 2-1　车载网络系统链路故障

车载网络链路故障检测方法如下。

当车载网络系统的链路(或通信线路)出现故障时，如通信线路短路、断路以及线路物理性质引起的通信信号衰减或失真，都会引起多个控制单元无法工作或控制系统错误动作。判断是否为链路故障时，一般采用示波器或汽车专用光纤诊断来观察通信数据信号波形是否与标准通信数据信号相符。也可通过 OBD 诊断口检测终端电阻，根据电阻值来判断，如图 2-2 所示。对于短路故障，如果线路和电源之间短路，则通信线路为 12V，如果对地短路，则为 0V。为了找到故障点，可通过逐一拔下控制单元的插头进行查找确定。拔下控制单元的插头时，应关闭点火开关，断开蓄电池搭铁线。

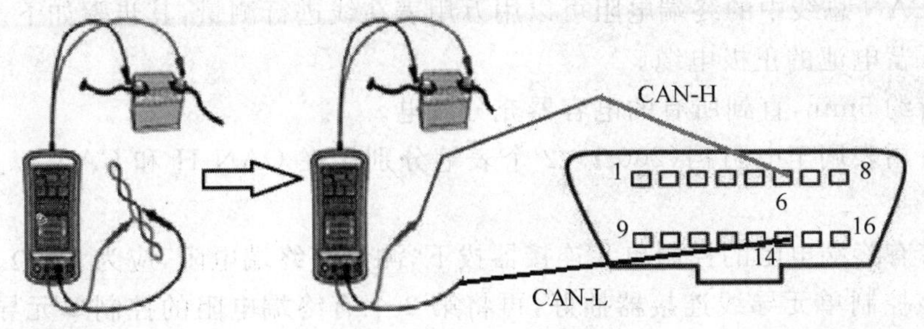

图 2-2　利用万用表测量通信线路及终端电阻(OBD，6/CAN-H 与 14/CAN-L)

2.4 汽车网络系统故障检测及诊断方法

在检查数据总线系统前,须保证所有与数据总线相连的控制单元无功能故障。功能故障指不会直接影响数据总线系统,但会影响某一系统的功能流程的故障。例如,传感器损坏,其结果就是传感器信号不能通过数据总线传递。这种功能故障对数据总线系统有间接影响。这会影响需要该传感器信号的控制单元的通信。如存在功能故障,先排除该故障。记下该故障并消除所有控制单元的故障代码。

排除所有功能故障后,如果控制单元间数据传递仍不正常,检查数据总线系统。检查数据总线系统故障时,须区分以下两种可能的情况。

1. 两个控制单元组成的双线式数据总线系统的检测

检测时,关闭点火开关,断开两个控制单元。检查数据总线是否断路、短路或对正极/地短路。如果数据总线无故障,更换较易拆下的一个控制单元试一下。如果数据总线系统仍不能正常工作,更换另一个控制单元,如图 2-3 所示。

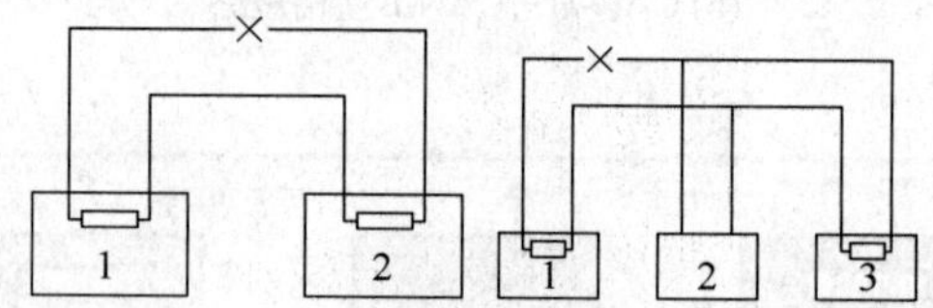

图 2-3 两个(左边)、三个(右边)控制单元组成的双线式数据总线系统

2. 3 个或更多控制单元组成的双线式数据总线系统的检测

检测时,先读出控制单元内的故障代码。如果控制单元 1 与控制单元 2 和控制单元 3 之间无通信,关闭点火开关,断开与总线相连的控制单元,检查数据总线是否断路。如果总线无故障,更换控制单元 1。如果所有控制单元均不能发送和接收信号(故障存储器存储“硬件故障”),则关闭点火开关,断开与数据总线相连的控制单元,检测数据总线是否短路,是否对正极/地短路,如图 2-3 所示。

如果数据总线上查不出引起硬件损坏的原因,则用替换法检查控制单元。

2.4.1 CAN 总线终端电阻的测量

帕萨特 CAN 总线中的终端电阻可以用万用表在线进行测量,其步骤如下。

(1) 拆下蓄电池的正极电缆。

(2) 等待约 5min,直到所有的电容器充分放电。

(3) 把万用表调至电阻挡(200Ω),2 个表笔分别接在 CAN-H 和 CAN-L 上,此时电阻约为 60Ω。

(4) 将带有终端电阻的控制单元连接器拔下,测量其终端电阻,应为 120Ω。

(5) 把该控制单元导线连接器插好,再将第 2 个有终端电阻的控制单元导线连接器拔下,测量其终端电阻,并进行下述测量结果分析。

测量结果分析:两个 120Ω 的电阻器并联安装在 CAN 主总线的末端。它们被称为终端电阻器。这些电阻器使得CAN总线之间的电压差能够得到精确的测定。由于两个电阻器是并联安装的,两条CAN总线间的电阻可能接近60Ω。

如果一个带有终端电阻的控制单元插头拔下后测量的阻值没有发生变化,则说明系统中存在问题,可能是被拔下的控制单元终端电阻损坏或是CAN总线出现断路。如果在拔下控制单元后显示的阻值变化到无穷大,则可能是连接中的控制单元终端电阻损坏,或是到该控制单元的CAN总线出现了故障。

2.4.2　CAN总线电压测量

帕萨特CAN总线电压一般测量CAN-L或CAN-H的对地电压,测量步骤如下:

(1) 万用表红表笔接OBD-Ⅱ诊断口6号端子,黑表笔接地,测量电压,如图2-4所示。

(2) 万用表红表笔接OBD-Ⅱ诊断口14号端子,黑表笔接地,测量电压。

(3) 两次电压和值应接近5V。动力CAN的CAN-L对地电压大约为2.4V,CAN-H对地电压大约为2.6V;注意,根据总线负载可能有大约100mV的偏差,如图2-5所示。

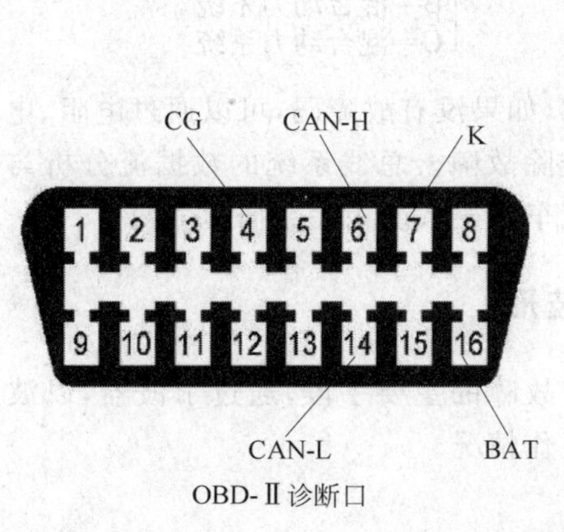

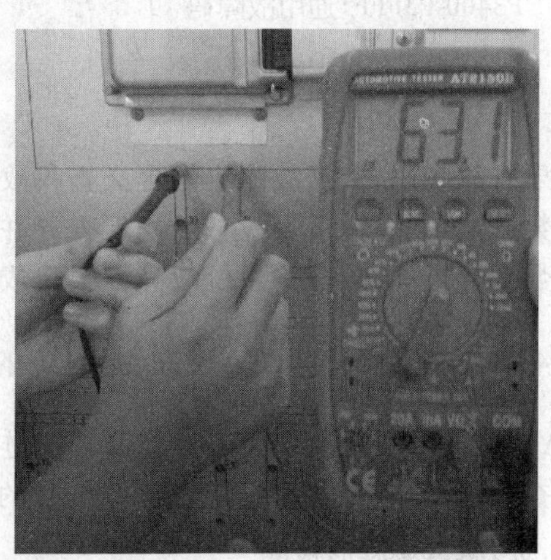

图2-4　测量CAN总线终端电阻值

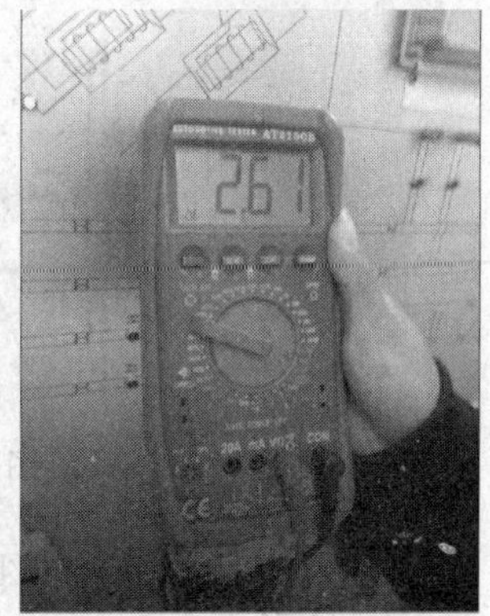

图2-5　测量CAN总线电压

2.4.3 读取并分析故障代码、动态数据流

将解码仪与OBD诊断接口连接起来，读取故障码，OBD故障码的含义如下。

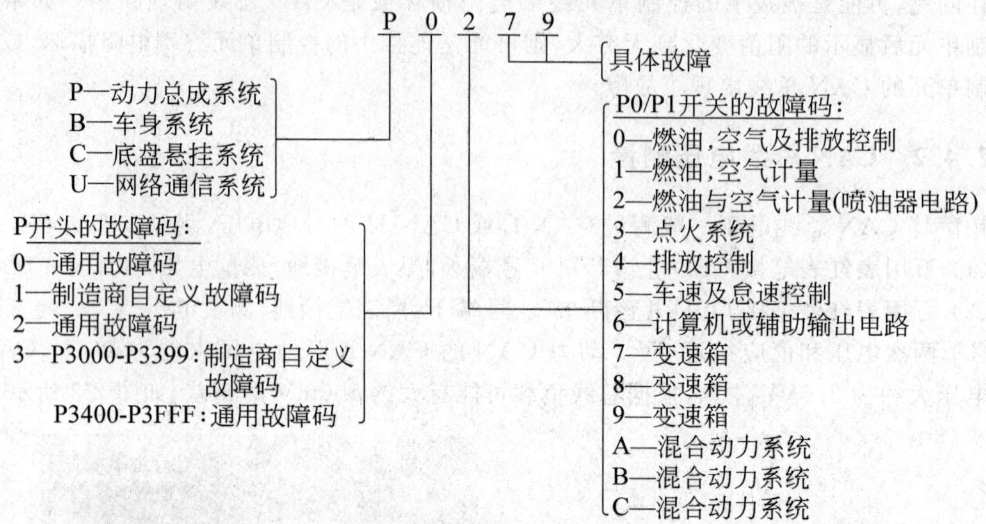

如果有故障码，依据故障码的含义查找故障，如果没有故障码，可以通过电阻、电压或分析动态数据流，顺藤摸瓜，快速、准确地查寻并排除故障。总线系统的数据流分析与一般电控系统数据分析一样，网络系统故障也会造成汽车电控系统相关数据发生变化。

2.4.4 检测、分析CAN总线系统的波形

CAN波形分析是判断CAN总线系统链路故障的主要手段，通过示波器，以波形图的形式检查判断高速CAN-H与低速CAN-L的工作情况。

1. 动力CAN波形检测

动力总线上的曲线图：位宽2.0μs，传输速率500Kbps，如图2-6和图2-7所示。

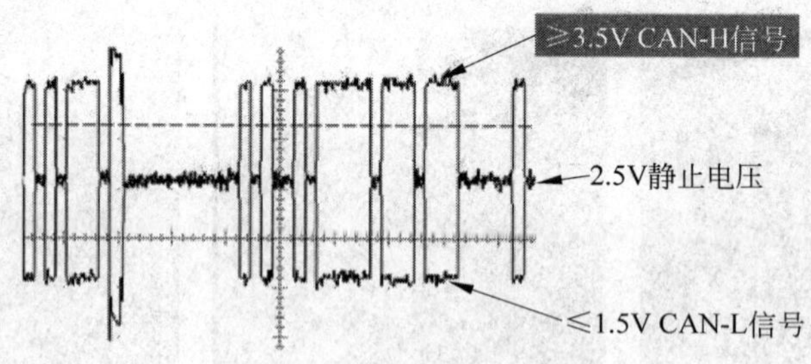

图2-6 动力CAN总线上电压电位

(1) 正常波形，如图2-8所示。CAN-H与CAN-L的波形相同，极性相反，且最大电压值相等。

(2) CAN-H对地短路，如图2-9所示。

(3) CAN-H对电源正极短路，如图2-10所示。

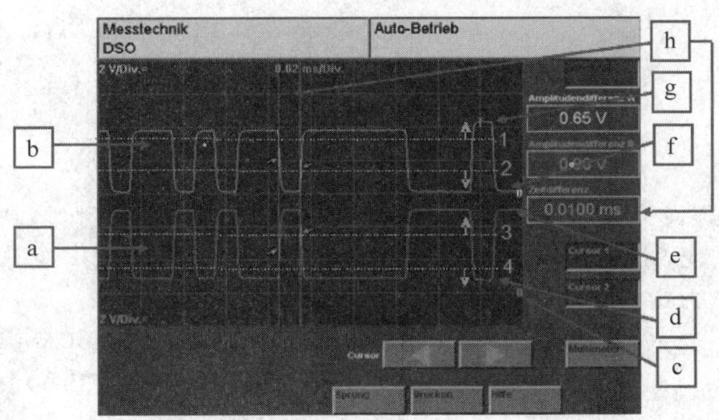

图 2-7　DSO 设置及电压电位分析

a—通道 B 的 CAN-L 显示；b—通道 A 的 CAN-H 显示；c—通道 B 的零线；d—CAN-L 的显性电压向下没有达到零线坐标；e—CAN-L 的隐性电压。在总线工作的状态下，5V 的隐性电压电位切换到 0V；f—通道 A 的零线坐标和 CAN-H 的隐性电压电位；g—CAN-H 的显性电压电位；h—一个比特的显示（10μs 比特时间）

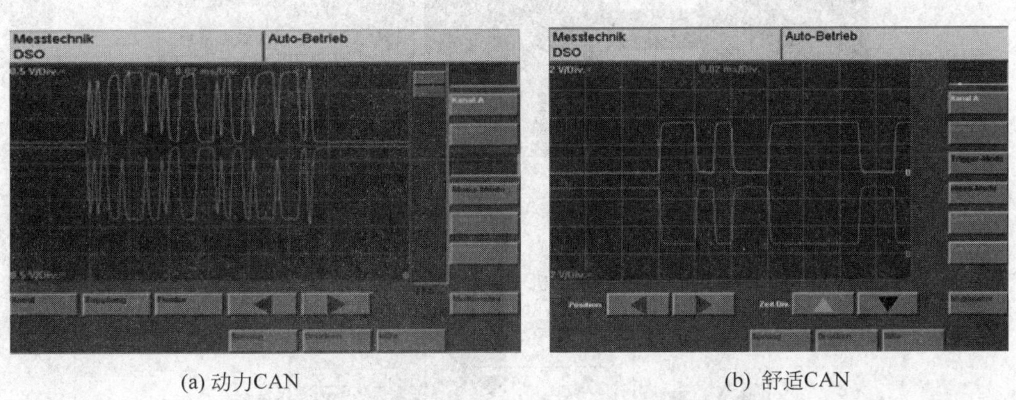

(a) 动力CAN　　(b) 舒适CAN

图 2-8　动力 CAN/舒适 CAN 正常波形(见彩色插页)

(4) CAN-H 与 CAN-L 短路，如图 2-11 所示。

CAN-H 与 CAN-L 的波形相同，极性也相同，最大电压值相等，两个波形完全重合。

对于 CAN-H 与 CAN-L 短路，可通过插拔 CAN 总线上的控制单元进行判断是控制单元引起的短路还是由于 CAN-H 和 CAN-L 线路连接引起的短路。若为线路短路引起的短路，需要将 CAN 线组(CAN-H 和 CAN-L)从线节点处依次拔取，当故障线组被取下后，波形恢复正常。

(5) CAN-L 对地短路，如图 2-12 所示。

(6) CAN-L 对电源正极短路，如图 2-13 所示。

(7) CAN-H 断路，如图 2-14 所示。

(8) CAN-L 断路，如图 2-15 所示。

(9) CAN-L 与 CAN-H 交叉连接，如图 2-16 所示。

2. 舒适、信息娱乐 CAN 波形检测

舒适、信息娱乐 CAN 总线的波形检测及故障分析如图 2-17～图 2-24 所示。

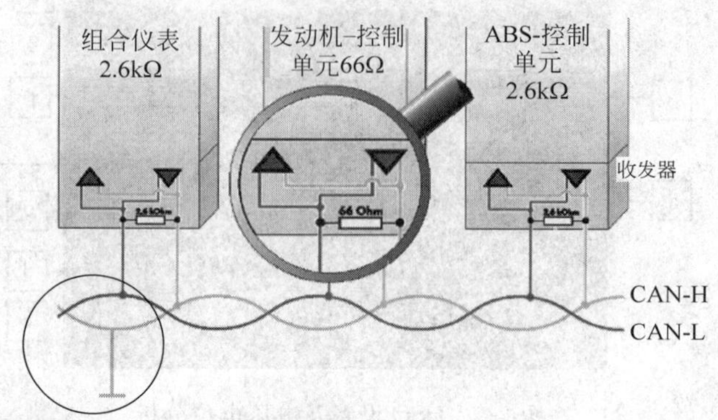

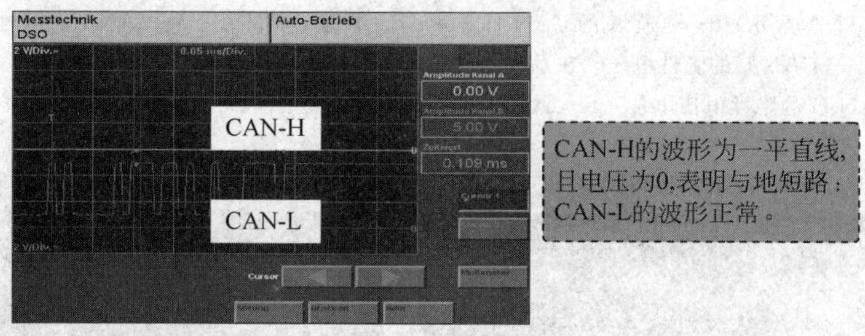

图 2-9 CAN-H 对地短路

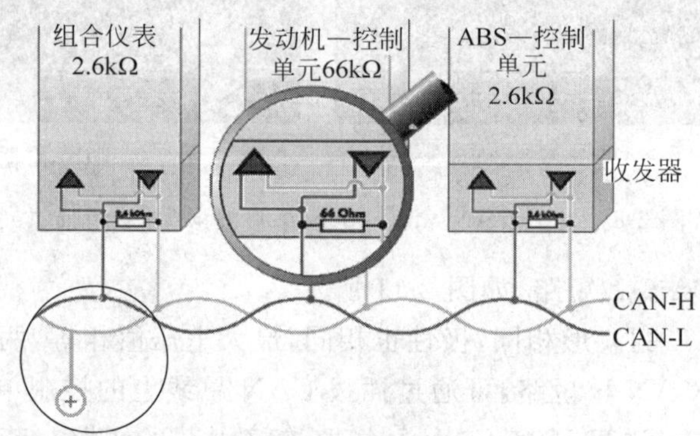

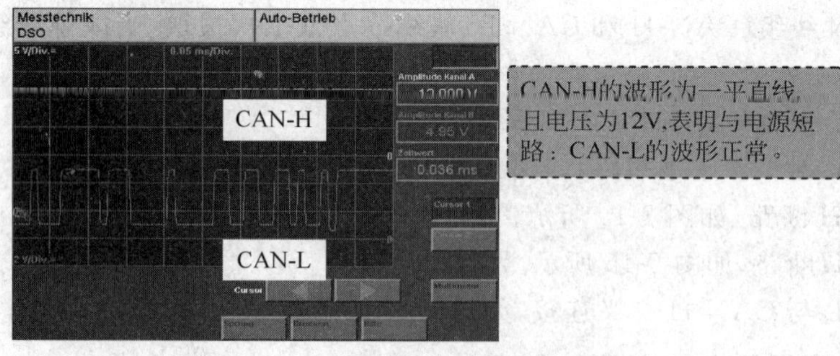

图 2-10 CAN-H 对电源正极短路

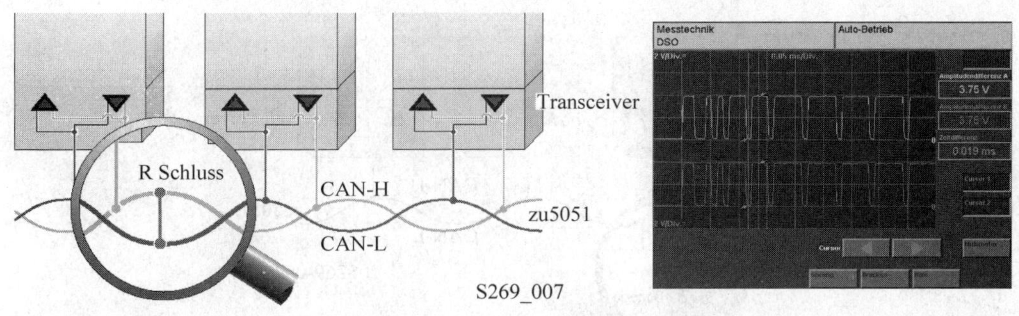

图 2-11　CAN-H 与 CAN-L 短路

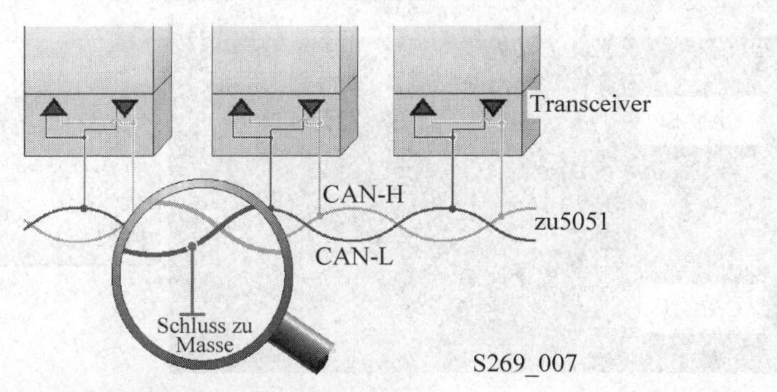

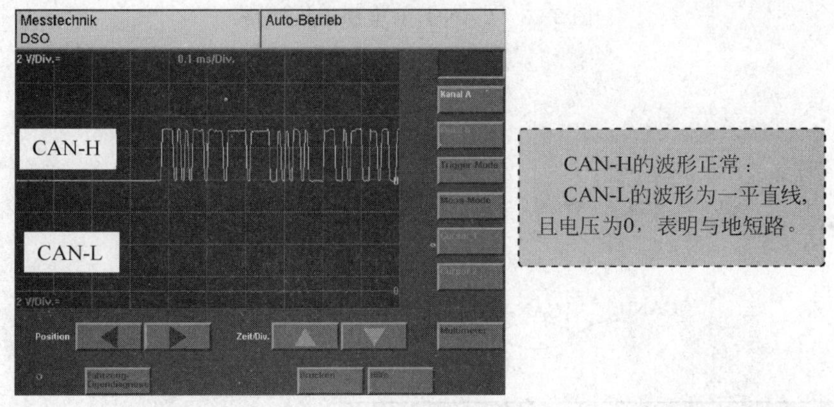

图 2-12　CAN-L 对地短路

3．CAN 系统波形检测结果分析

（1）数据总线的两根导线短路，整个网络失效。

（2）其中一根总线对地短路，接上诊断仪时无模块响应。

（3）其中一根总线对电源短路，将导致整个网络失效。

（4）如果一根总线断路，仍可进入诊断测试系统。

（5）两根总线都断路，诊断仪和网络之间无法通信；当断点在网络的一个分支时，只有断点后面的模块无法通信。

（6）两根总线对地短路，将导致整个网络失效，有的网络可能会按照故障模式工作，汽车仍可起动或行驶。

（7）控制单元内部故障，将导致关联网络失效。如果网关模块发生故障，将导致整个网络失效。

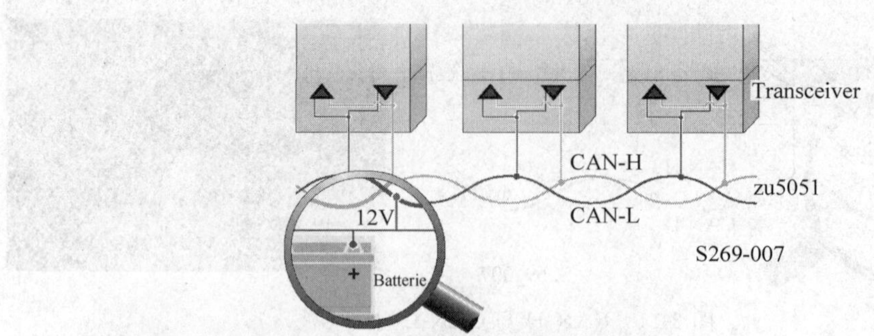

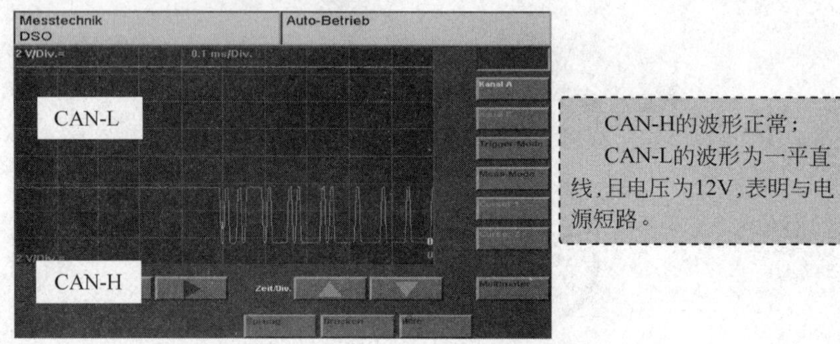

图 2-13 CAN-L 对电源正极短路

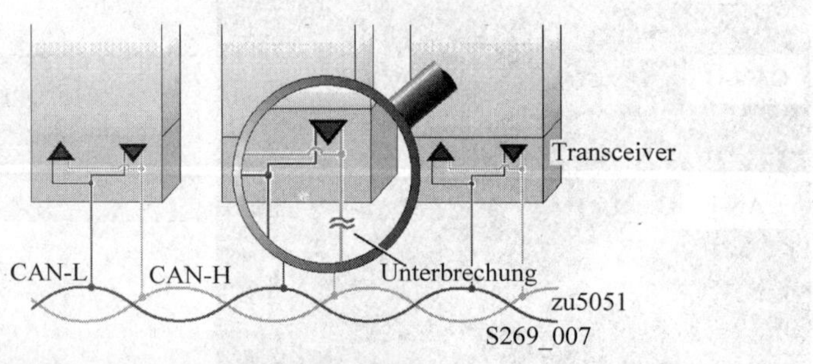

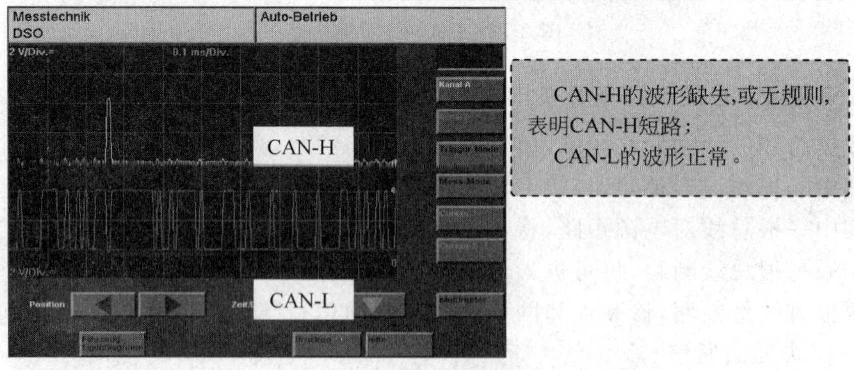

图 2-14 CAN-H 断路

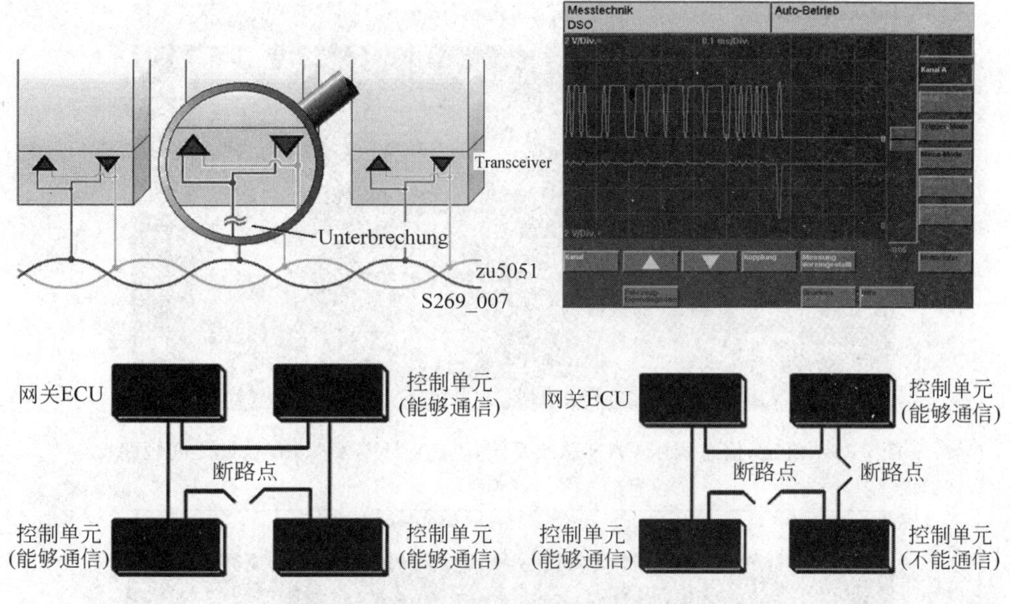

图 2-15 CAN-L 断路

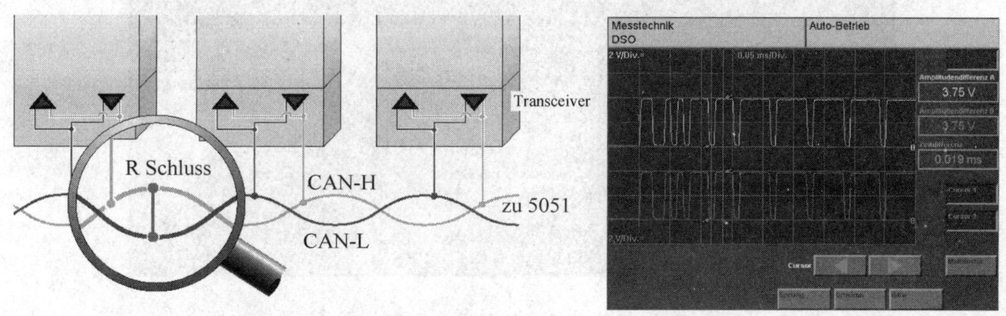

图 2-16 CAN-L 与 CAN-H 交叉连接(见彩色插页)

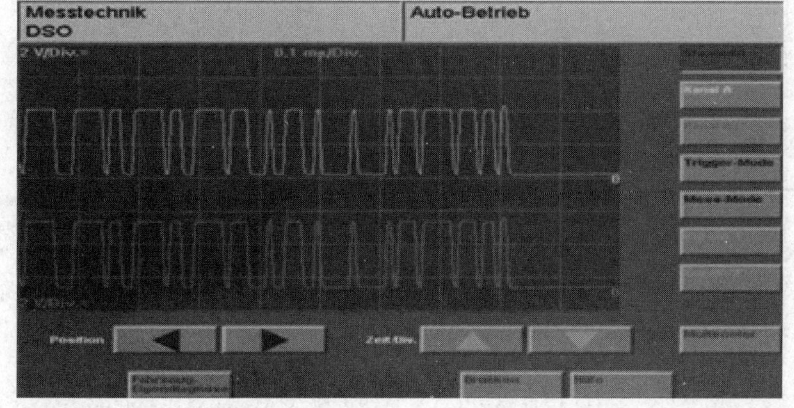

图 2-17 舒适 CAN 总线工作在单线模式下的波形——CAN-H 与 CAN-L 短路

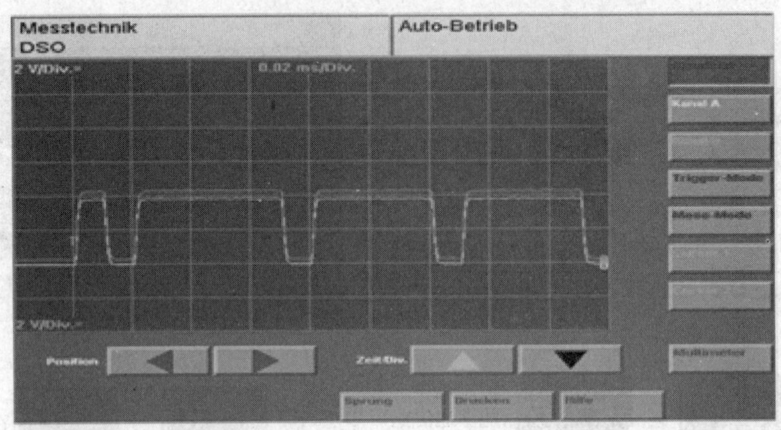

图 2-18 舒适、信息娱乐 CAN 总线系统，CAN-H 与 CAN-L 彼此之间短路

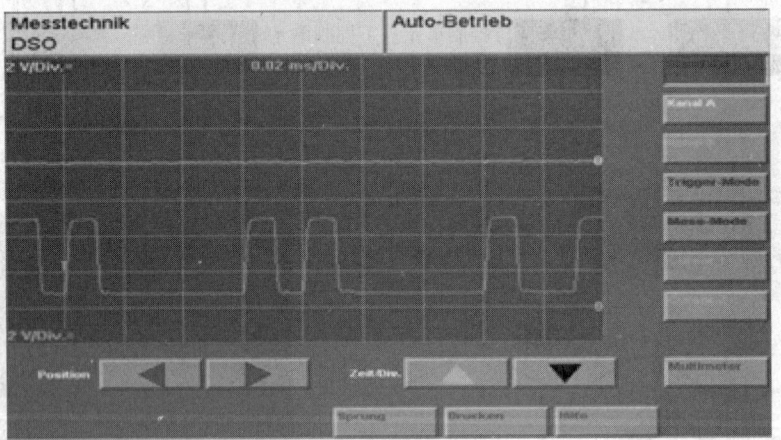

图 2-19 舒适、信息娱乐 CAN 总线系统，CAN-H 对地短路

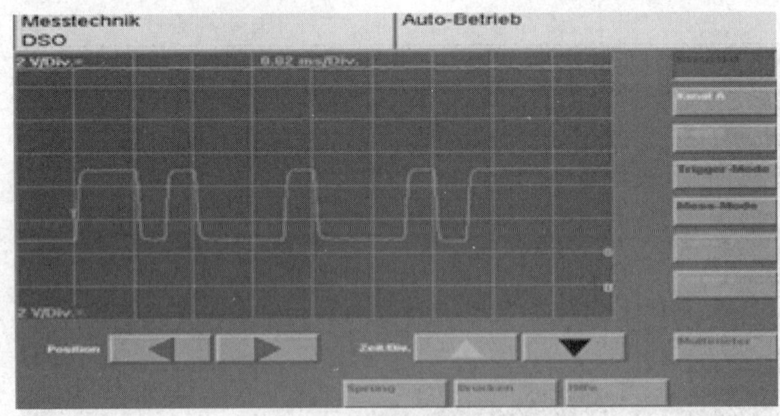

图 2-20 舒适、信息娱乐 CAN 总线系统，CAN-H 对正极短路

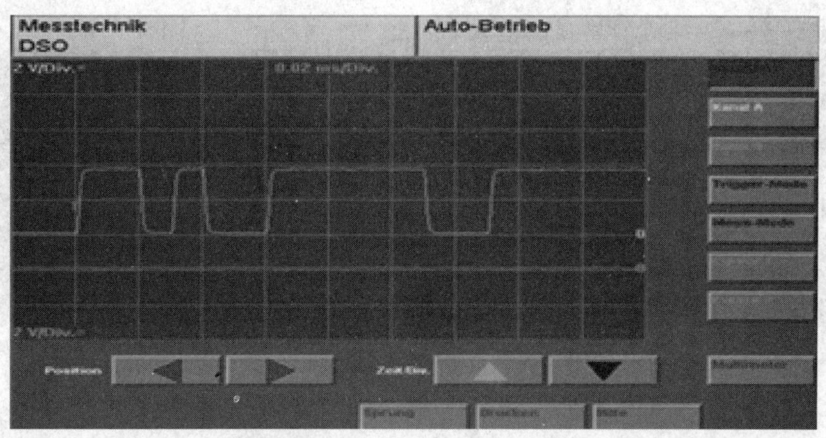

图 2-21　舒适、信息娱乐 CAN 总线系统，CAN-L 对地短路

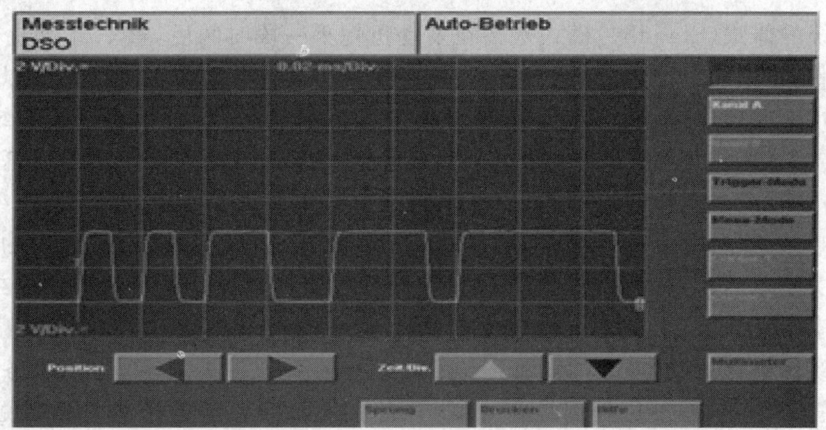

图 2-22　舒适、信息娱乐 CAN 总线系统，CAN-L 对正极短路

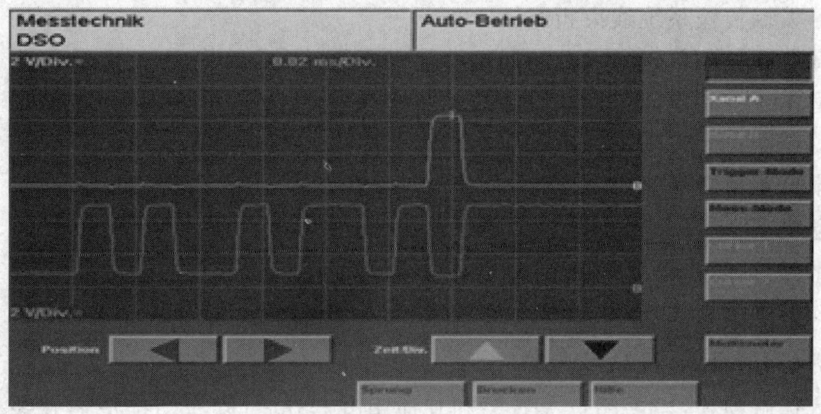

图 2-23　舒适、信息娱乐 CAN 总线系统，CAN-H 与某一控制单元之间断路

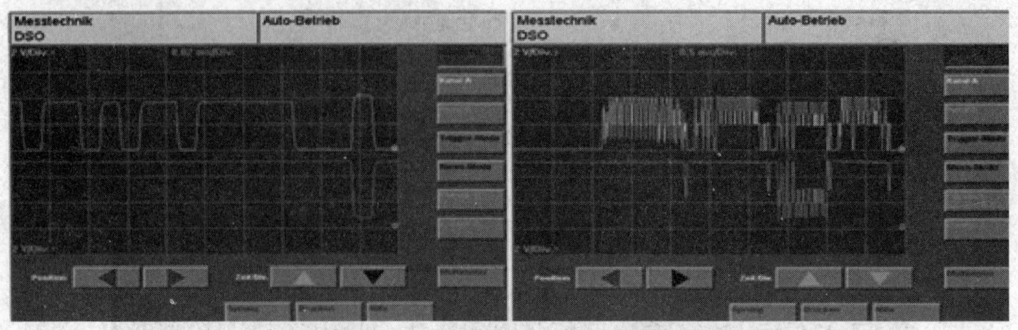

图 2-24 舒适、信息娱乐 CAN 总线系统，CAN-L 与某一控制单元之间断路

2.5 休眠和唤醒

电控系统的休眠(Standby)模式是指在发动机熄火一段时间后，整车自动进入一种用电量非常小的状态，因而也称为“低能耗模式”。一般来说，当汽车锁上车门 35s 以后，或者未锁车门不进行任何操作 10min 以后，系统自动进入休眠状态，此时数据总线系统由运行电流 150mA 转为休眠电流 6～8mA，给电子防盗系统供电。当网关接收到打开任一车门、发动机盖、后备厢盖或者操作遥控器的信号时，数据总线系统将结束休眠模式，系统内所有的控制单元被唤醒，唤醒电流大约为 700mA。汽车电控系统设置休眠模式的目的，一是减少在点火开关关闭以后蓄电池电能的无谓消耗，使蓄电池经常保持充足的电量；二是当 CAN 多路数据传输系统中某个控制单元出现故障时，不至于因“寄生电流”过大而引起蓄电池亏电。

电控系统休眠模式的“魔力”来源于多路数据传输系统网关(BSI、智能服务器)的软件设置，休眠模式所有的控制过程都是在 CAN 网络内不动声色地进行着。需要说明的是，休眠模式仅存在于 CAN 舒适总线和信息娱乐总线，动力总线系统不具有休眠模式。导致舒适总线和信息娱乐总线无法进入休眠状态的常见原因有以下几方面(以大众车系为例)。

(1) 多路数据传输系统线束折断。

(2) 车载电源控制单元(J519)的插接器接触不良。

(3) 舒适系统控制单元(J393)发生故障。

(4) 车门控制单元有问题。

(5) 风扇控制单元失常。

(6) 发动机 ECU 主继电器等继电器工作异常(如触点粘连、非正常吸合)。

(7) 行李厢灯、杂物箱灯等隐蔽处的照明灯损坏或者常亮。

(8) 导线的绝缘损坏，引起短路。

1. 休眠模式的进入、终止与唤醒

(1) 进入休眠模式：当关闭点火开关和其他用电器开关(除车门锁按钮开关外)，再关闭驾驶侧车门(目的是消除电动车窗升降控制系统中的点火钥匙拔出定时器信号，同时确认车外灯熄灭)，1min 内如果不再操作车门开关、照明灯开关、发动机舱盖开关、收音机开关、尾灯继电器熔断丝等，则整车电控系统进入休眠状态。电控系统进入休眠模式后，对于不需要工作的控制单元，多路数据传输系统将停止其信号传输，以节省蓄电池的电能，但是电子防盗系统仍然需要供电。

(2) 终止休眠模式：在休眠模式下，一旦施加人为的操作(例如开启一侧车门)，休眠模式将被终止。

(3) 唤醒网络：当接通点火开关时，原来处于"休眠"状态的CAN多路数据传输系统及相关控制单元被"唤醒"，并立即开始运作。由此可见，"唤醒"ECU的动力来源于蓄电池的电能。也就是说，唤醒电源(即信号)来自于点火开关。如果ECU因故接收不到唤醒电源，发动机将无法起动。另外，若操作某一个与多路数据传输控制单元相关的开关，该控制单元被"唤醒"，其所有的功能被激活。能够"唤醒"多路数据传输系统的信号装置包括遥控器以及上述各开关。接下来，如果再次关闭点火开关，关闭驾驶侧车门或前乘客侧车门，电控系统又将进入休眠模式，如此周而复始。

2. 大众速腾/迈腾轿车的休眠模式

(1) 15正电再激活功能：15正电关闭以后，动力总线系统有些控制单元仍然需要交换数据，因此在网络内部，用30正电激活15正电，保证在断电以后，数据信息能够正常地传递。再激活功能的时间为10s～15min。

(2) 休眠模式、唤醒模式的监控：当网关监控到舒适和信息娱乐总线处于空闲状态时，网关发出休眠指令，进入休眠模式。此时数据总线的电压低位线为12V，高位线为0。如果动力总线处于数据传递过程中，舒适和娱乐总线是不允许进入休眠状态的。当舒适总线处于数据传递的过程中，娱乐和信息总线也不肯进入休眠模式。当某一个信号唤醒相应的总线后，网关会激活其他的总线系统。

案例分析1

一辆2006年款速腾轿车，停放2天后难以起动，仪表盘上没有任何指示灯报警。怀疑系统漏电，于是在静止状态下测量蓄电池的放电电流，达到1.05A(标准值为小于50mA)。连接故障诊断仪VAS5051进行检测，读到一个故障码"00470"，其含义是单线组合舒适系统数据总线断路。

选择故障诊断仪的"引导性查询功能"，查询CAN总线的数据流。在正常情况下，关闭点火开关，等待大约1min，由于网关休眠，第1区(唤醒总线状态)的结果应为"被动"，第2区(舒适总线)、第3区(信息娱乐总线)和第4区(动力总线)都应为"CAN总线休眠"。但是故障车点火开关关闭1min后的测量结果却为：第1区显示为"主动"，说明CAN总线没有休眠；第2区(舒适总线)、第3区(信息娱乐总线)显示为空白，说明舒适总线和信息娱乐总线没有休眠；第4区(动力总线)显示为传输休眠，说明动力总线正常。

为了进一步判断舒适总线和信息娱乐总线没有休眠的原因，再次利用故障诊断仪的"引导性查询功能"，查看舒适总线和信息娱乐总线的数据流，结果见表2-2。从表2-2中看出，第2区所示的"乘客侧车门导线"后面没有显示(若后面显示1，表示连接正常；后面无显示，表示连接不正常；后面显示"单线"，表示1根导线断路；后面显示S，表示休眠模式已设置)，说明乘客侧车门上的舒适总线连接不正常。拆开乘客侧车门的线束检查，发现有一根网线断路。更换断裂的网线后，再测量静止状态下的寄生电流，下降为10mA。由于乘客侧车门的网线断路，导致舒适系统总线和信息娱乐系统总线无法正常休眠，使网络上的控制单元持续工作，寄生电流过大，造成蓄电池亏电，所以发动机难以起动。

表 2-2 舒适和信息娱乐总线的测量值

测量项目	测量结果	正常值
CAN—网关—驾驶员侧车门	驾驶员车门 1	驾驶员车门 1
CAN—网关—乘客侧车门	乘客车门导线	乘客车门 1
CAN—网关—左右车门	左后车门 1	左后车门 1
CAN—网关—右后车门	右后车门 1	右后车门 1

无信号传递（即 CAN-Bus 空闲时）发射隐性信号，新的信息以显性开始。动力总线隐性电位（关闭点火开关后的 0.5～5s，系统停止工作）：

$$U_{CAN\text{-}H}=\text{ca. }2.5\text{V},\quad U_{CAN\text{-}L}=\text{ca. }2.5\text{V}$$

舒适和信息总线没有传递信号时的隐形电位：

$$U_{CAN\text{-}H}=0\text{V},\quad U_{CAN\text{-}L}=\text{ca. }5\text{V}$$

睡眠模式下总线电压：

$$U_{CAN\text{-}H}=0\text{V},\quad U_{CAN\text{-}L}=12\text{V}$$

案例分析 2

一辆迈腾 2.0T 车主报修发动机故障灯点亮、驻车制动器故障灯点亮、灯光故障灯点亮，还发现点火钥匙拔出后，发动机延时 3～5s 后熄火。

故障诊断与检修：根据故障现象，用专用检测仪 VAS5052A 读取各控制单元故障码。进入地址码 01 发动机控制单元，发现存储故障码 53285，含义为请读取空调控制单元(J301)故障代码，偶尔发生；故障码 12425，含义为燃油泵电子设备信号线存在电气故障。进入地址码 53 停车制动控制单元，发现存储故障码 00576，含义为“15 号”端子信号不可靠，偶尔发生。进入地址码 17 仪表控制单元，发现存储故障码 01771，含义为大灯范围控制单元(J431)无通信，偶尔发生。

读取的故障码对排查故障没有太大的意义，但发现所有故障的控制单元均属于动力总线系统。如果对故障码逐个处理，似乎没有思路，决定查看网关列表，发现除了以上 3 个控制单元存储故障码外，动力转向系统(44)、安全气囊系统(15)也存在故障。因所知故障码多为偶发故障，故将所有系统的故障码清除，但重新起动发动机后，所有故障码又会出现。打开点火开关后，查看网关中关于动力总线休眠状态，各个系统工作正常。关闭点火开关，读取网关测量值，发现安全气囊控制单元仍然处在工作状态。更换安全气囊控制单元故障排除。

故障小结：通过故障现象，可初步判断“15 号”电源没有正常切断，有延时现象。通过故障码分析，可判断是动力 CAN 总线控制单元出现了故障。通过读取总线数据流，发现气囊控制单元在关闭钥匙后，长时间保持在工作状态。由于安全气囊控制单元内部故障，导致在点火开关关闭的时候，控制器内部“15 号”电源线被激活。排除这个故障，必须了解“15 号”电源再激活功能，动力总线系统在“15 号”正电源关闭后，有些控制单元仍然需要交换信息，所以在控制单元内部用“30 号”电源激活“15 号”电源，保证断电后信息的正常传递，再激活功能的时间在 10s～15min。

2.6 CAN 总线的维修

CAN 总线的总线接点是用专用设备进行压接的，可有效防止杂波的侵入。在维修CAN 总线的线束时，不要拆开总线接点，否则会引入杂波，对总线造成干扰。线束扎带对于线路的反射很重要，因此不能拆开。如果需要维修断路总线，维修接点不能离总线接点过近，只允许在距接点 100mm 以外断开导线。

CAN 总线为双绞线，当导线有破损或断路需接线时，两个维修接点之间的距离至少要大于 100mm ，每段接线应小于 50mm，如图 2-25 所示。每条 CAN 总线导线长度不应超过5m，否则导线所传输的脉冲信号会失真。

CAN数据总线接点及检查
总线接点
100mm
在此处打开
维修接点不能离总线接点过近
总线接点
小于50mm
大于100mm
不能有大于50mm的线段不绞合，
修理点间距至少相隔100mm

图 2-25 CAN 总线的修复

严禁使用刺线器穿刺双绞线测试波形，而应当使用感应钳测试。

任务实施

（1）观察认识帕萨特 B5 轿车 CAN 总线示教板控制模块的布置，绘制 CAN 总线拓扑图，如图 2-26 所示。

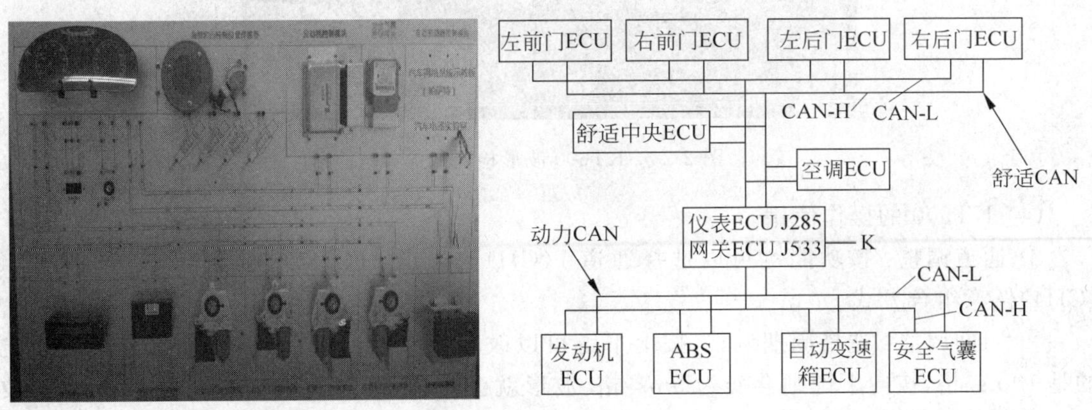

图 2-26 帕萨特 B5 车载网络系统（CAN 总线）示教板及 CAN 总线拓扑图

（2）KT600 示波器分析仪如图 2-27 所示。

（3）KT600 的连接。

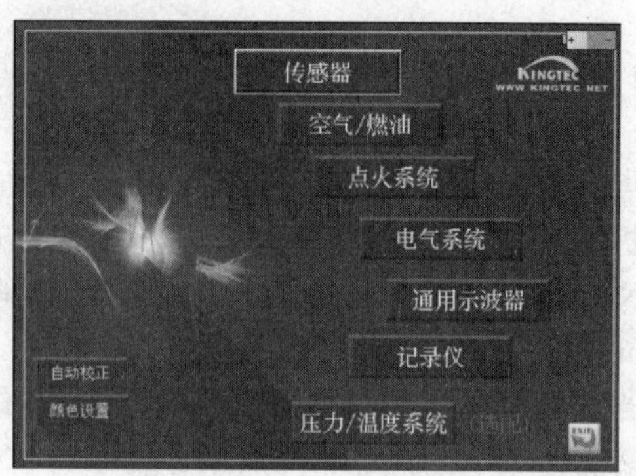

图 2-27 选择 KT600-通用示波器读取 CAN 总线波形

① 将测试探针和通道 1、2 连接好，并接好接地线；

② 将测试探头连接至 OBD-Ⅱ诊断口 6 号与 14 号端子（或连接至动力 CAN-H 与 CAN-L 总线检测端口）；

③ KT600 选择→通用示波器；

④ KT600 波形检测的连接方法如图 2-28 所示。

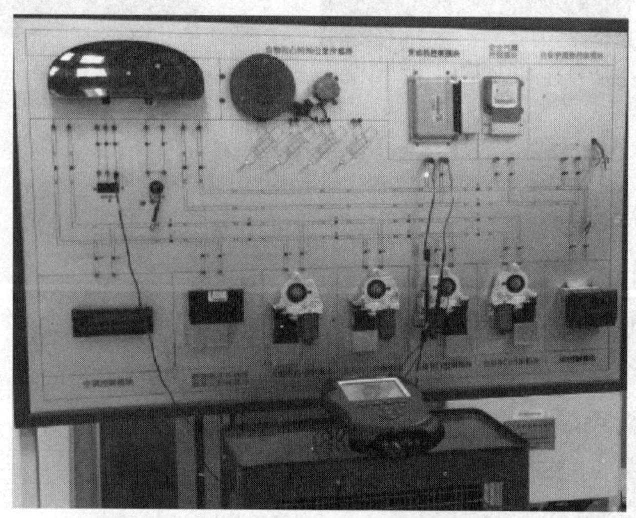

图 2-28 KT600 波形检测的连接

(4) KT600 的操作使用。

① 通道调整：按功能键可以选择通道 1(CH1)、通道 2(CH2)、通道 3(CH3)、通道 4(CH4)任意组合方式。

② 周期调整：选择周期调整，按上下键可以改变每单格时间的长短，如果开机时设定的是 10ms/格，按向下键则会变为 5ms/格，波形就会变稀，按向上键则会变为 20ms/格，波形会变密。

③ 电平调整：对纵轴的触发电平进行调整，对于同一波形，选择不同的触发电平，波形在显示屏上的位置就会跟着变化，如果触发电平的数值超出波形的最大最小范围，波形将产生游动，在屏幕上不能稳定住。

④ 幅值调整：按上下方向键可以调整纵向波形幅值的大小，KT600 可以选择 1∶500、1∶200、1∶100、1∶200、1∶0.5、1∶1.0、1∶2.5、1∶5、1∶10 和 1∶20。

⑤ 位置调整：选择位置调整可以对波形的上下显示位置进行调整，按向上方向键，波形就会上移，按向下方向键，波形就会向下移动。

⑥ 触发方式调整：选择触发方式调整在高频(<50ms/格)可以对波形的触发起点进行调整，使用功能键可以选择触发的方式：上升沿出发，下降沿出发，电平触发。

⑦ 波形的存储和载入：在选择通用示波器时，如果要存储当前波形，选择存储，(如果刷新频率≥50Hz/格，系统会等待采集完当前屏波形后自动冻结波形)弹出文件存储的人机界面，用户可以设定存储波形的名字，然后保存波形数据(最多支持保存 64 个文件)，保存完以后系统会自动退出存储界面。

如果要载入已储存的波形，选择载入，要是波形文件存在，系统将会自动浏览到系统已保存的文件，用户可以根据自己需要调出波形。单击“退出”按钮或按 Esc 键可以退出载入界面。

⑧ 配置取存：该功能主要是方便用户快捷地调整好波形的参数，例如：用户同时测试了 4 个传感器的波形使用了 4 个通道：CH1—200mV/div；CH2—1V/div ；CH3—0.5V/div；CH4—5V/div 频率：20ms/格，调整好各个通道的位置，使波形清晰地显示到界面。然后选择配置取存，可以保存当前配置到文件“4 通道传感器测试”；要是下次再测试 4 个通道的传感器的波形，用户就不需要再调节这些烦琐的参数，只需单击“配置取存”按钮，选择“载入配置”选项，波形就可以快速地清晰显示出来。依此例子，任意有“配置取存”的界面都可以实现这一功能。每个界面最多可以存 64 个配置文件。

(5) 读取故障代码，诊断 ECU(KT600)无响应。

(6) 由此怀疑是不是发动机控制单元出了故障，松开发动机控制单元的插头，换装了一个新的控制单元，重新读取故障码，未出现通信无法连接的提示。

(7) 用 KT600 读取 CAN-H 及 CAN-L 波形，波形显示正常。

结果检查

(1) 对学生任务完成情况进行检查监督，并提出改进意见。

(2) 根据厂家标准和资料进行过程和结果检查。

(3) 组间交流、互检。

(4) 按照企业的 5S 标准整理工作现场。

评价总结

(1) 根据学生任务工单，指出检修过程中的不足，提出改进意见。

(2) 根据教学目标，考核学生技能和情境知识掌握程度，并分析成因。

(3) 小组讨论进行自我工作评估。

(4) 分析工作步骤的合理性，根据教师评价建议修改。

(5) 工作任务完成情况评价及考核。

知识拓展

奥迪 A8(03 款)轿车 CAN 总线的检测

(1) CAN 总线检测插座(图 2-29)。

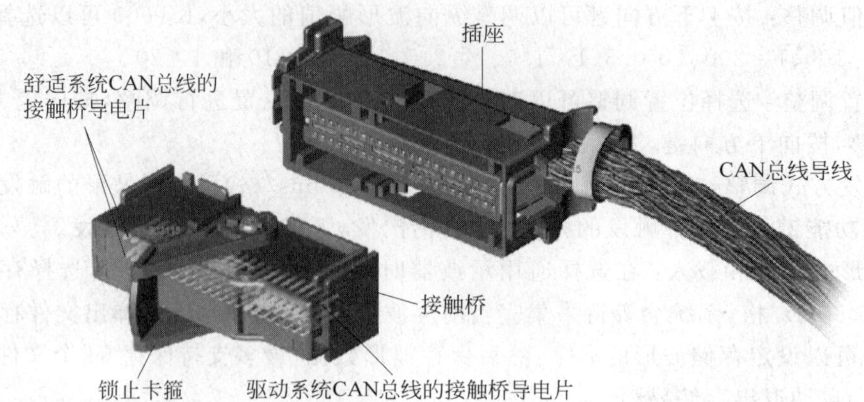

图 2-29 奥迪 A8 2003 年型汽车的驱动 CAN 总线和舒适 CAN 总线检测插座

(2) 检测插座的安装位置(图 2-30)。

总线检测插座有两种,分别安装在仪表台左、右两侧的侧面,靠近车门处,平时用装饰板盖着。如果要抽出触桥,首先得松开锁止卡箍。

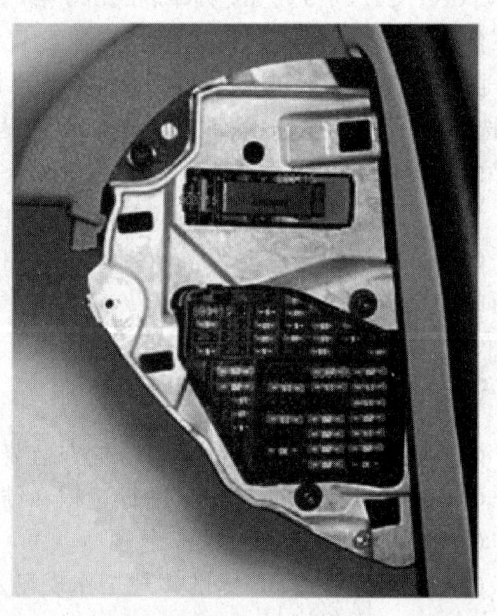

图 2-30 总线检测插座安装在仪表台左、右两侧的侧面(靠近车门处)

(3) 左右检测插座的连接。

驱动 CAN 总线和舒适 CAN 总线上的所有控制单元在检测插座上呈星型连接。总线系统的一部分控制单元接到右侧检测插座上,另一部分控制单元接到左侧检测插座上,如图 2-31 所示。

左侧和右侧检测插座通过一组 CAN 导线彼此相连,使得舒适 CAN 总线上的所有控制单元与驱动 CAN 总线上的控制单元连接起来。

(4) CAN 总线系统检测盒(图 2-32)。

检测盒与总线检测插座的连接。在进行总线系统检测时,首先要把检测盒 VAS

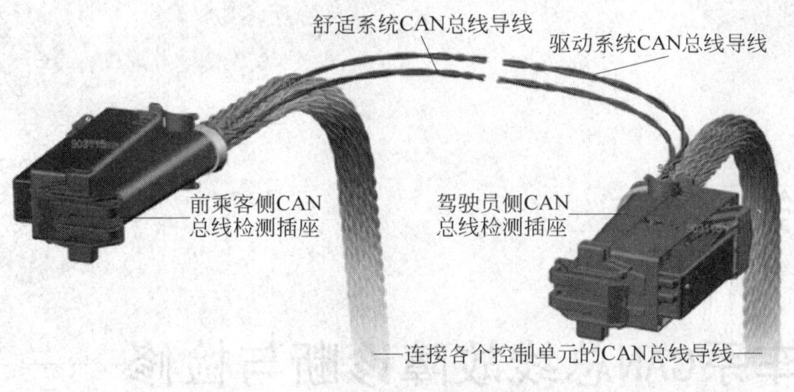

图 2-31　左右两侧的检测插座通过一组 CAN 导线相连(奥迪 A8 2003 年型)

图 2-32　CAN 总线系统检测盒

(VAG)1598/38 连接到仪表台侧面的总线检测插座上(图 2-33)。然后根据电路图确定引脚布置,正确连接测量仪器(如 DSO),如图 2-34 所示。

图 2-33　把检测盒连接到总线检测插座上

图 2-34　正确连接测量仪器(如 DSO)

任务3

大众车系CAN总线故障诊断与检修

任务目标

能够正确描述大众车系 CAN 总线的组成及工作过程，知道 CAN 总线系统各控制模块的安装位置及更换方法，会进行 CAN 总线系统终端电阻、电压及波形检测，能排除大众车系 CAN 总线常见故障。

任务描述

一辆一汽大众迈腾 1.8TSi 轿车，用户反映车内照明灯不亮、行李舱盖关闭后仪表显示行李舱未关。请按照专业要求排除此故障。

任务分析

在该车的车身电器控制系统中，当行李舱开启时，行李舱照明灯开关闭合接地点亮行李舱照明灯，同时还给舒适系统控制单元 J393 一个行李舱开启信号。该信号通过 CAN 总线传递给网关 J533 后，再通过 CAN 总线传递到组合仪表，组合仪表在接收到该信号后点亮仪表板上的行李舱开启指示灯。车内照明灯不亮、行李舱盖关闭后仪表显示行李舱未关有可能是电源管理系统的故障。

3.1 迈腾/速腾车载网络系统的组成及结构

迈腾轿车总线网络系统包括动力总线、舒适总线、信息娱乐总线、诊断总线、仪表总线等几个网络，如图 3-1 所示。

3.2 迈腾/速腾轿车动力 CAN 总线系统

迈腾轿车动力 CAN 总线系统网络的控制单元包括：发动机控制、四轮驱动控制、自动

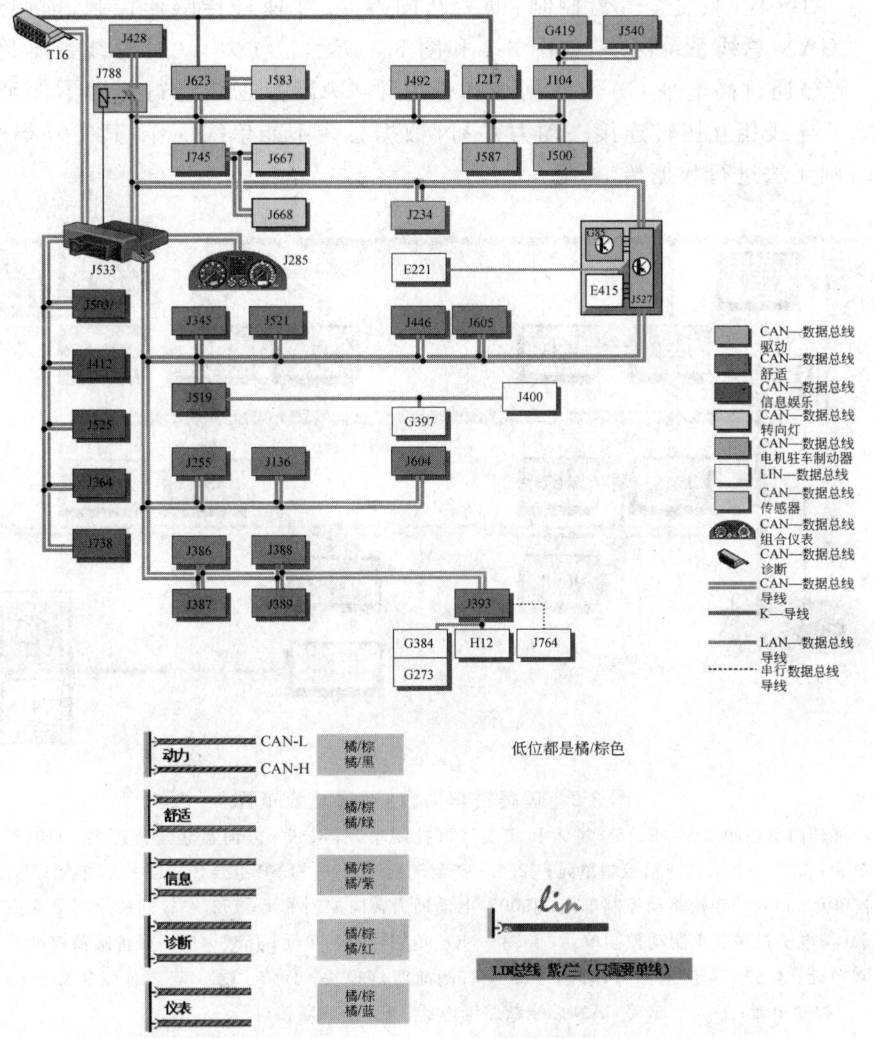

图 3-1 大众迈腾车载网络系统的组成及结构(见彩色插页)

E221—方向盘操作单元；E415—进入及起动许可开关；G85—转向角传感器；G273—车内监控传感器；G384—车辆侧倾传感器；G397—晴雨与光线识别传感器；G419—ESP传感器单元；H12—报警喇叭；J104—ABS控制单元；J136—座位调节和带记忆功能的转向柱调节的控制单元；J217—自动变速箱控制单元；J234—安全气囊控制单元；J255—Climatronic全自动空调控制单元；J285—组合仪表中的控制单元；J345—拖车识别装置控制单元；J364—辅助加热装置的控制单元；J386—驾驶员侧车门控制单元；J387—副驾驶员侧车门控制单元；J388—左后车门控制单元；J389—右后车门控制单元；J393—舒适系统中央控制单元；J400—刮水器电机控制单元；J412—移动电话电子操作装置控制单元；J428—车距调节装置控制单元；J446—驻车辅助控制单元；J492—全轮驱动的控制单元；J500—转向辅助控制单元；J503—收音机和导航系统显示单元控制单元；J519—车载电网控制单元；J521—带记忆功能的副驾驶员座椅调节控制单元；J525—数字式音响套件控制单元；J527—转向柱电子装置控制单元；J533—数据总线诊断接口；J540—电机驻车制动器控制单元；J583—NO_x传感器的控制单元；J587—换挡杆传感装置控制单元；J604—空气辅助加热装置的控制单元；J605—汽车行李舱盖控制单元；J623—发动机控制单元；J667—左侧大灯功率模块；J668—右侧大灯功率模块；J738—电话操作单元控制单元；J745—转弯灯和大灯照明距离调节控制单元；J764—ELV控制单元；J788—驱动CAN-总线断路继电器；T16—插头连接，16芯，诊断接口转向柱控制、ABS控制、安全气囊控制、助力转向控制、变速杆传感器控制、前照灯控制、转向控制动力CAN总线系统网络,如图3-2和图3-3所示。动力CAN总线数据传输速度是500Kbps。传输通过高电平CAN数据线和低电平CAN数据线进行。为了保证数据的安全传输,CAN导线相互扭转连接。动力CAN数据总线不能单线工作,其中一根CAN导线发生故障时则无法进行数据传输。

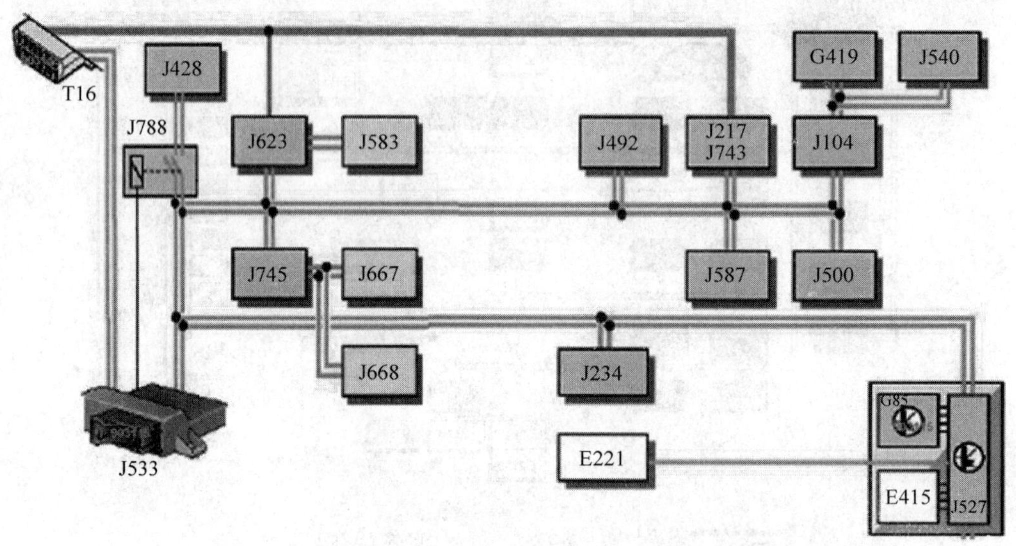

图3-2 迈腾轿车动力CAN总线布置

E221—多功能转向盘控制单元;E415—进入和起动许可控制单元;G85—方向盘转角传感器;J104—带EDL的ABS控制单元;J217—自动变速箱控制单元;J234—安全气囊;G419—ESP组合传感器控制单元;J428—车距控制系统控制单元;J492—四轮驱动控制单元;J500—电动助力转向控制单元;J527—转向柱控制单元;J533—网关控制器;J540—电子机械驻车制动控制单元;J583—NO_x传感器控制单元;J587—换挡杆传感器控制单元;J623—发动机控制单元;J667—左侧前照灯模块;J668—右侧前照灯模块;J743—DSG双离合变速器机械电子单元;J745—前大灯控制单元;J788—驱动CAN总线断路继电器;T16—诊断接口

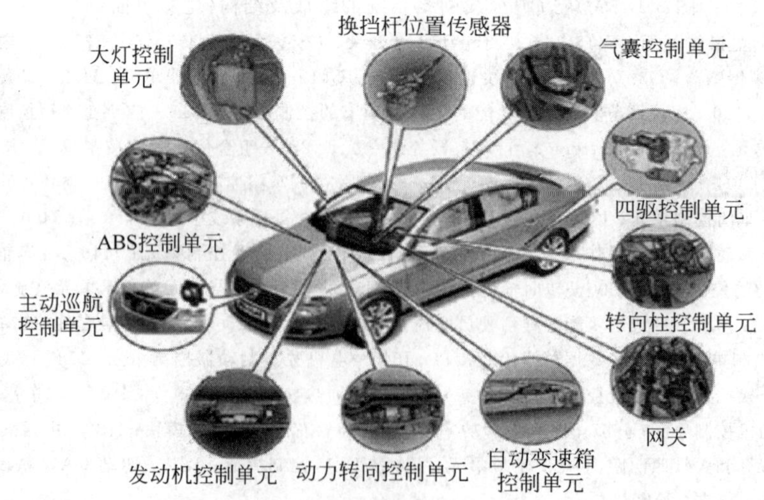

图3-3 动力CAN总线控制单元安装位置

3.3 迈腾/速腾轿车舒适CAN总线系统网络

迈腾轿车舒适CAN总线系统网络包括：车载电源控制单元、拖车控制单元、座椅记忆控制单元、停车辅助控制单元、行李厢控制单元、转向柱控制单元；空调控制单元、驻车加热控制单元、车门控制单元，如图3-4和图3-5所示。舒适CAN总线系统数据传输速度是100Kbps。传输通过高电平CAN数据线和低电平CAN数据进行。为了保证数据安全传输，CAN导线相互扭转连接。舒适CAN数据总线可以单线工作，其中一根CAN导线发生故障时数据传输仍可以继续进行。

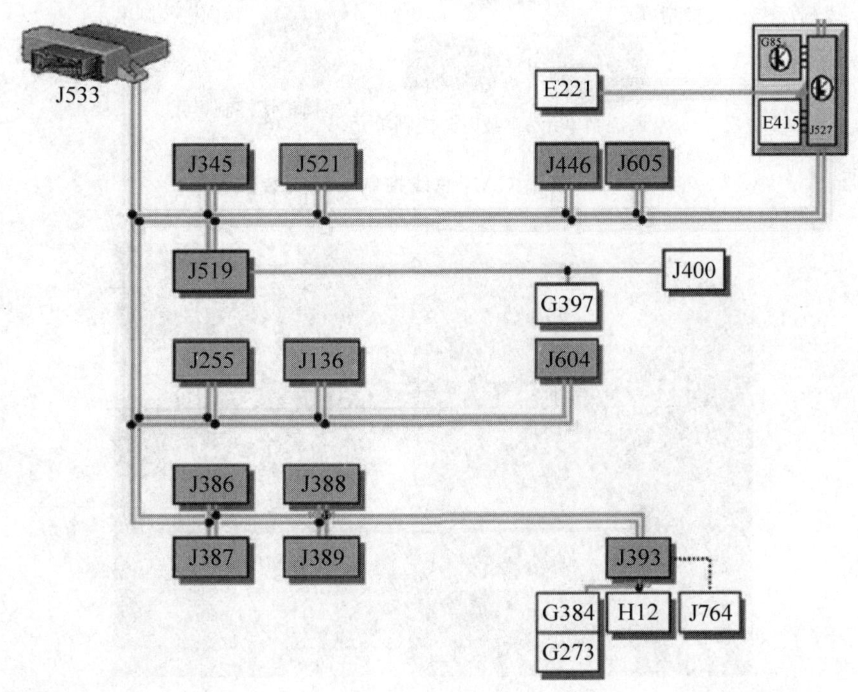

图3-4 迈腾轿车舒适CAN总线布置

E221—多功能方向盘(MFL)；E415—进入和起动许可控制单元；G273—内部监控传感器；G384—车辆倾斜传感器；G397—雨滴＋光强传感器；H12—防盗警报喇叭；J136—驾驶员座椅位置记忆控制单元；J255—空调控制单元；J345—拖车识别装置控制单元；J386/J387/J388/J389—车门控制单元；J393—舒适系统控制单元；J400—雨刷电机控制单元；J446—停车辅助控制单元；J519—中央电器系统控制单元(车载电源控制单元)；J521—副驾驶座椅位置记忆控制单元；J527—转向柱模块单元；J533—网关；J604—驻车加热控制单元；J605—后备厢盖控制单元；J764—电子转向柱锁

舒适系统中央控制单元J393激活和控制以下功能：舒适系统中控锁控制单元、激活后车门控制单元、激活后备厢盖开启、电动车窗、电动油箱盖开启、轮胎压力控制，通过LIN总线激活防盗报警。

舒适系统中央控制单元J393位置在仪表台下部，位于手套箱后面，如图3-6所示。对于迈腾汽车，防盗器控制单元J518功能、轮胎压力监控(通过轮胎压力传感器)集成到了舒适系统控制单元J393中。

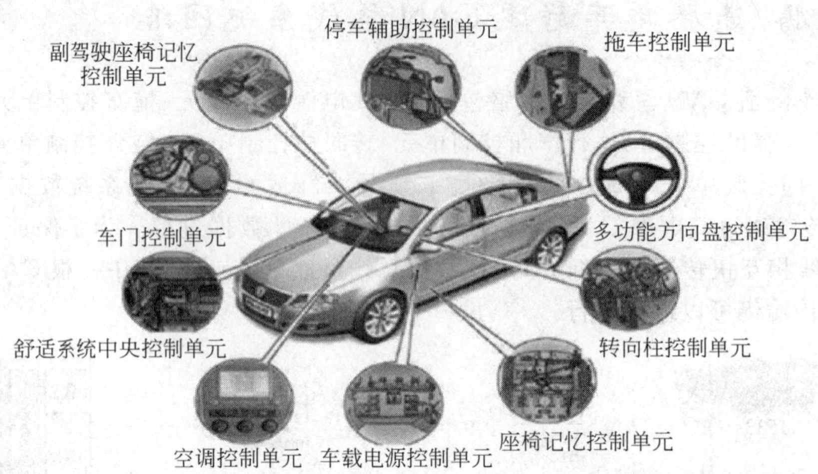

图 3-5　舒适 CAN 总线控制单元安装位置

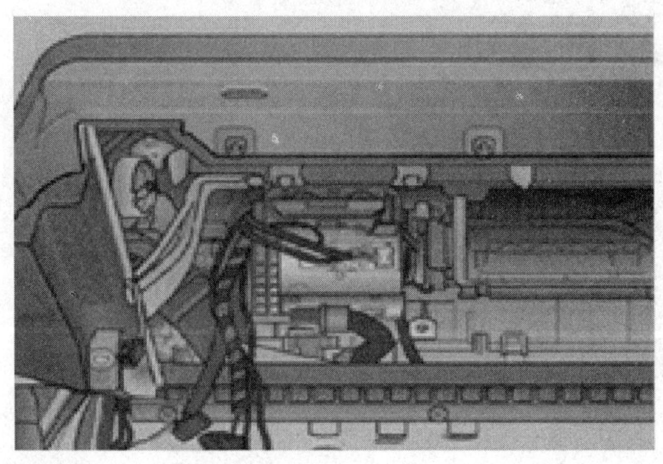
图 3-6　舒适系统中央控制单元 J393 安装位置

3.4　迈腾/速腾轿车信息娱乐 CAN 总线系统网络

迈腾轿车信息娱乐 CAN 总线系统网络控制单元包括：收音机(导航控制单元)、电话准备系统控制单元、数字音箱控制单元、驻车加热控制单元和电话控制单元，如图 3-7 和图 3-8 所示。

迈腾轿车信息娱乐 CAN 总线数据传输速度是 100Kbps。传输通过高电平 CAN 数据线和低电平 CAN 数据线进行。为了保证数据安全传输，CAN 导线相互扭转连接。信息娱乐 CAN 数据总线可以单线工作，其中一根 CAN 导线发生故障时数据传输可以继续进行。

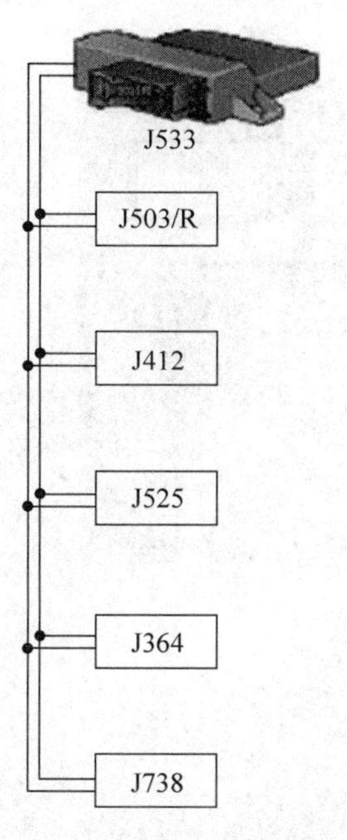

图 3-7　信息娱乐 CAN 总线系统图

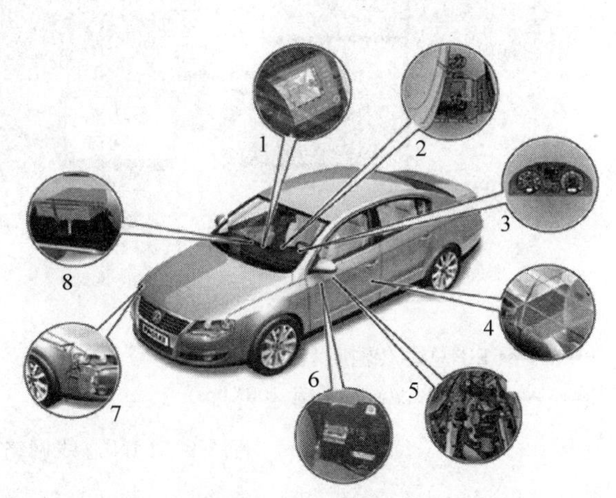

图 3-8　信息娱乐 CAN 总线部件布置

1—导航控制单元(收音机)J503/R；2—电话控制单元 J738；3—仪表控制单元 J285；4—数字音响控制单元 J525；5—网关 J533；6—故障诊断接口 T16；7—驻车加热控制单元 J364；8—电话准备系统控制单元 J412

3.5　迈腾/速腾轿车 LIN 数据总线系统简介

LIN 数据总线是一个局部的系统，该系统通过数据传输率为 1～20Kbps 的单线连接传输数据。传输数据被存储在控制单元软件中。数据交换在一个主控制单元和最多 16 个副控制单元之间进行。参与者之间的通信通过主控制单元也可以在 CAN 数据总线上进行通信。

LIN 总线采用单线主、从控制器控制。车内监控传感器 G273、车辆侧倾传感器 G384、报警喇叭 H12 通过主控单元(舒适系统中央控制单元 J393)向总线系统发送传感器信号，同时也通过主控单元接收控制信号。G397 晴雨与光线识别传感器、J400 刮水器电动机控制单元通过车载电网络控制单元 J519 供电。

LIN 是 Local Interconnect Network 的缩写。Local Interconnect(局域互联)表示所有的控制单元都装在一个有限的空间内(如车顶)，所以它也被称为“局域子系统”。车上各个 LIN 总线系统之间的数据交换是由控制单元通过 CAN 数据总线实现的，如图 3-9 所示。

LIN 总线系统是单线式总线，底色是紫色，有标志色(白色)。该线的横截面面积为 $0.35mm^2$，无须屏蔽。该系统可让一个 LIN 主控制单元与最多 16 个 LIN 从控制单元进行数据交换。

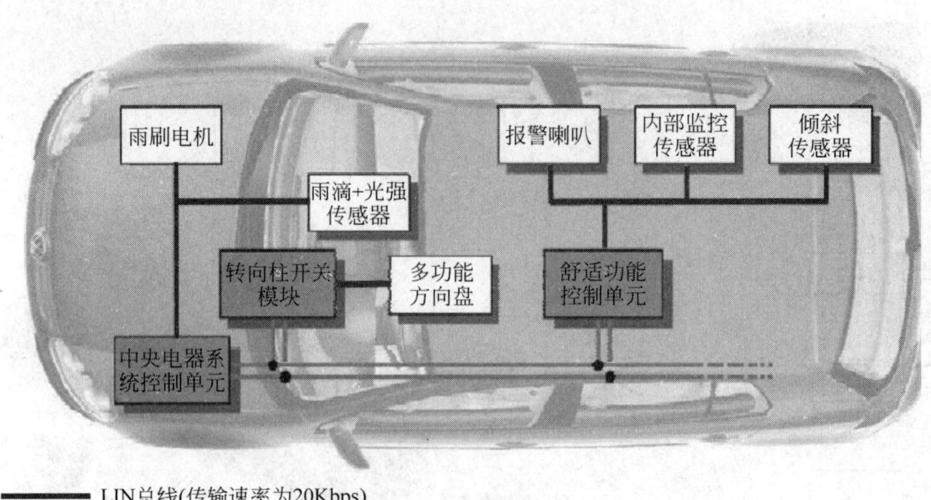

图 3-9 LIN 总线网络系统

3.6 其他总线系统

3.6.1 电子机械驻车制动 CAN 总线(子总线)

电动驻车制动器 CAN 数据总线的数据传输速度为 500Kbps。传输通过高电平 CAN 数据线和低电平 CAN 数据线进行。为了保证数据安全传输,CAN 导线相互扭转连接。CAN 数据总线驱动不可单线工作,其中一根 CAN 导线发生故障时无法进行数据传输,电动驻车制动器 CAN 数据总线控制单元的拓扑结构如图 3-10 所示。

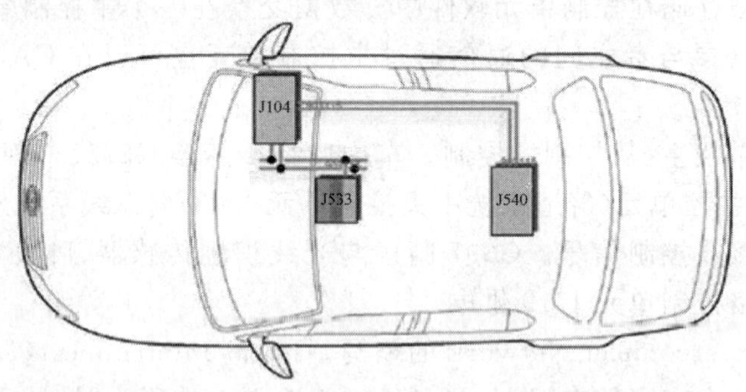

图 3-10 电子机械驻车制动 CAN 总线系统的总体布置及控制单元的安装位置

J104—ABS 控制单元; J533—网关; J540—电子机械驻车制动控制单元

3.6.2 智能大灯 CAN 总线(子总线)

智能大灯 CAN 总线(子总线)系统的总体布置及控制单元的安装位置如图 3-11 所示。

智能大灯 CAN 总线的数据传输速率为 500Kbps，不支持单线工作模式。

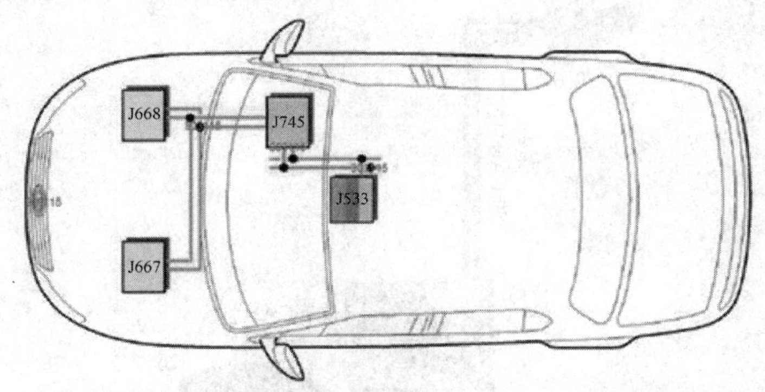

图 3-11 智能大灯 CAN 总线系统的总体布置及控制单元的安装位置

J667—左侧大灯模块；J668—右侧大灯模块；J745—智能大灯控制单元；J533—网关控制单元

3.6.3 位串行数据接口总线 BSD

位串行数据接口总线 BSD 的总体布置如图 3-12 所示。位串行数据接口总线 BSD 通过一个 9800Kbps 的单线连接在 ELV 控制单元和舒适系统中央控制单元之间传输数据，与使用 LIN 数据总线系统相比，使用串行数据总线系统提高了防盗保护性能。

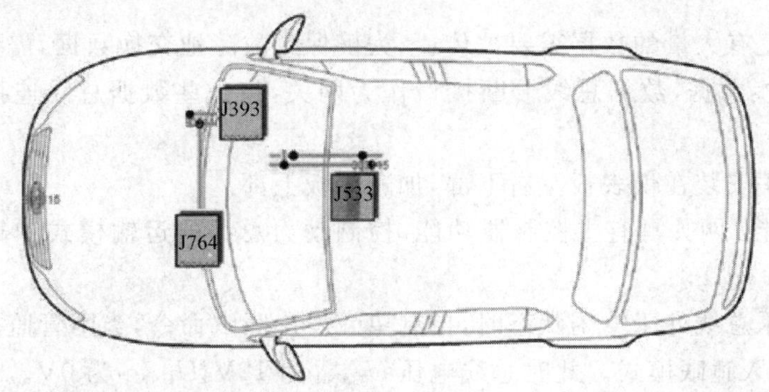

图 3-12 位串行数据接口总线 BSD 的总体布置及控制单元的安装位置

J764—电子转向柱锁；J393—舒适系统中央控制单元；J533—网关

3.6.4 仪表与诊断 CAN 总线

仪表 CAN 系统借助仪表高速 CAN 总线(500Kbps)通过网关同其他的总线系统进行信息交换。外部的输入信号有：外部温度传感器 G17、机油压力开关 F1、清洗液面传感器 G33、冷却液面传感器 G32、刹车蹄片磨损 G34、制动液面开关 F34、油箱油量传感器 G、机油温度及液面 G266、手制动开关 F9 。组合仪表的控制单元 J285 通过数据总线诊断接口 J533 和组合仪表 CAN 数据总线得到显示单元和不同控制单元指示灯的信息，如图 3-13 所示。

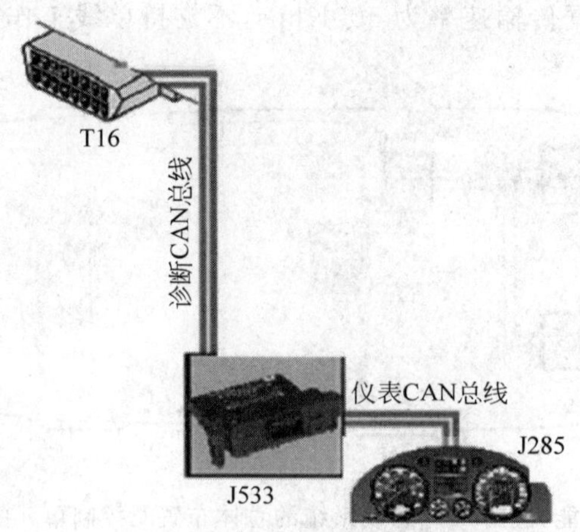

图 3-13 仪表与诊断 CAN 总线

T16—故障诊断接口；J533—网关；J285—仪表控制单元

3.7 迈腾/速腾轿车总线系统主要控制单元

3.7.1 网关(J533)

在总线网络上有大量的数据需要被传递，为确保无故障地交换数据，需要几条数据总线系统之间相互交换数据，数据总线诊断接口作为网关，将这些数据总线连接起来进行数据交换。

迈腾轿车网关安装在仪表板左右下部，加速踏板上部。

主控制器功能：网关具有主控制器功能，控制动力总线的运输模式和舒适总线的睡眠和唤醒模式。

当舒适和娱乐总线处于空闲状态时，控制单元发出睡眠命令，当网管监控所有的总线都有睡眠要求时，进入睡眠模式。此时总线电压 $U_{CAN\text{-}L}$ 为 12V，$U_{CAN\text{-}H}$ 为 0V。

如果动力总线仍处于信息传递过程中，舒适和娱乐总线是不允许进入睡眠状态的，当舒适总线处于信息传递过程中时，娱乐和信息总线也不能进入睡眠模式。当某一个信息激活相应的总线后，控制单元会激活其他总线系统。

3.7.2 车载电源控制单元(J519)

车载电源控制单元(J519)的功能是用电负载(电能)管理，安装在左侧仪表板下方，如图 3-14 和图 3-15 所示。

车载电源控制单元(J519)的功能如下。

(1) 灯光控制：外部灯光控制包括前照灯、招牌等、制动灯、尾灯控制，故障将通过白炽灯相应的指示灯或在组合仪表中以文本的方式显示出来。

① Coming Home“回家”模式。汽车车门关闭以后，通过汽车上的照明装置照亮汽车周围环境。

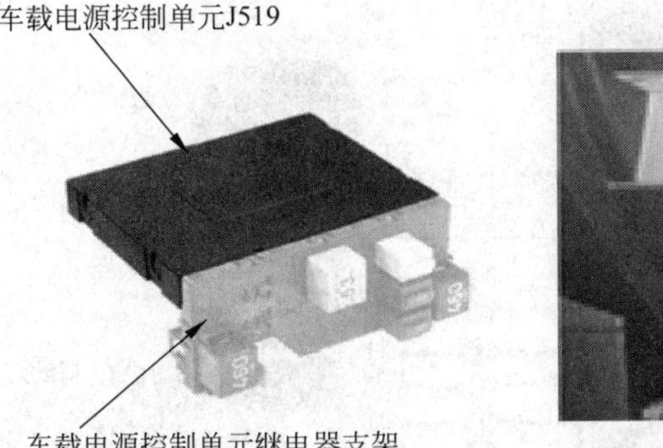

图 3-14　车载电源控制单元 J519 外形结构及安装位置

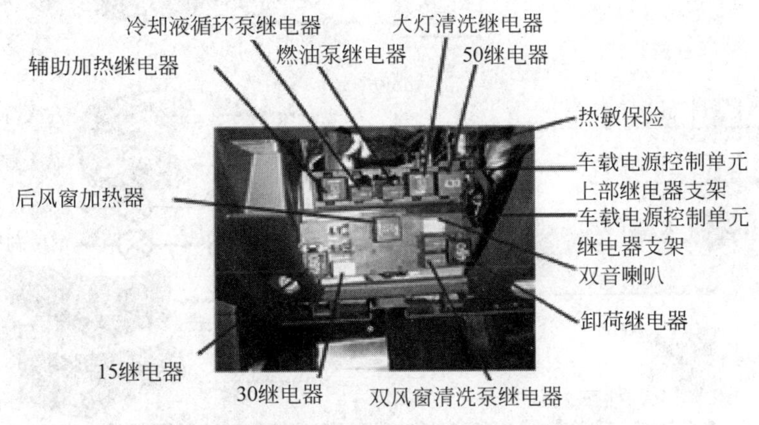

图 3-15　车载电源控制单元 J519 继电器支架

② Leaving Home“离家”模式。如果用无线遥控器开锁，则在选定时间通过汽车上的照明装置照亮周围的环境。

③ 可调节的亮度仪表照明。

车载电源控制系统的灯光控制原理图如图 3-16 所示。

迈腾轿车尾灯由车载电源控制单元供电，LED 灯的供电电压是脉宽调制信号，如图 3-17 和图 3-18 所示。

车灯故障监控如图 3-19 所示，灯开关没有打开(15 号线接通后)时，每 500 毫秒 4 次检测；灯开关打开后，将一直对使用中的灯泡进行监控，检测是否有过载、短路或断路现象发生。

④ 自动行车灯控制。

a. 黄昏功能。如果车灯开关 E1 处在“自动行车灯控制”上，则会通过晴雨与光线识别传感器 G397 自动测量亮度(例如在驶入隧道时)，并且通过发送到车载电网控制单元的信号自动将行车灯打开。

b. 高速路功能：当车速超过 140km/h 的时间达到 10s 以上时，高速路功能会激活行车灯。当车速降到 65km/h 的时间超过 150s 时，行车灯会自动关闭。高速路功能需要将大灯开关 E1 设定在“自动挡”。

c. 下雨灯光功能：当前雨刮臂被激活时间超过 5s，并且车灯开关处在“自动行驶灯控

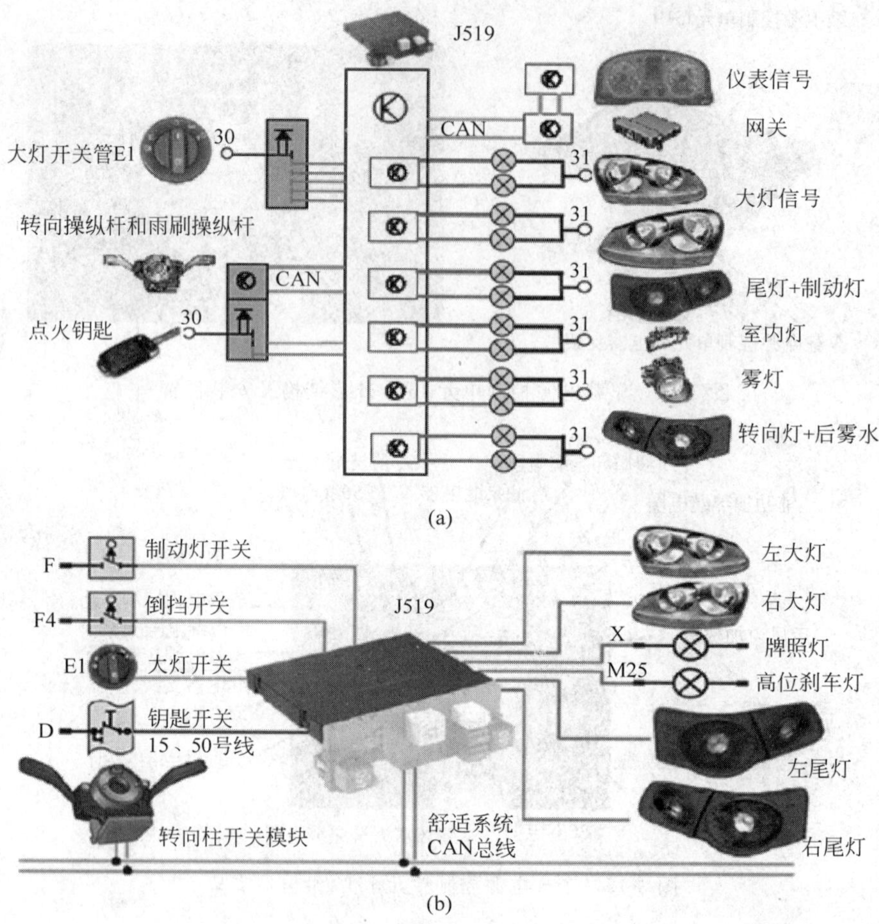

图 3-16 车载电源控制系统灯光控制原理图

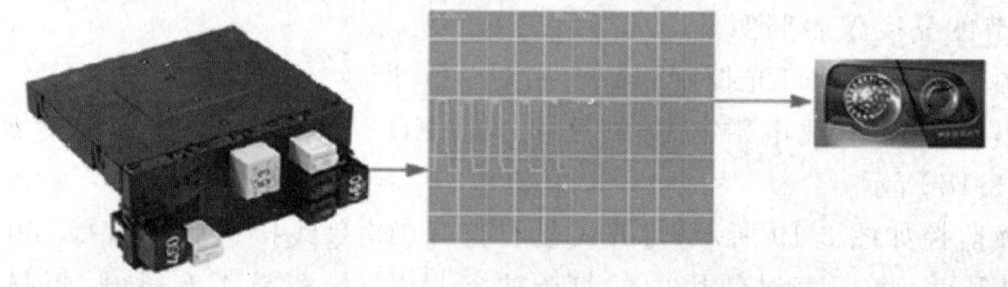

图 3-17 尾灯供电电压为脉宽调制信号

制”上时，那么雨水功能会点亮行车灯。当雨刮臂停止工作时间超过 255s 时，行车灯自动关闭。

(2) 雨刮控制：将 CAN 数据总线信号从车载电源控制单元传输到刮水器电动控制单元；在挂入倒车挡时，后窗刮水器被激活，如图 3-20 所示。

(3) 用电负载(电能)管理：用电负载管理的目的是确保蓄电池有足够的电能使发动机顺利起动和正常运转。控制单元根据蓄电池电压、发动机转速、发电机 DFM 信号进行评估，在保证安全行驶的前提下，蓄电池电压低于 11.8V 时适当地关闭舒适功能的用电设备。

用电负载管理的3种模式见表3-1。用电负载电能管理控制流程及示意图如图3-21和图3-22所示。

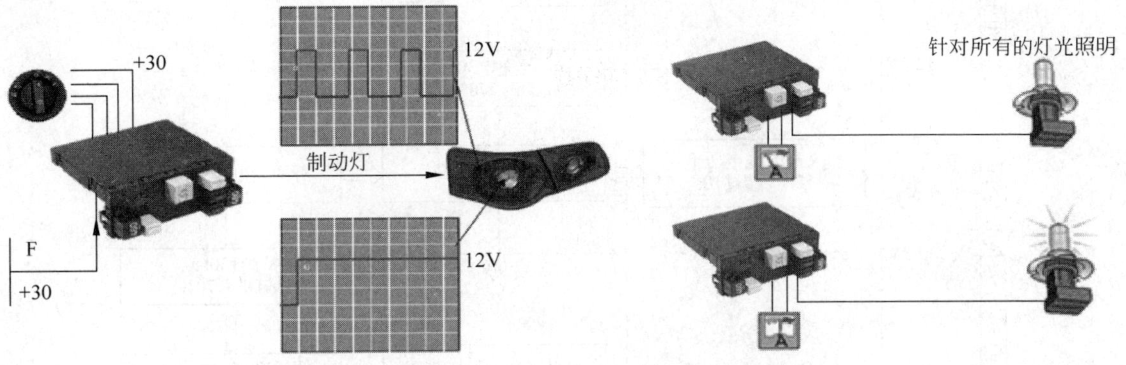

图3-18　制动灯控制　　　　图3-19　车灯故障监控

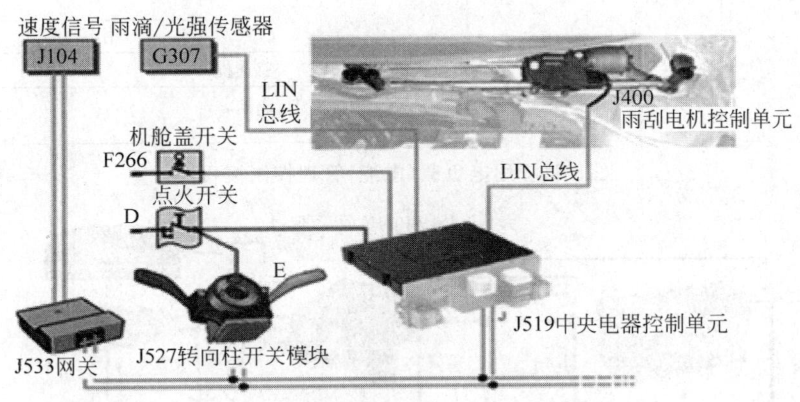

图3-20　雨刮控制

表3-1　用电负载(电能)管理模式

<table>
<tr><th>管理模式1</th><th>管理模式2</th><th>管理模式3</th></tr>
<tr><td>15号线接通并且发电机处于工作状态</td><td>15号线接通并且发电机处于停机状态</td><td>15号线断开并且发电机处于停机状态</td></tr>
<tr><td rowspan="2">如果蓄电池电压低于12.7V,则控制单元要求发动机的怠速提升。
如果蓄电池的电压低于12.2V,以下的用电器将被关闭:
• 座椅加热
• 后风窗加热
后视镜加热
• 方向盘加热
• 脚坑照明
• 门内把手照明
• 全自动空调耗能降低或空调关闭
• 信息娱乐系统关闭</td><td>如果蓄电池的电压低于12.2V,以下的用电器将被关闭:
• 空调耗能降低或空调关闭
• 脚坑照明
• 门内把手照明
• 上/下车灯
• 离家功能
• 信息娱乐系统关闭</td><td>如果蓄电池的电压低于11.8V,以下的用电器将被关闭:
• 车内灯
• 脚坑照明
• 门内把手照明
• 上/下车灯
• 离家功能
• 信息娱乐系统关闭</td></tr>
<tr><td colspan="2">备注:
(1)这3种管理模式的不同之处在于,用电器被关闭的次序不同。
(2)如果关闭的条件取消,用电器将会被重新激活。
(3)如果用电器因为电能管理的原因被关闭,则J519中有故障存储</td></tr>
</table>

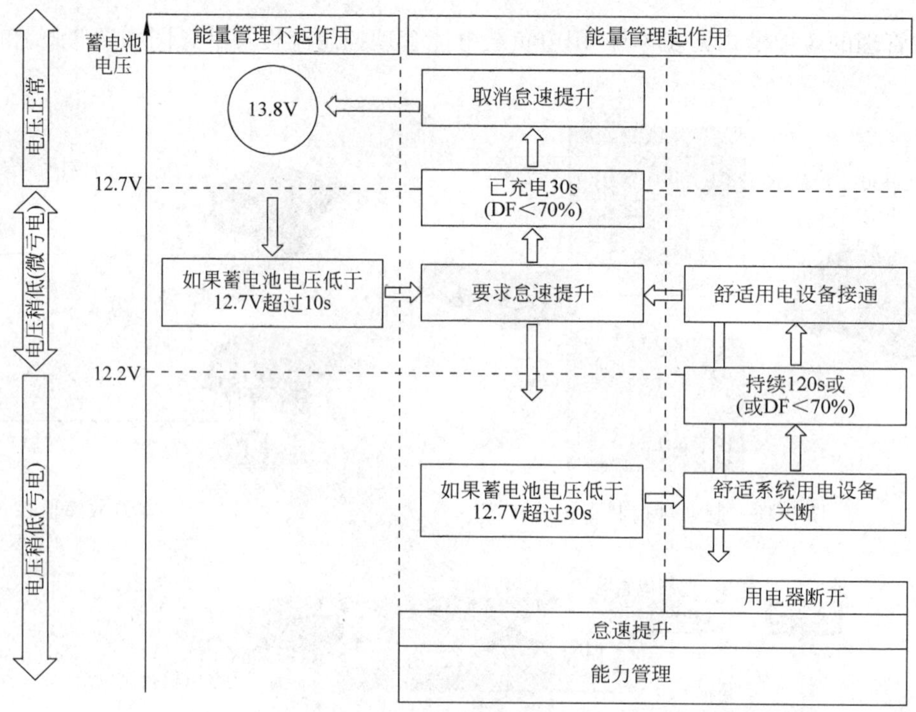

图 3-21 用电负载(电能)管理控制流程

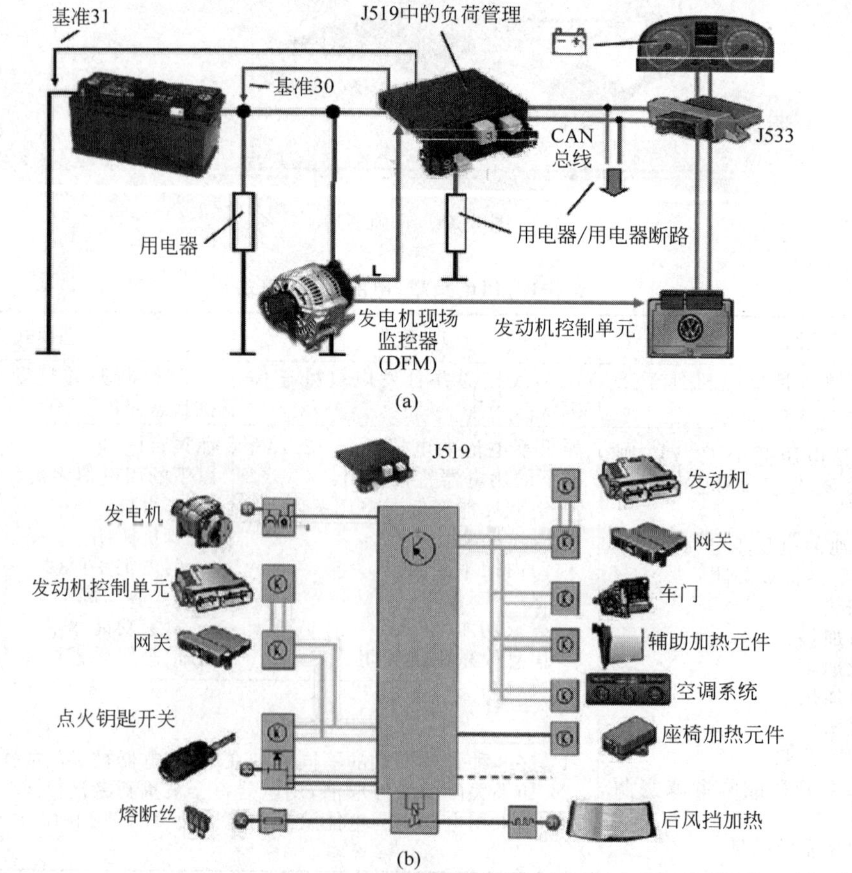

图 3-22 用电负载(电能)管理示意图

3.7.3　防盗锁止系统Ⅳ

防盗锁止系统(WFS)Ⅳ不是控制单元,而是一种功能。它包括:①将控制单元全部的防盗特征存入Wolfsdurg(沃尔夫斯堡)的中央数据库FAZIT中;②内部集成了防盗锁止系统的舒适系统中央控制单元与其他组件进行通信;③将各个控制单元之间的数据通信加密。

1. 中央数据库FAZIT

Wolfsdurg大众汽车的中央数据库FAZIT是防盗锁止系统的重要组成部分。FAZIT表示"车辆信息和中央识别工具"。该数据库存有所有控制单元的防盗数据,该数据是集成在防盗锁止系统中的。如果没有连接到FAZIT的在线连接,则无法调节控制单元。

2. 数据传输

只有通过斩断测试仪进行的在线查询可以将数据安全、快速、可靠地传输到汽车中。防盗锁止系统组件通过传真机或通过临时接通该部件进行的PIN查询是不存在的。防盗锁止系统上所有的参与组件必须在线调试。所有(包括补订)的汽车钥匙在出厂时便为某一特定汽车预先编码,并且只可以为该汽车进行调试。

3. 防盗锁止系统(WFS)组件(如图3-23所示)

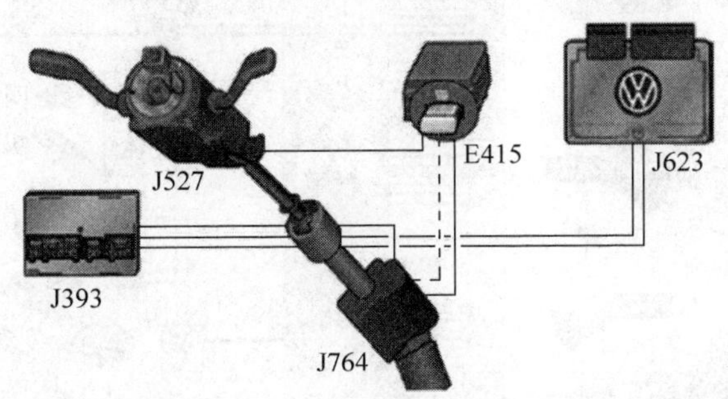

图3-23　防盗锁止系统(WFS)组件

E415—进入及启动许可开关;J393—舒适系统中央控制单元;J527—转向柱电子装置控制单元;J623—发动机控制单元;J764—电子转向柱锁止控制单元

(1) 舒适系统中央控制单元J393。舒适系统中央控制单元集成了防盗锁止系统功能。控制单元必须在更换后进行在线调试。

(2) 电子转向柱锁止控制单元(ELV)J764。转向柱的锁止和开锁功能的释放是通过舒适系统的中央控制单元中的"防盗锁止系统"功能实现的。只可将控制单元与舒适系统中央控制单元一起进行更换、调节。

(3) 进入及启动许可开关(E415)。在进入和启动许可开关中有用于读取汽车钥匙中发射机应答器的读取线圈。进入和启动许可开关在更换后不必调整。

(4) 发动机控制单元J623控制单元是"防盗锁止系统"功能的一个部分。为了使发动机持续运行,必须通过驱动CAN数据总线释放舒适系统中央控制单元。控制单元必须在更换之后在线调试。

防盗锁止系统中的转向柱锁止过程及网络示意图、安装位置如图3-24～图3-27所示。

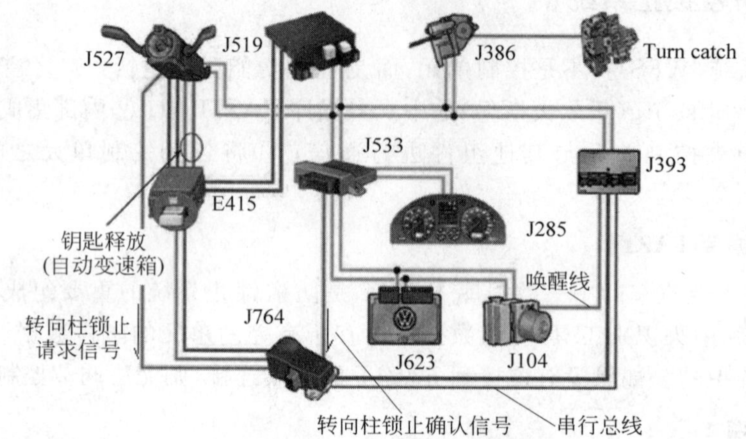

图3-24 防盗锁止系统/转向柱锁止

J527—转向柱电子装置控制单元；J519—车载电源控制单元(中央电器控制单元)；J386—左前门控制单元；J393—舒适系统中央控制单元；J285—仪表控制单元；J533—网关；J104—ABS控制单元；J623—发动机控制单元；J764—电子转向柱锁止控制单元；E415—进入及启动许可开关

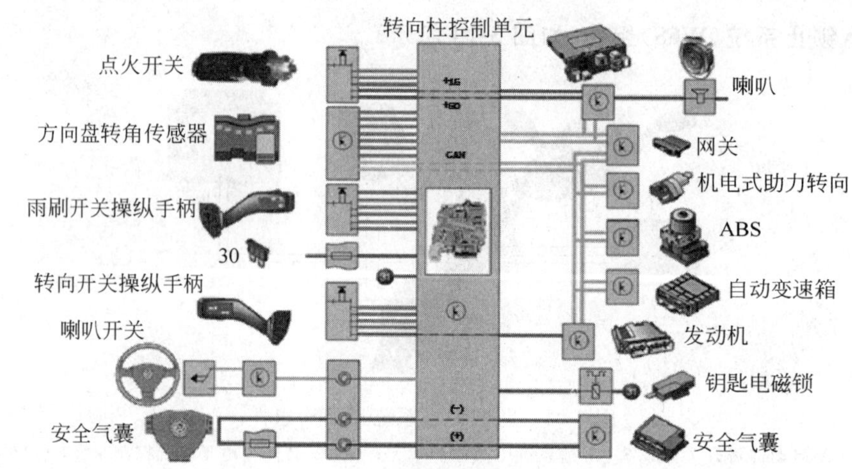

图3-25 防盗锁止系统网络结构示意图

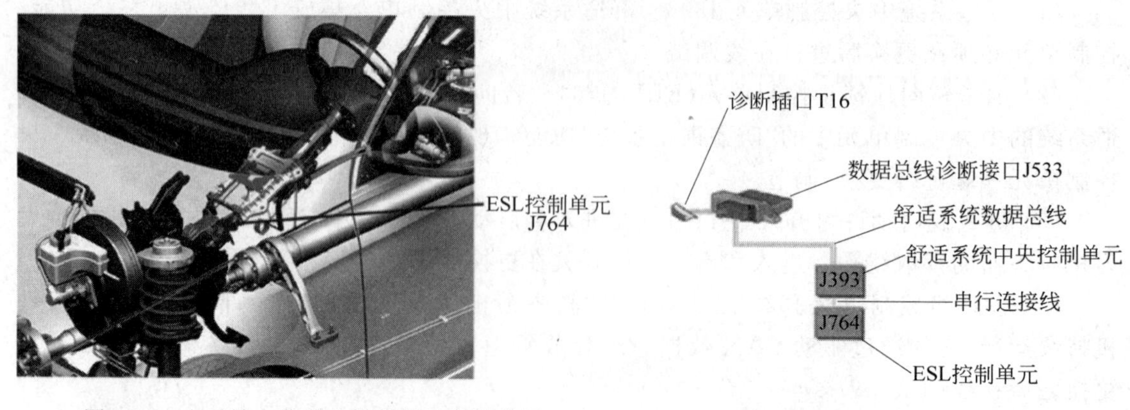

图3-26 电子转向柱锁止控制单元安装位置

图3-27 电子转向柱锁止过程

4. 更换控制单元

只可以通过与FAZIT数据库相连的在线连接来更换参与防盗锁止系统功能的控制单元。

(1) 舒适系统中央控制单元J393的更换步骤：①通过在线连接索要数据；②通过VAS测试仪接收数据；③将数据下载到控制单元；④磨合控制单元；⑤磨合汽车钥匙。

(2) 发动机控制单元J623的更换步骤：①通过在线连接索要数据；②通过VAS测试仪接收数据；③将数据下载到控制单元；④在控制单元和FAZIT之间进行数据交换；⑤磨合汽车钥匙。

3.8 第5a代防盗系统(WFS)

奥迪轿车第5a代防盗系统(WFS)原件总览如图3-28所示。

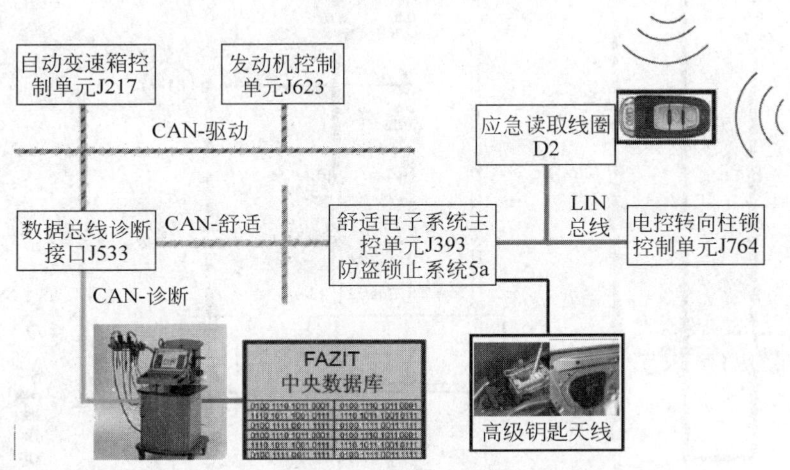

图3-28 奥迪轿车第5a代防盗系统(WFS)原件总览

任务实施

通过上面对迈腾车系CAN总线的认识了解，读者已经熟悉了车身电器控制系统的基本结构和控制机理。该车采用用电负载(电能)管理。当行李舱开启时，行李舱照明灯开关闭合接地点亮行李舱照明灯，同时给舒适系统控制单元J393一个行李舱开启信号。该信号通过CAN总线传递给网关J533后，再通过CAN总线传递到组合仪表，组合仪表在接收到该信号后点亮仪表板上的行李舱开启指示灯，如图3-29所示。后备厢电路如图3-30所示。车内照明灯不亮、行李舱盖关闭后仪表显示行李舱未关有可能是电源管理系统的故障。

诊断查找故障原因：根据上面的分析，经检查发现车载电源控制单元J519的供电熔断丝熔断，可以确定相关电路存在短路的情况。怀疑行李舱开关处有问题，于是拆下行李舱后饰板进行检查，但未见异常。但在拆下行李舱照明灯后发现，灯泡已经熔化。正是由于这个原因，使得灯泡的正负极短路，从而导致车载电源控制单元J519的30号继电器供电保险熔断，如图3-31所示。

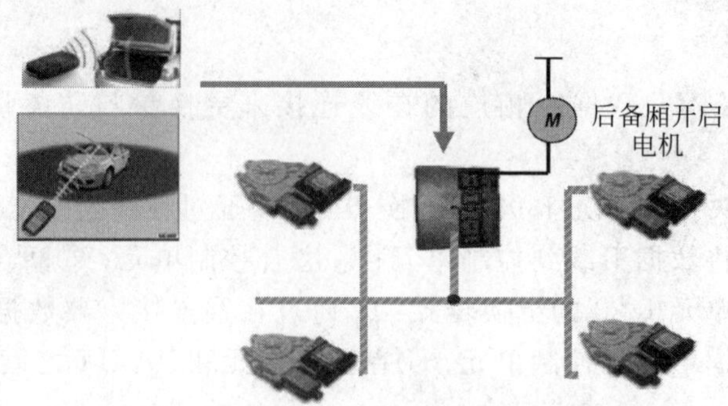

图 3-29 后备厢开启遥控功能信号传递

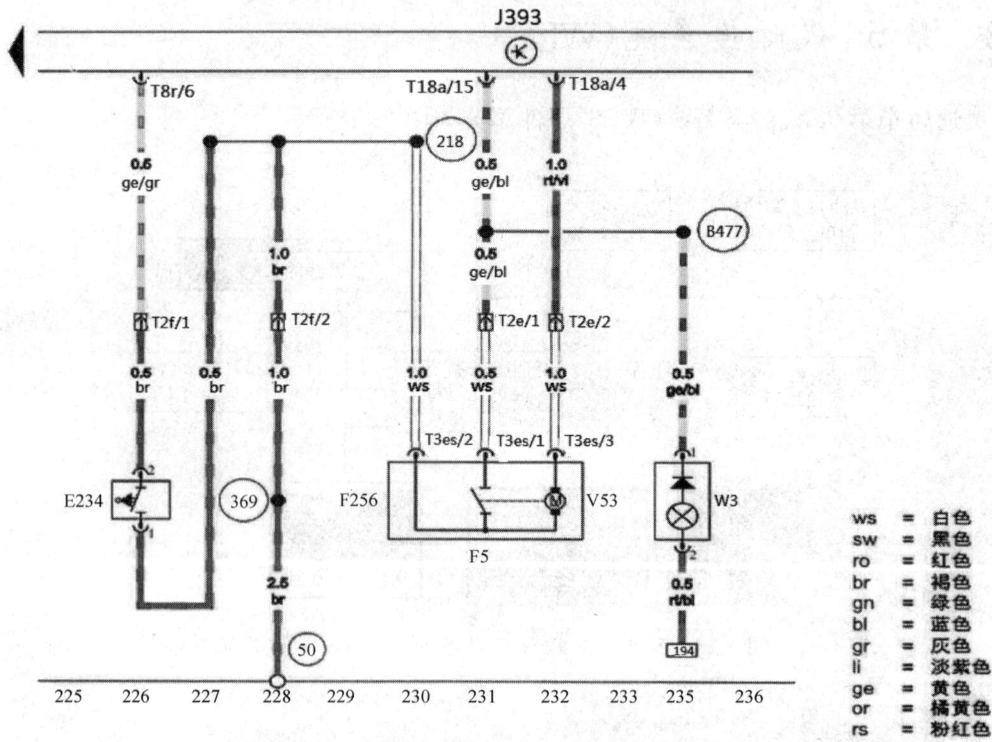

E234—尾门把手中的解锁按钮：F256—后备厢盖闭锁单元；J393—舒适/便捷的中央控制单元; T2e—2芯插头连接,尾门的连接位置; T2f—2芯插头连接,尾门的连接位置; T3a—3芯插头连接;T8r—8芯插头连接; T18a—18芯插头连接; V53—后盖中央门锁电机； ⑤⓪—后备箱左侧接地点； ③⑥⑨—接地连接; 1—在后盖导线束中； ②①⑥—接地连接 4,在主导线束中

图 3-30 后备厢电路

图 3-31 查看车载电源控制单元 J519 的 30 号继电器供电保险

排除故障：重新调整行李舱照明灯并更换保险后，车内照明灯亮起，仪表上的行李舱开启指示灯熄灭，保险没有再次熔断，故障排除。

一个小的灯泡故障很可能会引起其他问题，所以车辆再小的问题也不能忽视，要及时解决。

检查检验

(1) 对学生任务完成情况进行检查监督，并提出改进意见。

(2) 根据厂家标准和资料进行过程和结果检查。

(3) 组间交流、互检。

(4) 按照企业的5S标准整理工作现场。

评价总结

(1) 根据学生任务工单，指出检修过程中的不足，提出改进意见。

(2) 根据教学目标，考核学生技能和情境知识掌握程度，并分析成因。

(3) 小组讨论进行自我工作评估。

(4) 分析工作步骤的合理性，根据教师评价建议修改。

(5) 工作任务完成情况评价及考核。

任务拓展

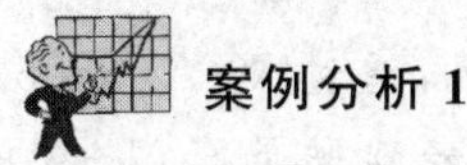

案例分析 1

帕萨特舒适 CAN 故障案例

1. 故障现象

帕萨特 B5 1.8T 轿车中控锁和电动玻璃升降器不能正常工作。点火开关无论开闭，都只有左前门的中控锁和电动玻璃升降器可以正常工作，其他车窗的电动玻璃升降器都不工作；但是如果按动其他门窗上控制该车窗的开关，各个门窗电动玻璃升降器均能正常工作。车门关闭后，将车钥匙插入左前门的锁孔内，进行开锁和闭锁操作，也只有左前门的门锁能开闭；如果将钥匙在开锁或闭锁位置保持，也只有左前门的电动玻璃升降器可以上下工作。

2. 故障分析

(1) 该轿车的4个车门控制单元和中央舒适系统控制单元之间的信号是通过CAN总线传递的，舒适系统CAN总线通过2根相互绞合的信号线同时传递数据，一根为CAN-H(橙/绿色)，一根为CAN-L(橙/黄色)。舒适系统所有的控制单元挂接在2根线路上进行数据交换和信号传递，如图3-32所示。

(2) 位于组合仪表中的数据总线诊断接口也和数据总线随时保持通读，检测总线的工作状态。为了使信号正确有效地传递，两根线是拧绞在一起的，并且两根线路上所传递的脉冲信号相同，但是电位相反。

(3) 如果各个车门控制单元与舒适系统中央控制单元之间CAN总线无法正常通信，就会导致左前车门控制单元至中控开关的信号无法正常传递到其他3个车门控制单元，并且所有的车门控制单元只能接收直接输入该控制单元的电动玻璃升降器开关信号。

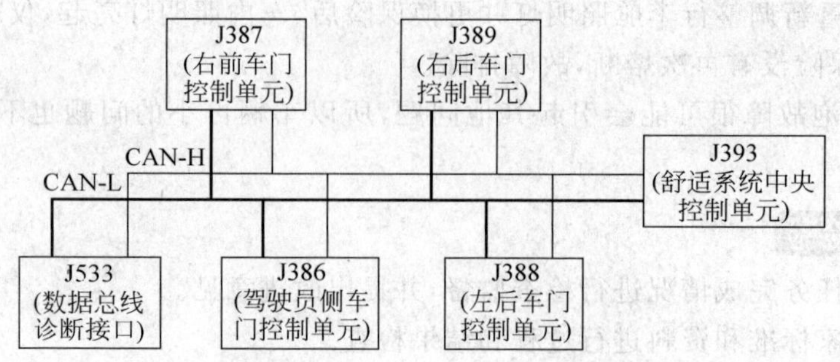

图 3-32 舒适系统 CAN 总线网络

3. 诊断查找故障原因

(1) 用 V. A. S5052 车辆诊断仪对舒适系统进行检查，连接好仪器并打开点火开关，进入舒适系统中央控制单元查询故障，仪器屏幕显示故障：与左前门窗控制单元 J386 没有通信；与右前门窗控制单元 J387 没有通信；与左后门窗控制单元 J388 没有通信；与右后门窗控制单元 J389 没有通信；与 CAN 总线诊断接口 J533 没有通信；舒适系统数据总线单线运行模式；该控制单元不正确编码。

(2) 为查看舒适系统编码值，重新进入舒适系统控制单元，查看该控制单元的版本信息，发现编码为 00017，确实不正确。用 V. A. S5052 对舒适系统进行正确的 00259 编码，并清除所有故障记录，此时控制单元的不正确编码和 CAN 总线单线运行模式的故障记录已经清除，但是其他故障仍然无法清除。

(3) 检查中央控制单元、各个车门控制单元与数据总线连接情况，通过 V. A. S5052 进入 46-08-012，观察数据组测量值，4 组数据用“1”或“0”数值分别代表驾驶员车门、右前车门、左后车门及右后车门控制单元与舒适系统中央控制单元 CAN 总线的连接状态，此时 4 组数据均为“0”，说明各个车门控制单元与总线通信有故障。

(4) 对地板下舒适系统和有关舒适系统线束进行检查，重点对双绞的 CAN 总线进行整理。经过检查，没有发现故障点。估计是中央控制单元存在故障。

4. 排除故障

拆下舒适系统中央控制单元(位于驾驶员侧座位地板下)，更换一只新的控制单元。当连接好新的中央控制单元后，打开点火开关，操作中控锁开关和电动玻璃升降器开关，一切正常，故障排除。

案例分析 2

1. 故障现象

一辆帕萨特 B5 1.8T 轿车，行驶 50 000km，发生交通事故进行了碰撞修复工作，其间由于事故处理该车在厂里停了两个多月。修复后，发现发动机无法正常运行，在发动机起动 2 秒钟后就自动熄火。

2. 故障分析

帕萨特 B5 轿车无法起动，似乎是防盗报警系统起动了，但是防盗报警灯却始终没有点亮，也无法重新对防盗系统进行匹配。因此应考虑先调取故障代码，确定故障的大致范围和方向。

读取故障码后发现，与网络有关的有 3 个故障码，发动机控制单元有 18056 和 17978 号故障码，表明动力系统数据总线通信失败和发动机控制单元被防盗控制单元闭锁。在仪表与网关控制器内存有01312号故障码，表示动力系统数据总线有故障或缺陷（即数据通信质量不好）。根据所有电控单元存储的故障码分析，该故障应属于CAN总线系统链路故障。而帕萨特B5 1.8T轿车的防盗控制器安装在仪表总成内，若仪表控制单元与发动机电控单元因链路中断而不能通信，就会发生“发动机控制单元被防盗控制单元闭锁”的故障，发动机也不能起动运行。因此，应当重点检查仪表控制单元到发动机控制单元的网络通信链路。

帕萨特B5 1.8T轿车是采用CAN-Bus总线与多路信息传输系统控制的车辆，整车有两套总线网络系统，一套动力系统总线，一套舒适系统总线。动力系统总线连接发动机控制单元、仪表控制单元、ABS控制单元、安全气囊控制单元和自动变速器控制单元，采用总线型接法（如图3-33所示），经常在200～300Kbps速率下工作，为高速网。舒适系统总线连接中央控制器、电控座椅控制、自动空调控制器以及音响控制器等，常在70～80Kbps速率下工作，为低速网。

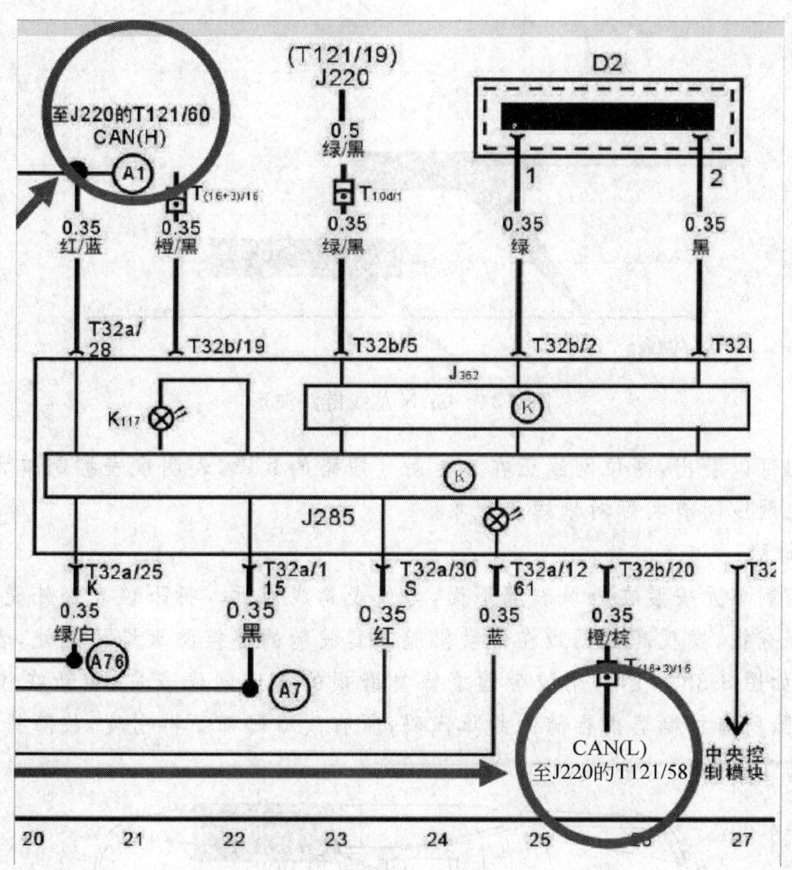

图3-33　动力系统CAN总线系统电路图

注：与发动机控制单元J220相连双绞线分别是连接到组合仪表控制单元J285的T32b/19（橙黑双绞线，CAN-H）和T32b/20（橙棕双绞线，CAN-L），与发动机控制单元的T121/60（CAN-H）和T121/58（CAN-L）相连。

3. 检修诊断

（1）准备工具及诊断检测设备。

（2）验证故障现象：故障诊断接车后，发现发动机起动2s后自动熄火，并且防盗报警灯无显示；在发动机控制系统能读到2个故障码，分别是：18056——动力系统数据总线通信失败；17978——发动机控制单元被防盗控制单元闭锁。

(3) 分析故障原因：由于怀疑防盗系统故障，对仪表和网关控制系统也进行了检测，在中央仪表控制单元和网关控制器内存有01312号故障码，表示动力系统数据总线有故障或有缺陷。根据所有电控单元存储的故障码分析，该故障应属于CAN总线系统链路故障。而帕萨特B5 1.8T轿车的防盗控制器便安装在仪表总成内，若仪表控制单元与发动机电控单元因链路中断而不能通信，就会发生发动机控制单元被防盗控制单元闭锁的故障，发动机也不能起动运行。因此，应当重点检查仪表控制单元到发动机控制单元的网络通信链路。

(4) 检查控制单元与数据总线连接情况。

(5) 根据故障现象和初步判断，对该车电路进行分析，CAN总线链路波形如图3-34所示。

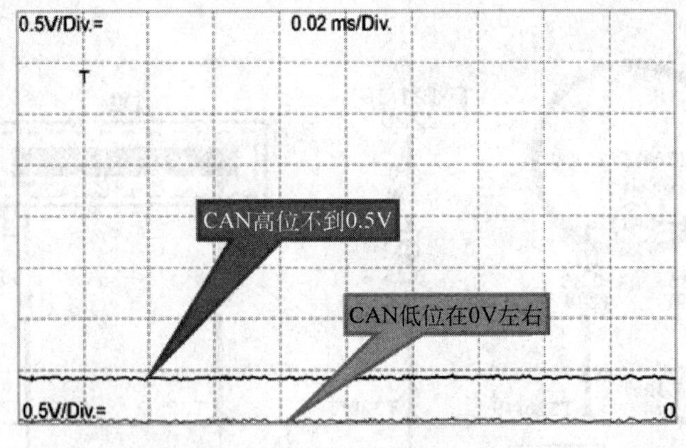

图3-34 CAN总线链路波形

从波形图可以看出，高位网线正在发生对地短路的故障，表明仪表控制单元到发动机控制单元的高位网线间有实际对地短路现象。

4. 故障排除

发动机控制单元安装在挡风玻璃下面，与仪表总成很近。拆下仪表台外壳，沿仪表总成连接线束向下查找，发现高位网线在发动机舱与驾驶舱的连接防火墙线孔处，表皮有磨损并与车身搭铁，如图3-35所示。用胶带缠绕修复磨损的高速网线表皮，重新在线孔处安装一个橡胶圈，清除所有控制器内存储的故障代码，所有故障码都不再出现，故障排除，发动机也能够正常起动了。

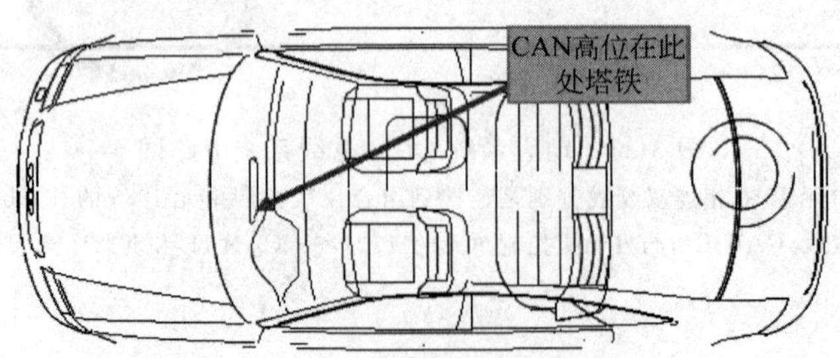

图3-35 CAN总线链路故障点

原车在线孔处有一个橡胶圈用于防水、防尘、隔音并防止线束直接与车身发生磨蹭。大众车系的橡胶圈是与线束做在一起的。车辆发生交通事故时，左前轮向后位移，橡胶圈受到挤压而破损，但线束并未损伤，因此如开头车主反映的发动机还能够起动运行。事故修复需要拆除仪表台和全部线束，修复以后重新装回线束，由于安装不便橡胶圈就被去除了。仔细分析一下，发生交通事故时，高位网线表皮并未破损，是在重新装回线束的过程中，反复拉扯造成表皮破损搭铁，因此影响总线数据传输质量，而导致发动机控制单元被防盗控制单元闭锁不能起动运行。

5. 小结

发生这个故障的原因在于网线没有固定牢固，在车身修复时反复拉扯和磨损中致使其绝缘层被破坏，造成搭铁，从而导致仪表控制单元与发动机电控单元因链路搭铁而不能通信，所以就出现类似防盗系统启动的现象。本例故障提醒维修人员在钣金修复时，应时时注意修复位置的相关线路，以免引起不必要的麻烦。

任务4

通用车系CAN总线故障诊断与排除

任务目标

能够正确描述通用车系 CAN 总线的组成及工作过程，知道 CAN 总线系统各控制模块的安装位置及更换方法，会进行 CAN 总线系统终端电阻、电压及波形检测，能排除通用车系 CAN 总线常见故障。

任务描述

一辆 2009 款别克新君威轿车无法启动。用解码仪读取故障代码，发现变速器控制模块、电子制动控制模块、车身控制模块均有故障码 U0100，与发动机控制模块失去通信。请按照专业要求进行检修。

任务分析

根据故障现象和初步诊断，该车无法启动的原因可能在车载通信系统，那么到底是节点故障或是链路故障还是电源故障，应该先测量 CAN-H、CAN-L 对地电压以及 CAN-H、CAN-L 的电阻，缩小故障范围。

为了解决新君威轿车的这个故障，首先需要了解认识一下别克新君威的车载网络系统。

4.1 别克君威车载网络系统

4.1.1 君威车载网络系统简介

上海通用君威采用了通用全球电气架构，通用全球电气架构的基础是全车采用了 5 套网络通信：高速 LAN、中速 LAN、低速 LAN、底盘扩展 LAN 和 LAN 总线。而 OBD 诊断通信接口与全车的网络连接。

通用汽车公司采用的 GMLAN 通信系统信息的收发由各控制模块管理，该总线采用终端电阻作为线路终结器，位于总线线路末端的两个控制模块内。这些终端电阻的作用是：防止当数据传输到 GMLAN 总线线路末端时出现反射回送。GMLAN 是一种基于控制器局域网通信协议的通信，终端电阻的阻值为 120Ω。

GMLAN 总线采用高速差分模式进行通信，通信速率为 500Kbps，串行通信波形通过两个逻辑层面即隐性(未驱动)和显性(驱动)显示。

隐性(逻辑 1)总线处于空闲状态，CAN-H 和 CAN-L 电压相同，均为 2.5V，不存在差分电压。显性总线处于被驱动状态，CAN-H 电压为 3.6V，CAN-L 电压为 1.4V。

4.1.2　君威网络结构

上海通用新君威网络通信结构图如图 4-1 所示。

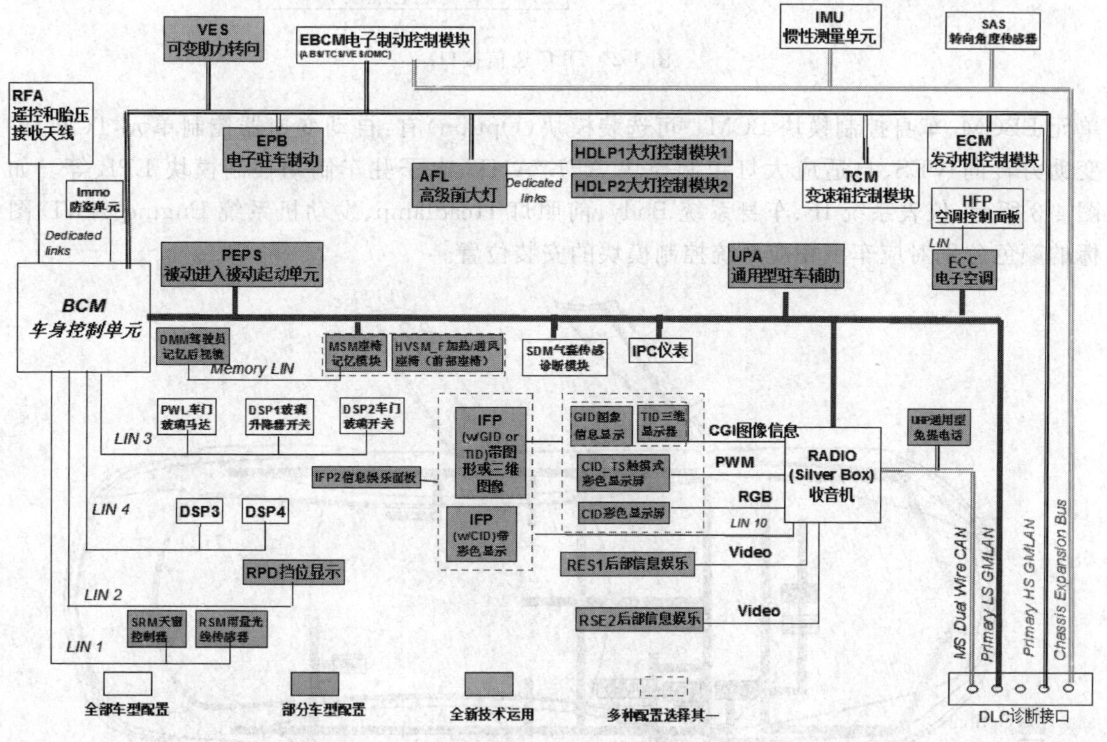

图 4-1　上海通用新君威网络通信结构图

4.1.3　君威 DLC 通信接口

君威轿车 DLC 通信接口情况如图 4-2 所示。

4.1.4　君威车载总线

1. 高速 CAN-Bus(High-Speed GMLAN)

高速 CAN-Bus 总线联网的基本模块(Base)有：发动机控制单元 ECM、电子制动控制

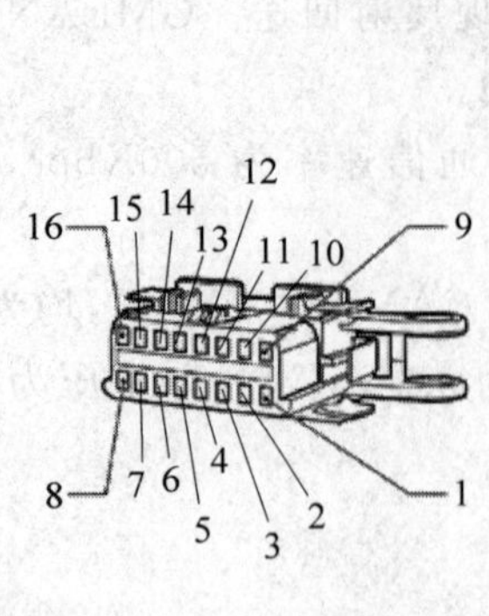

针脚	信号
1	低速单线CAN总线
2	LIN2
3	中速CAN-H
4	接地(端子31)
5	信号接地(端子31)
6	高速CAN-H
9	LIN1
10	LIN3
11	中速CAN-L
12	CE CAN-H
13	CE CAN-L
14	高速CAN-L
15	LIN4
16	供电电源(端子30)

图 4-2　DLC 通信接口

单元 EBCM、车身控制模块 BCM。可选装模块(Option)有:自动变速器控制单元 TCM、可变助力转向 VES、自适应大灯控制模块 AFL/AHL、电子驻车制动控制模块 EPB 等。如图 4-3 所示,仪表系统 IP、车身系统 Body、前照灯 Headlamp、发动机系统 Engine、AWD 图标的颜色分别对应车上相应系统控制模块的安装位置。

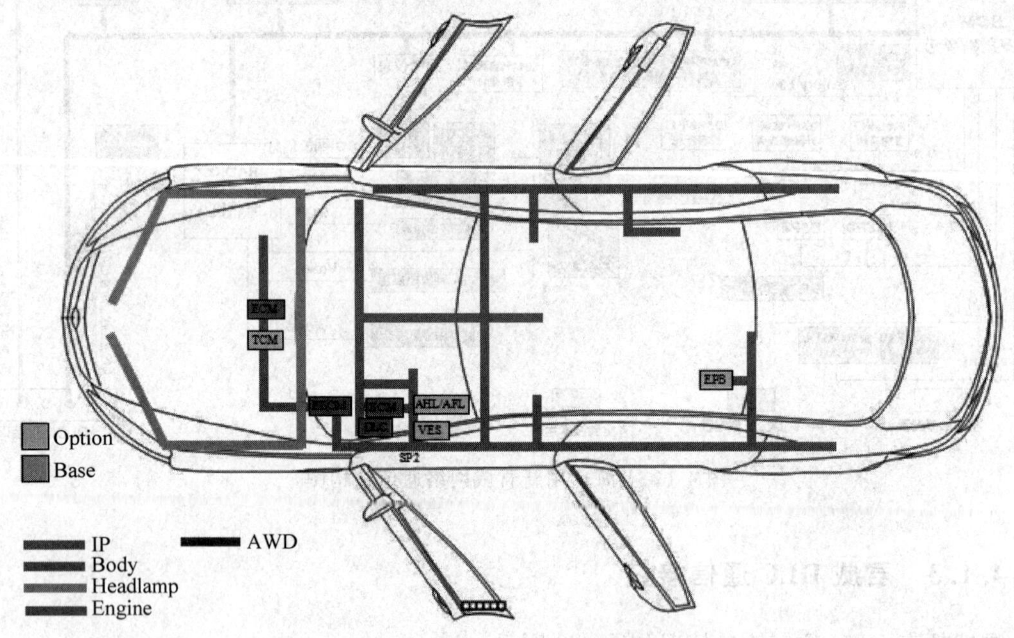

图 4-3　高速 CAN-Bus 总线结构示意图(见彩色插页)

高速 CAN 的串行数据传输速度为 500Kbps,CAN-H 电压为 2.5～3.5V,CAN-L 电压为 1.5～2.5V。其特性见表 4-1,信号、电路图如图 4-4 和图 4-5 所示。

表 4-1 高速 CAN-Bus 特性

应用	传动系统和底盘系统
总线协议	GMLAN
传输速度	500Kbps
布线技术	双线电缆
传输一帧所需的时间	约 0.25ms
唤醒方法	电压供应线 15
拓扑	线型
总线切断电阻器	链路末端 120Ω 电阻
控制单元的最多数量	16(15＋测试器)
最大电缆长度	车辆内 25m 累积长度，再加上至测试器的 5m

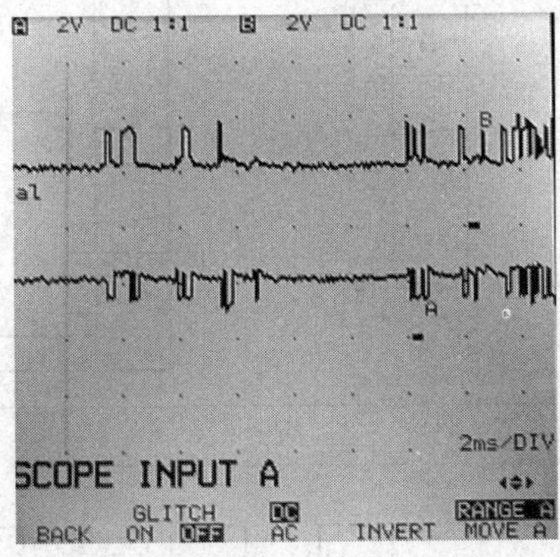

图 4-4 高速 CAN-Bus 信号

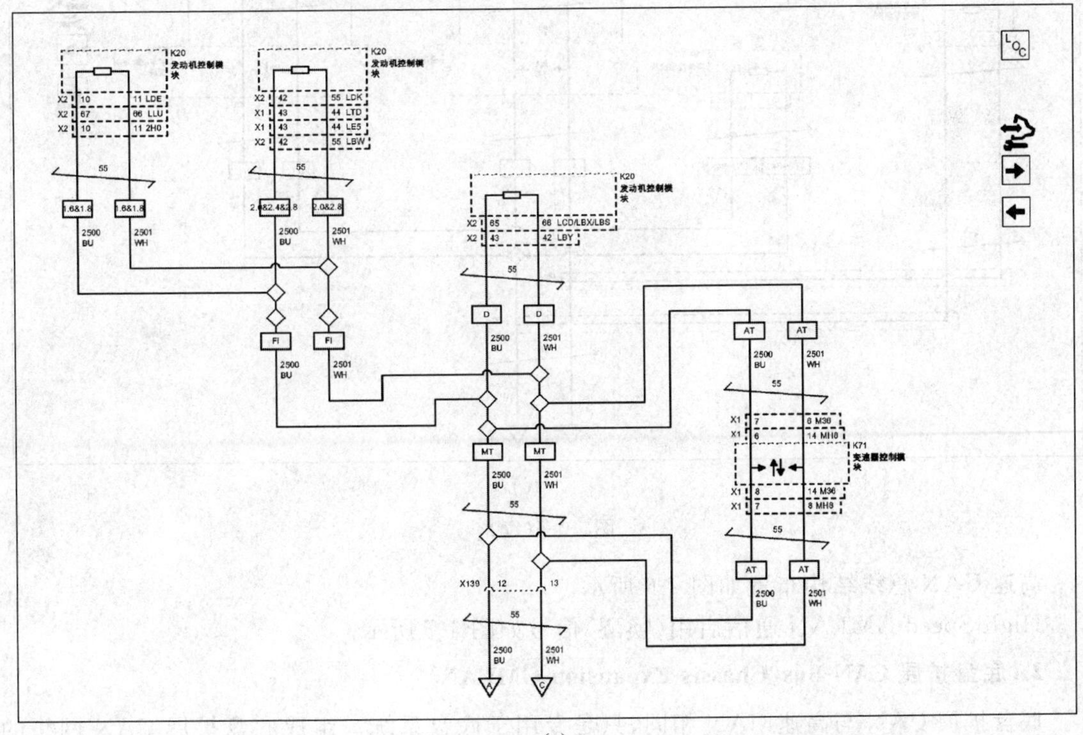

(a)

图 4-5 高速 CAN-Bus 总线(High-Speed GMLAN)电路

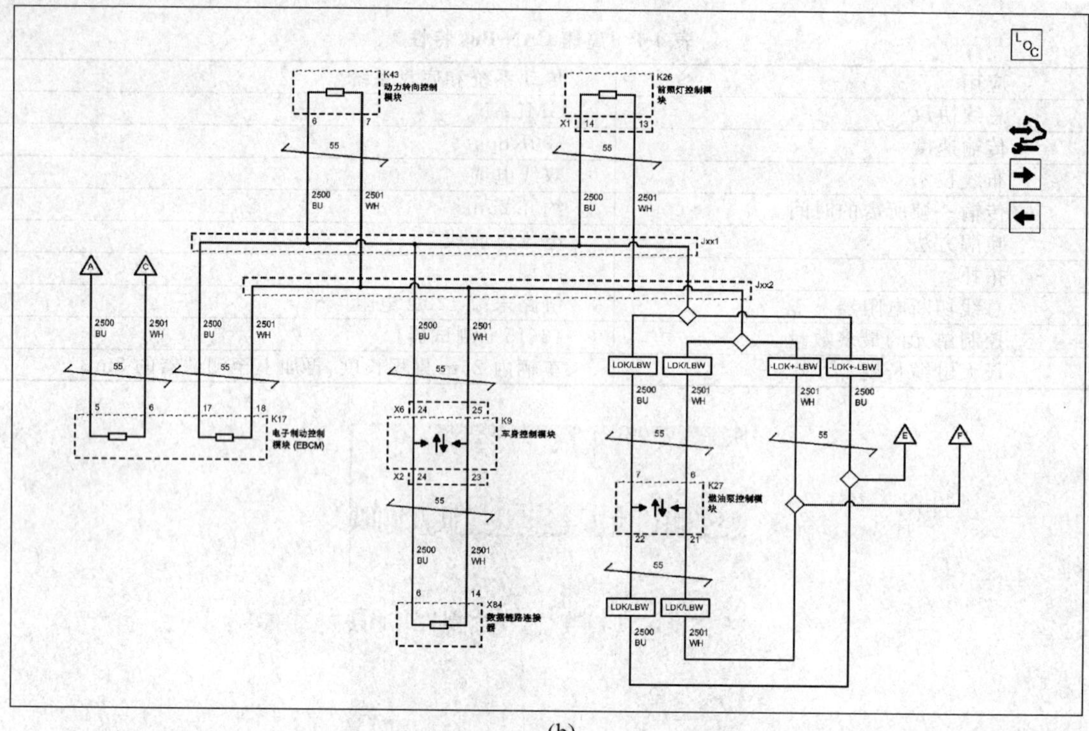

(b)

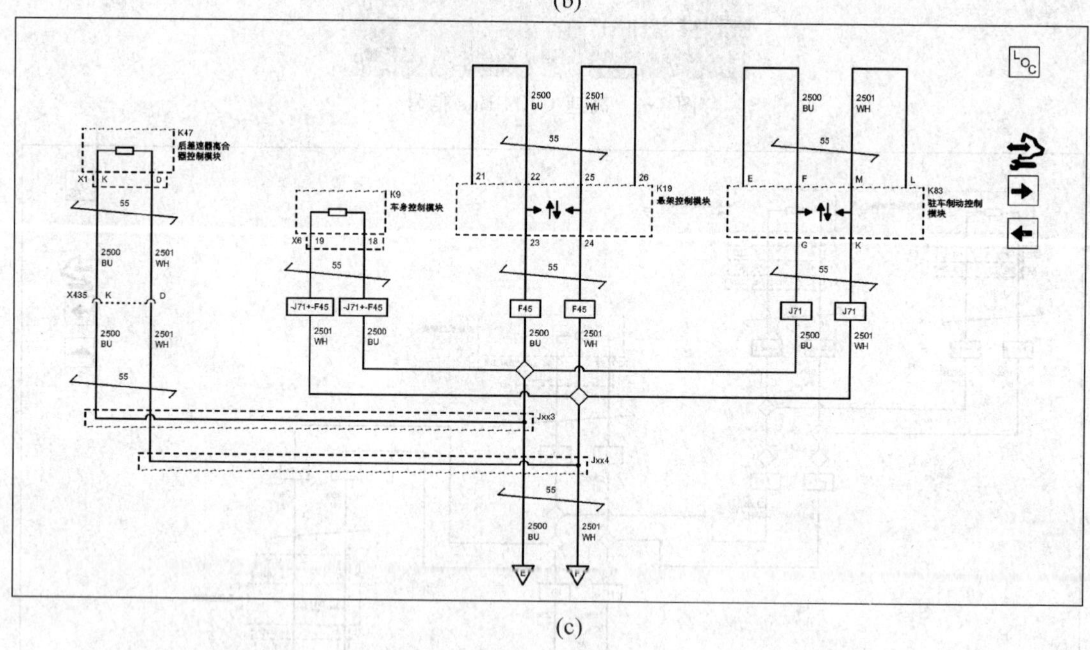

(c)

图 4-5(续)

高速 CAN 总线结构布置如图 4-6 所示。

High-Speed GMLAN 通信启用(唤醒)信号如图 4-7 所示。

2. 底盘扩展 CAN-Bus(Chassis-Expansion GMLAN)

底盘扩展 CAN 与高速 CAN 相同,只是专用于底盘系统。组成底盘扩展 CAN 网络的控制系统有:电了制动控制单元 EBCM、惯性测量单元 IMU、转向角度传感器 SAS。

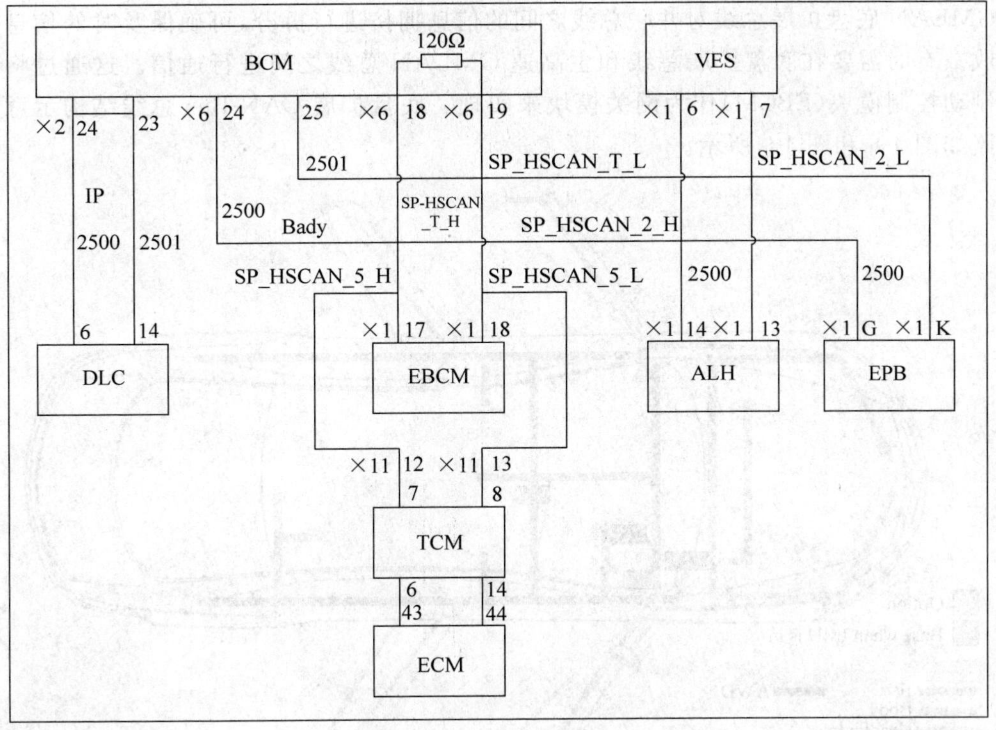

图 4-6　高速 CAN-Bus 总线结构布置

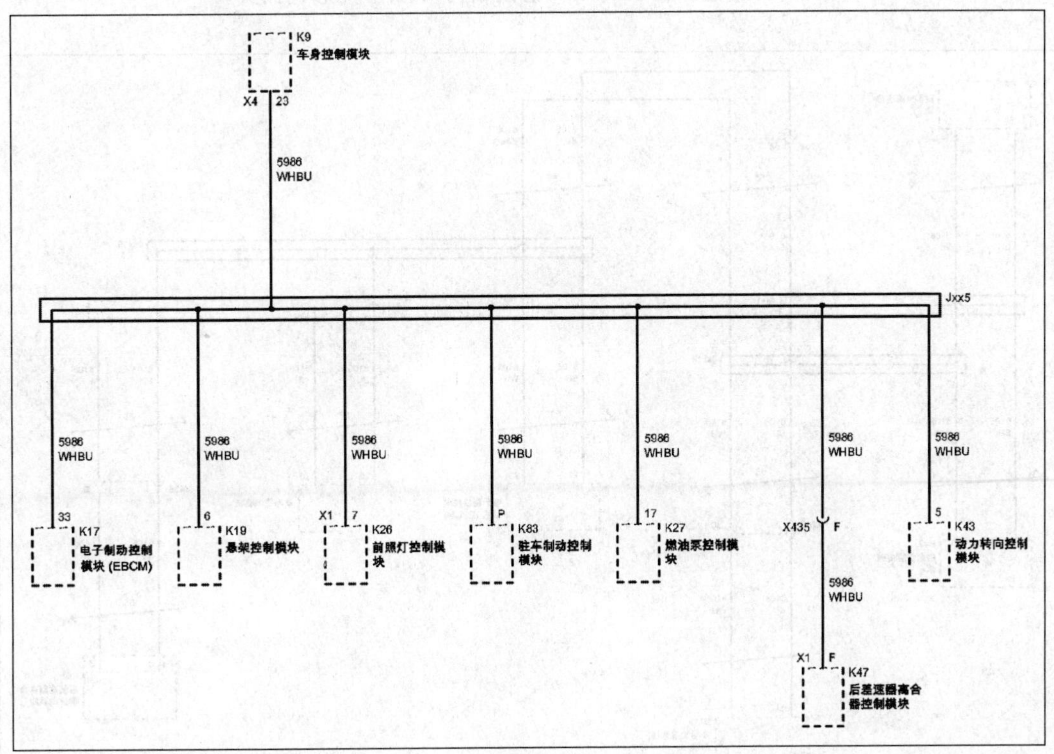

图 4-7　High-Speed GMLAN 通信启用(唤醒)信号

GMLAN 底盘扩展总线对并联总线之间的信息拥挤进行拆分，可确保及时的信息传输和接收。有时需要在底盘扩展总线和主高速 GMLAN 总线之间进行通信。这通过将 K17 电子制动控制模块(EBCM)作为网关模块来实现。底盘扩展 CAN-Bus 总线结构示意图及其电路如图 4-8 和图 4-9 所示。

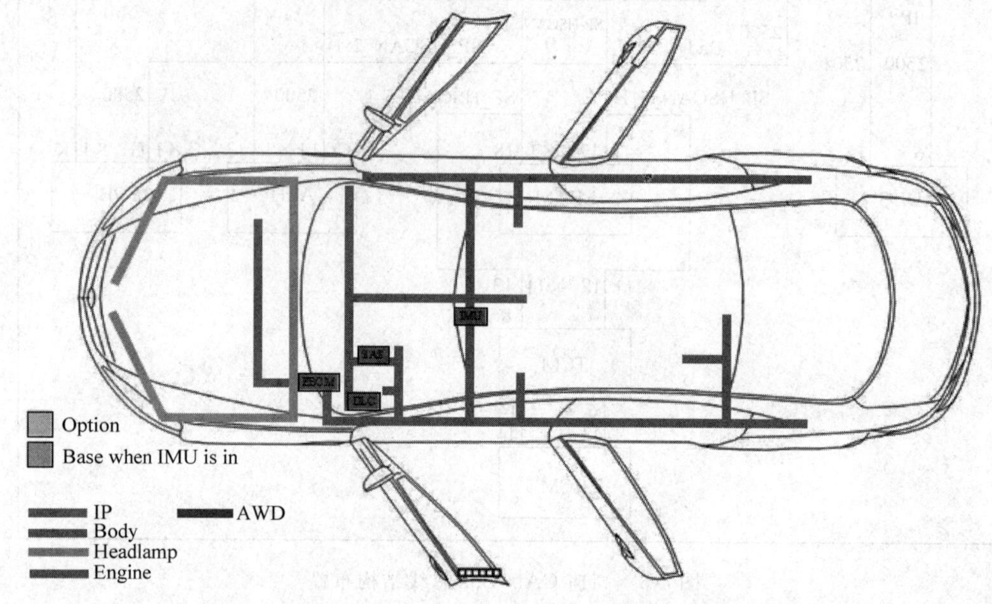

图 4-8　底盘扩展 CAN-Bus 总线结构示意图(见彩色插页)

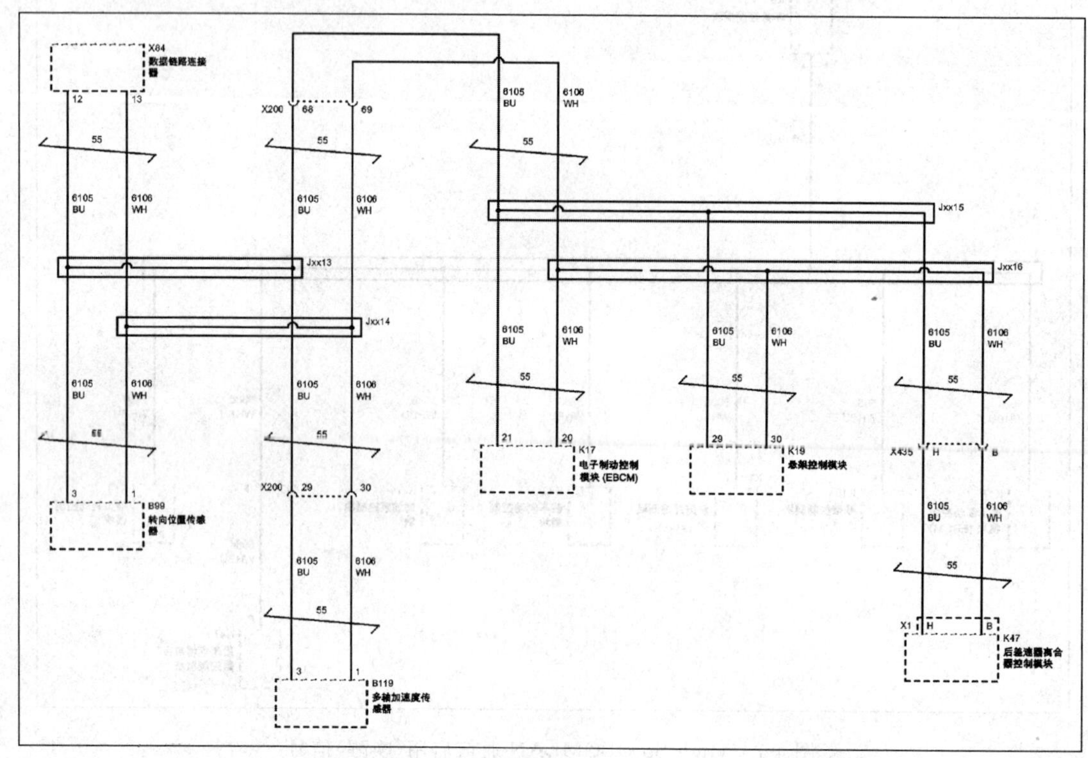

图 4-9　底盘扩展 CAN-Bus 总线(Chassis-Expansion GMLAN)电路

底盘扩展 CAN-Bus 总线结构布置如图 4-10 所示。底盘高速 GMLAN 扩展总线和主高速 GMLAN 总线的运行相同，两条总线并联运行。添加底盘高速 GMLAN 总线，以减少主高速总线上的信息拥塞。由于底盘高速 GMLAN 总线和主高速 GMLAN 总线以同样的方式运行，因此其诊断彼此相同。

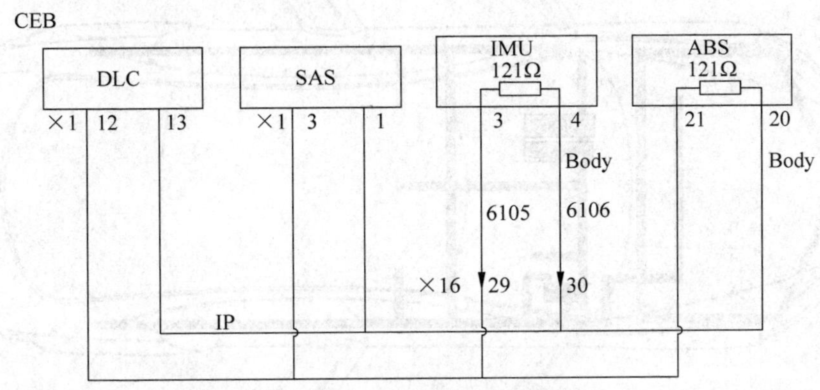

图 4-10　底盘扩展 CAN-Bus 总线结构布置

串行数据在两条绞合线上传送，允许最高速度为 500Kbps。双绞线的终端有两个 120Ω 电阻器，一个从内部连接至电子制动控制模块，另一个是连接器总成或另外一个装置内的独立电阻器。电阻器作为车辆正常操作过程中底盘高速 GMLAN 总线上的负载。底盘高速 GMLAN 是差分总线。底盘高速 GMLAN 串行数据总线(＋)和底盘高速 GMLAN 串行数据(－)从约 2.5V 静止或闲置电平驱动到相反的极限。将线路驱动至极限时，底盘高速 GMLAN 串行数据总线(＋)电路将增加 1V 电压而底盘高速 GMLAN 串行数据总线(－)电路将减小 1V 电压。如果串行数据丢失，装置将会设置一个相对未通信装置的未通信代码。注意，串行数据丢失故障诊断码并不表示设置该故障诊断码的装置有故障。

3. 中速 CAN-Bus(Mid-Speed GMLAN)

中速 CAN 传输速度为 125Kbps，也采用双线结构。中速 CAN 的系统有收音机和车载电话控制模块。

中速 GMLAN 总线与高速 GMLAN 总线非常相似，除了其使用的是 125Kbps 较慢的传输速率。该总线拟用于系统响应时间需求，即使用相对较短的时间传输大量数据，如更新图形显示。因此，其常被用于信息娱乐系统的应用。有时需要在低速 GMLAN 总线和中速 GMLAN 总线之间进行通信。这通过将 A11 收音机作为网关模块来实现。由于中速 GMLAN 总线和主高速 GMLAN 总线运行方式相似，所以它们各自的诊断也类似。

中速 GMLAN 总线可选装的模块包括通用型免提电话 UHP、Silver box(A11，作为网关应用)，并与诊断接口 DLC 连接。

中速 CAN-Bus 总线结构示意图、电路及结构布置分别如图 4-11～图 4-13 所示。其特性见表 4-2。

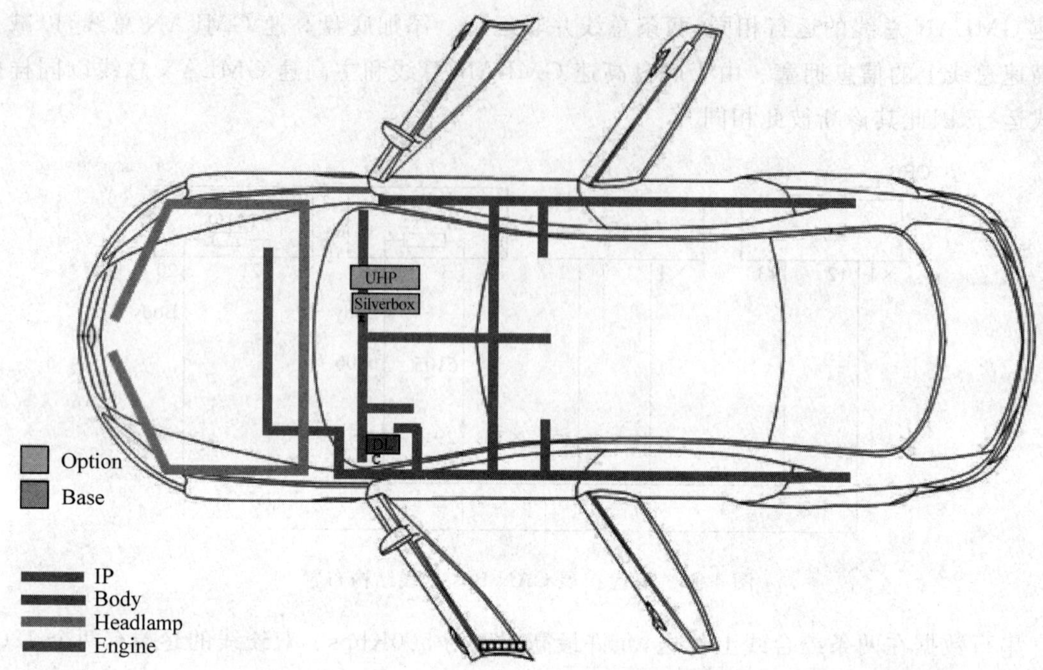

图 4-11 中速 CAN-Bus 总线结构示意图(见彩色插页)

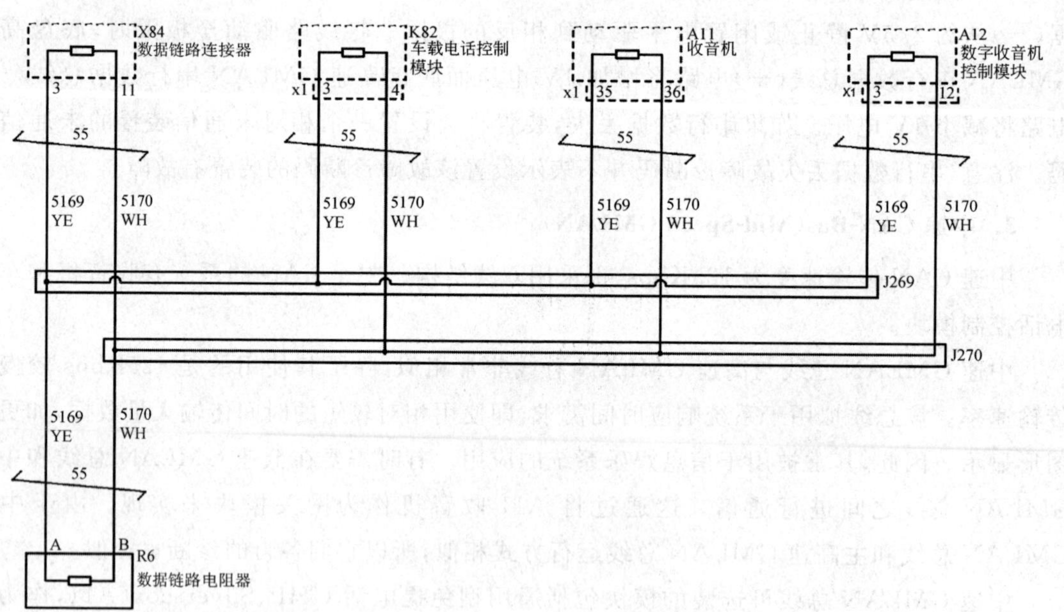

图 4-12 中速 CAN-Bus 总线(Mid-Speed GMLAN)电路

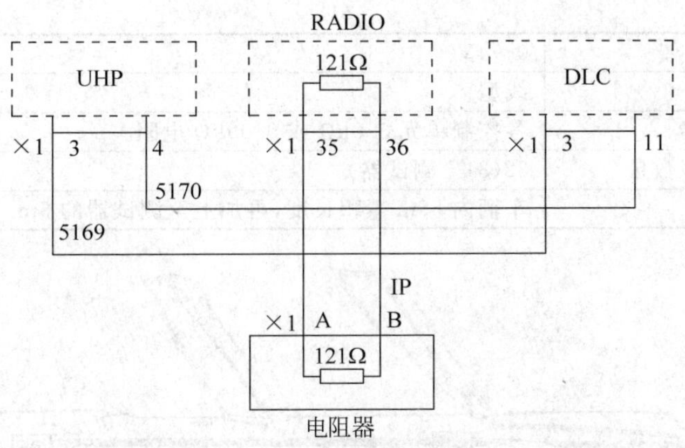

图 4-13 中速 CAN-Bus 总线结构布置

表 4-2 中速 CAN-Bus 特性

应用	信息娱乐系统和 ECC
总线协议	GMLAN
传输速度	125Kbps
布线技术	双线电缆
传输一帧所需的时间	约 1ms
唤醒方法	电压供应
拓扑	线型
总线切断电阻器	链路各端 120Ω 电阻
控制单元的最多数量	16(15＋测试器)
最大电缆长度	车辆内 25m 累积长度,再加上至测试器的 5m

4. 低速 CAN-Bus(Low-Speed GMLAN)

低速 CAN 数据传输速度为 33.3Kbps,采用单线结构,信号电压为 0～4V。车身控制单元 BCM 是低速 CAN 的主控制模块,低速控制模块可以在点火开关关闭的情况下工作。低速 CAN 上的基本模块(Base)有仪表(IPC)、车身控制模块(BCM)、气囊控制模块(SDM),可选装(Option)收音机(RADIO)、电子控制空调(ECC)、驻车辅助模块(UPA)、驾驶员侧座椅记忆模块/座椅加热通风(DSM/HVSM)被动进入被动起动单元(PEPS)等。

低速 CAN-Bus 总线结构示意图如图 4-14 所示,其特性见表 4-3。图 4-15 中仪表系统 IP、车身系统 Body、前照灯 Headlamp、保险杠 Bumper、轮速传感器 Rear Wheel SpeedLH 图标的颜色分别对应系统控制模块的安装位置,其总线结构布置如图 4-16 所示。

表 4-3 低速 CAN-Bus 特性

应用	车身和舒适系统(照明和信号,自动开闭式车窗,挡风玻璃刮水器等)
总线协议	GMLAN
传输速度	33.3Kbps
布线技术	单线电缆
传输一帧所需的时间	约 3.5ms
唤醒方法	电压(10V)

续表

信号电压	0～4V
拓扑	线型
总线切断电阻器	各控制单元 3.9kΩ 或 9.09kΩ 电阻
控制单元的最多数量	32(31＋测试器)
最大电缆长度	车辆内 55m 累积长度，再加上至测试器的 5m

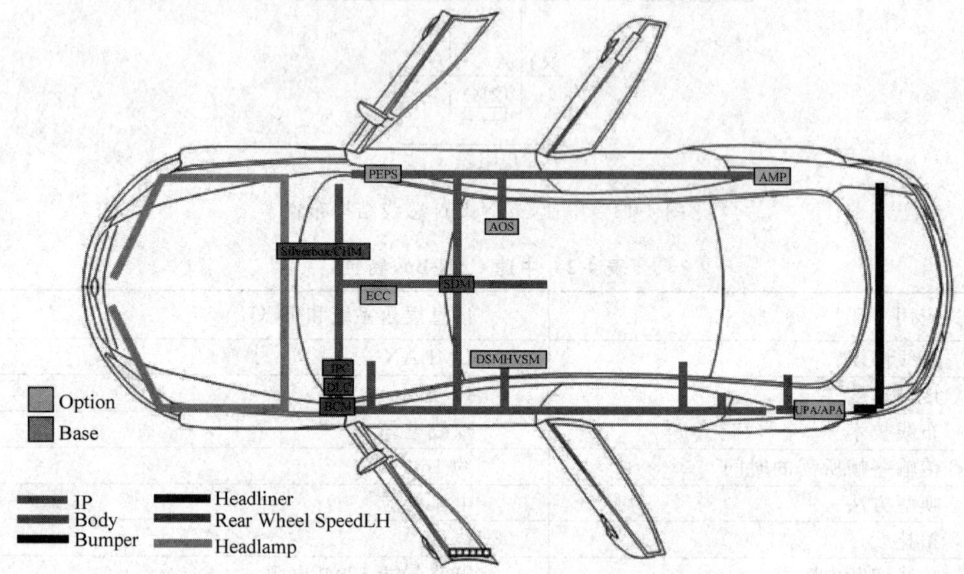

图 4-14　低速 CAN-Bus 结构示意图(见彩色插页)

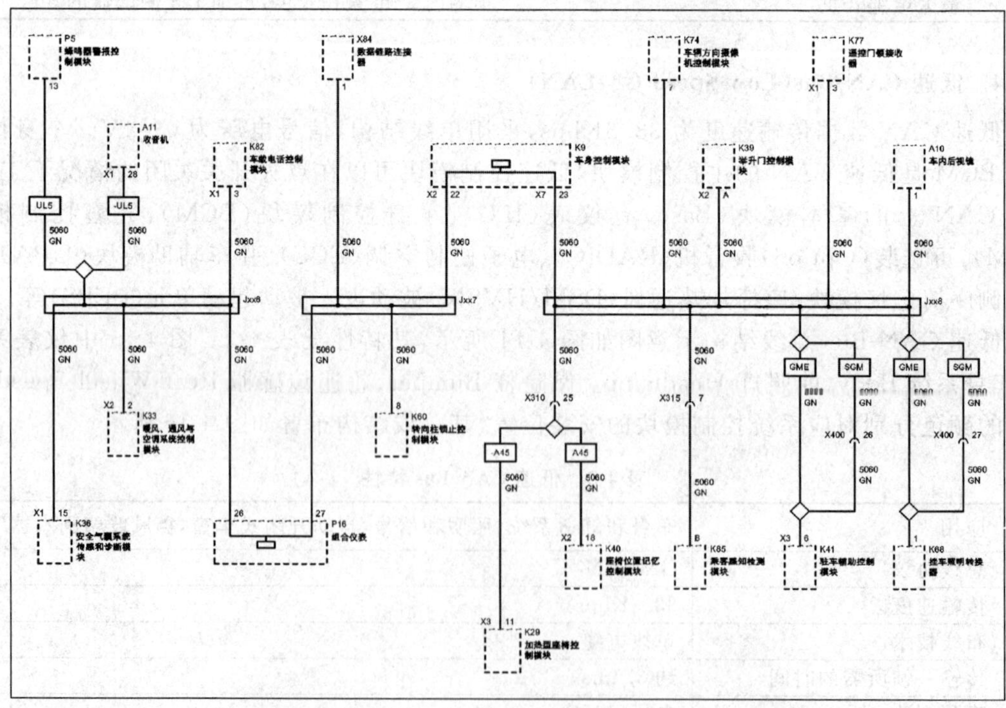

图 4-15　低速 CAN-Bus 总线(Low-Speed GMLAN)电路

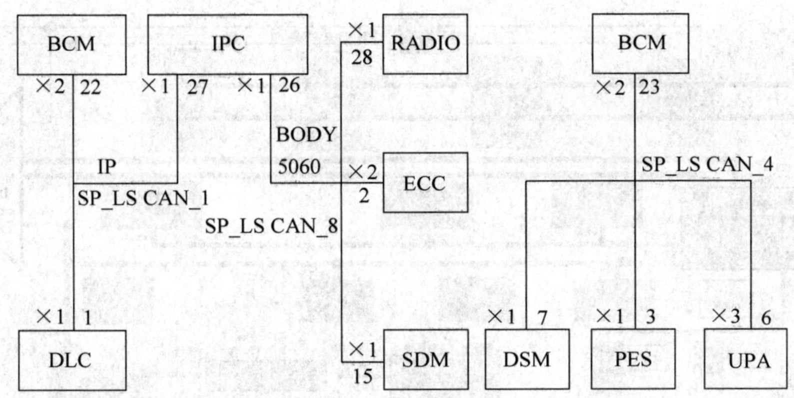

图 4-16 低速 CAN-Bus 总线结构布置

5. LIN 总线系统(详见任务七——通用车系 LIN 总线故障诊断与检修)

4.2 雪佛兰科鲁兹车载网络系统

4.2.1 雪佛兰科鲁兹车载网络系统简介

科鲁兹采用的是通用汽车 Globai A 的电气架构,网络拓扑结构为线型,如图 4-17 所示。控制模块之间的通信通过高速 HS GMLAN 串行数据电路、底盘扩展 Chassis Expansion bus(底盘高速 GMLAN)串行数据电路、中速 Medium bus(中速 GMLAN)串行数据电路和低速 LS GMLAN 串行数据电路来执行。需要实时通信的模块连接至高速 GMLAN 网络和底盘高速 GMLAN 网络。车身控制模块(BCM)为网络间的网关。网关的作用是转发 GMLAN 高速总线和 GMLAN 低速总线之间的串行数据信息,网关按照网络传输协议与每个网络交互。ECM、TCM 和 EBCM 之间的通信采用高速 GMLAN,高速 GMLAN 从最远的 ECM,经 TCM,再经 EBCM,到达网关 BCM。

另外,主模块与子模块之间应用 LIN 线通信。图 4-17 中,高速总线 HS GMLAN、底盘扩展总线 Chassis Expansion bus、中速总线 MS GMLAN、低速总线 LS GMLAN 的颜色分别对应总线联网的模块。

1. 车身控制系统

车身控制系统包括车身控制模块(BCM)、通信和各类输入与输出。一些输入、输出和信息要求其他模块与车身控制模块相互作用。车身控制模块具有离散的输入和输出端子,以控制车身功能。车身控制模块接线至高速 GMLAN 串行数据总线、低速 GMLAN 串行数据总线和多条 LIN 总线,并作为两者之间的网关。

车身控制模块(BCM)用作电源模式主控模块(PMM)功能。点火开关是小电流开关,电源模式主导装置接收到的多个离散的点火开关信号用于确定电源模式,并将电源模式通过串行数据电路发送到需要此信息的其他模块,因此电源模式主导装置将根据需要启动继电器和其他电源模式主导装置的直接输出。

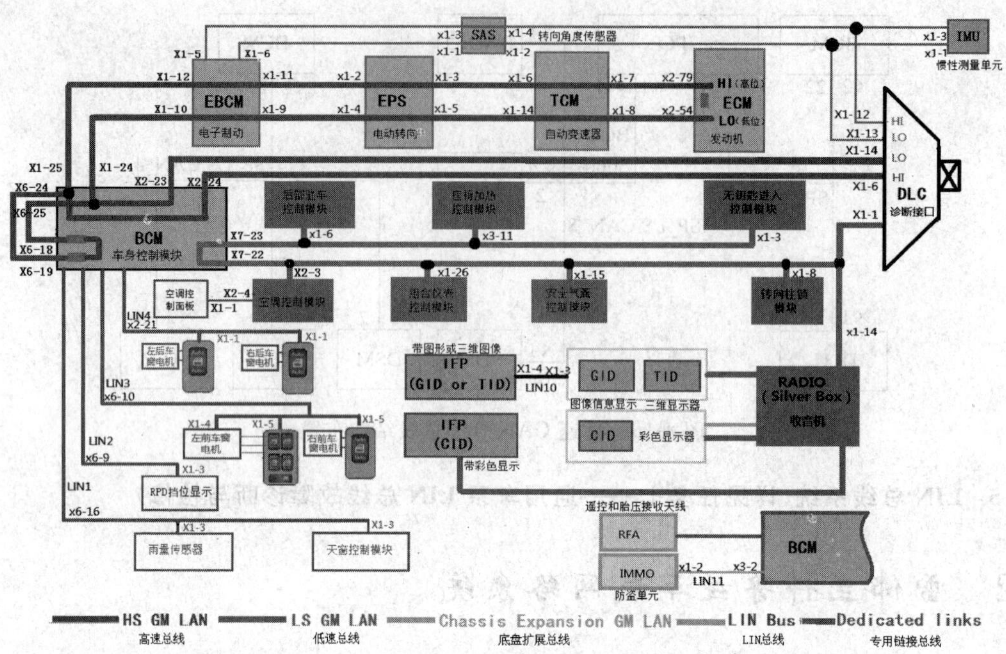

图 4-17 上海通用雪佛兰车系网络通信结构图(见彩色插页)

2. 网关

雪佛兰科鲁兹车系中网关(或转换器)为车身控制模块(BCM)。网关的目的是转换GMLAN高速总线和GMLAN低速总线之间的串行数据信息,以在不同模块之间进行通信。网关按照网络传输协议与每个网络交互。

车身控制模块和故障诊断仪之间的所有通信都在高速GMLAN串行数据电路上。模块中设置了一个失去通信的故障诊断码,而不是模块通信故障。

3. 电路说明

车辆内部有很多部件都依赖于来自其他部件的信息并向其他部件传输信息或者两者并存。串行数据通信网络提供了一个可靠的、高效的通路,使车辆内的不同部件之间可以互相“联系”并分享信息。

GM使用大量不同的信息总线以确保设备之间及时且高效的信息交换。相互比较这些总线,其中一些在速度、信号特性和性能上都有着本质的不同,比如高速GMLAN和低速GMLAN总线。

另一方面,与其他的总线相比较,它们有相似的特性并且完全以并联方式运行。如此,它们可用于高交互性的集合部件。比如高速GMLAN、动力传动系统扩展及底盘扩展总线。相对于所有车辆设备都集中在一条单总线上,如此可使它们在降低了信息拥挤度的总线上彼此通信,从而确保了更迅速更及时的信息交换。

大多数信息通常出现在局域内特定的网络上,但有些信息则必须与其他网络分享。指定控制模块作为网关,执行在不同总线之间传输信息的功能。网关模块被连接到至少2条总线,并且根据其信息策略和传输模式与各个网络交互。

GMLAN为接收设备提供接收性能,监测来自其他设备的信息传输,以便确定重要信息是否未被接收。其主要目的在于用合理的默认值替代无法再被接收的信息。另外，设备可能设置故障诊断码，表明其期待从中收到信息的设备不再进行通信。

4.2.2　高速 GMLAN

高速 GMLAN 总线用于需要高速交换数据的地方，以使传感器值的变化情况和通过信息调节车辆系统的控制装置的信息接收状况之间的延迟最小化。

科鲁兹高速 GMLAN 控制单元包括车身控制模块 K9、远程通信接口控制模块 K73、电子制动控制模块 K17、动力转向控制模块 K43、自动变速器总成 T12、发动机控制模块 K20。

高速 GMLAN 串行数据网由双绞线组成。一个信号电路识别 GMLAN 高速信号，而另一个信号电路识别 GMLAN 低速信号。在数据总线的每端，位于 GMLAN 高速和 GMLAN 低速电路之间都有一个 120Ω 的终端电阻器。

数据符号(1 和 0)以 500Kbps 的速率按顺序传输。总线上传输的数据都通过 GMLAN 高速信号电压和 GMLAN 低速信号电压之间电压差来表示。高速 GMLAN 电路如图 4-18 所示。

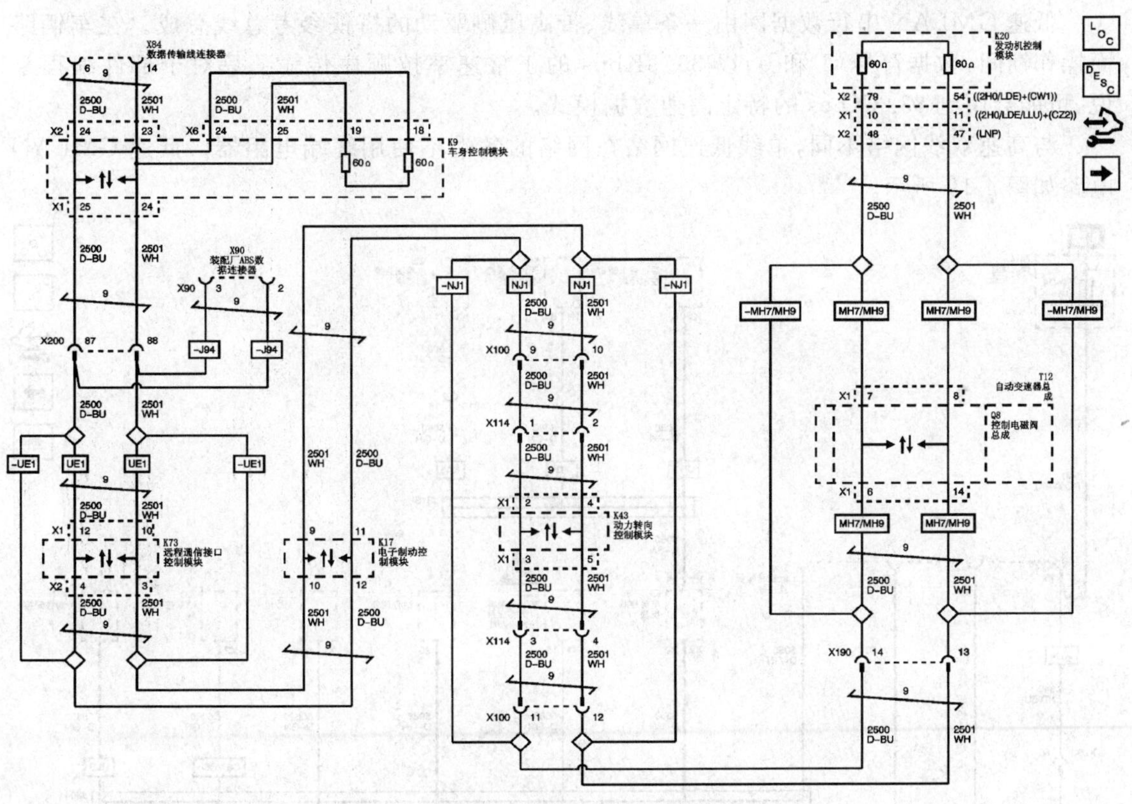

图 4-18　高速 GMLAN 电路

当双线总线静止时，GMLAN 高速和 GMLAN 低速信号电路无法被驱动，这表示为逻辑“1”。此状态下，两个信号电路的电压同为 2.5V，电压差约为 0V。

当传输逻辑“0”时，GMLAN 高速信号电路被拉高至大约 3.5V，而 GMLAN 低速电路被拉低至大约 1.5V，电压差约为(2.0±0.5)V。

串行数据在两条绞合线上传送，允许最高速度为 500Kbps。双绞线的终端有两个 120Ω 电阻器，一个从内部连接至发动机控制模块(ECM)，另一个是连接器总成或另外一个装置内的独立电阻器。电阻器作为车辆正常操作过程中高速 GMLAN 总线上的负载。高速 GMLAN 是差分总线。高速 GMLAN 串行数据总线(+)和高速 GMLAN 串行数据(−)从约 2.5V 静止或闲置电平驱动到相反的极限。将线路驱动至极限时,高速 GMLAN 串行数据总线(+)电路将增加 1V 电压而高速 GMLAN 串行数据总线(−)电路将减小 1V 电压。如果串行数据丢失,装置将会设置一个相对未通信装置的未通信代码。注意,串行数据丢失故障诊断码并不表示设置该故障诊断码的装置有故障。

4.2.3 低速 GMLAN

低速 GMLAN 总线用于那些无须高速率数据传输、使用相对简单的部件的应用。它一般用于由驾驶员控制的功能,与那些动态车辆控制所要求的响应时间相比,这些功能的响应时间较慢。

科鲁兹低速 GMLAN 控制单元包括安全气囊模块 K36、无线电 A11、组合仪表 P16、空调控制模块 K33、转向柱锁模块 K66 以及充当网关的车身控制模块 K9。

低速 GMLAN 串行数据网由一条单线、带高压侧驱动的搭铁参考总线总成。在车辆路面操作期间,数据符号(1 和 0)以 33.3Kbps 的正常速率按顺序传输。只对于部件编程来说,可能会用到 83.3Kbps 的特定高速数据模式。

与高速双线网络不同,单线低速网络在网络的各端不使用终端电阻器。低速 GMLAN 电路如图 4-19 所示。

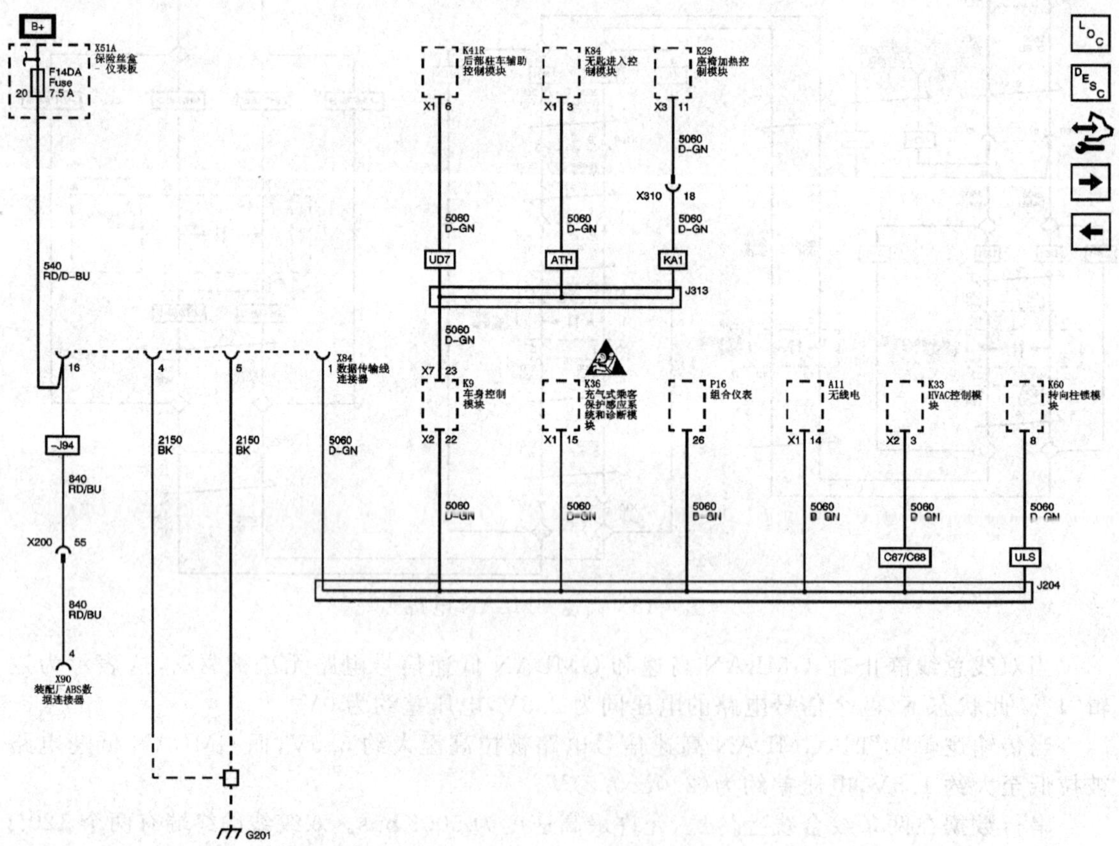

图 4-19 低速 GMLAN 电路

要在总线上传输的数据符号在总线上由不同的电压信号表示。当低速 GMLAN 总线静止且未被驱动时，存在约 0.2V 的低信号电压。这表示逻辑“1”。当传输逻辑“0”时，该信号电压被驱动升高至约 4.0V 或更高。

4.2.4 局域互联网(LIN 总线)

局域互联网(LIN)总线由一条传输速率为 10.417Kbps 的单线组成。该模块用于交换主控制模块和其他提供支持功能的智能装置之间的信息。此类配置对高速 GMLAN 总线或低速 GMLAN 总线的容量或速度没有要求，因此相对比较简单。

线型互联网 LIN 总线电路如图 4-20 所示。要传输的数据符号(1 和 0)在通信总线上由不同的电压电平表示。当 LIN 总线静止且未被驱动时，该信号处于接近电池电压的高压状态。这由逻辑“1”表示。当要传输逻辑“0”时，信号电压被拉低至搭铁(0.0V)。

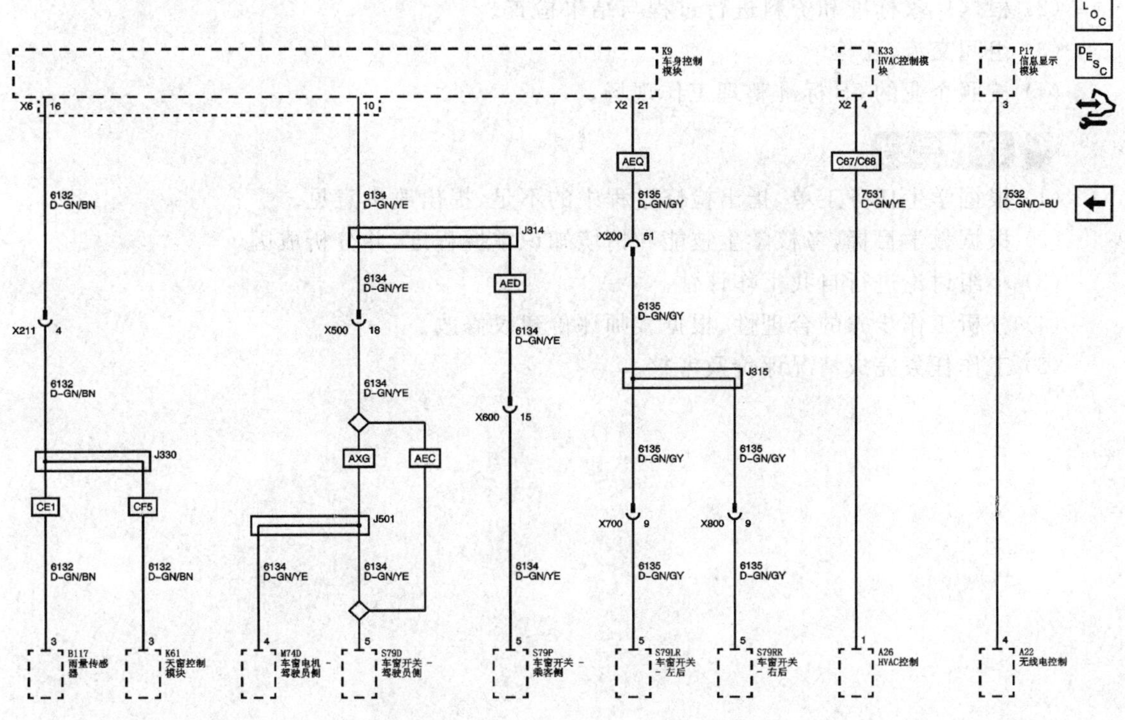

图 4-20 线型互联网 LIN 总线电路

科鲁兹轿车 LIN 总线主要用于车窗、天窗以及中控门锁控制。

任务实施

(1) 连接 GDS+MDI，读取车辆各模块故障码，发现变速器控制模块、电子制动控制模块、车身控制模块均有故障码 U0100，与发动机控制模块失去通信。

(2) DLC 诊断口 CAN-H、CAN-L 对地电压测量：用万用表测量 CAN-H(6 脚)、CAN-L(14 脚)对地电压，分别为 2.6V 左右和 2.3V 左右，说明发动机控制模块所在的高速通信网络的工作电压正常。CAN-H(6 脚)应为 2.3～2.5V，CAN-L(14 脚)应为 1.5～2.5V 。

(3) 终端电阻测量：用万用表测量 CAN-H(6 脚)与 CAN-L(14 脚)之间的电阻为

61.5Ω。2009款别克君威轿车高速通信网络终端电阻分别在发动机控制模块和电子制动控制模块内，终端电阻值正常，说明由诊断口DLC到发动机控制模块的线路正常。

(4) 连接诊断仪，读取数据流：读取数据流时发现，不能从发动机模块选项读取故障码的数据流，打开点火开关，发动机故障灯没有点亮，由此怀疑是发动机控制模块故障。于是用替换法，拆换发动机控制模块，打开点火开关，故障灯点亮，清除故障码后起动车辆，发动机能正常起动，故障排除。

(5) 小结：这个故障案例是典型的网络节点故障，诊断这类故障，首先应该调取故障代码，从而理清诊断思路，缩小故障范围，并且按照常规的终端电阻、总线工作电压测量剔除干扰维修思路的疑似故障部位。

检查检验

(1) 对学生任务完成情况进行检查监督，并提出改进意见。

(2) 根据厂家标准和资料进行过程与结果检查。

(3) 组间交流、互检。

(4) 按照企业的5S标准整理工作现场。

评价总结

(1) 根据学生任务工单，指出检修过程中的不足，提出改进意见。

(2) 根据教学目标，考核学生技能和情境知识掌握程度，并分析成因。

(3) 小组讨论进行自我工作评估。

(4) 分析工作步骤的合理性，根据教师评价建议修改。

(5) 工作任务完成情况评价及考核。

任务5

丰田车系CAN总线故障诊断与检修

任务目标

能够正确描述丰田车系 CAN 总线的组成及工作过程，知道 CAN 总线系统各控制模块的安装位置及更换方法，会进行 CAN 总线系统终端电阻、电压及波形检测，能排除丰田卡罗拉 CAN 总线常见故障。

任务描述

一辆卡罗拉款轿车无法起动。用解码仪读码，无故障代码。请按照专业要求进行检修。

任务分析

根据故障现象和初步诊断，该车无法起动的原因大致在车载通信系统，那么到底是节点故障或是链路故障还是电源故障，应该先测量 CAN-H、CAN-L 对地电压以及 CAN-H、CAN-L 的电阻，缩小故障范围。

5.1 丰田卡罗拉 CAN 通信系统结构

CAN 总线连接各 ECU，实现数据的实时通信。CAN 总线为双绞线，由 CAN-H 和 CAN-L 两条线配对，并由差动电压驱动，如图 5-1 所示。

5.1.1 CAN 通信系统概述

1. CAN 通信系统

(1) CAN (控制器区域网络)是一个用于实时应用的串行数据通信系统。它是一个车辆多路通信系统，该系统通信速度高且可检测故障。

(2) 通过将 CAN-H 和 CAN-L 总线配对，CAN 可根据电压差进行通信。

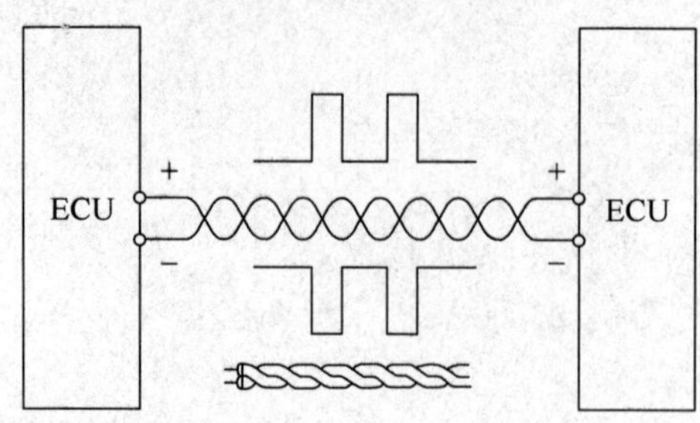

图 5-1 CAN 通信系统双绞线和差动电压驱动

(3) 许多安装在车辆上的 ECU 或传感器通过信息共享和相互通信进行工作。

(4) CAN 有两个 120Ω 的电阻器,用于与主总线进行通信。

2. 主总线

主总线是总线(通信线路)上介于两个终端电阻器之间的线束。它是 CAN 通信系统的主总线。

3. 支线

支线是从主总线分离出来通往 ECU 或传感器的线束。

4. 终端电阻器

两个 120Ω 的电阻器并联安装在 CAN 主总线的末端。它们被称为终端电阻器。这些电阻器使得 CAN 总线之间的电压差能够得到精确的测定。为使 CAN 通信系统能够正常工作,两个终端电阻器必须安装妥当。由于两个电阻器是并联安装,两条 CAN 总线间的电阻可能接近 60Ω。

5. 基本电路

(1) 带智能上车和起动系统的车辆:CAN 通信系统由通过主车身 ECU 连接至各个系统的 CAN 1 号总线和 MS 总线组成。

(2) 带驻车辅助监视系统的车辆:CAN 通信系统由通过网络网关 ECU 连接至各个系统的 CAN 1 号总线和 CAN 2 号总线组成。

(3) CAN 1 号总线、CAN 2 号总线和 MS 总线都有带 120Ω×2 的电阻的终端电路。可以进行 500Kbps 和 250Kbps 的高速通信。

6. 通过 CAN 通信系统进行通信的 ECU 或传感器

(1) 防滑控制 ECU。

(2) 横摆率传感器(带 VSC)。

(3) 转向角传感器(带 VSC)。

(4) 主车身 ECU。

(5) 中央气囊传感器总成。

(6) ECM。

(7) 认证 ECU(带智能上车和起动系统)。

(8) 空调放大器。

(9) 组合仪表。

(10) 动力转向 ECU。

(11) 电视摄像机 ECU(带驻车辅助监视系统)。

(12) 网络网关 ECU(带驻车辅助监视系统)。

7. CAN 通信系统的诊断码

(1) CAN 通信系统的 DTC 如下所示：U0073、U0100*1、U0123*1、U0124*1、U0126*1、U0129、U0327*2、U1002*2 *3、U1126*3 和 B1499。

其中，*1 表示带 VSC；*2 表示带智能上车和起动系统；*3 表示带驻车辅助监视系统。

(2) 可使用智能检测仪来检查 CAN 通信系统的 DTC。DLC3 虽连接至 CAN 通信系统，但没有针对 DLC3 或 DLC3 支线故障的 DTC。如果 DLC3 或 DLC3 支线存在故障，则 CAN 网络上的 ECU 不能向智能检测仪输出代码。

(3) 可通过测量 DLC3 端子间的电阻，检查 CAN 总线(通信线束)的故障。但是，从 DLC3 无法检测到非 DLC3 支线的支线断路故障。

(4) 当任何通信线路存在断路或短路时，输出 CAN 通信 DTC。任何与相应 ECU 或传感器的电源相关的故障，或者 ECU 或传感器本身的故障，同样会导致这些 DTC 输出。

(5) 点火开关置于 ON(IG)位置时，如果有 CAN 通信线路连接器断开，则相应系统及相关系统的 ECU 将记录 DTC。

5.1.2　CAN 通信系统主要零件安装位置

卡罗拉轿车 CAN 通信系统 ECM/防滑控制 ECU 在车上的位置如图 5-2 所示，其他主要零件的安装位置如图 5-3 所示。

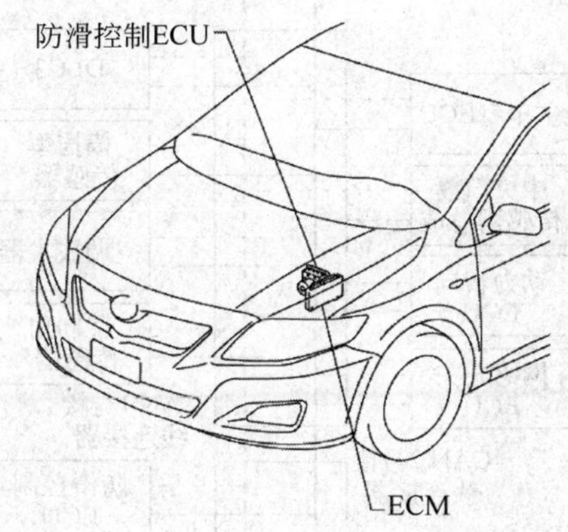

图 5-2　卡罗拉 CAN 通信系统 ECM/防滑控制 ECU 在车上的位置

5.1.3　卡罗拉网络结构

卡罗拉网络拓扑结构如图 5-4 和图 5-5 所示，卡罗拉 CAN 总线有 2 个 120Ω 的终端电

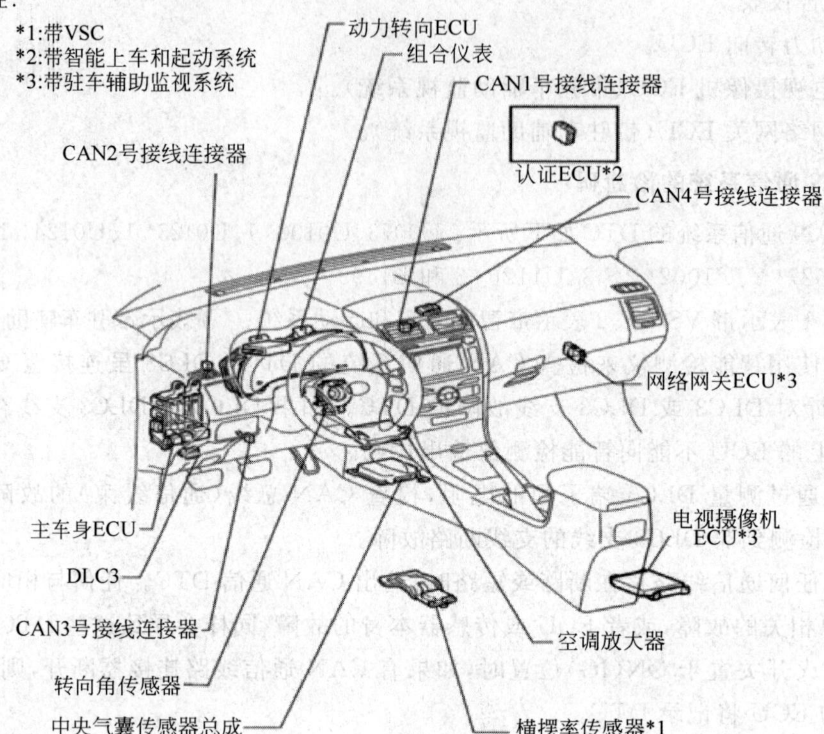

图 5-3 卡罗拉 CAN 通信系统主要零件位置图

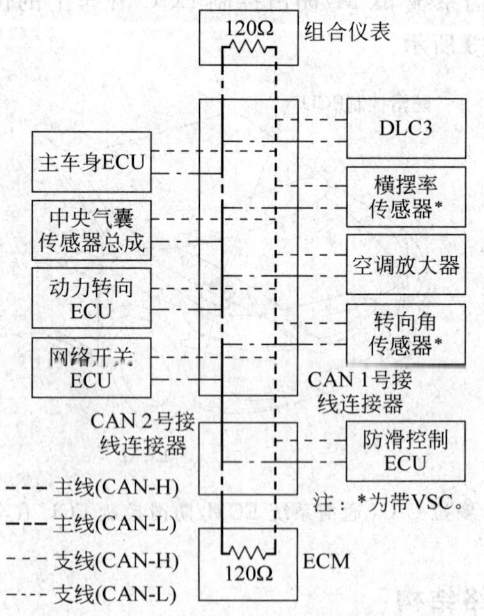

图 5-4 卡罗拉 CAN 通信系统拓扑图(1)

阻器，这里终端电阻器位于组合仪表和 ECM 中，ECM 和组合仪表之间连接 2 个终端电阻器的双绞线为主总线。连接其他 ECU（防滑控制 ECU、组合仪表、主车身 ECU、空调放大器、中央气囊传感器总成、动力转向 ECU、DLC3）的双绞线为支线。CAN 接线连接器 1 号、2 号零部件连接示意图如图 5-6 所示，3 号、4 号零部件连接示意图如图 5-7 所示。图 5-8～图 5-11 分别为 1 号～4 号连接器端子含义。

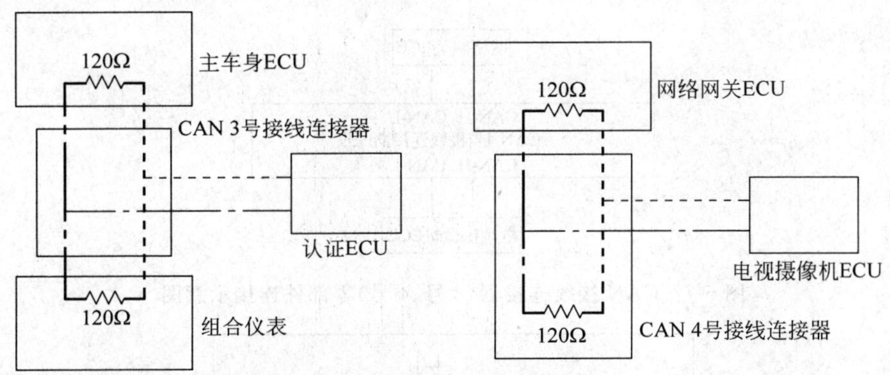

图 5-5　卡罗拉 CAN 通信系统拓扑图(2)

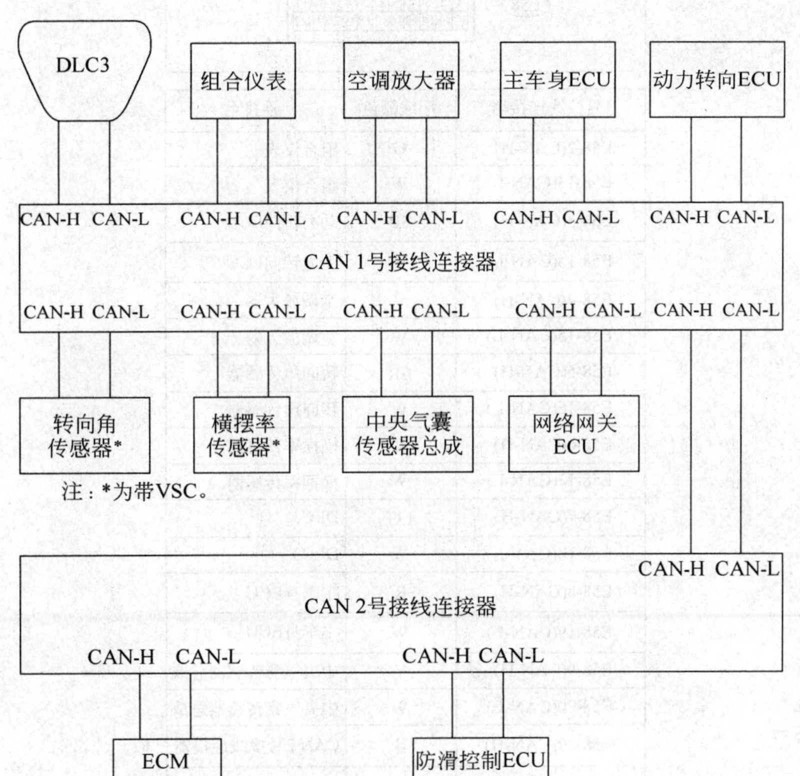

图 5-6　CAN 接线连接器(1 号、2 号)零部件连接示意图

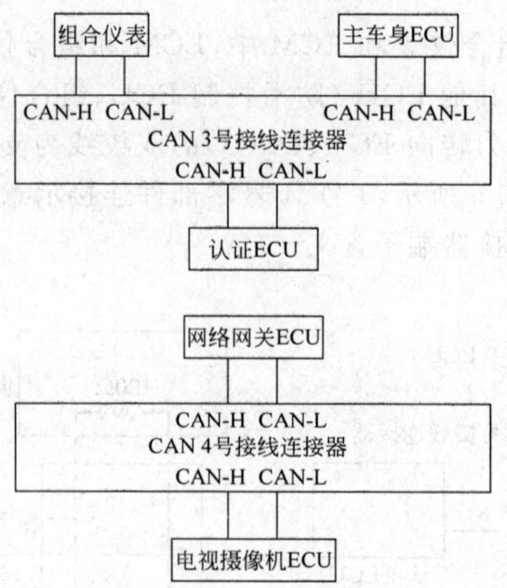

图 5-7 CAN 接线连接器(3 号、4 号)零部件连接示意图

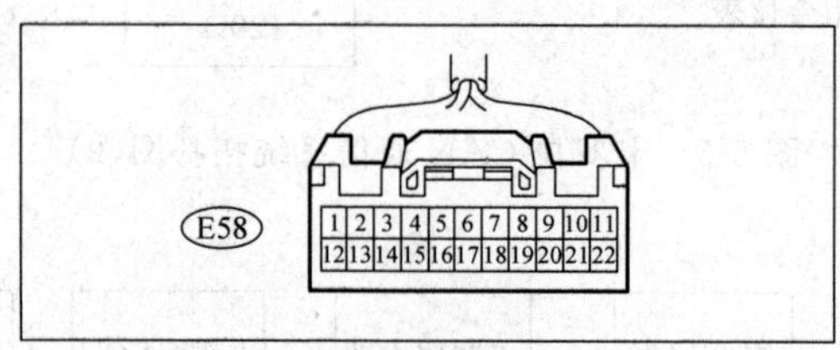

1号接线连接器	配线颜色	连接至
E58-2(CAN-H)	G	组合仪表
E58-13(CAN-L)	W	组合仪表
E58-3(CAN-H)	SB	动力转向ECU
E58-14(CAN-L)	W	动力转向ECU
E58-4(CAN-H)	V	空调放大器
E58-15(CAN-L)	W	空调放大器
E58-5(CAN-H)	BR	转向角传感器
E58-16(CAN-L)	W	转向角传感器
E58-6(CAN-H)	L	横摆率传感器
E58-17(CAN-L)	W	横摆率传感器
E58-7(CAN-H)	LG	DLC3
E58-18(CAN-L)	W	DLC3
E58-8(CAN-H)	R	主车身ECU
E58-19(CAN-L)	W	主车身ECU
E58-9(CAN-H)	Y	中央气囊传感器总成
E58-20(CAN-L)	W	中央气囊传感器总成
E58-10(CAN-H)	B	CAN 2号接线连接器
E58-21(CAN-L)	W	CAN 2号接线连接器
E58-11(CAN-H)	P	网络网关ECU
E58-22(CAN-L)	W	网络网关ECU

图 5-8 卡罗拉 CAN 通信系统 1 号接线连接器(E58)端子含义

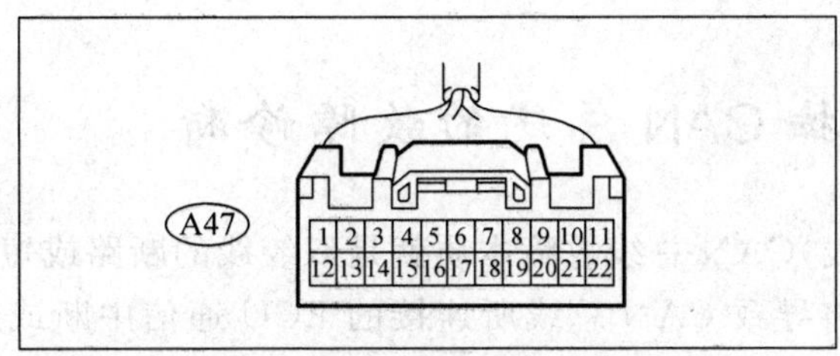

2号接线连接器	配线颜色	连接至
A47-8(CAN-H)	R	防滑控制ECU
A47-19(CAN-L)	W	防滑控制ECU
A47-9(CAN-H)	B	CAN 1号接线连接器
A47-20(CAN-L)	W	CAN 1号接线连接器
A47-10(CAN-H)	Y	ECM
A47-21(CAN-L)	W	ECM

图 5-9 卡罗拉 CAN 通信系统 2 号接线连接器(A47)端子含义

3号接线连接器	配线颜色	连接至
E59-1(CAN-H)	SB	认证ECU
E59-12(CAN-L)	W	认证ECU
E59-2(CAN-H)	G	组合仪表
E59-13(CAN-L)	W	组合仪表
E59-3(CAN-H)	R	主车身ECU

图 5-10 卡罗拉 CAN 通信系统 3 号接线连接器(E59)端子含义

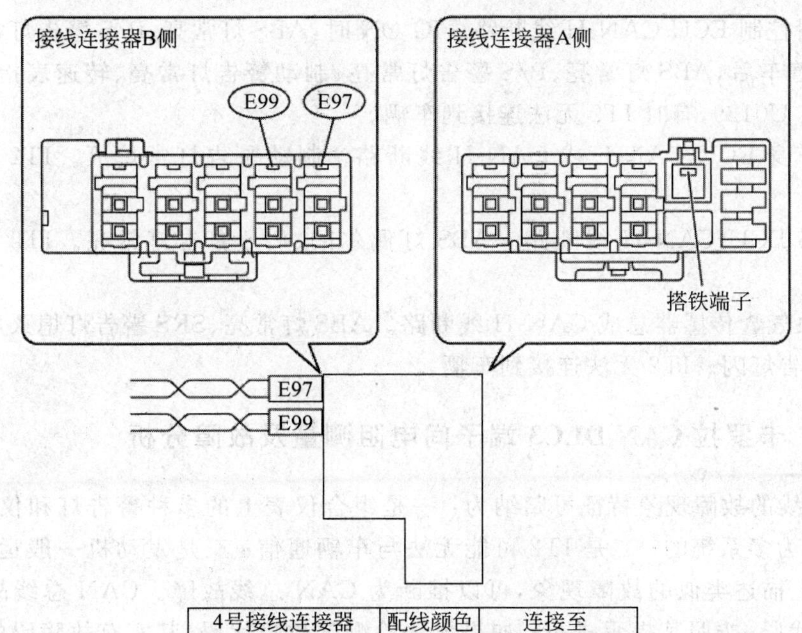

4号接线连接器	配线颜色	连接至
E97-1(CAN-H)	B	网络网关ECU
E97-2(CAN-L)	W	网络网关ECU
E99-1(CAN-H)	O	电视摄像机ECU
E99-2(CAN-L)	W	电视摄像机ECU

图 5-11 卡罗拉 CAN 通信系统 4 号接线连接器(E97、E99)端子含义

5.2 丰田卡罗拉 CAN 总线的故障诊断

CAN 总线为双绞线,CAN 总线故障本质就是双绞线的断路或短路(与接地短路或与电源短路)。断路和短路将导致 CAN 总线所连接的 ECU 通信中断或通信故障,汽车将表现出各种故障现象。

5.2.1 卡罗拉典型故障现象

(1) ECM CAN-H 线或 CAN-L 线断路。IG ON 和着车时,ABS 灯常亮、P/S 警告灯常亮。着车后,水温表指针指示最低位置、转速表指针指示最低位置。IT2(Intelligent Test Ⅱ 丰田智能测试仪 2 代)无法连接到车辆。

(2) 组合仪表 CAN-H 线断路。IG ON 时,ABS 灯常亮、P/S 警告灯常亮、水温表无指示、挡位无指示。着车后,ABS 灯常亮、P/S 警告灯常亮、水温表无指示、挡位无指示、转速表指示最低位置。IT2 无法连接到车辆。

(3) 组合仪表 CAN-H 线与接地短路。IG ON 和着车时,ABS 灯常亮、制动警告灯常亮、P/S 警告灯常亮、水温表无指示、挡位无指示。IT2 无法连接到车辆。

(4) 防滑控制 ECU CAN-L 线断路。IG ON 时,ABS 灯常亮、P/S 警告灯常亮、制动警告灯常亮、水温表无显示、挡位指示灯无显示。着车后,ABS 灯常亮、P/S 警告灯常亮、制动警告灯常亮、水温表无显示、挡位指示灯无显示、转速表无显示。DTC:U0129。

(5) 防滑控制 ECU CAN-H 线断路。IG ON 时,ABS 灯常亮、P/S 警告灯常亮、制动警告灯常亮。着车后,ABS 灯常亮、P/S 警告灯常亮、制动警告灯常亮、转速表指针有时异常跳动。DTC:U0129,有时 IT2 无法连接到车辆。

(6) 主车身 ECU CAN-L 或 CAN-H 线断路。制动警告灯常熄灭。IT2 无法连接到车辆。

(7) P/S ECU CAN-H 线断路。ABS 灯偶尔闪、P/S 警告灯常亮。IT2 无法连接到车辆。

(8) 中央气囊传感器总成 CAN-H 线断路。ABS 灯常亮、SRS 警告灯熄灭后点亮、水温表闪、P/S 警告灯闪。IT2 无法连接到车辆。

5.2.2 卡罗拉 CAN DLC3 端子间电阻测量及故障分析

CAN 总线的故障现象特征可归纳为:一是组合仪表上的多种警告灯和仪表显示不正常,故障表现为多系统的;二是 IT2 可能无法与车辆通信;三是发动机一般运作正常。如果出现与以上描述类似的故障现象,可以推断为 CAN 总线故障。CAN 总线故障检修时,如果有故障代码,按照其提示进行;如果无法检测到故障代码(其实有故障码的存在,但无法通信,所以无法读取到),可按照 CAN 总线一般检查思路进行检修。

如果 CAN 通信系统未输出故障代码,首先测量 DLC3 端子间的电阻以确定故障部位,如图 5-12 所示,检查并确认 CAN 线路和+B 或 GND 没有短路。

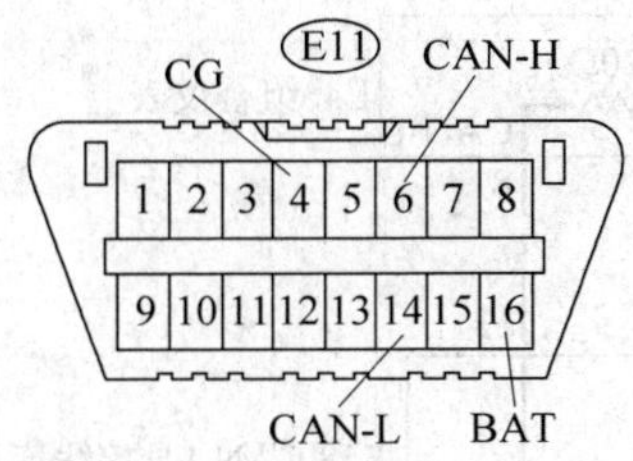

端子	配线颜色	条件	规定状态
E11-6(CAN-H)-E11-14(CAN-L)	LG-W	点火开关置于OFF位置	54~69Ω
E11-6(CAN-H)-E11-14(CG)	LG-W-B	点火开关置于OFF位置	200Ω或更大
E11-14(CAN-H)-E11-4(CG)	W-W-B	点火开关置于OFF位置	200Ω或更大
E11-6(CAN-H)-E11-16(BAT)	LG-G	断开蓄电池负极端子	6kΩ或更大
E11-14(CAN-L)-E11-16(BAT)	W-G	断开蓄电池负极端子	6kΩ或更大

图 5-12　DLC3 诊断口

1. 测量电阻注意事项

(1) 测量 CAN 主线和 CAN 支线之间的电阻前，将点火开关置于 OFF 位置。

(2) 将点火开关置于 OFF 位置后，检查并确认钥匙提醒警告系统和车灯提醒警告系统未处于工作状态。

(3) 开始测量电阻前，使车辆保持原来状态至少 1 分钟，不要操作点火开关和任何其他开关或车门。如果需要打开车门以检查连接器，则打开该车门并让它保持打开。

(4) 操作点火开关、任何其他开关或车门会触发相关 ECU 和传感器进行 CAN 通信。该通信将导致电阻值发生变化。

(5) 即使清除了 DTC，如果车辆在行驶一段时间后又存储了 DTC，则故障可能是因车辆振动而发生的。在这种情况下，执行下面的检查时，晃动 ECU 和线束将有助于确定故障原因。

2. 测量及结果分析

(1) 检查 CAN 总线是否断路。当 DLC3 的端子 6(CAN-H)和 14(CAN-L)之间的电阻为 69Ω 或更大时，CAN 主线或 DLC3 支线可能断路，如图 5-13 所示。故障部位可能是：CAN 1 号/2 号连接器、ECM、组合仪表。

(2) 检查 CAN 总线是否短路。当 DLC3 的端子 6(CAN-H)和 14(CAN-L)之间的电阻小于 54Ω 时，CAN 主线或 CAN 支线可能短路。故障部位可能是：CAN 总线短路以及防滑控制 ECU、动力转向 ECU、转向角传感器(带 VSC)、横摆率传感器(带 VSC)、ECM、中央气囊传感器总成、空调放大器、组合仪表、主车身 ECU、网络网关 ECU、CAN 1 号接线连接器、CAN 2 号接线连接器、DLC3 等支线短路。

可疑点部位如图 5-14 所示。

(3) 检查 CAN 总线是否对＋B 短路。如果 DLC3 的端子 6(CAN-H)和 16(BAT)或端子 14(CAN-L)和 16(BAT)之间没有电阻，那么在 CAN 总线和＋B 之间可能存在短路。故障部位可能是：CAN 总线对＋B 短路以及防滑控制 ECU、动力转向 ECU、转向角传感器(带 VSC)、横摆率传感器(带 VSC)、ECM、中央气囊传感器总成、空调放大器、组合仪表

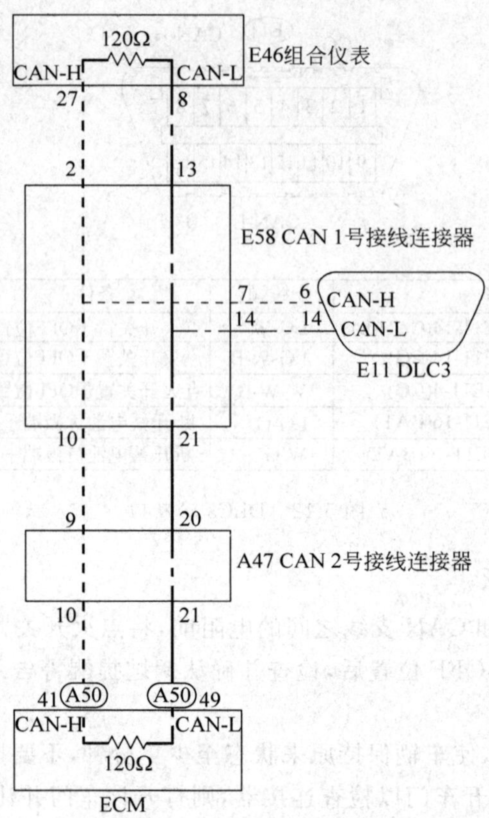

图 5-13 CAN 主总线断路检查

ECU、主车身 ECU、网络网关 ECU、DLC3 等网络支线对+B 短路。

(4) 检查 CAN 总线是否对搭铁短路。如果 DLC3 的端子 6(CAN-H)和 4(CG)或端子 14(CAN-L)和 4(CG)之间没有电阻，则 CAN 总线和搭铁之间可能存在短路。故障部位可能是：CAN 总线对搭铁短路以及防滑控制 ECU、动力转向 ECU、转向角传感器(带 VSC)、横摆率传感器(带 VSC)、ECM、中央气囊传感器总成、空调放大器、组合仪表 ECU、主车身 ECU、网络网关 ECU、DLC3 等网络支线对地短路。

(5) 检查 CAN 总线系统 CAN 支线一侧断路。当 CAN 主总线正常(主总线中无断路、短路、对 B+短路或对搭铁短路)时，如果某些 ECU 和传感器不能显示在智能检测仪的"Communication Bus Check"屏幕上，而有些 ECU 和传感器反复在屏幕上时隐时现，则可能在任一 CAN 支线中存在断路。故障部位可能是：CAN 支线的一侧断路、ECM、组合仪表、动力转向 ECU、防滑控制 ECU、转向角传感器、横摆率传感器、空调放大器、中央气囊传感器总成、主车身 ECU、网络网关 ECU 等支线一侧断路。

如果一些 ECU 和传感器在"Communication Bus Check"屏幕上反复出现和消失，则正常 ECU(传感器)与智能检测仪之间的通信可能受到其 CAN 支线存在断路的 ECU 所输出的完全信号的影响。在这种情况下，在屏幕上反复时隐时现的 ECU 和传感器的 CAN 支线状态正常，而不能在屏幕上显示的 ECU 则可能是故障的主要原因(该 ECU 可能在其任一 CAN 支线中存在断路)。

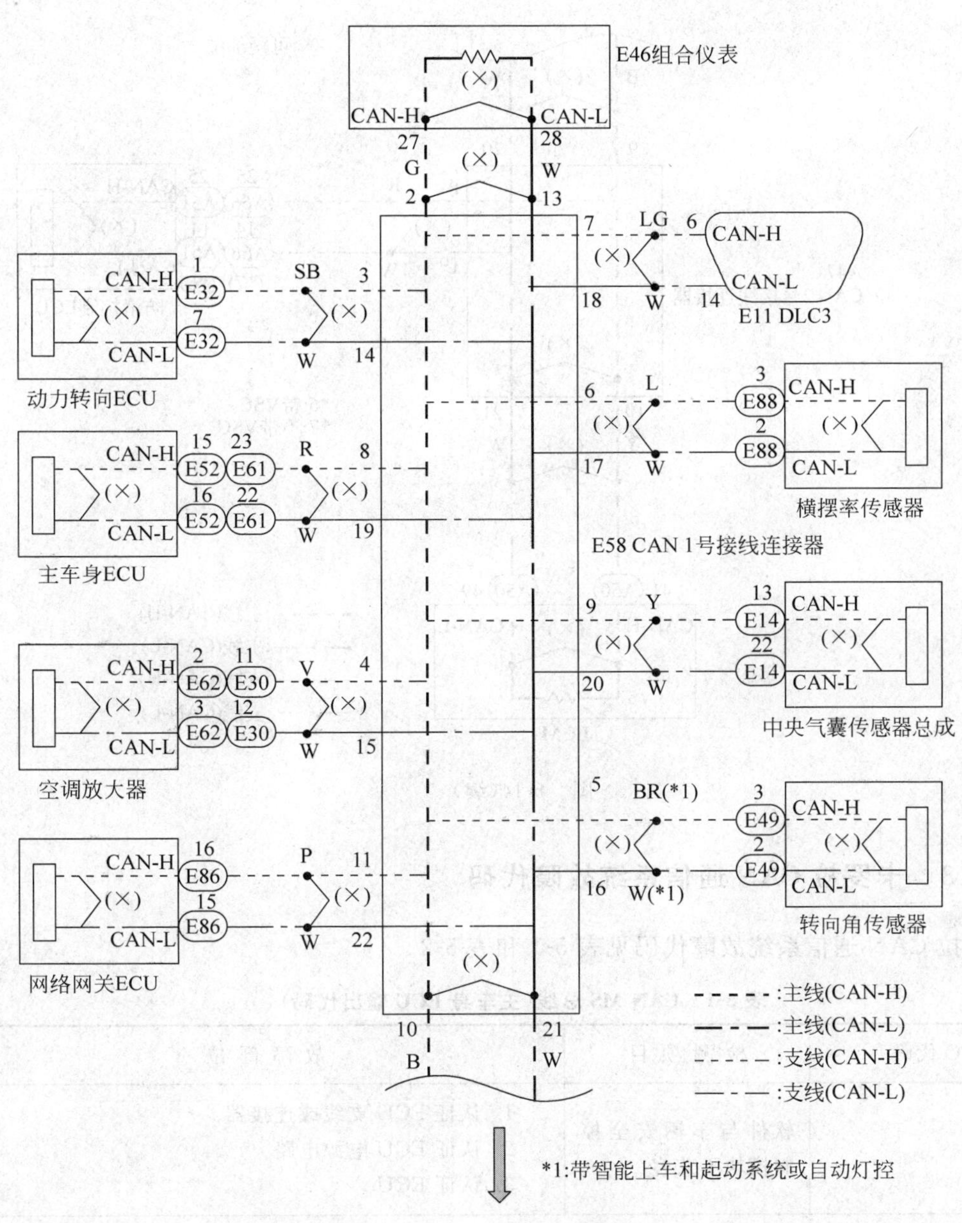

图 5-14 CAN 主总线短路检查(图中×为故障可疑部位)

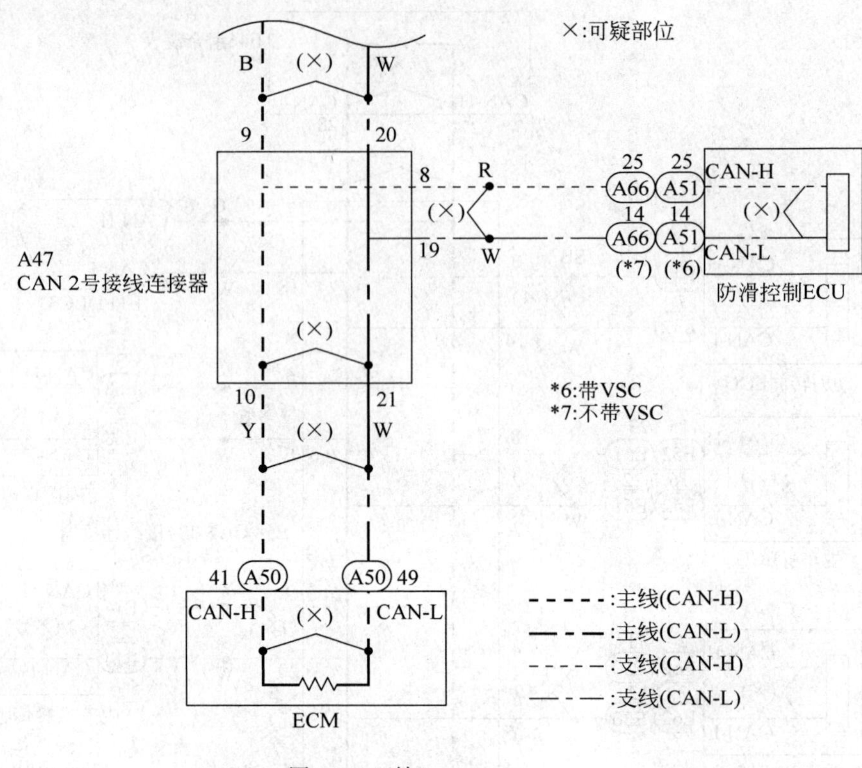

图 5-14(续)

5.2.3 卡罗拉 CAN 通信系统故障代码

卡罗拉 CAN 通信系统故障代码见表 5-1 和表 5-2。

表 5-1 CAN MS 总线(主车身 ECU 输出代码)

DTC 代码	检 测 项 目	故 障 部 位
U0327	软件与车辆安全控制模块不兼容	1. 认证 ECU 支线或连接器 2. 认证 ECU 电源电路 3. 认证 ECU
U1002(CAN MS 总线)	与网关模块失去通信(主车身 ECU)	1. CAN MS 总线主线或连接器断器或短路 2. CAN MS 总线支线或连接器断路或短路 3. 认证 ECU 4. 主车身 ECU 5. 组合仪表 6. CAN 3 号接线连接器

表 5-2　CAN 2 号总线(网络网关 ECU 输出代码)

DTC 代码	检 测 项 目	故 障 部 位
U1002(CAN2 号总线)	与网关模块失去通信(网络网关 ECU)	1. CAN 2 号总线主线或连接器断路或短路 2. CAN 2 号总线支线或连接器断路或短路 3. 电视摄像机 ECU 4. 网络网关 ECU 6. CAN 4 号接线连接器
U1126	与电视摄像机 ECU 失去通信	1. 电视摄像机 ECU 支线或连接器 2. 电视摄像机 ECU 电源电路 3. 电视摄像机 ECU

5.3　丰田卡罗拉网络网关 ECU

5.3.1　安装位置

丰田卡罗拉网络网关 ECU 的安装位置如图 5-15 所示。

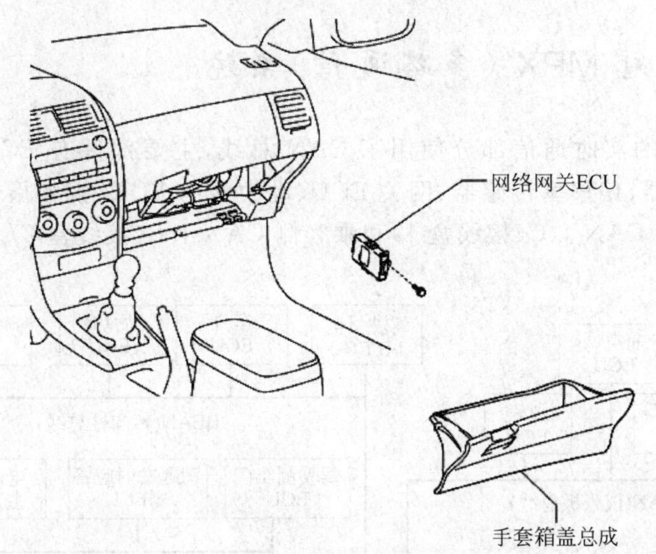

图 5-15　网络网关安装位置及拆卸

5.3.2　拆卸网络网关 ECU

(1) 拆卸手套箱盖总成,如图 5-15 所示。
(2) 拆卸网络网关 ECU,如图 5-16 和图 5-17 所示。

5.3.3　安装网络网关 ECU

(1) 安装网络网关 ECU,如图 5-18 和图 5-19 所示。
(2) 安装手套箱盖总成。

图 5-16 断开连接器

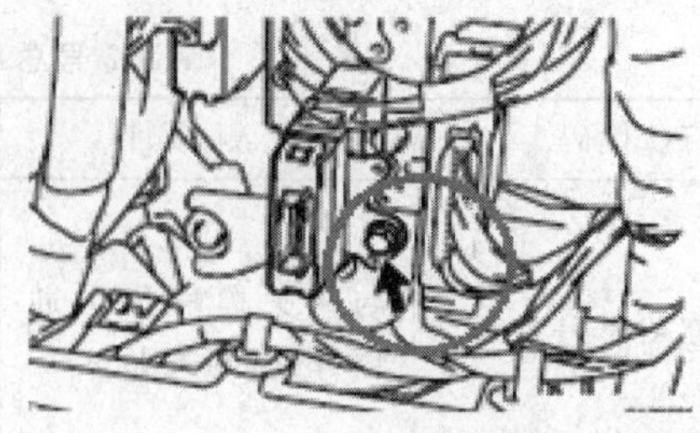

图 5-17 拆下螺栓和网络网关 ECU

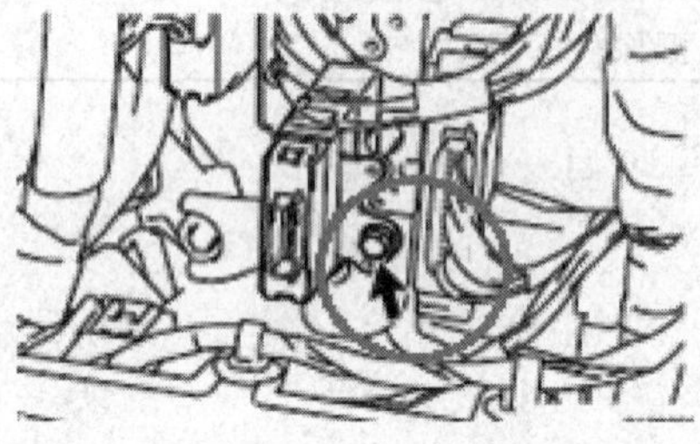

图 5-18 使用螺栓安装网络网关 ECU

图 5-19 连接连接器

5.4 丰田皇冠 MPX（多路通信）系统

丰田皇冠高速的实时通信部分使用了 CAN 总线，主要部件有 ECM、制动防滑控制 ECU、转向角传感器、偏移率传感器、网关 ECU、动力转向 ECU、视频摄像机 ECU、诊断接头 DLC3、驾驶员侧 CAN J/C(接线盒 1)和乘客侧 CAN J/C(接线盒 2)。其拓扑结构图如图 5-20 所示。

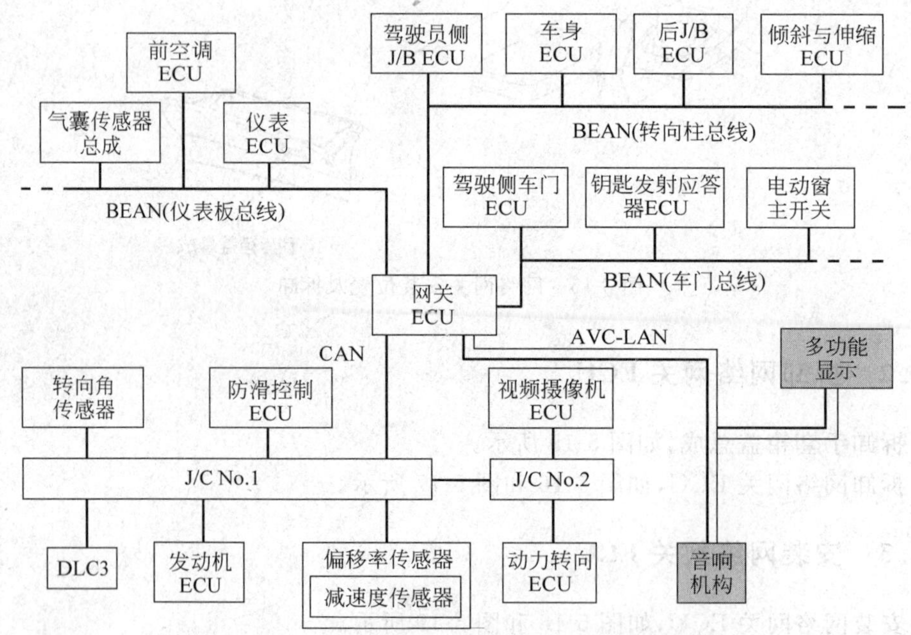

图 5-20 丰田皇冠多路传输系统拓扑结构图

CAN 的驱动类型为差分电压驱动。在 CAN 通信系统中,两个终端电阻间的线束称为主总线,主总线与组件之间的线束称为分总线。终端电阻由电阻器和电容器组成,安装在 CAN J/C 内。

5.4.1　CAN(控制器局域网)

丰田皇冠轿车多路传输系统 1 号、2 号连接器结构示意图如图 5-21 所示。

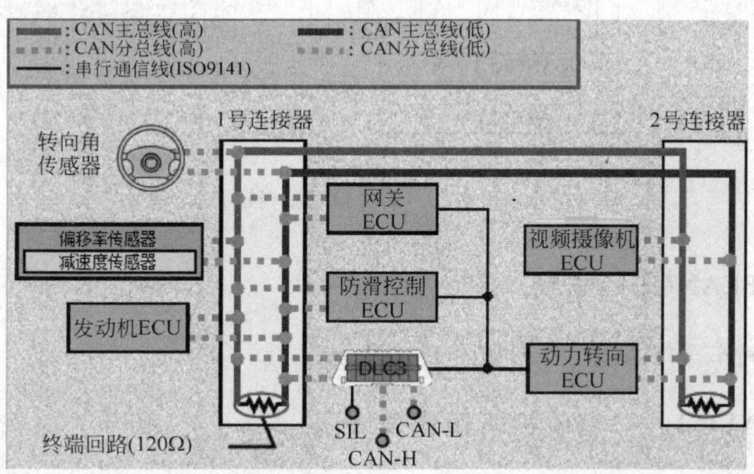

图 5-21　丰田皇冠多路传输系统(1 号、2 号连接器)(见彩色插页)

5.4.2　BEAN(仪表板总线)

丰田皇冠轿车仪表板总线结构示意图如图 5-22 所示。

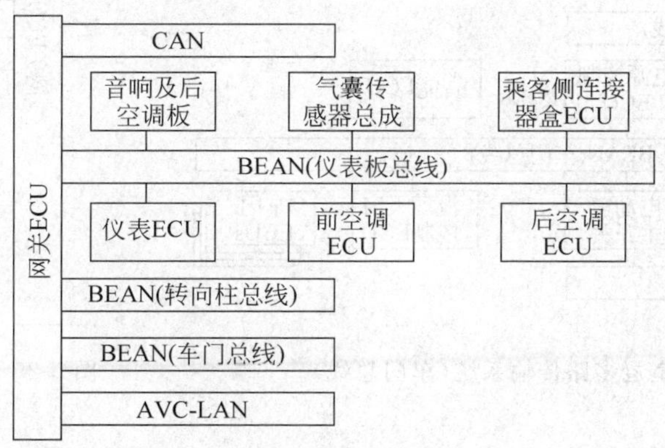

图 5-22　丰田皇冠多路传输系统(仪表板总线)

5.4.3　BEAN(转向柱总线)

丰田皇冠轿车转向柱总线示意图如图 5-23 所示。

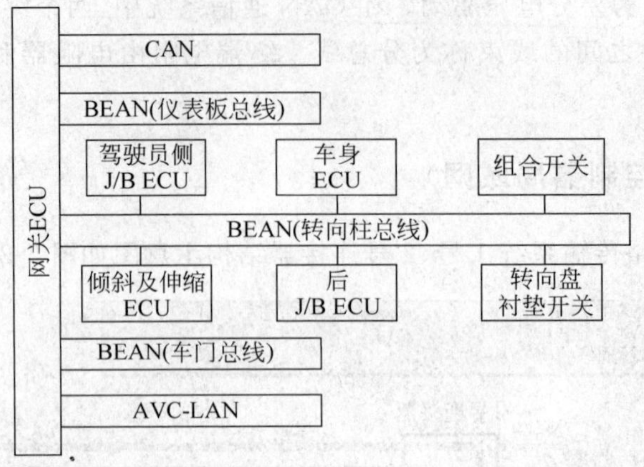

图 5-23 丰田皇冠多路传输系统(转向柱总线)

5.4.4 BEAN(车门总线)

丰田皇冠轿车车门总线示意图如图 5-24 所示。

5.4.5 AVC-LAN(音响视听通信局域网)

丰田皇冠轿车音响视听通信局域网结构示意图如图 5-25 所示。

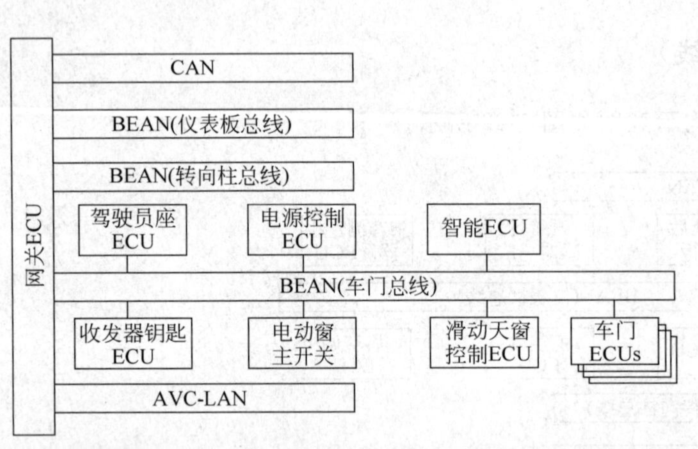

图 5-24 丰田皇冠多路传输系统(车门总线)

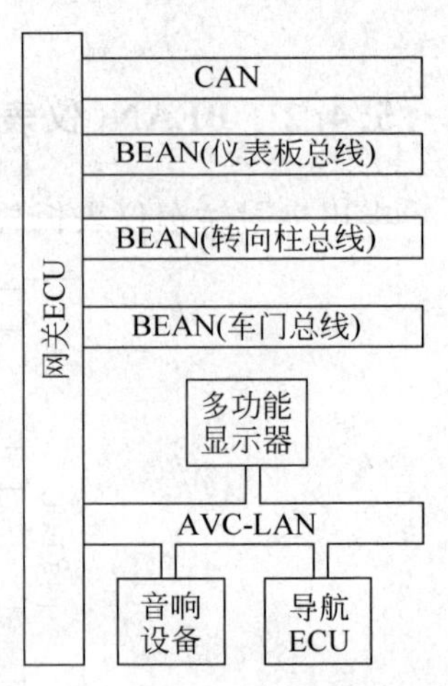

图 5-25 丰田皇冠多路传输系统(音响视听通信局域网)

任务实施

(1) 连接丰田诊断仪,读取车辆各模块故障码,无故障码显示。

(2) 终端电阻测量:用万用表测量 CAN-H(6 脚)与 CAN-L(14 脚)之间的电阻为接近无穷大。一般标准值为 54～69Ω。电阻无穷大,说明 CAN 主线断路;CAN 1 号或者 2 号连接器故障,也有可能是 ECM 故障。

(3) 线路检查:用替换法,拆换发动机控制模块 ECM,打开点火开关,发动机能正常起动，故障排除。说明是 ECM 故障。

(4) 小结：为了理清诊断思路，缩小故障范围，一般可按照常规的终端电阻、总线工作电压测量以及替换法剔除干扰维修思路的疑似故障部位。

检查检验

(1) 对学生任务完成情况进行检查监督，并提出改进意见。

(2) 根据厂家标准和资料进行过程和结果检查。

(3) 组间交流、互检。

(4) 按照企业的 5S 标准整理工作现场。

评价总结

(1) 根据学生任务工单，指出检修过程中的不足，提出改进意见。

(2) 根据教学目标，考核学生技能和情境知识掌握程度，并分析成因。

(3) 小组讨论进行自我工作评估。

(4) 分析工作步骤的合理性，根据教师评价建议修改。

(5) 工作任务完成情况评价及考核。

任务6

奥迪A6轿车LIN总线故障诊断与检修

能够正确描述奥迪 A6 轿车 LIN 总线的组成及工作过程，知道 LIN 总线系统各控制单元的安装位置及更换方法，会进行 LIN 总线系统线路及波形检测，能排除 LIN 总线常见故障。

一辆奥迪 A6 轿车，空调鼓风机不起作用。调取故障码，显示 LIN 从控制单元失去通信。请按照专业要求进行检修。

任务分析

根据故障现象和初步诊断，该车空调系统采用 LIN 总线进行控制，空调鼓风机不起作用的原因可能是车载通信系统，那么到底是节点故障或是链路故障还是电源故障，由于 LIN 总线是单线，应检查 LIN 总线，并用替换法检查 LIN 从控制单元。

6.1 LIN 总线概述

LIN(Local Interconnect Network)总线是局域网子系统，是一种低成本的串行通信网络，用于实现汽车中的分布式电子系统控制。

LIN 的目标是为现有汽车网络(例如 CAN 总线)提供辅助功能，因此 LIN 总线是一种辅助的总线网络。LIN 通信是基于 SCI(UART)数据格式，采用单主控制器/多从设备的模式，仅使用一根 12V 信号总线和一个无固定时间基准的节点同步时钟线。

LIN 总线属于 A 类总线和协议，数据传输位速率通常小于 10Kbps，主要用于后视镜调整及电动窗、灯光照明等控制，也有用于面向智能化传感器或执行器的数字化通信场合，如图 6-1 所示。

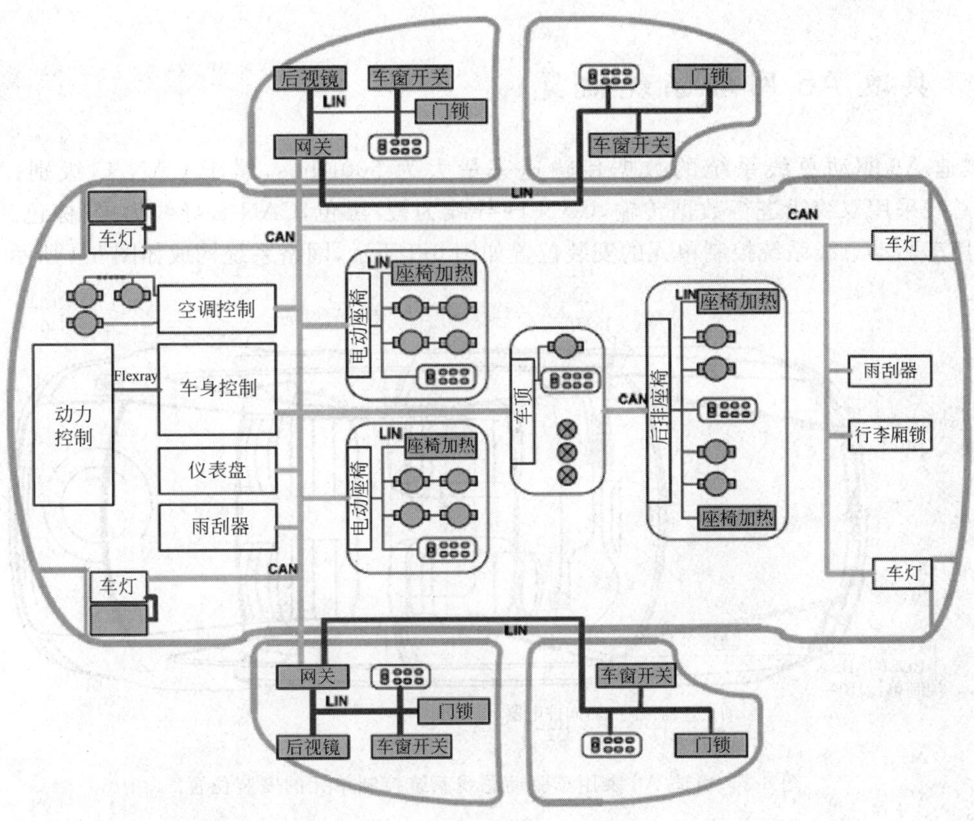

图 6-1　LIN 总线的应用

LIN 总线系统采用单线制，一个主控制单元最多与 16 个从控制单元进行数据交换。从控制器主要是接收或传送与主控制器的查询或指定有关的数据。LIN 总线与 CAN/Byteflight/MOST/Bluetooth 的主要特性对比如图 6-2 所示。

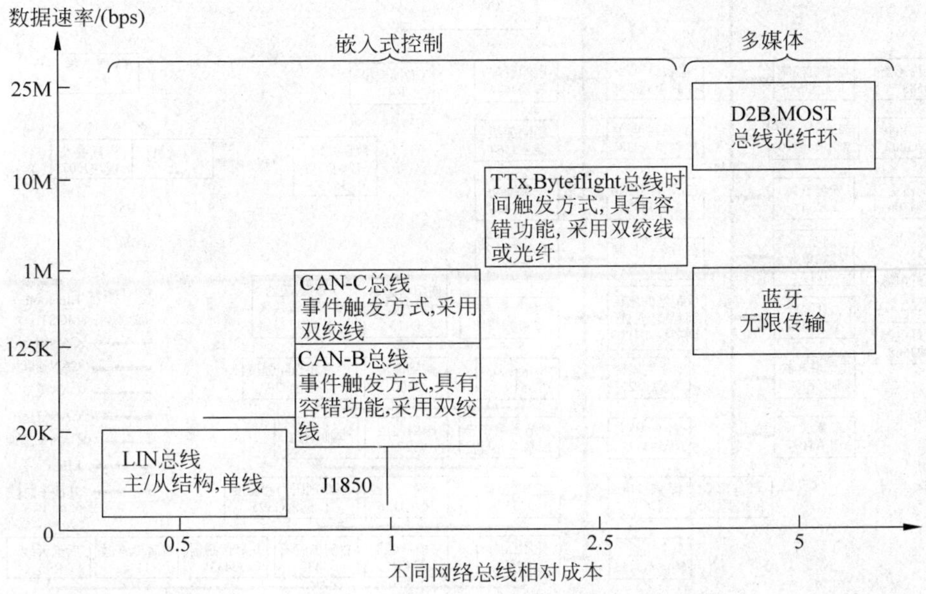

图 6-2　LIN 总线与 CAN/Byteflight/MOST/Bluetooth 主要特性

6.2 奥迪 A6 网络系统概览

奥迪 A6 驱动总线系统的数据传输速率最大为 500Kbps，属于 CAN/C 级别。驱动 CAN 总线采用双绞线进行数据传输，CAN-H 导线为橙/黑色，CAN-L 导线为橙/棕色。奥迪 A6 乘用车驱动总线系统控制单元的安装位置如图 6-3 所示，网络系统构成如图 6-4 所示。

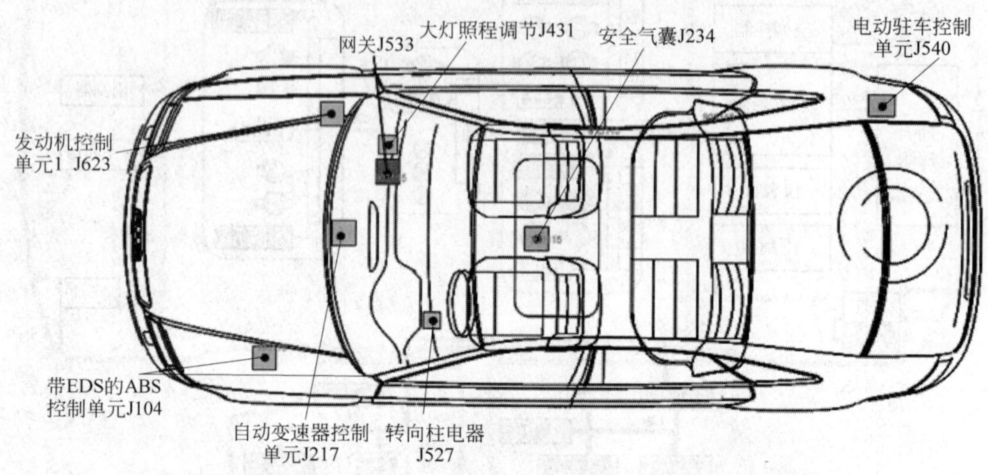

图 6-3 奥迪 A6 乘用车驱动总线系统控制单元的安装位置

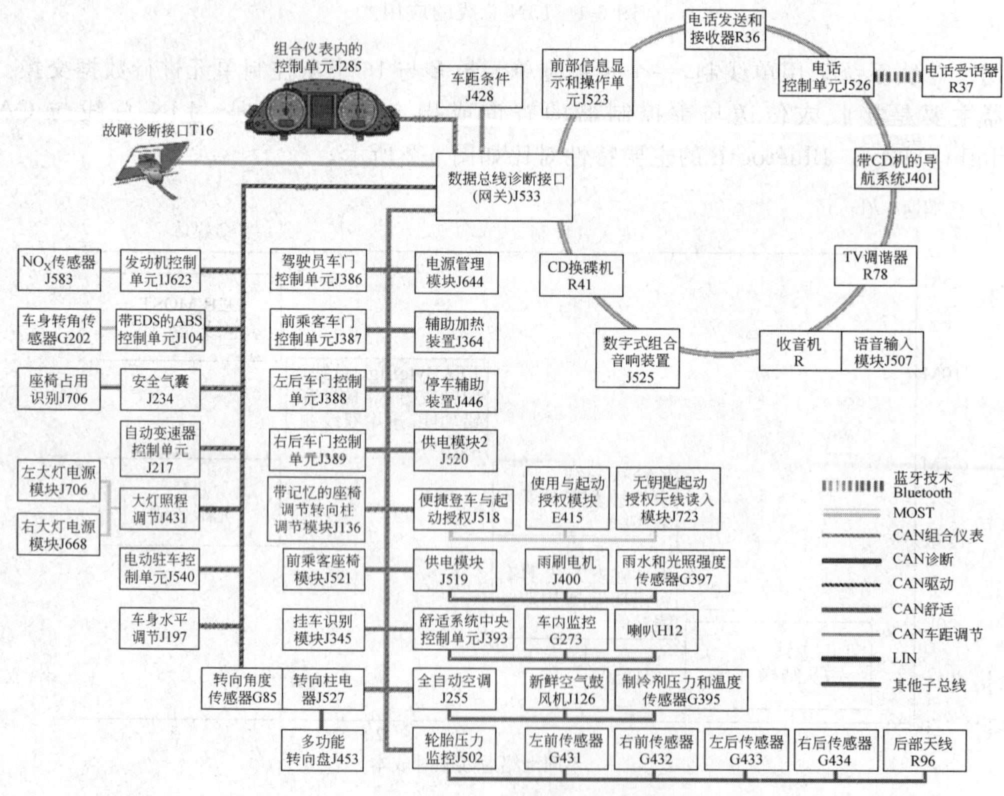

图 6-4 奥迪 A6 乘用车网络系统构成

奥迪 A6 舒适总线系统的数据传输速率最大为 100Kbps，属于 CAN/B 级别。舒适 CAN 总线采用双绞线进行数据传输，CAN-H 导线为橙/绿色，CAN-L 导线为橙/棕色，具有单线工作能力。舒适总线系统的构成如图 6-5 所示，舒适总线系统控制单元的安装位置如图 6-6 所示。

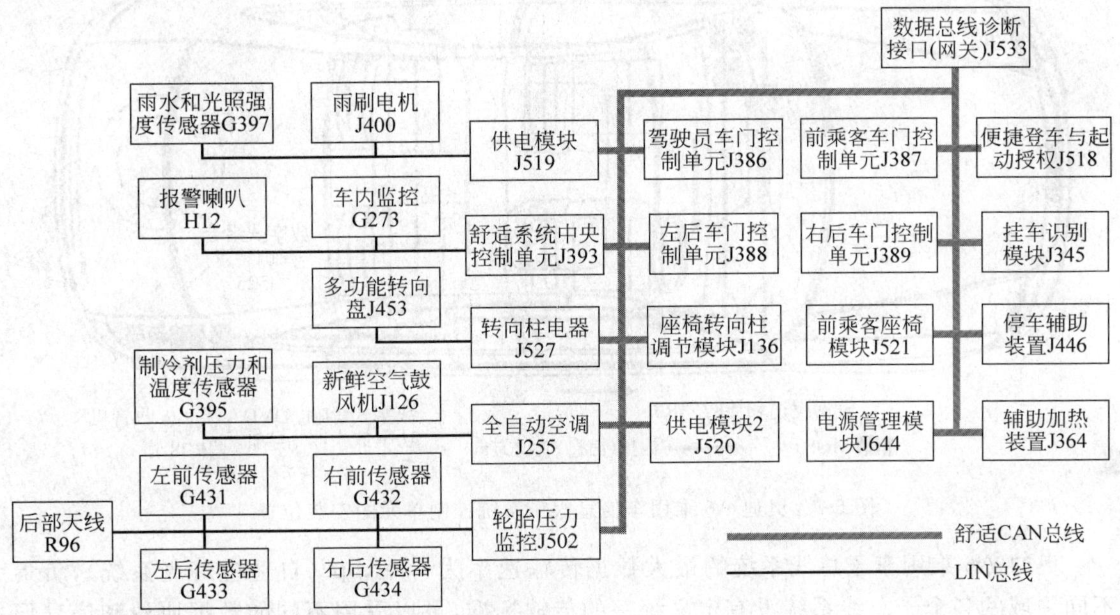

图 6-5　奥迪 A6 乘用车舒适总线系统的构成

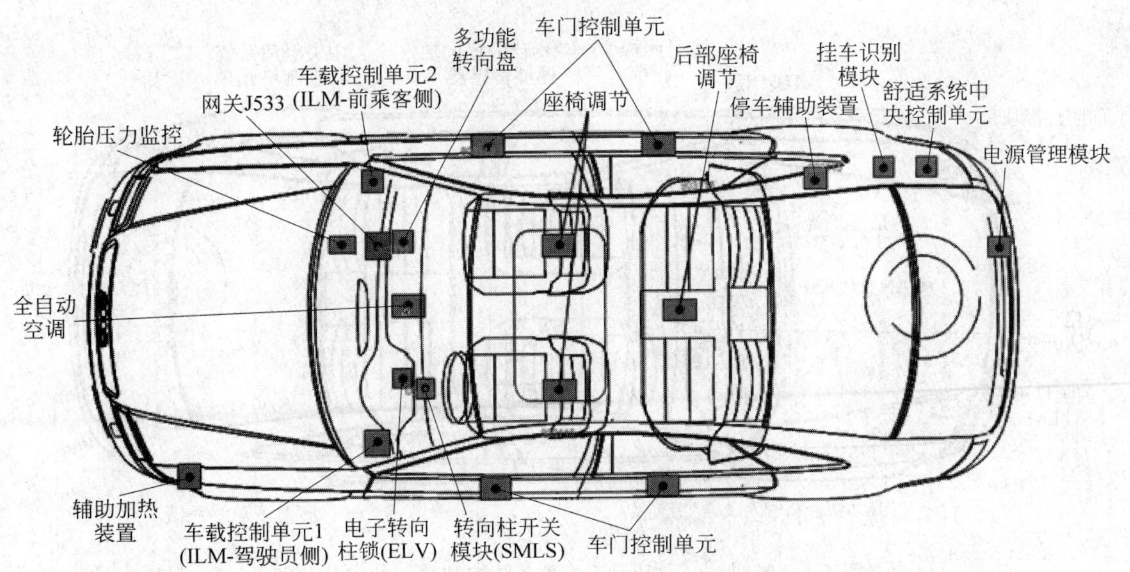

图 6-6　奥迪 A6 乘用车舒适总线系统控制单元的安装位置

奥迪 A6 信息娱乐系统采用光学总线进行数据传输，数据传输速率最大为 21.2Mbps。光学总线采用光导纤维（光纤，亦称光缆）进行语音和图像数据的传输，总线结构为环型。奥迪 A6 乘用车信息娱乐系统控制单元的安装位置如图 6-7 所示。

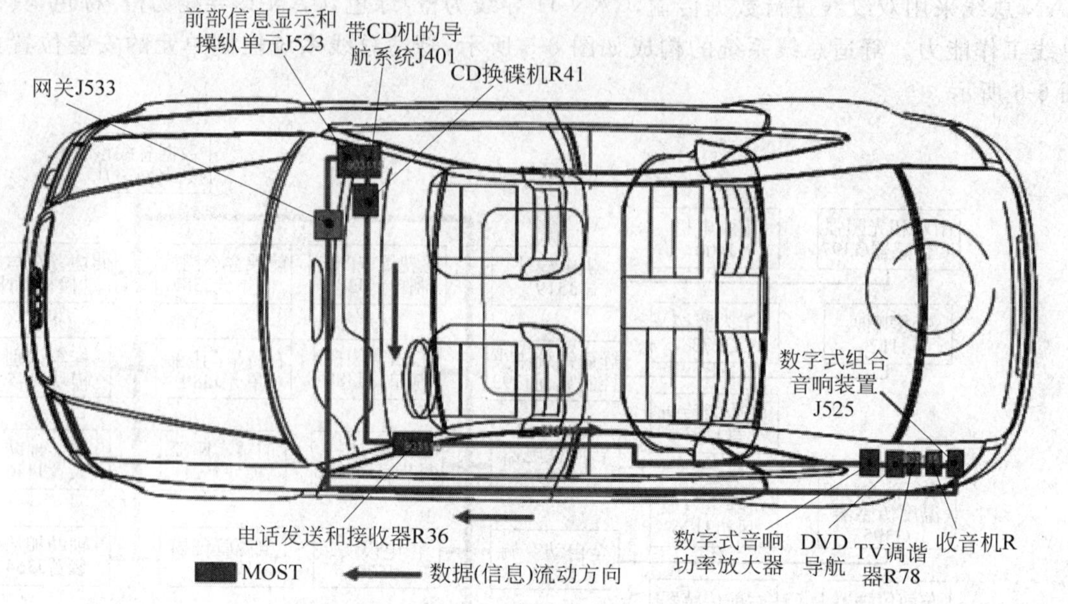

图 6-7 奥迪 A6 乘用车信息娱乐系统控制单元的安装位置

奥迪 A6 乘用车子总线系统的最大数据传输速率为 500Kbps(自适应灯光系统),负责不同领域的各个子总线系统没有定义统一的传输标准,可以采用不同的数据协议和信号形式进行数据传输,通过主控制器的自诊断功能来完成故障诊断工作。子总线系统控制单元的安装位置如图 6-8 所示。

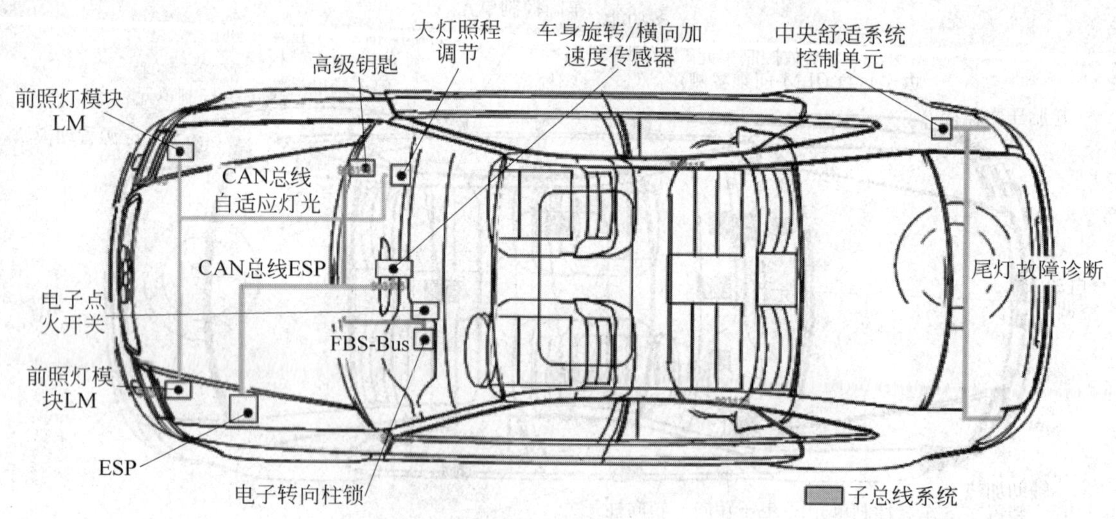

图 6-8 奥迪 A6 乘用车子总线系统控制单元的安装位置

奥迪 A6 乘用车网关(诊断接口)。作为全车网络系统的核心控制单元,奥迪 A6 乘用车网关既是整车不同总线之间的接口,也是汽车故障诊断仪与全车各个控制单元之间的接口。同时,作为诊断总线的主控制单元,网关还负责进行 MOST 环路断开诊断、总线系统的休眠/唤醒以及电控元件保护等工作。网关在汽车上的安装位置如图 6-9 所示。

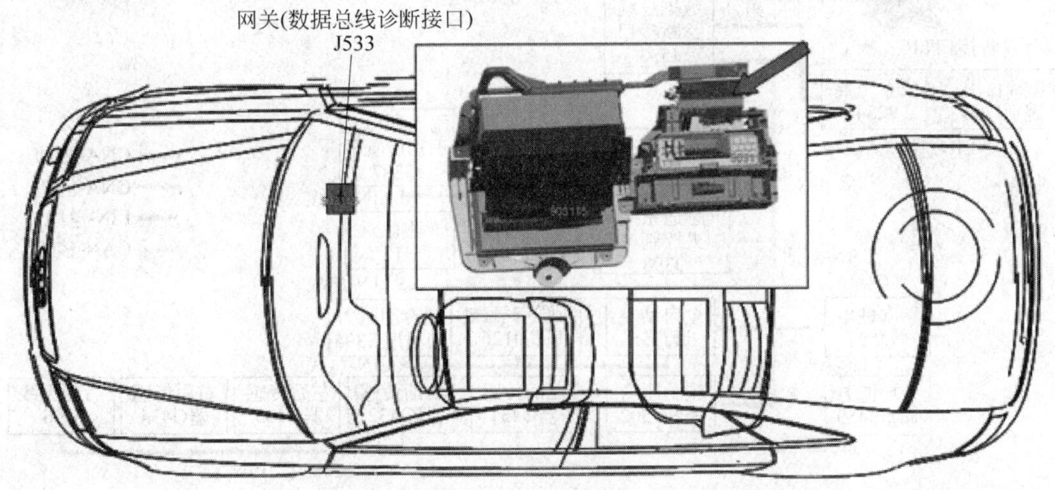

图 6-9　奥迪 A6 乘用车网关(诊断接口)安装在手套箱后面的模块架上

6.3　奥迪 A6 轿车 LIN 总线

奥迪 A6 轿车 LIN 总线结构示意图如图 6-10 所示。其布置示意图如图 6-11 所示，控制单元如图 6-12 所示。

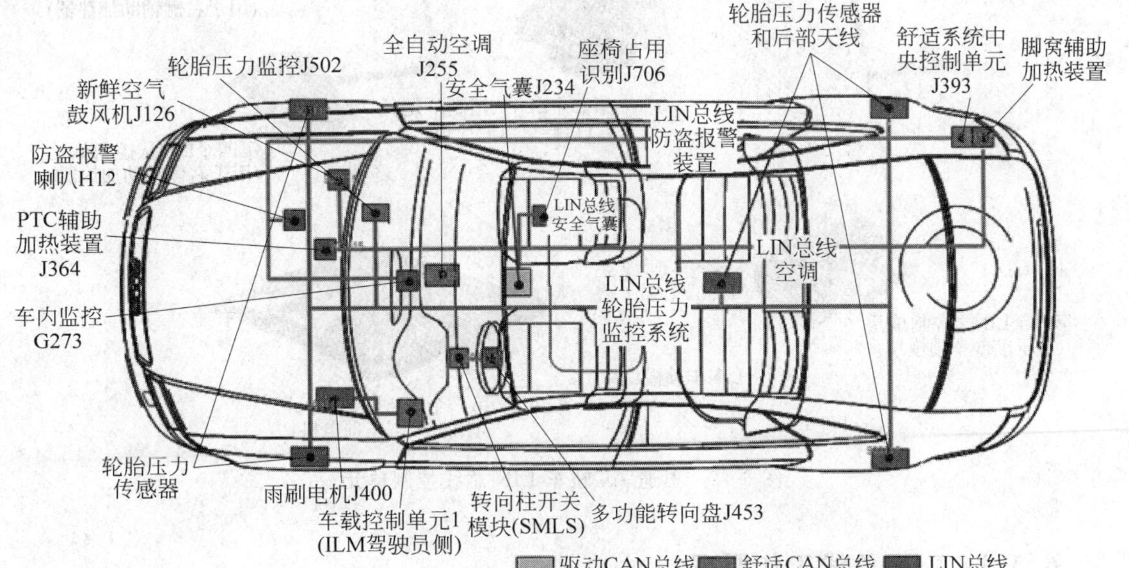

图 6-10　奥迪 A6 车载网络系统——LIN 总线结构示意图(见彩色插页)

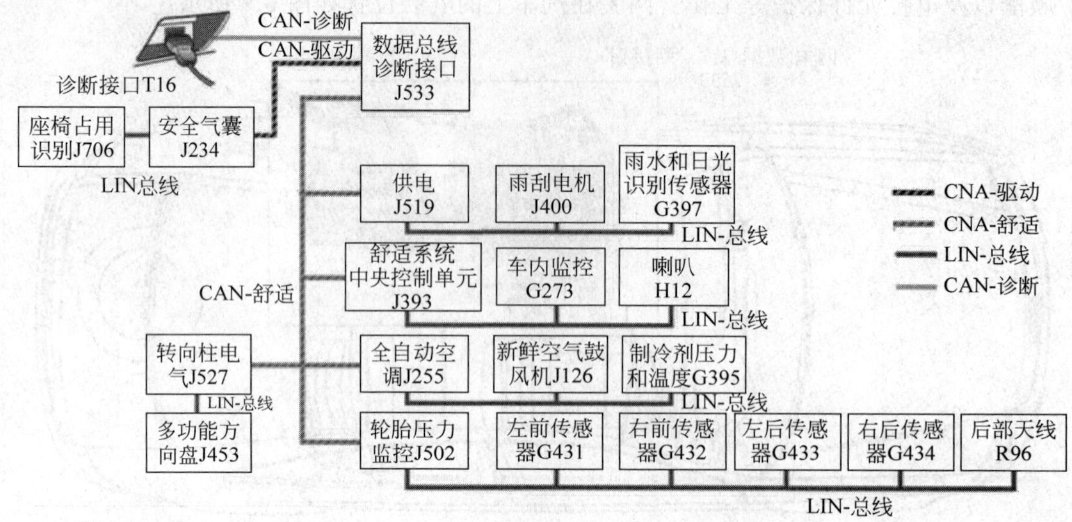

图 6-11 奥迪 A6 轿车 LIN 总线布置示意图

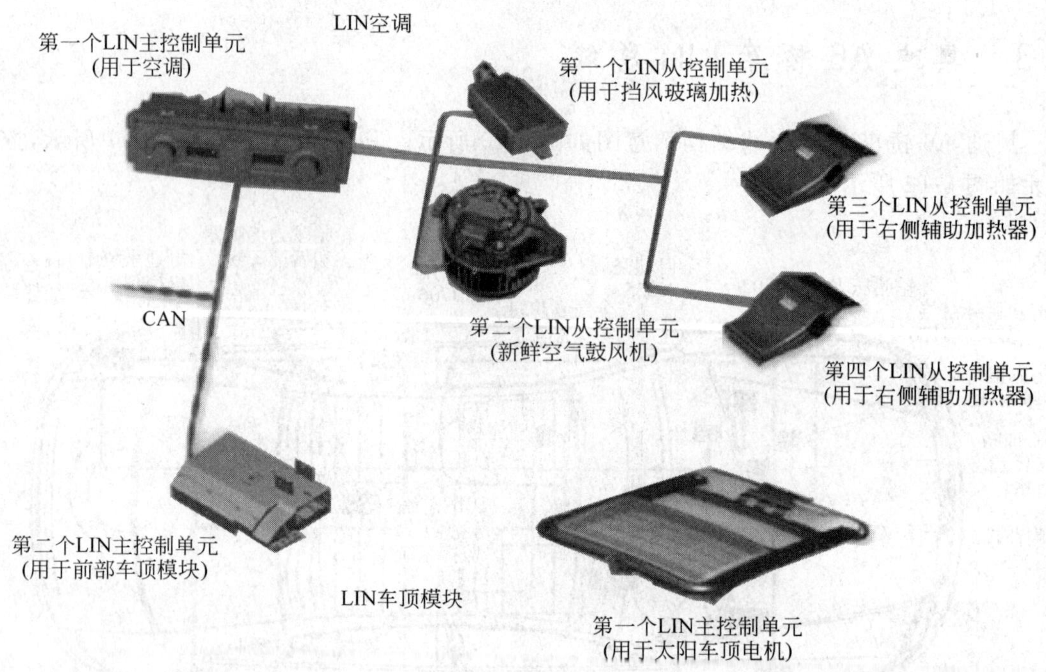

图 6-12 奥迪 A6 轿车 LIN 总线控制单元

6.3.1 LIN 总线工作原理

1. LIN 总线协议

LIN 总线协议标准于 1998 年由奥迪、BMW、Motorola、Daimlerchrysler、VCT、Volvo 和 Volkswagen 7 家公司在 A 类网已有协议的基础上联合提出。LIN 总线采用 UART/SCI 接口，使用单线信号传输，单主多从模式，网络由一个主节点和一个或若干个从节点组成，不需要总线仲裁。LIN总线协议基于ISO参考模型中的物理层,数据链路层采用NRZ(Not Return Zero)编码方式,电平分为隐性电平("1")和显性电平("0")。

LIN总线一般采用单总线(12V)串行通信,总线长度最大可达到40m,传输速率最高可达到20Kbps,通常使用2.4Kbps、9.6Kbps和19.2Kbps这3个比特率进行数据传输。由于从节点的个数除了受标识符数量的限制外,也受到总线的物理特性限制,节点过多必然减少网络阻抗,从而导致通信条件变差,所以协议规定:一个LIN总线网络上的节点数目不能超过16个。

(1) 数据链路层。LIN总线协议的一个报文帧由报文头和响应组成,图6-13所示是LIN总线协议的报文帧结构。一般情况下,报文头都是由主节点发送,而响应则是由一个主节点或者一个从节点发送。LIN总线网络中的数据通信都是由主节点发送一个报文头来初始化的。报文头包含一个空白场、一个同步场和一个标识符场,而响应则包括1~9个字节场(0~8个数据场和一个校验和场)。其中,字节场由字节间的间隔分开,报文头和响应则由帧内响应间隔分开,它们的最小长度皆为0。

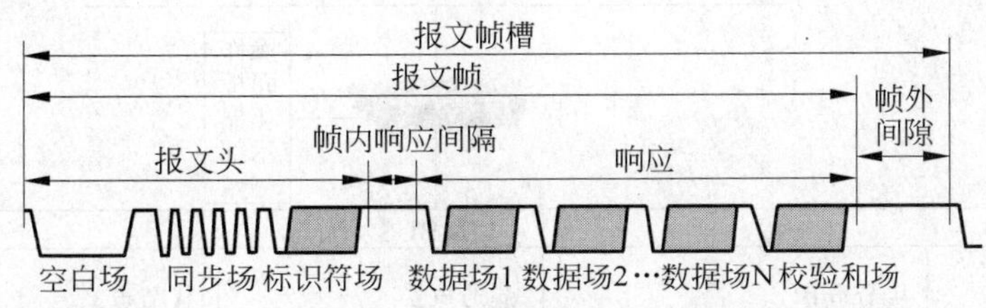

图6-13 LIN总线报文帧结构

(2) 通信任务。LIN总线是一主多从结构,通信只能由主节点中的主任务发起,一个完整的LIN报文帧的传输是由主任务和从任务共同实现的,主任务发送"报头",从任务发送或接收"响应"。

① 主机节点:控制网络中各节点通信的节点。一个LIN网络上的通信总是由主发送任务所发起的,在主节点上可执行主通信任务和从通信任务;可控制整个总线网络和协议。

② 主通信任务:在主节点上运行的,用于控制总线上所有的通信,负责报文的进度表、发送报文头的任务称为主任务。

③ 常见主任务:如定义传输速率,发送同步时间间隔、同步场、标识符ID场,监控并通过检查校验和(Check Sum)验证数据的有效性。

④ 从节点:是总线上的2~16个成员,它们在主节点发送适当的ID后接收或发送数据。

⑤ 从通信任务:从节点从事的任务都称为从通信任务,但主节点也会执行从任务;节点接收来自主通信任务的ID,根据ID决定做什么:接收数据,或发送数据,或什么都不做。发送数据时,节点发送2、4或8个数据字节,发送检验字节。

LIN总线主/从节点示意图如图6-14所示。LIN总线在汽车空调系统上的应用如图6-15所示。

一个LIN总线的子系统总是由主系统发送相应的信息标题要求时,它才向LIN总线发送数据。所发送的数据可供每个LIN数据总线控制单元接收。LIN总线数据传递流程如图6-16所示。

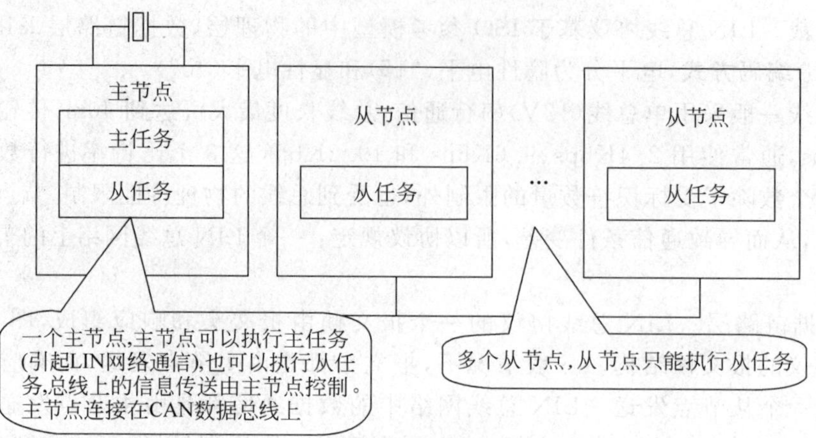

图 6-14 LIN 总线主/从节点示意图

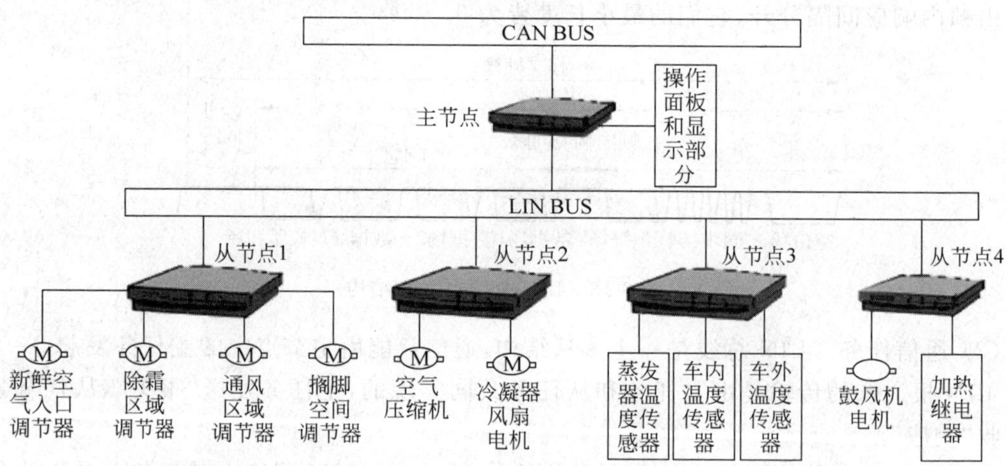

图 6-15 LIN 总线在汽车空调系统上的应用

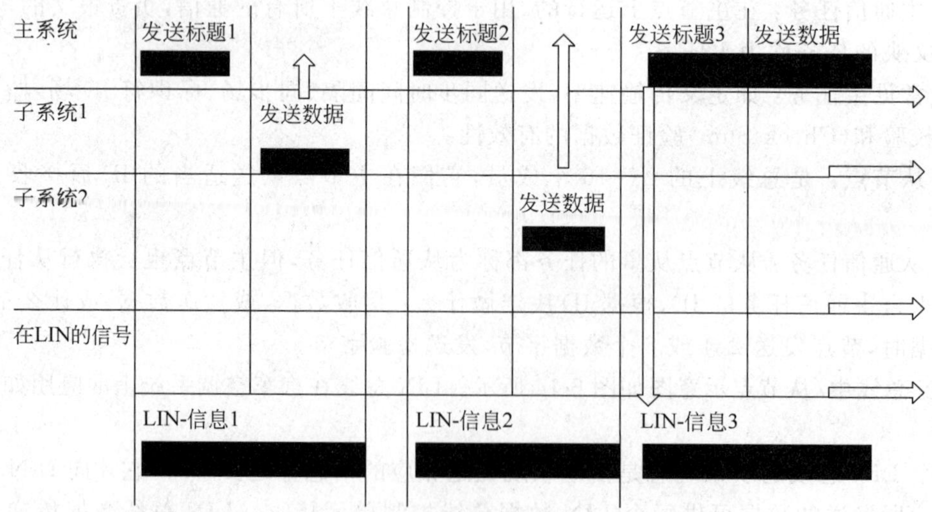

图 6-16 奥迪 A6 车载网络系统——LIN 总线数据传递流程

(3) LIN 总线物理结构。LIN 数据传输是单线，在主节点内配置 1kΩ 的电阻端接 12V 供电，从节点内 30kΩ 的电阻端接 12V 供电。各节点通过电池正极端接电阻向总线供电，每个节点都可以通过内部发射器拉低总线电压，如图 6-17 所示。

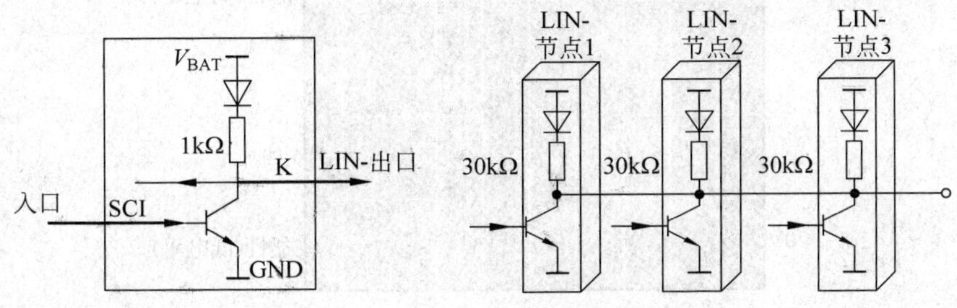

图 6-17　LIN 总线驱动器物理结构

如图 6-18 所示，4 个信号收发两用机的任何一个都可以接通所属的晶体管，由此将 LIN 总线与负极连接。在这种情况下，会由一个发送器传输一个主导位，如果晶体管都不导通，在 LIN 总线电路上为高电压。

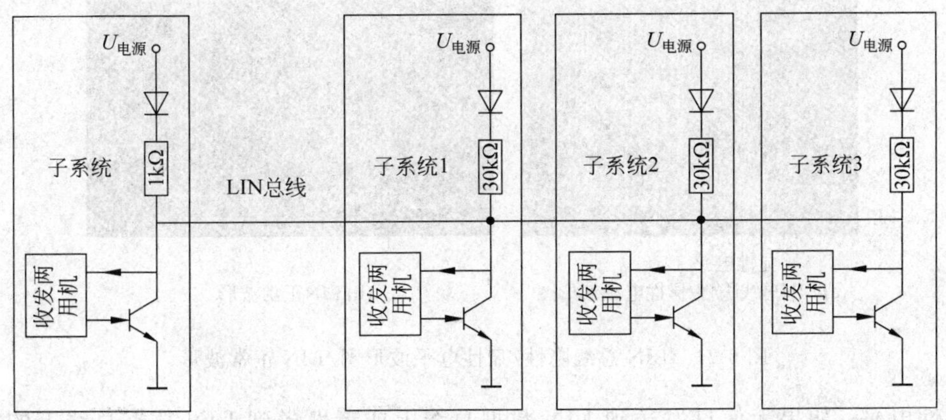

图 6-18　LIN 总线系统的物理结构

2. LIN 总线数据传递

(1) 传递速率。数据传递速率为 1～20Kbps，在 LIN 控制单元的软件内已经设定完毕，该速率最大能达到舒适 CAN 数据传递速率的 1/5，如图 6-19 所示。

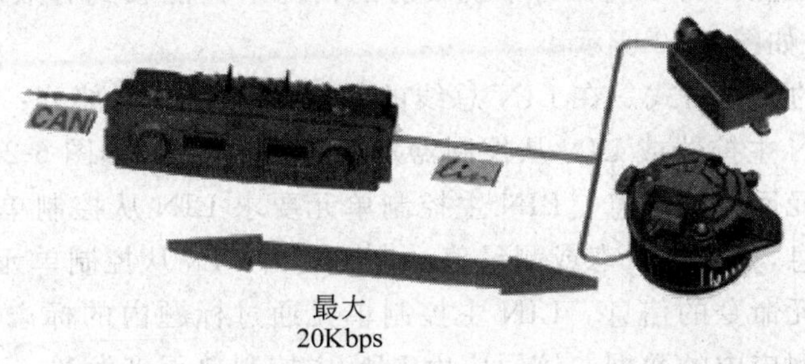

图 6-19　LIN 总线数据传输速率

(2) LIN 总线信号电平及正常波形如图 6-20 和图 6-21 所示。

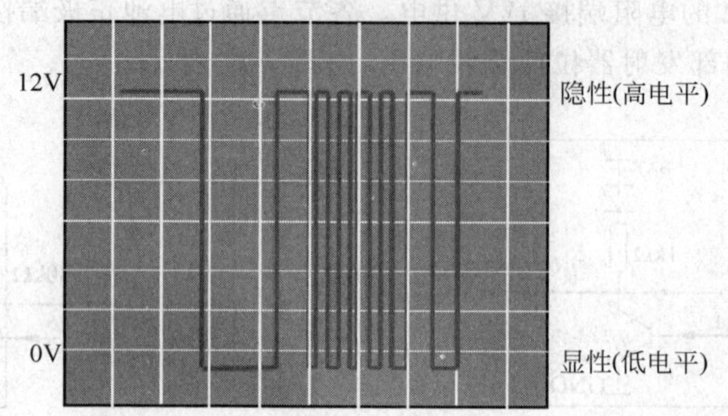

图 6-20 LIN 总线信号电平示意图

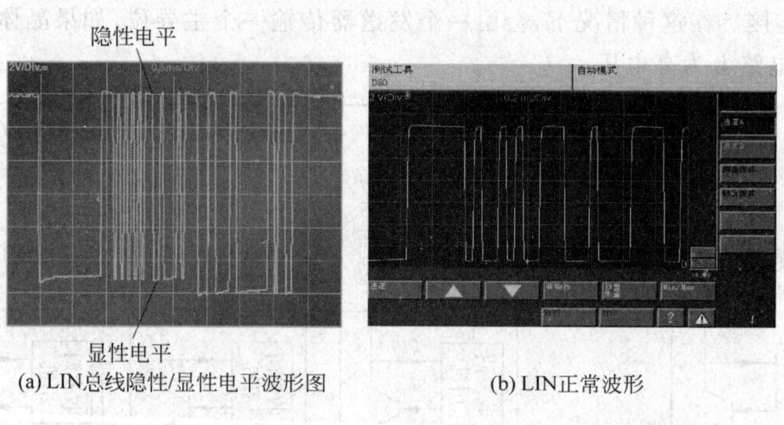

图 6-21 LIN 总线隐性/显性电平波形图/LIN 正常波形

隐性电平：如果无信息发送到 LIN 数据总线上或者发送到 LIN 数据总线上的是一个隐性信号，那么数据在总线导线上的电压就是蓄电池电压。

显性电平：为了将显性比特传到 LIN 数据总线上，发送控制单元内的收发报机将数据总线导线接地。

(3) 信号传输安全性。在进行隐性电平和显性电平的收发时，通过预先设定公差值来保证数据传输的稳定性。为了能在有干扰辐射的情况下仍能收到有效的信号，接收的允许电压值要稍高一些，如图 6-22 所示。

(4) LIN 总线的数据格式。在 LIN 总线的信息中包含两个部分：由 LIN 主控器发送的信息标题；由 LIN 主控器或 LIN 从控制器发送的信息内容，如图 6-23 所示。

带有从控制单元回应的信息。LIN 主控制单元要求 LIN 从控制单元发送的信息标题内包含这样一些信息，如开关状态或测量值。该回应由 LIN 从控制单元来发送。

带有主控制单元命令的信息。LIN 主控制单元通过标题内的标志符来要求 LIN 从控制单元使用包含在回应内的数据。该回应由 LIN 主控制单元来发送。

① 信息标题。信息标题分为同步暂停区、同步分界区、同步区、识别区 4 个部分，如图 6-24 所示。

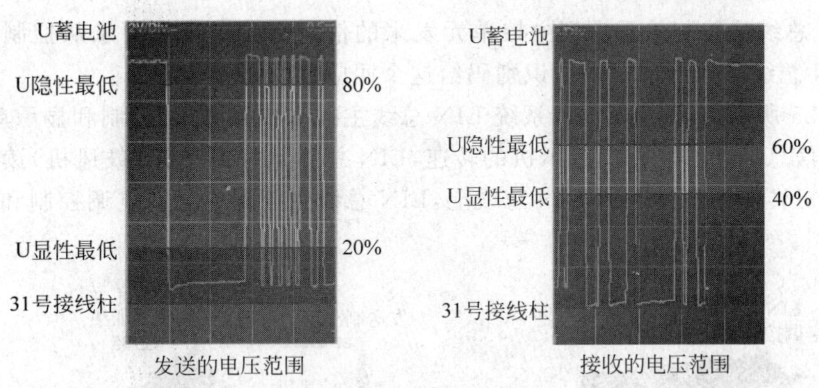

图 6-22　信号的发送和接收

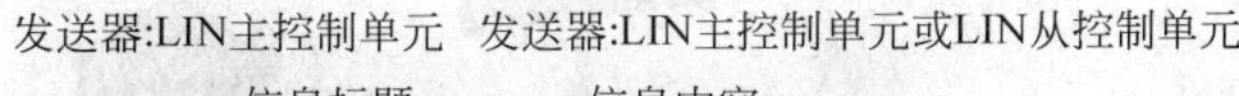

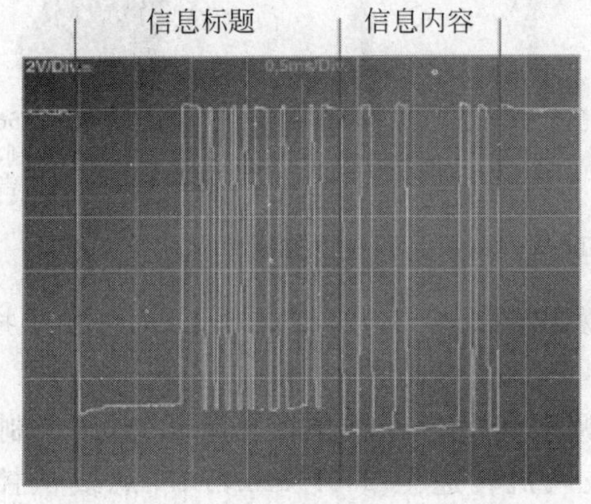

图 6-23　LIN 总线的信息数据格式

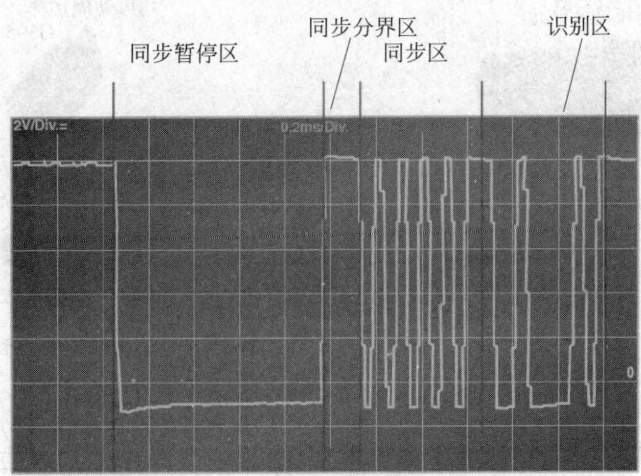

图 6-24　LIN 总线的信息标题格式

② 信息内容。

a. LIN 总线从控制单元收到主控单元发来的信息标题中带有要求从控制单元回应的信息后，LIN 总线从控制单元根据识别码给这个回应提供回应信息。

如图 6-25 所示，奥迪 A6 空调系统 LIN 总线主控制单元(空调控制和显示单元)在 LIN 总线上发送信息标题——查询鼓风机的转速，LIN 总线从控制单元(鼓风机)读取标题后将当前的鼓风机转速信息发送到 LIN 总线上，LIN 总线主控制单元即空调控制和显示单元读取此信息。

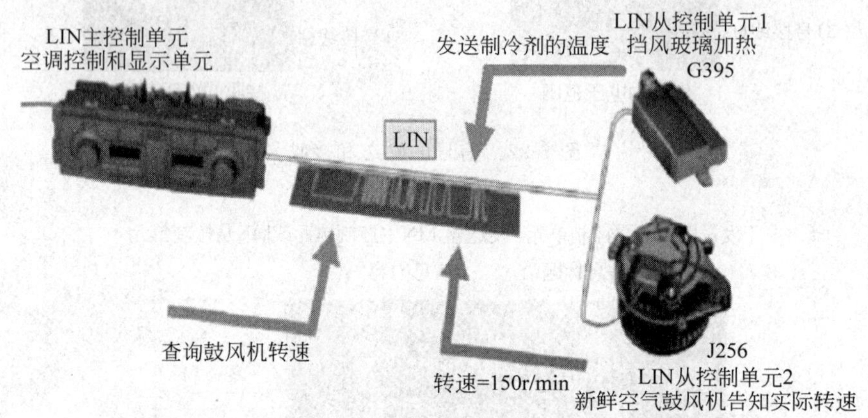

图 6-25　LIN 从控制单元回应主控制单元的查询信息

b. 由 LIN 总线主控制单元发出的命令信号，相应的 LIN 总线从控制单元会使用这些数据去执行各种功能。

如图 6-26 所示，奥迪 A6 空调系统 LIN 总线主控制单元(空调控制和显示单元)在 LIN 总线上发送信息标题——调整鼓风机转速至 200r/min，LIN 总线从控制单元(鼓风机)从 LIN 总线上读取标题后将鼓风机转速从 150r/min 调整到目标转速 200r/min。

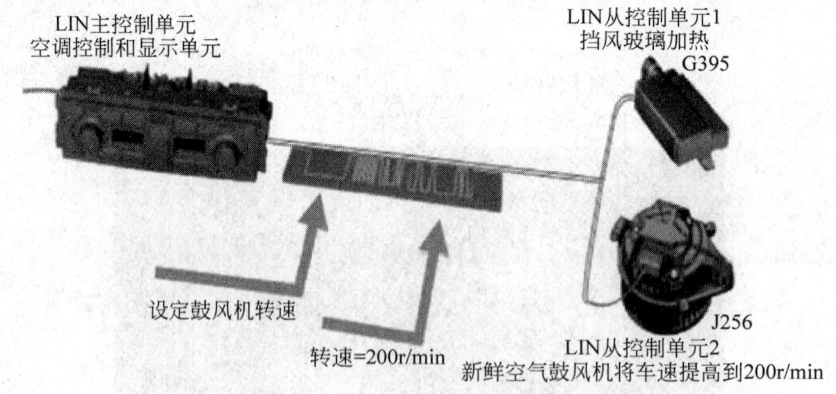

图 6-26　LIN 从控制单元执行主控制单元的指令

LIN 执行元件都是智能型的电子或机电部件，这些部件通过 LIN 主控制单元的 LIN 数字信号接受任务。LIN 主控制单元通过集成的传感器来获知执行元件的实际状态，然后就可以进行规定状态和实际状态的对比了。只有当 LIN 主控制单元发送出标题后，传感器和执行元件才会做出反应。

6.3.2　奥迪 A6 LIN 总线的组成及特性

1. 奥迪 A6 LIN 总线上的控制单元

(1) 车顶:湿度传感器、光敏传感器、信号灯控制、汽车顶篷等。

(2) 车门:车窗玻璃、中控锁、车窗玻璃开关、门窗提手等。

(3) 车头:传感器、小电动机、方向盘、方向控制开关、挡风玻璃上的擦拭装置、方向灯、无线电、空调、座椅、座椅控制电动机、转速传感器等。

2. LIN 总线组成

(1) LIN 总线系统主控制单元。

该控制单元连接在 CAN 数据总线上,它执行 LIN 的主功能,如图 6-27 所示。其主要作用如下。

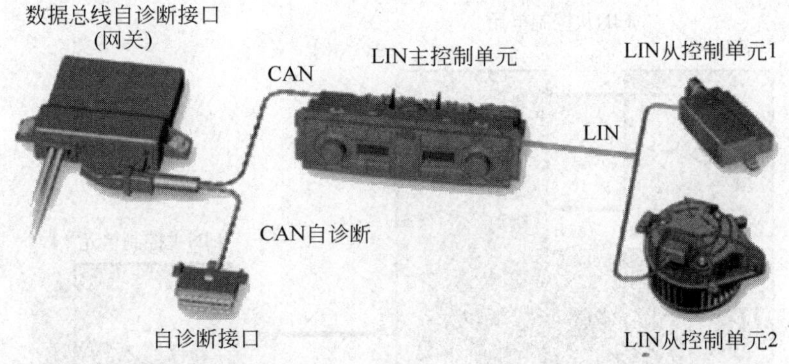

图 6-27　奥迪 A6 LIN 总线主-从控制单元与 CAN 总线连接示意图

① 监控数据传递和数据传递的速率,发送信息标题。

② 该控制单元的软件内已经设定了一个周期,这个周期用于决定何时将哪些信息发送到 LIN 数据总线上多少次。

③ 该控制单元在 LIN 数据总线与 CAN 总线之间起"翻译"作用。它是 LIN 总线系统中唯一与 CAN 数据总线相连的控制单元。

④ 通过 LIN 主控制单元进行 LIN 系统自诊断。

例如,奥迪 A6 空调系统 LIN 子系统框图如图 6-28 所示。

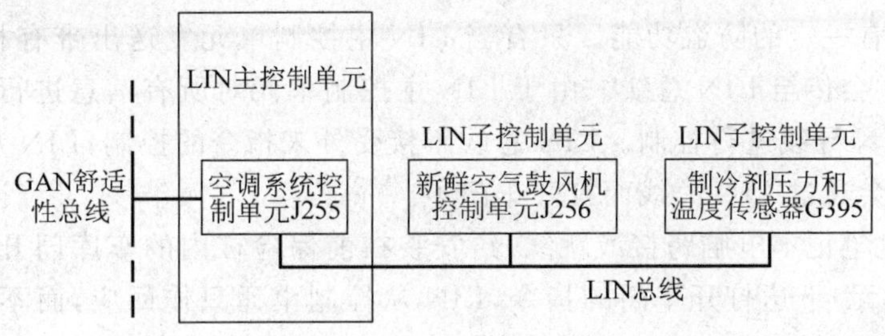

图 6-28　奥迪 A6 空调系统 LIN 子系统框图

(2) LIN 总线从控制单元。

在 LIN 数据总线系统内,单个控制单元、传感器及执行元件都可以看作 LIN 总线主控制的从控制单元,如新鲜空气鼓风机控制单元 J256、制冷剂压力和温度传感器 G395、挡风玻璃加热器等。

LIN 从控制单元的特点如下。

① 接收、传递或忽略与从主控制系统接收到的信息标题相关的数据。

② 可以通过"叫醒"信号唤醒主系统。

③ 检查对所接收数据的检查总量。

④ 对所发送数据的检查总量进行计算。

⑤ 同主系统的同步字节保持一致。

⑥ 只能按照主系统的要求同其他子系统进行数据交换。

LIN 总线从控制单元的信息传输线路如图 6-29 所示。

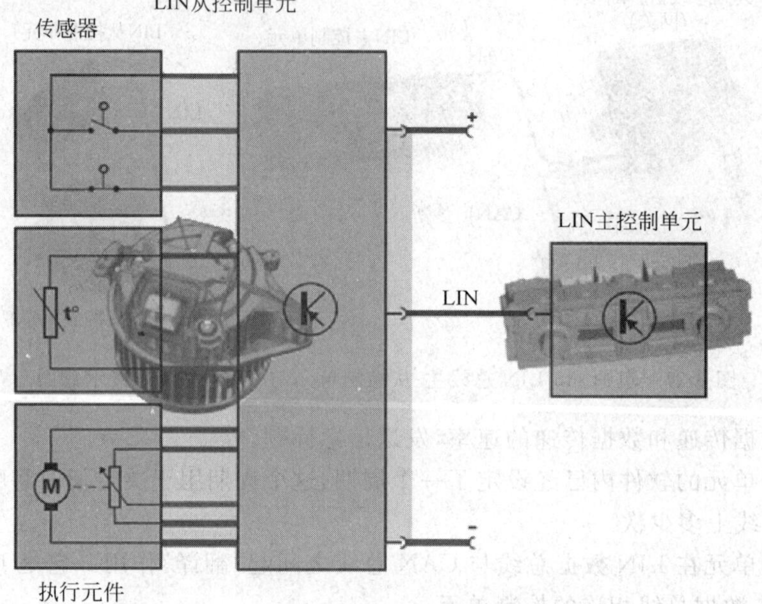

图 6-29 LIN 总线从控制单元信息传输线路

3. LIN 总线的防盗功能

LIN 总线具有一定的防盗功能。只有当 LIN 主控制单元发送出带有相应识别码的信息标题后,数据才会传至 LIN 总线。由于 LIN 主控制单元对所有信息进行全面监控,所以无法对车外的 LIN 导线进行控制。LIN 总线不接受外来指令的控制,LIN 从控制单元只能回应。这样就不会通过 LIN 总线而打开车门了。

比如,想通过笔记本电脑跨接或跳线,给安装在前保险杠内的车库门开启控制单元(车外 LIN 从控制单元)下达打开车门的指令,LIN 从控制单元只作回应,而不会去执行,所以车门是不可能打开的。可见,LIN 总线具有一定的防盗功能,如图 6-30 所示。

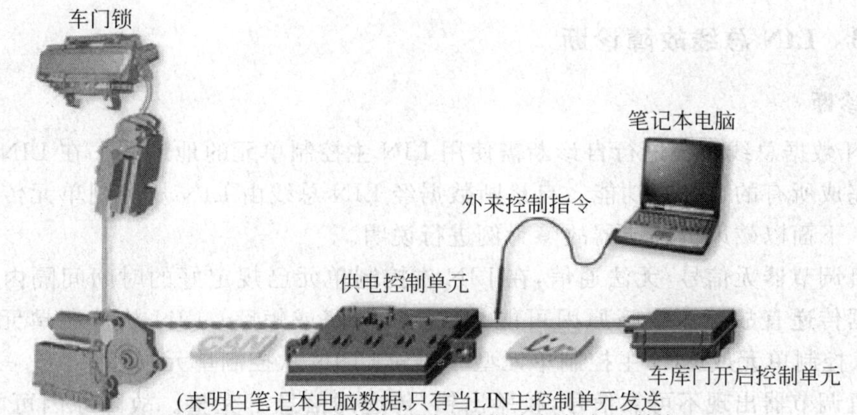

图 6-30 LIN 从控制单元不执行除主控制单元之外的指令

4. 睡眠和唤醒

(1) LIN 总线有以下两种状态。

① 睡眠模式：从主节点发送睡眠模式命令后到总线上出现唤醒信号结束,没有任何总线活动的这种模式。

② 唤醒模式：被唤醒信号唤醒之后的总线处于唤醒模式,可以有总线活动。

(2) 睡眠模式命令：是第一个数据字节为 0x00 的命令帧。总线的睡眠模式可以通过任何节点的从任务发送一个唤醒帧来终止,如图 6-31 所示。

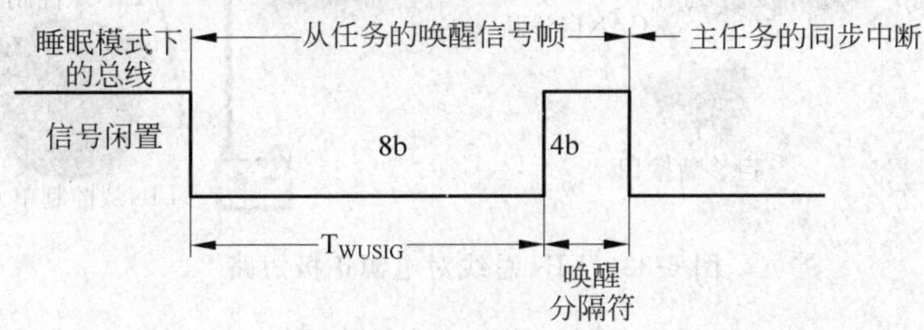

图 6-31 LIN 报文结构(睡眠模式命令)

(3) 唤醒过程。某一个节点的从任务发送唤醒信号后,所有的节点都运行启动过程,并等待主机任务发送一个同步间隔场和同步场；若等待超时(TIME_OUT),请求第一个唤醒信号的节点再一次发送新的唤醒信号。上述情况最多出现 3 次,此后,若还没将总线唤醒,则等待 3 个 TIME_OUT 时间,再发送唤起信号,如图 6-32 所示。

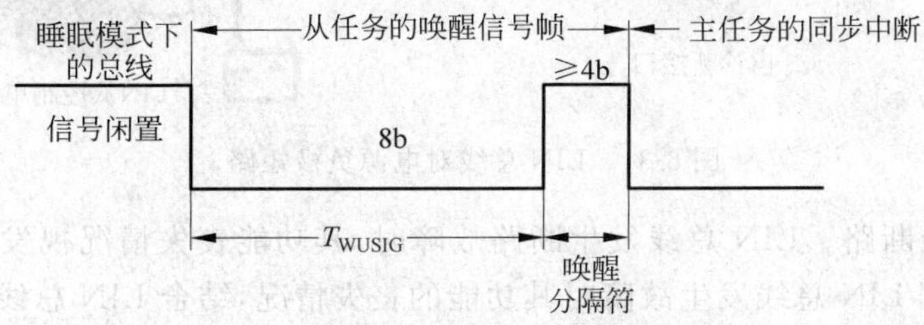

图 6-32 LIN 报文结构(唤醒)

6.3.3 LIN总线故障诊断

1. 自诊断

对LIN数据总线系统进行自诊断需使用LIN主控制单元的地址码。在LIN从控制单元上可以完成所有的自诊断功能。自诊断数据经LIN总线由LIN从控制单元传至LIN主控制单元。下面以鼓风机调节器故障为例进行说明。

鼓风机调节器无信号/无法通信,在LIN主控制单元已规定好的时间间隔内LIN从控制单元数据传递有故障。故障原因可能是:导线断路或短路;LIN从控制单元供电有故障;LIN从控制单元或LIN主控制单元型号错误;LIN从控制单元损坏。

鼓风机调节器出现不可靠信号,校验出错/传递的信息不完整。故障原因可能是:LIN导线受到电磁干扰;LIN导线的电容和电阻值改变了(例如插头壳体潮湿或脏污);软件故障(备件型号错误)。

2. 故障分析

(1) LIN总线短路。LIN总线对电源正极或对电源负极短路时,LIN总线都会关闭,无法正常工作,如图6-33、图6-34所示。

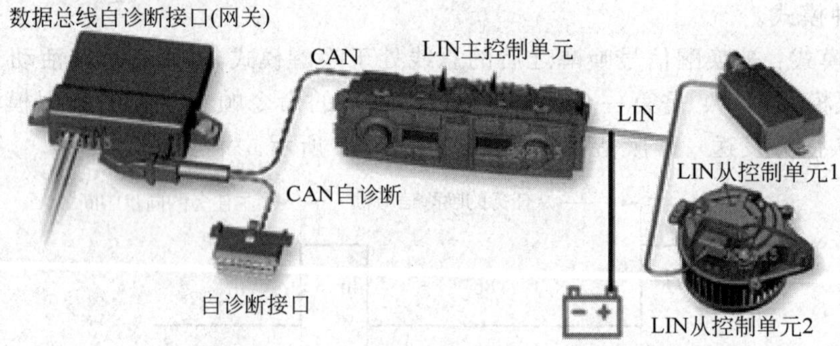

图6-33 LIN总线对电源正极短路

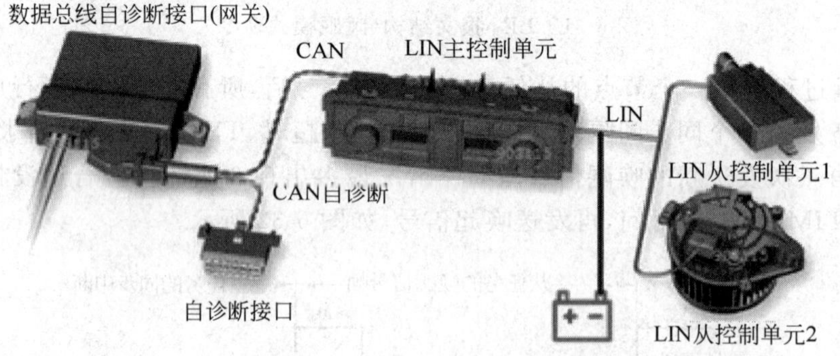

图6-34 LIN总线对电源负极短路

(2) LIN总线断路。LIN总线发生断路故障时,其功能丧失情况视发生断路故障的具体位置而定。根据LIN总线发生故障时其功能的丧失情况,结合LIN总线控制关系并参阅电路图,就可以判断出发生断路故障的大致位置,如图6-35所示。

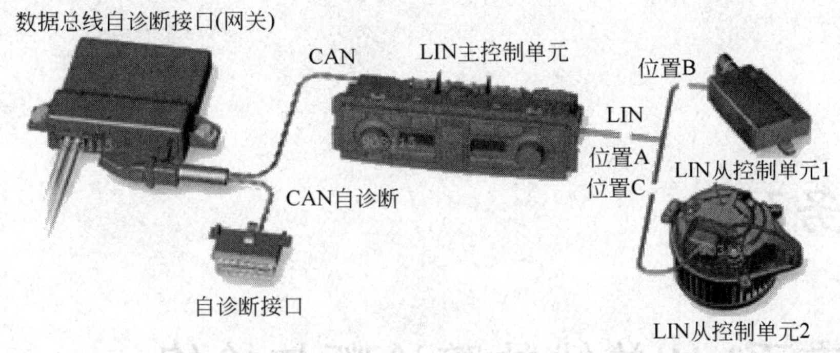

图 6-35 LIN 总线发生断路故障

任务实施

(1) 连接诊断仪,读取车辆各模块故障码,显示 LIN 从控制单元失去通信。

(2) 线路检查:准备用替换法检查 LIN 从控制单元时发现,与 LIN 从控制单元连接的导线断开,按要求连接后,故障排除。

(3) 小结:有时进行线路检查,能使诊断总线故障少走弯路,不一定每个故障都去进行波形或者数据流分析。

检查检验

(1) 对学生任务完成情况进行检查监督,并提出改进意见。

(2) 根据厂家标准和资料进行过程和结果检查。

(3) 组间交流、互检。

(4) 按照企业的 5S 标准整理工作现场。

评价总结

(1) 根据学生任务工单,指出检修过程中的不足,提出改进意见。

(2) 根据教学目标,考核学生技能和情境知识掌握程度,并分析成因。

(3) 小组讨论进行自我工作评估。

(4) 分析工作步骤的合理性,根据教师评价建议修改。

(5) 工作任务完成情况评价及考核。

任务7

通用车系LIN总线故障诊断与检修

任务目标

能够正确描述通用车系 LIN 总线的组成及工作过程，知道 LIN 总线系统各控制单元的安装位置及更换方法，会进行通用车系 LIN 总线系统线路及波形检测，能排除别克君威、雪佛兰科鲁兹 LIN 总线常见故障。掌握 LIN 总线故障的诊断思路和分析排除方法。

任务描述

一辆 2009 年款别克君威 2.0L 轿车，用户报该车两后门玻璃升降器不能升降。

任务分析

根据故障现象和初步诊断，首先利用专用故障诊断仪 GDS 对车辆进行检测，选择“车辆故障码诊断”选项，设备提示在 BCM 内存储有 2 个故障码“U1548——LIN 总线 4 与设备 8 失去通信、U154A——LIN 总线 4 与设备 10 失去通信”。从故障码的含义上看，故障是车辆网络通信数据线的故障。

7.1 通用车系 LIN 总线概览(别克新君威)

LIN 是一种单线，低速，遵循 MASTER-SLAVE 协议的通信协议。它与 CAN 总线的主要特性对比见表 7-1。君威有 5 条主要 LIN 线，分别连接天窗、前/后车窗、变速器挡位、后视镜等控制单元，如图 7-1 所示。新君威 LIN 总线的主控模块为车身控制模块 BCM，只能通过 BCM 获得下级 LIN 模块的故障信息(DTC 码)，不能对 LIN 模块单独诊断。记忆 LIN 总线的主控模块是 MSM 座椅记忆模块，从 MSM 获得记忆 LIN 的故障码，如，只能从 BCM 获得 LIN 1、2、3、4 上的故障代码，只能从 MSM 获得 Memory LIN 的故障代码，LIN 1～LIN 8 总线结构示意图及电路图分别如图 7-2～图 7-10 所示。

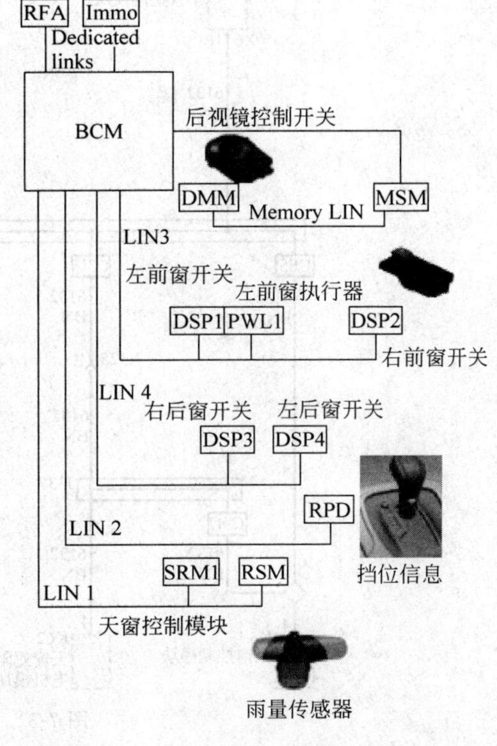

图 7-1　君威 LIN 总线网络布置图

表 7-1　LIN 特性

特　性	LIN	CAN-Bus
主控制器数目	1	多个
典型的总线速度	2.4～19.6Kbps	33.3～500Kbps
字节传输速度	3.5ms/20Kbps	0.8ms/125Kbps
线路特征	单线，13.5V	双绞线（High，Low）/单线

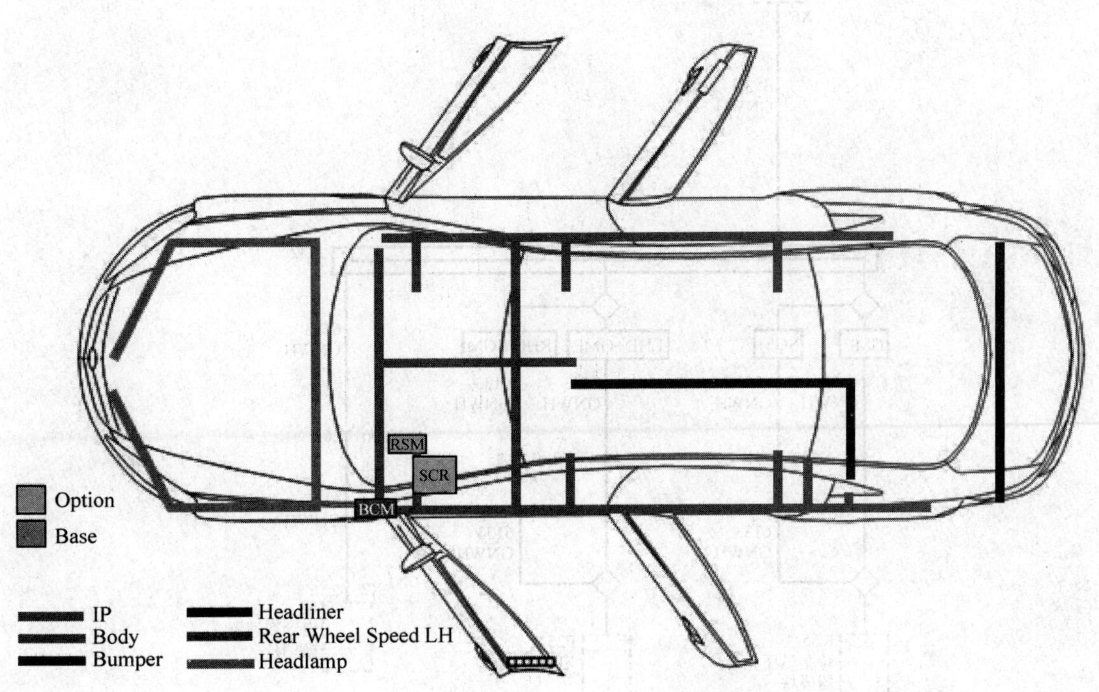

图 7-2　LIN 1 总线结构示意图（见彩色插页）

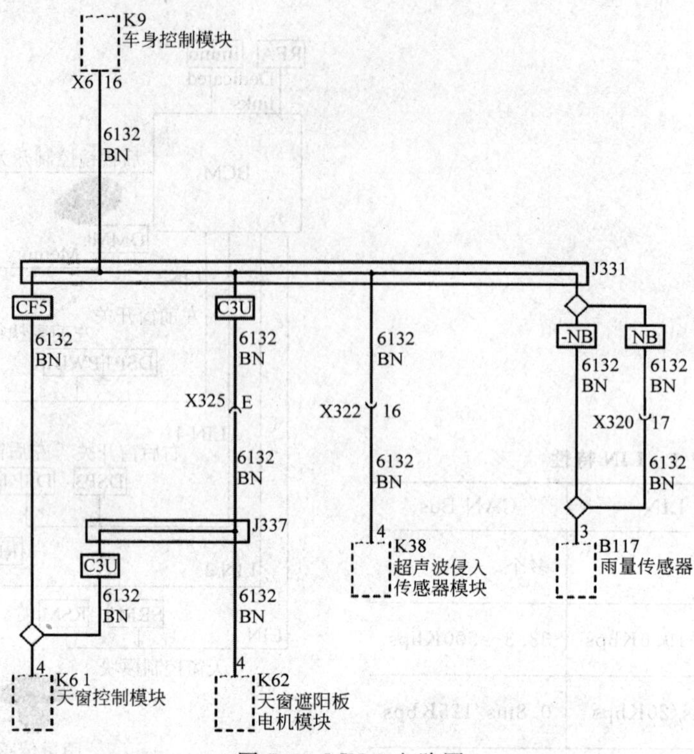

图 7-3 LIN 1 电路图

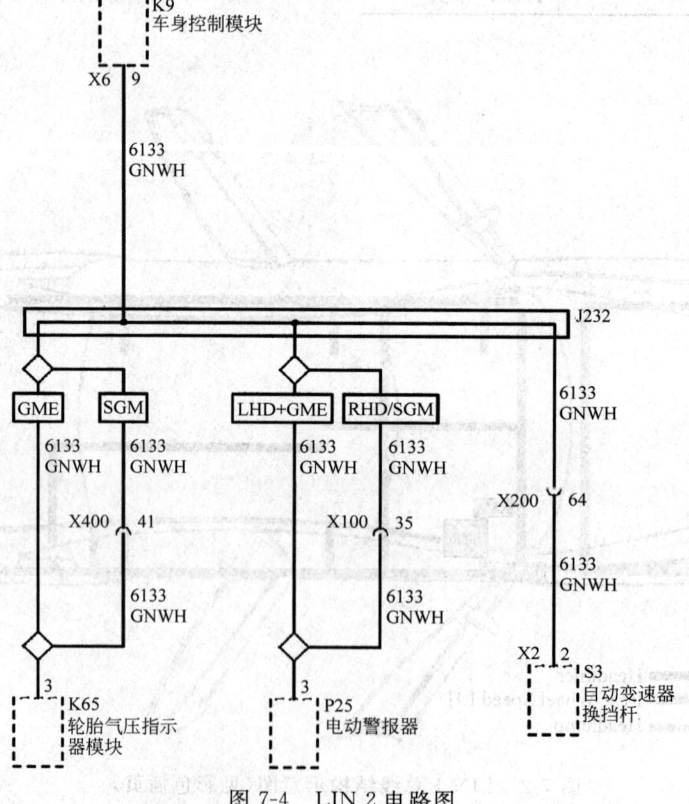

图 7-4 LIN 2 电路图

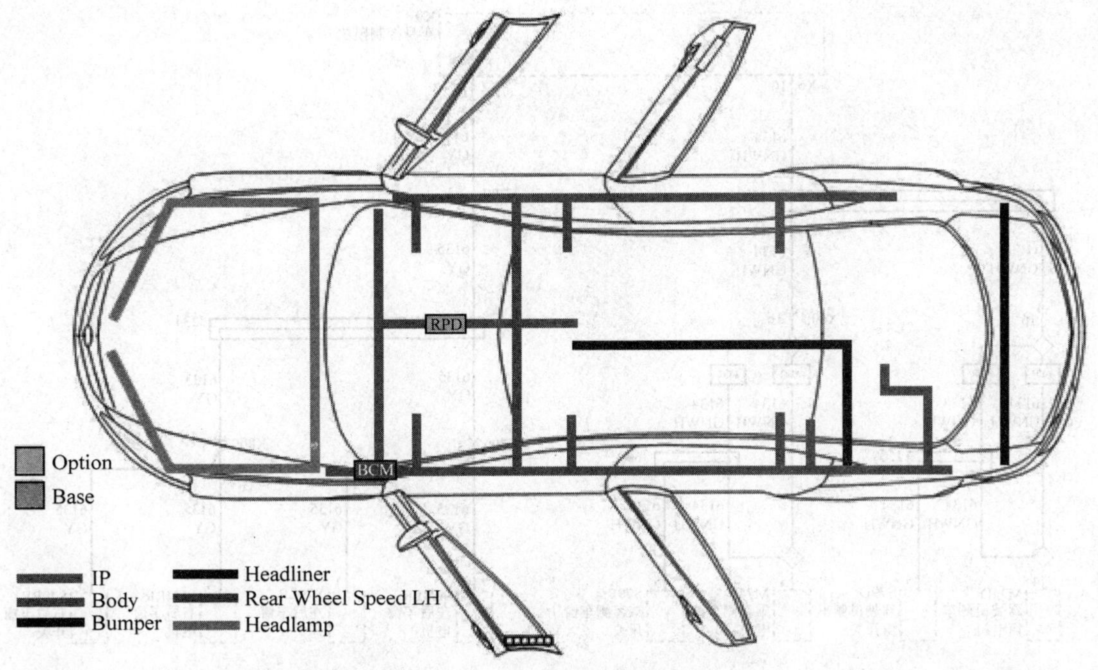

图 7-5　LIN 2 总线结构示意图(见彩色插页)

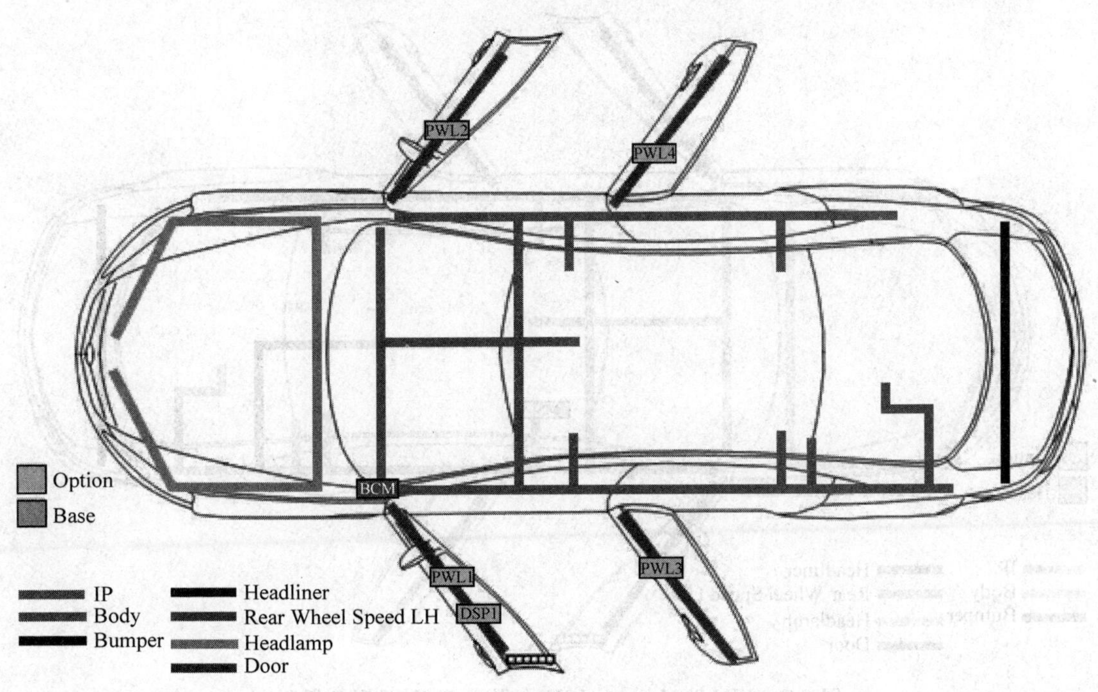

图 7-6　LIN 3/LIN 4 结构示意图(见彩色插页)

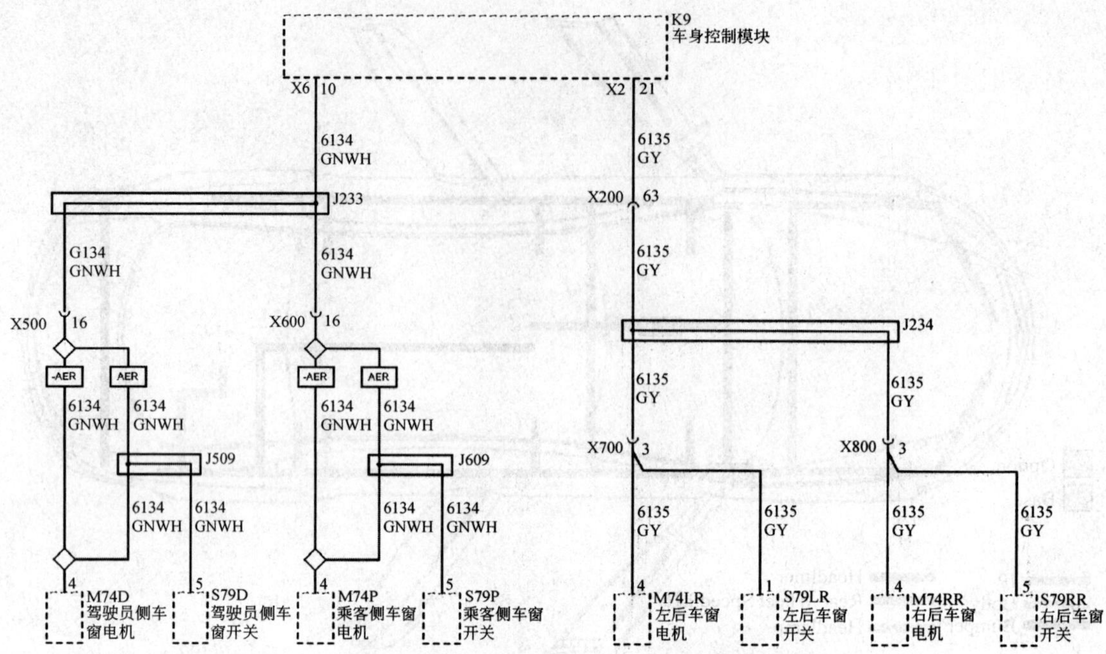

图 7-7 LIN 3/LIN 4 电路图

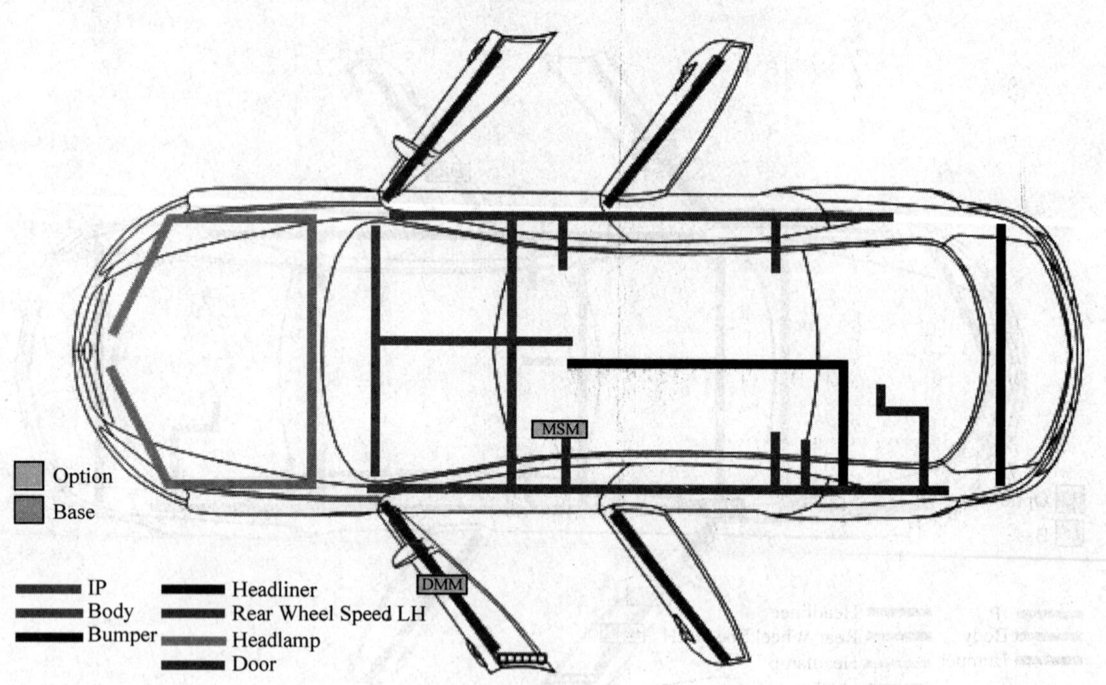

图 7-8 LIN 8(Memory LIN)结构示意图(见彩色插页)

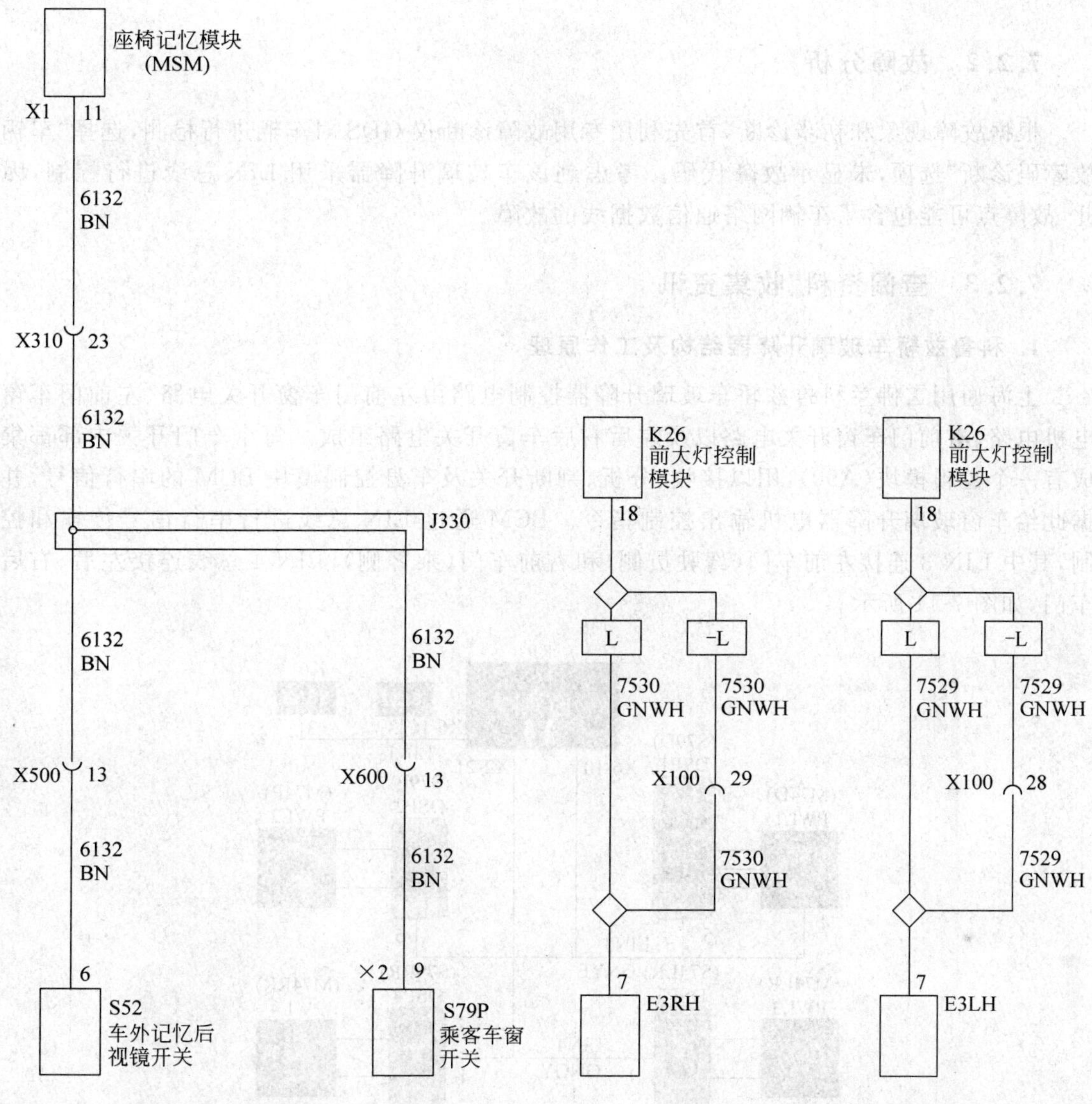

图 7-9 LIN 8 电路图

图 7-10 LIN 6/LIN 7 电路图

在图 7-2、图 7-5、图 7-6、图 7-8 中，仪表系统 IP、车身系统 Body、前照灯 Headlamp、保险杠 Bumper、轮速传感器 Rear wheel speed LH、车门 Door 图标的颜色分别对应车上相应系统控制模块的安装位置。LIN 1 总线可选择(Option)的联网模块有天窗模块 SRM(SCR)、雨量光线传感器 RSM，LIN 2 总线可联网的模块有变速器挡位选择开关 RPD，LIN 3/LIN 4 总线可联网的模块有车门玻璃电机 PWL1/PWL2/PWL3/PWL4、车门玻璃开关 DSP1，LIN 8 总线可联网的模块有座椅记忆模块 MSM、驾驶员记忆后视镜 DMM。

7.2 通用车系 LIN 总线故障诊断思路和方法(雪佛兰科鲁兹)

7.2.1 故障现象

一辆 2013 款雪佛兰科鲁兹轿车左前、右前玻璃升降器不能升降，请按专业要求进行排除。

7.2.2 故障分析

根据故障现象和初步诊断，首先利用专用故障诊断仪 GDS 对车辆进行检测，选择“车辆故障码诊断”选项，未显示故障代码。考虑到该车玻璃升降器采用 LIN 总线进行控制，因此，故障点可能包含了车辆网络通信数据线的故障。

7.2.3 查阅资料、收集资讯

1. 科鲁兹轿车玻璃升降器结构及工作原理

上海通用雪佛兰科鲁兹轿车玻璃升降器控制电路由左前门车窗开关电路、左前门车窗电机电路、右前门车窗开关电路以及左后右后车窗开关电路组成。每个车门开关内部都集成有一个逻辑模块(A90)，用以接收、分析、判断开关及车身控制模块 BCM 的串行信号，并据此给车窗玻璃升降器电机输出控制指令。BCM 通过 LIN 总线进行串行信号传输和控制，其中 LIN 3 连接左前车门(驾驶员侧)和右前车门(乘客侧)，LIN 4 总线连接左后、右后车门，如图 7-11 所示。

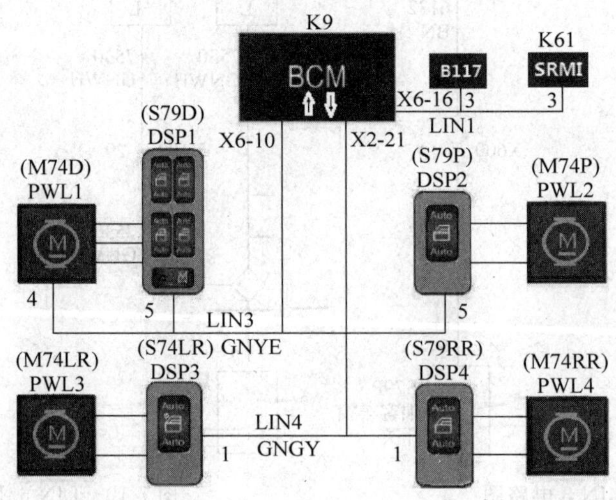

图 7-11 科鲁兹车窗玻璃升降器数据通信示意图(LIN 串行数据)

驾驶员侧车窗开关 DSP1 不仅控制驾驶员侧车窗玻璃的升降，还控制前排乘客侧车门、左后及右后车门玻璃的升降。只要将点火开关置于“ON”位置，驾驶员就可以通过这个开关方便地控制 4 个车门车窗玻璃的升降。另外，每个车门上还有分开关，由所在车门乘员就近操纵车窗玻璃的升降。

左前车门(驾驶员侧)车窗开关 DSP1、左前车门(驾驶员侧)车窗电机 PWL1、右前车门(乘客侧)车窗开关 DSP2 通过 LIN 3 与车身控制模块 BCM(K9)进行通信；左后门车窗开关 DSP3、右后门车窗开关 DSP4 通过 LIN 4 与 BCM 进行通信。LIN 3-PWL 1 还用来传递驾驶员车窗玻璃升降请求和车门未关信号，LIN 3-DSP1 传递其余车窗玻璃的升降请求信号。LIN 1 连接雨量传感器 B117 以及天窗控制模块 SRMI(K61)。

PWL1 的 4 号脚、DSP1 的 5 号脚、DSP2 的 5 号脚通过 LIN 3 与 BCM(X6-10)连接；DSP3 的 1 号脚、DSP4 的 1 号脚通过 LIN4 与 BCM(X2-21)连接。天窗控制模块 SRMI 则

通过 LIN 1 与 BCM(X6-16)连接。

2. 科鲁兹轿车玻璃升降器控制电路分析

如图 7-12 所示,科鲁兹轿车驾驶员侧车窗玻璃升降的控制由车窗开关 S79D 和车窗电机 M74D 组成。当驾驶员操作车窗开关 DSP1(S79D)时,驾驶员侧车窗开关(经 5 号脚)通过 LIN3 总线向车身控制模块 BCM(K9)发送串行数据信息,请求车窗玻璃升降器电机指令,BCM 会分析判断是否有限制信息,如果没有,将依据驾驶员侧车窗开关的信号(快速信号、下降信号、上升信号)分析处理后随即向电机 M74D 发送串行数据信息。驾驶员侧车窗开关同时也向 M74D(5、7、3 号脚)传输车窗快速、下降或上升信号,M74D 内部的 A90 逻辑模块将对开关信号进行分析处理,并结合车身控制模块 BCM 的串行信号,给电机 M74D 输出控制指令,电机完成上升、下降或快速上升、快速下降动作。

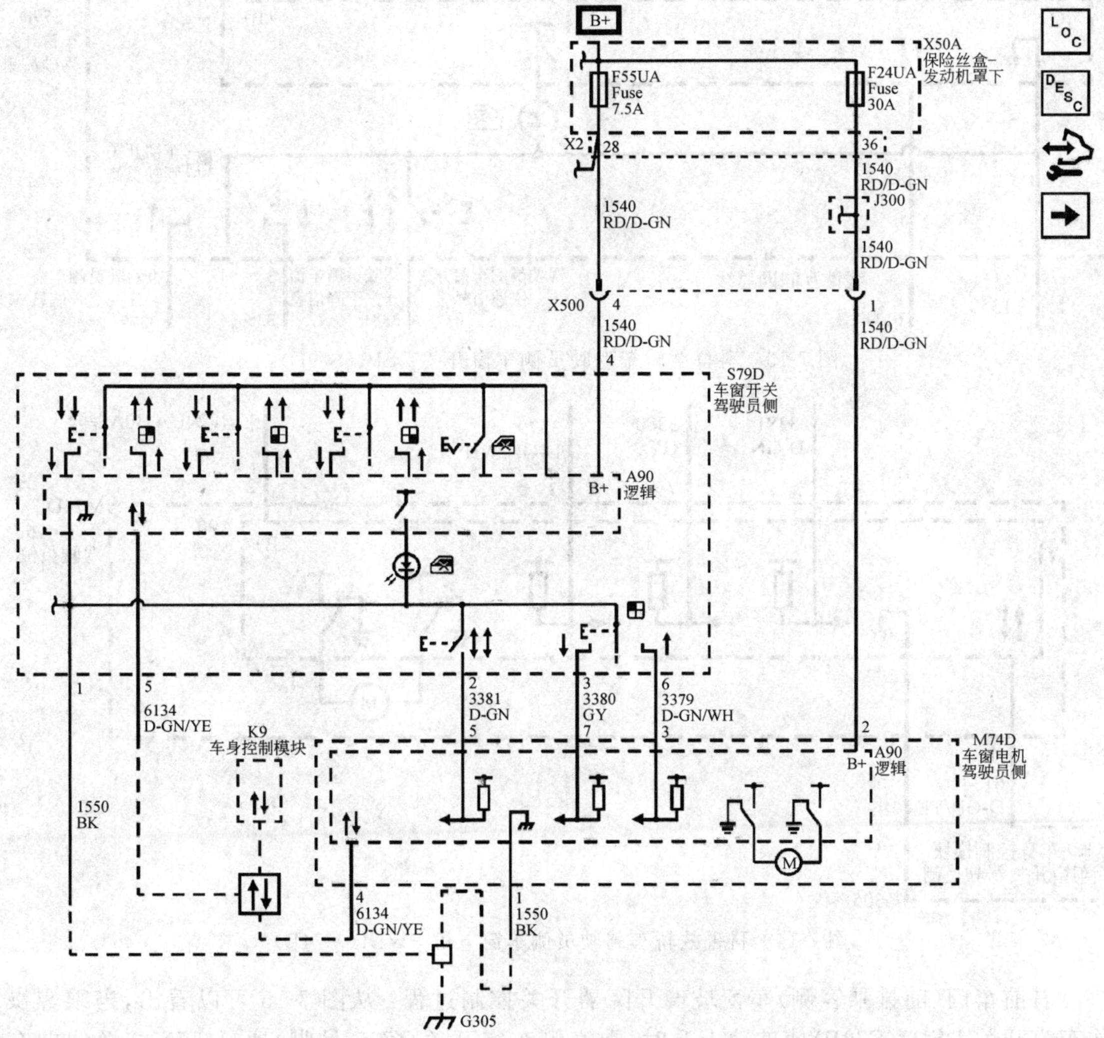

图 7-12　科鲁兹轿车驾驶员侧车门玻璃升降器电路图

驾驶员车窗具有快速上升和快速下降功能。如果此功能丧失,则有可能是驾驶员侧车窗电机或线路出现故障,蓄电池已经断开或电量严重不足。

驾驶员也可以通过驾驶员侧车门上的相应开关，对前排右侧车窗、左后及右后车窗进行控制，如图 7-13 所示。当驾驶员按下相应开关后，驾驶员侧车窗开关立即向车身控制模块(BCM)发送请求信号，BCM 会判断是否有限制车窗升降的信息，若无限制信息，BCM 将会按照请求信号向前排右侧车窗或左后或右后车窗开关发送串行数据信息以指令车窗电机的动作，如图 7-14 所示。

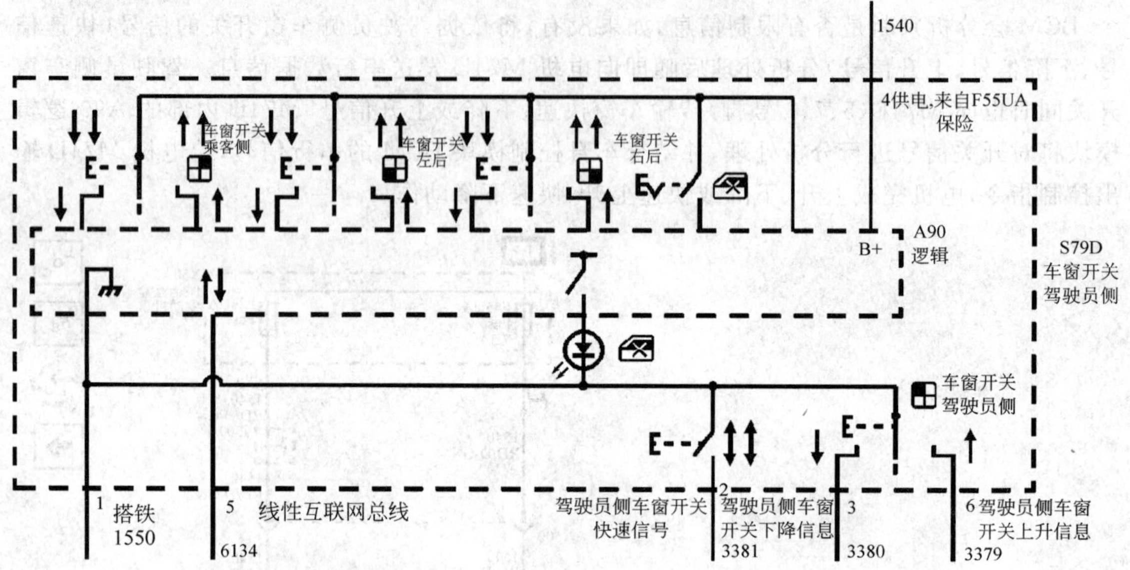

图 7-13 科鲁兹轿车驾驶员侧车窗开关 DSP1(S79D)

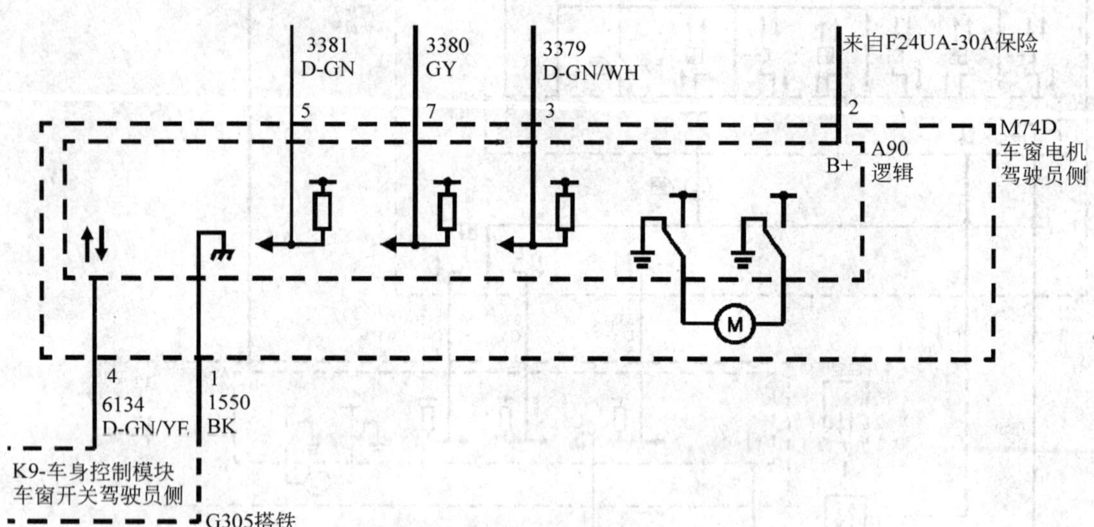

图 7-14 科鲁兹轿车驾驶员侧车窗电机 PWL1(M74D)

右前车门(前排乘客侧)车窗玻璃升降器开关控制过程：从图 7-15 可以看出，当乘客操作车窗开关 DSP2(S79P)使玻璃上升时，乘客侧车窗开关(经 5 号脚)通过 LIN 3 总线向车身控制模块 BCM(K9)发送串行数据信息，请求车窗玻璃升降器电机上升指令，车身模块分析处理后随即向乘客侧车窗开关(A90 逻辑模块)发送串行数据，车窗开关收到可以上升的串行数据指令后，玻璃升降器电机将驱动车窗玻璃向上移动。

车窗玻璃上升时，电流经过 B+→熔断盒 F24UA 熔断丝→车窗开关 S79P(4 号脚进→BCM 控制指令至 A90 逻辑模块→继电器搭铁→触点向右吸合接通上升位置→2 号脚出)→乘客侧车窗电机 M74P(A 进，B 出)→S79P-3 号脚→搭铁。

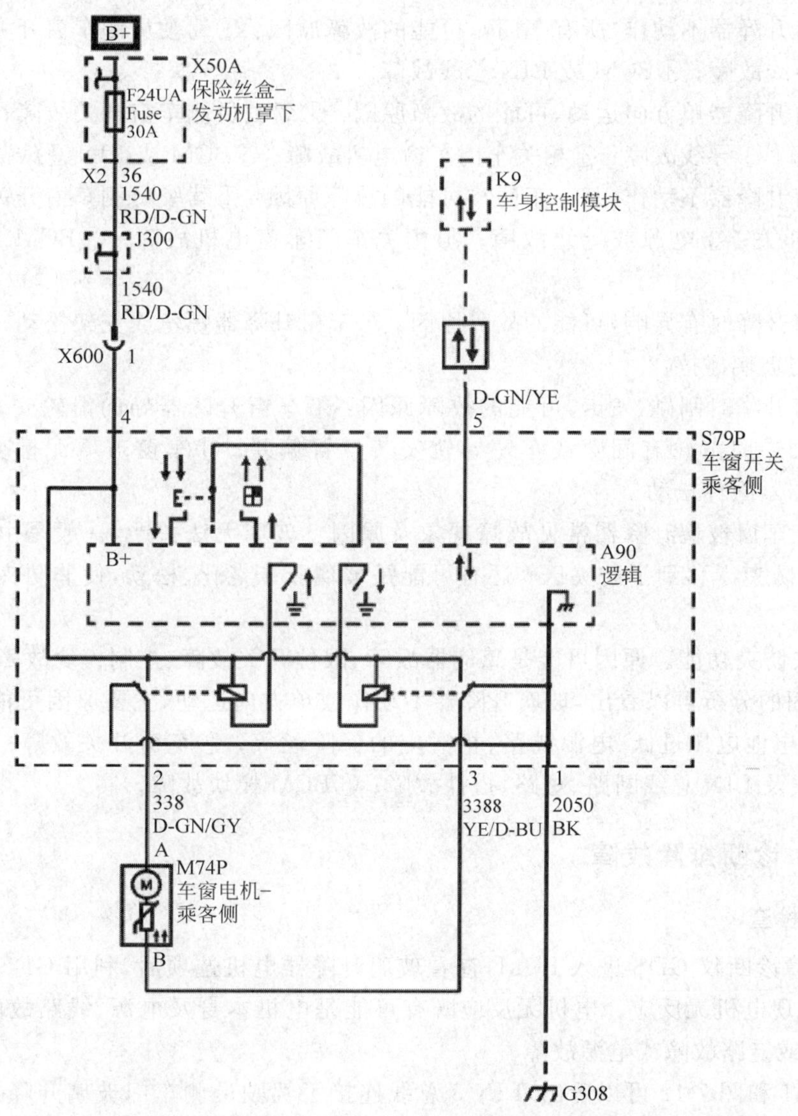

图 7-15　科鲁兹轿车前排乘客侧车门玻璃升降器电路图

车窗玻璃下降时，电流经过 B+→熔断盒 F24UA 熔断丝→车窗开关 S79P(4 号脚进→BCM 控制指令至 A90 逻辑模块→继电器搭铁→触点向左吸合接通下降位置→3 号脚出)→乘客侧车窗电机 M74P(B 进，A 出)→从车窗开关 S79P-2 号脚进入→经过 S79P→搭铁。

通过对科鲁兹数据通信(LIN 串行数据)示意图及车窗玻璃升降器电路图的分析发现，驾驶员侧车窗开关由 F55UA-7.5A 熔断丝供电。驾驶员侧电机的供电与其他 3 个车门不同，由熔断丝 F24UA-30A 直接向电机 M74D 供电，其他 3 个车门的电机则都是通过该车门的车门开关向相对应的电机 M74P、M74LR、M74RR 供电，还可以看出 2 个前门电机共用 1 个熔断丝 F24UA-30A，2 个后门共用 1 个熔断丝 F21UA-30A。如果玻璃升降器不工作，怀疑是供电问题，则需要检查位于发动机罩下熔断丝盒的 F24UA-30A、F21UA-30A 熔断丝以及 F55UA-7.5A 熔断丝。

3. 科鲁兹轿车车窗玻璃升降器故障原因

（1）车窗升降器不动作(所有车门)，可能的故障原因：①驾驶员侧车窗开关故障；②电源故障；③导线故障；④BCM 或 LIN 总线故障。

（2）车窗升降器单方向运动，可能的故障原因：①驾驶员侧车窗开关故障；②相关车门车窗开关故障；③导线故障；④相关车门车窗电机故障；⑤BCM 或 LIN 总线故障。

（3）车窗升降器不动作(某一车门)，可能的故障原因：①驾驶员侧车窗开关故障；②相关车门车窗开关；③电源或导线故障；④相关车门车窗电机故障；⑤BCM 或 LIN 总线故障。

（4）车窗升降时有异响，可能的故障原因：①车窗升降器螺丝或支架松动；②电动机盖板或固定架与玻璃碰擦。

（5）车窗升降时刮碰、发卡，可能的故障原因：①车窗升降器导向滑轮安装支架变形；②车窗升降器导向滑轮有间隙或车窗导轨安装位置偏差；③车窗玻璃泥槽变形或损坏；④车窗升降器紧固件松动。

（6）防夹车窗玻璃升降器常见故障现象及原因。玻璃无法关严，一般是由于上止点位置偏移，将非防夹区移到了防夹区；还有可能是玻璃胶条老化、松动，使非防夹区位置发生了变化。

（7）丧失防夹功能。原因可能是感应器故障、限位开关故障、控制模块故障等。

通过上面的分析可以看出，玻璃升降器不动作或单方向运动，主要原因可能是：①电源故障，包括蓄电池电压过低、电源线路、相对应的保险丝等；②车窗开关故障；③车窗电机故障；④导线及 LIN 总线断路、短路、搭铁故障；⑤BCM 模块故障。

7.2.4 诊断排除故障

1. 基本检查

利用故障诊断仪 GDS 进入 BCM，查看玻璃升降器电机选项后，利用 GDS 控制玻璃升降器电机，发现电机无反应。电机无反应既有可能是电机本身及电源、线路故障，也有可能是 LIN 总线或链路故障或电源故障。

从图 7-11 和图 7-12 可以看出，LIN 3 总线连接了驾驶员侧车门玻璃升降器开关、驾驶员侧车门玻璃升降器电机以及乘客侧(右前)玻璃升降器开关。

2. 故障诊断

（1）利用故障诊断仪读取故障码或进行执行器功能检测，确定故障范围。利用故障诊断仪 GDS 进入 BCM，查看玻璃升降器电机选项后，按动主控门开关与两后门开关的时候，观察显示屏上的开关数据有无反应。利用 GDS 控制玻璃升降器电机，观察电机有无反应。

如果能够读取故障码，按照故障码的含义进行诊断检测。利用 GDS 控制玻璃升降器电机的动作，如果电机有反应，说明故障不在电机本身，可能是 LIN 总线或链路故障或电源故障。这里需要注意的是，LIN3 总线连接了驾驶员侧车门玻璃升降器开关、驾驶员侧车门玻璃升降器电机以及乘客侧(右前)玻璃升降器开关，LIN4 连接右后玻璃升降器开关、左后玻璃升降器开关。

（2）检查诊断步骤如下。

① 应先检查发动机舱内的 F24UA-30A、F21UA-30A 前后车窗电源熔断丝，如图 7-16 所示。

图 7-16　科鲁兹轿车发动机罩下熔断盒

② 根据电路图，检查驾驶员侧车窗开关、电机控制线路的导通情况，检查是否有短路、断路、搭铁故障，并视情测量相关引脚对地、对蓄电池正极的电压，如图 7-17 和图 7-18 所示。用万用表测量线束电阻，判断线路是否对搭铁短路或开路/电阻过大，同时，测试串行数据电路端子 4 和搭铁之间的电压是否在 5～10V，如果低于规定范围，则测试串行数据电路是否对搭铁短路或开路/电阻过大。如果电路测试正常，则测试或更换 M74D 驾驶员车窗电机。如果所有电路测试正常，则测试或更换 S79D 驾驶员侧车窗开关。

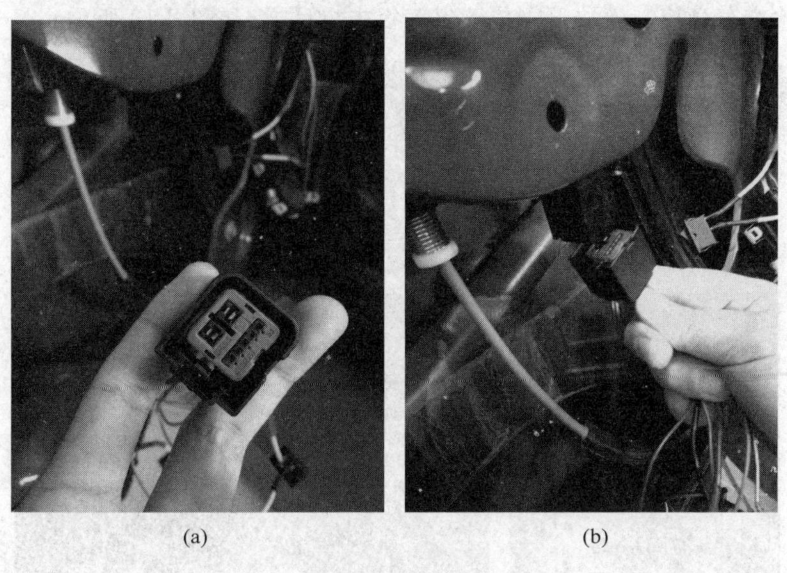

(a)　(b)

图 7-17　驾驶员侧车窗电机插头

可参照检测驾驶员侧车窗开关、电机及线路的方法，检查测试乘客侧、后部车窗开关及电机、线路故障。

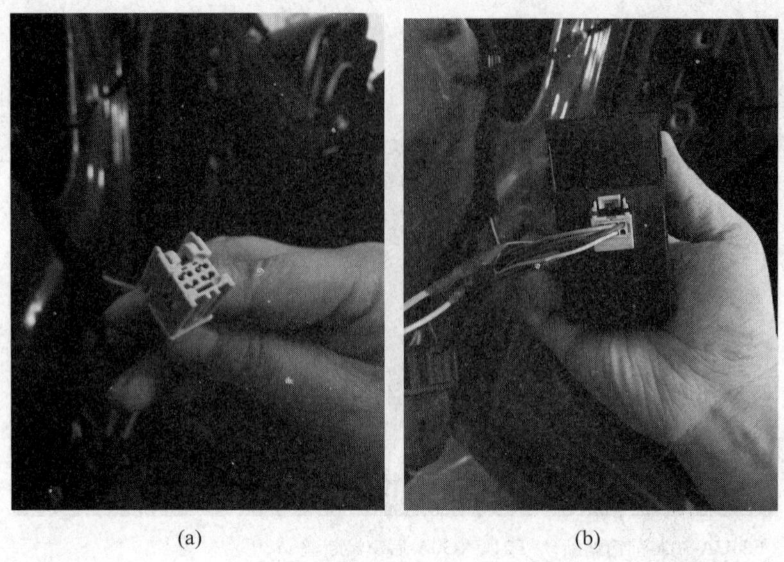

(a) (b)

图 7-18　驾驶员侧车窗开关插头

③ 检查并测量 LIN 总线，测量 LIN 工作电压是否为接近蓄电池电压。连接示波器对各数据线进行测量，LIN 线应显示 0～12V 的方波信号。通过分析电路图可知，不论是驾驶员侧、乘客侧升降器的电机，还是左右后窗升降器的电机工作，车窗开关中的 A90 模块都必须接收来自 LIN 总线（前窗通过 LIN 3、后窗通过 LIN 4 通信）的信号后再根据车窗开关的升降信号通过继电器来控制电机电路，使电机顺时针旋转或逆时针旋转，从而完成玻璃升降。如果 LIN 总线出现故障，电机不会转动。因此，应视情检查 LIN 总线及车窗开关、电机本身。

④ 视情检查车身控制模块 K9（位于仪表板中央后方，如图 7-19 所示）。

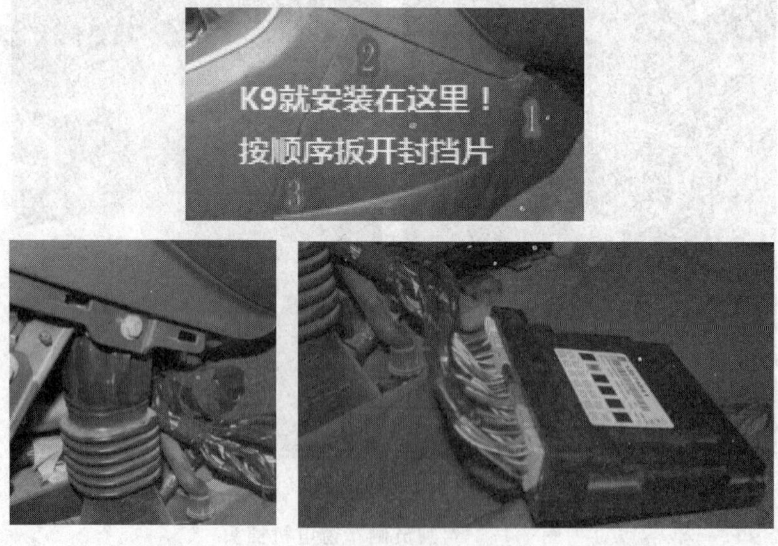

图 7-19　车身控制模块 K9 安装位置及连接线束

3. 故障排除

在检查熔断丝时,发现 F24UA 熔断丝熔断,更换熔断丝,故障排除。

7.2.5　故障总结

对于案例中的故障,似乎故障点比较简单,一般应该优先检查熔断丝,如果熔断丝完好,可以再按照上面的流程进行排查。

综上所述,要想建构车窗玻璃升降器的故障诊断思路,必须熟练掌握玻璃升降器的结构,理解和分析玻璃升降器的原理及工作过程,特别是借助电路图分析各元件之间的连接关系和控制机理。同时还要关注车窗玻璃升降器等最新技术和发展动态。唯有如此,才能在玻璃升降器故障诊断中少走弯路,减少维修中拆装机件的项目和次数,从而快速排除故障。

任务实施

1. 解决思路

君威网络通信系统共使用了 4 路 CAN Bus 和 LIN,其中 CAN Bus 采用了高速、中速及低速总线,根据各控制单元的重要性与特点分别连接到不同传输速率的网络上。另外,还包括底盘扩展 CAN Bus 总线(在传输速率上属于高速 CAN)。一些执行器或开关之类的装置之间,则采用了 LIN 总线与相应的控制单元进行数据通信。例如 LIN 1 连接天窗控制单元、雨量传感器,LIN 2 连接挡位信息,LIN 3 连接左前玻璃升降器开关、左前玻璃升降器执行器及右前玻璃升降器开关,LIN 4 连接右后玻璃升降器开关、左后玻璃升降器开关,如图 7-20 所示。采用了 LIN 线通信的控制单元只能依附于某主控制单元,诊断仪通过主控制单元对 LIN 控制单元进行故障码的读取或控制相应的执行器进行工作。

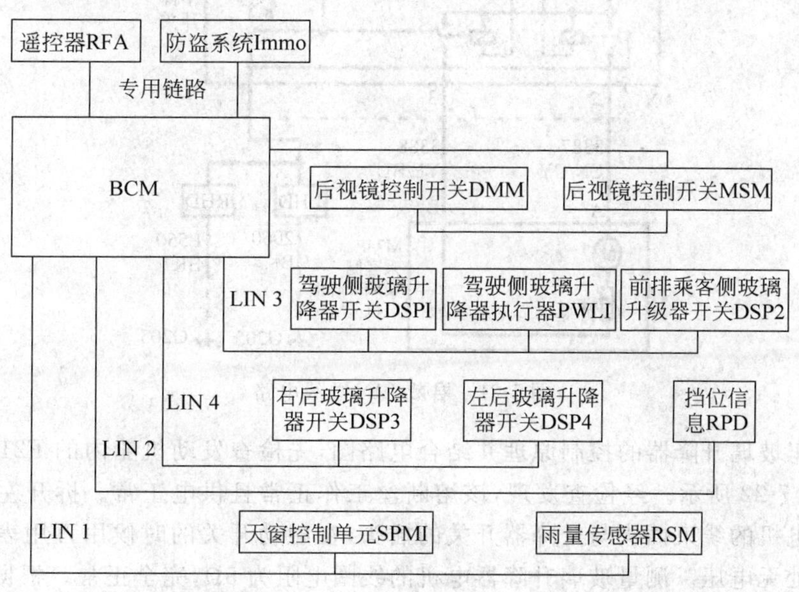

图 7-20　君威 LIN 总线系统结构布置

2. 诊断过程

利用故障诊断仪 GDS 进入 BCM，查看玻璃升降器电机选项后，在按动主控门开关与两后门开关的时候，观察显示屏上的开关数据无反应。利用 GDS 控制两前门玻璃升降器电机，电机可以按照指令工作；控制两后门玻璃升降器电机时，电机则无反应。

君威 LIN 总线电路如图 7-21 所示。从图 7-21 中可以看出，该车玻璃升降器的控制在控制方式上与传统的控制方式有很大不同。传统玻璃升降器电机的控制方式是通过改变开关接通的位置来改变电流的走向，从而进一步控制电机的正反转实现上升与下降的。该车的控制方式为蓄电池主电源直接供给升降器开关，由开关内部控制 2 个继电器实现玻璃的上升与下降。另外，最重要的是，还有一根数据通信线（LIN 4），它起着至关重要的作用。无论是驾驶侧玻璃升降器集控开关的控制，还是后门上的单独控制开关的控制，都需要通过 LIN4 向 BCM 发送请求信号，BCM 还会通过 LIN4 向各单独开关发送执行命令的信号，各单独的开关再根据指令控制升降器电机的上升与下降。

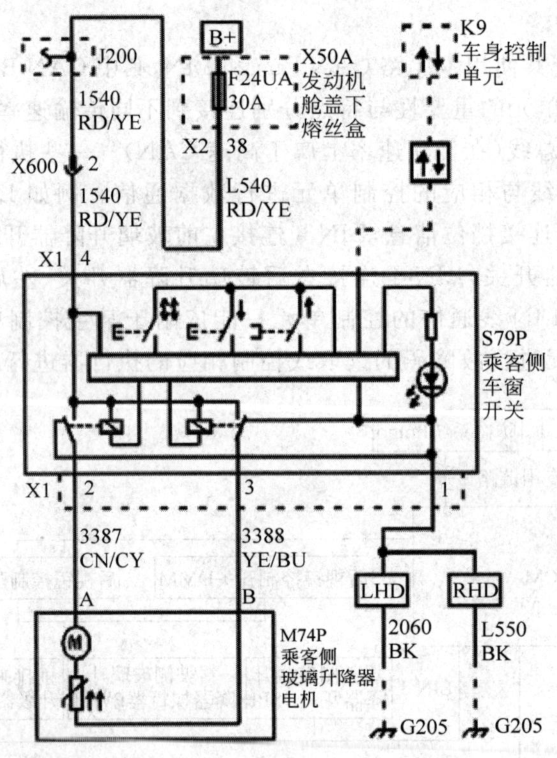

图 7-21　君威 LIN 总线电路

根据该车玻璃升降器的控制原理并结合电路图，先检查发动机舱内的 F21 UA-30A 的熔断丝，如图 7-22 所示。经检查发现，该熔断丝工作正常且供电正常。拆开左后门内衬板找到升降器电机的线束插头与升降器开关的插头，在触动开关的时候用万用表测量升降器电机的插头处无电压。测量玻璃升降器电机的线圈电阻为 5Ω，完全正常。根据上述检测结果，可以确定故障应该出在电机的控制线路上。

升降器开关插头上共有 7 根电线，1 号为 LIN4 数据线，2 号为门锁位置信号线，3 号为搭铁线，4 号为空位，5 号为搭铁线，6、7 号为升降器电机线，8 号为蓄电池电源线。按照新款

图 7-22　检查发动机舱内的 F21 UA-30A 的熔断丝

车电路图对故障车的线路进行测量发现，3、5 号搭铁线对地电阻 0.6Ω，8 号有 12V 电压，1 号对地电阻为无穷大，线路无对地短路现象。拔下 BCM 端的 X2 插头，测量开关端的 1 号脚对地电压为零，线路无对电源短路现象。测量 BCM 端 X2 的 21 号脚与开关端 1 号脚间的电阻为 0.2Ω，线路正常。1 号脚的 LIN4 数据线在拔出点火钥匙后有 11.86V 电压，打开点火开关时为 9.80V。对比两前门 LIN3 数据线在打开点火开关后电压在 3.4～3.5V 变化；关闭点火开关后有 3.8V 电压。测量 LIN 1、LIN 2 数据线在打开点火开关（即模块处于活动状态）时通信电压变化范围为 1V 左右，静态时为一固定值。故障应该出现在 LIN 4 数据线上，测量 LIN 4 线的 BCM 端 X2 的 21 号脚在静态与通信时为 9.8V 不动，如图 7-23 所示。至此，故障锁定在了 BCM 上。

图 7-23　检查 BCM 端 X2 的 21 号针脚

由于该系统采用了数据通信线的一种 LIN 线的通信方式，使用万用表已经不能进行测量，所以测量这种线路工作是否正常需要借助示波器，因为只有通过示波器才能正确反映出系统的正常工作状态。连接示波器对各数据线进行测量发现，其他 LIN 线均显示 0～12V 的方波信号，而 LIN 4 线则为一个 12V 的直线电压。利用 TIS2WEB 对 BCM 进行重新编程，设备显示 BCM 已是最新程序无法再次进行更新，因此只能更换 BCM。

在将新的 BCM 装车后，测试 4 个车门的升降器开关都能单独控制各自的升降器正常工作，但驾驶侧集控开关不能控制右前、左后及右后玻璃升降器的工作，同时 4 个升降器开关的照明指示灯也不亮。使用 TIS2WEB 对 BCM 写入程序，并对 BCM 进行了正确的配置与设定后，故障排除。

3. 故障小结

此车为典型的数据通信线信号引发的故障，该车在更换新的BCM后出现了主控开关不能控制和开关照明灯不亮的现象，造成此现象的原因是BCM内部没有写入程序。根据该车此系统的相关控制原理可知，开关的照明灯是由BCM通过调节占空比信号控制并通过LIN线进行传输，进而实现明暗亮度的调节。如果不进行编程，在换上新的BCM后出现的现象还会误认为故障没有排除，仍然去查找其他部件的原因。可见，了解电控系统的工作原理是非常重要的。

检查检验

(1) 对学生任务完成情况进行检查监督，并提出改进意见。

(2) 根据厂家标准和资料进行过程和结果检查。

(3) 组间交流、互检。

(4) 按照企业的5S标准整理工作现场。

评价总结

(1) 根据学生任务工单，指出检修过程中的不足，提出改进意见。

(2) 根据教学目标，考核学生技能和情境知识掌握程度，并分析成因。

(3) 小组讨论进行自我工作评估。

(4) 分析工作步骤的合理性，根据教师评价建议修改。

(5) 工作任务完成情况评价及考核。

任务8

MOST总线故障诊断与检修

任务目标

能够正确描述奥迪 MOST 总线的组成及工作过程，知道 MOST 总线系统各控制模块的安装位置及作用，能进行 MOST 总线一般性修复或更换。

任务描述

一辆 2007 款奥迪 A6L 2.4CVT 轿车，行驶了 2.6 万 km。车主反映，汽车在经历一场大雨之后，多媒体交互系统闪了两下后变成黑屏无法工作了。

任务分析

连接故障诊断仪对该车网关安装列表进行故障诊断，在网关的安装列表中显示与光纤环路相连接的各个控制单元无法达到。数据总线的诊断接口即网关 J533 控制单元中有光纤环路断路的故障记录。根据该车光纤系统（MOST-Bus 媒体系统数据交换总线）的结构可知，如果系统无法开机，说明光纤系统中的个别控制单元无法正常工作，或各控制单元间的光纤出现了断路、破损等情况，使光纤环路不能形成回路。

8.1 MOST 总线的特点及应用领域

8.1.1 MOST 总线光纤传输的特点

MOST 总线是 Media Oriented Systems Transport 的缩写，用于多媒体数据传输的网络系统。MOST 总线基于环型拓扑，采用光学点对点的传输技术，从而允许共享多个发送和接收器满足汽车电子系统的需求。这解决了众所周知的传统模式错综复杂的布线、烦琐的连接器、陈旧的控制以及厚重的铜线等不能满足现代汽车外围设备需要的矛盾。

MOST 总线传输技术具有以下优点。

(1) 传输速率高。MOST 总线采用光纤介质，在传输数据时相关部件的数据交换是以数字方式来进行的(以前的音频和视频信号只能作为模拟信号来传送),其传输速率可达21.2Mbps。MOST总线传输速率明显高于CAN总线系统1Mbps的最高传输速率,因此CAN总线系统只能够用来传输控制信号。图8-1为几种车载总线的比较,MOST优势比较明显。

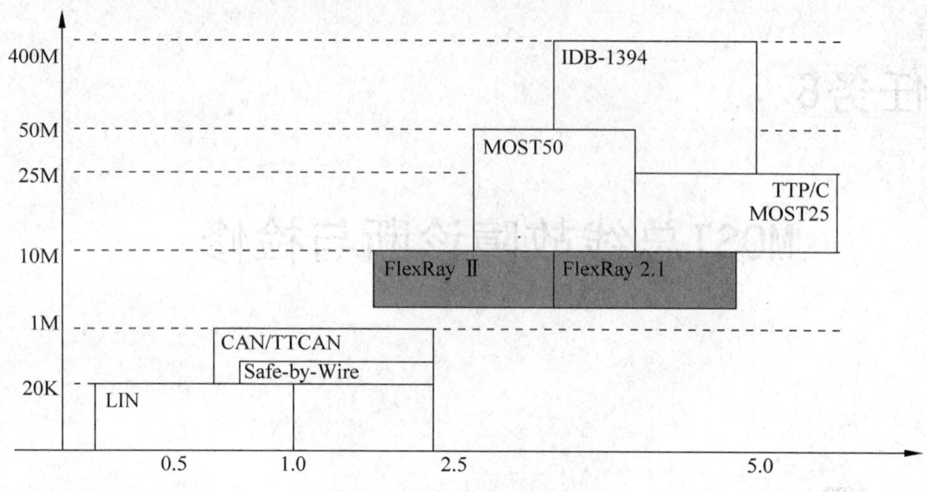

图8-1 车载网络总线比较

(2) 抗电磁干扰能力强。MOST总线传输信号时,是以光信号进行的。与无线电波相比,光波的波长更短,因此它不会产生电磁干扰,同时对电磁干扰也不敏感。

(3) 重量轻,占用空间小,成本低。MOST总线光纤是采用有机玻璃制成的,相对于金属导线来说,在提供相同频宽时,能减轻约4.5kg的重量和节省约250m长的线束,这样就减轻了汽车的重量,节约了空间,降低了成本,同时扩展了功能。

(4) 无论是否有主控计算机都可以工作。

(5) 使用POF(Plastic Optical Fiber)优化信息传送质量。

(6) 支持声音和压缩图像的实时处理。

(7) 支持数据的同步和异步传输。

(8) 发送/接收器嵌有虚拟网络管理系统。

(9) 支持多种网络连接方式,如图8-2所示,提供MOST设备标准,应用系统界面方便、简洁。

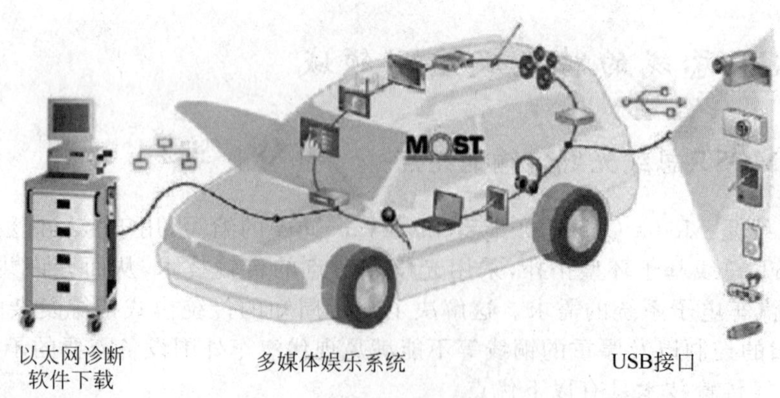

图8-2 MOST总线系统(诊断/软件下载、USB接口)

8.1.2 MOST 应用领域

MOST 主要应用在音频、视频、宽带和导航数据传输等多媒体领域，传输介质主要为光纤。图 8-3 为 MOST 总线应用领域示意图。

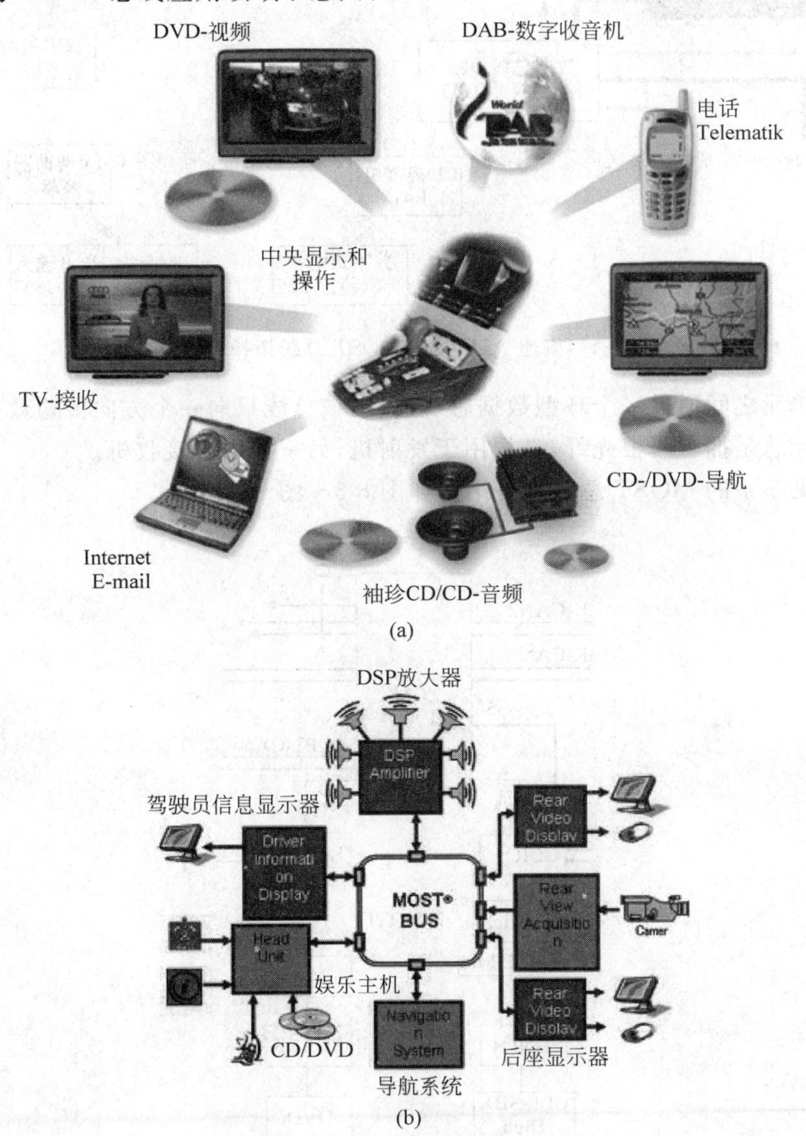

图 8-3 MOST 总线应用领域

MOST 系统可连接汽车音响系统、视频导航系统、车载电视、高保真音频放大器、车载电话、多碟 CD 播放器等模块，其数据传输速率最高可达 22.5Mbps，而且没有电磁干扰。

如图 8-4 所示，奥迪 A6 轿车上与 MOST 总线相连接的控制单元包括电话发送和接收器(R36)、电话/Telematik(J526)、带 CD 机的导航系统(J401)、TV 调谐器(R78)、收音机调谐器和语音控制(J507)、数字式音响包控制单元(J525)、CD 机(R41)、数据总线自诊断接口(J533)和前部信息显示和操纵单元(J523)等。每一个与 MOST 总线相连接的控制单元内部都设置了信号的收发装置和其他装置。

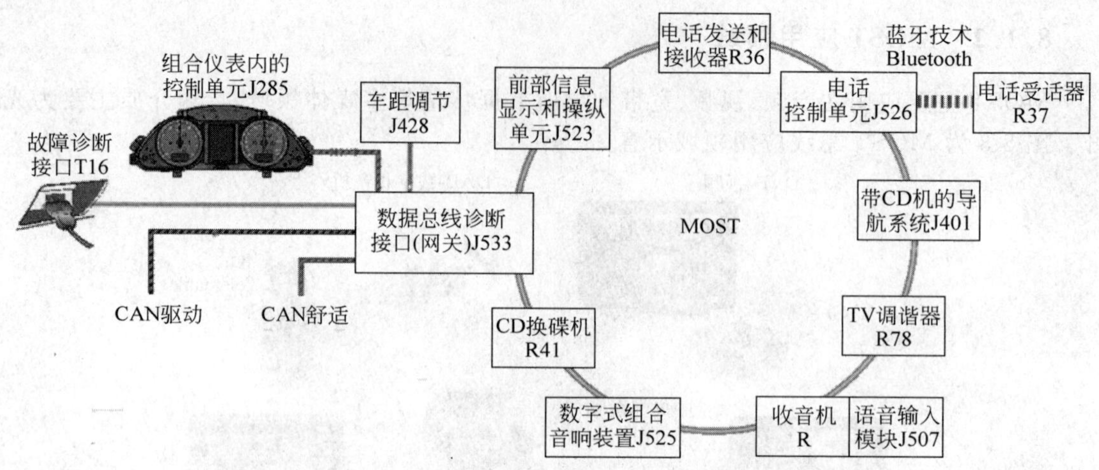

图 8-4 奥迪 A6L 轿车 MOST 总线拓扑结构图

各控制单元之间通过一个环型数据总线连接，该总线只向一个方向传输数据，这意味着一个控制单元总是拥有两根光纤，一根用于发射机，另一根用于接收机。

其他常见车系的 MOST 总线拓扑结构如图 8-5～图 8-7 所示。

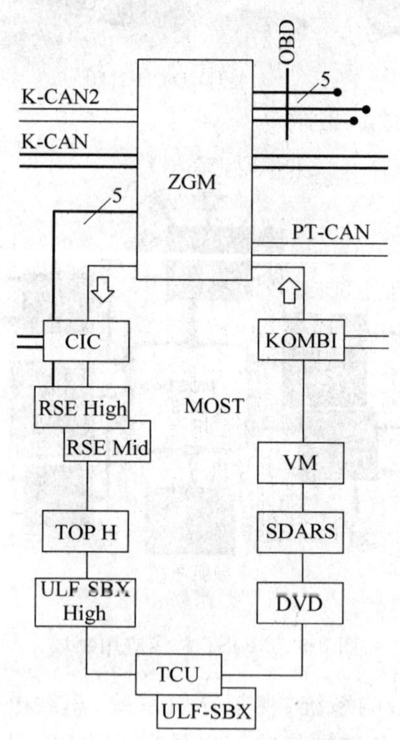

图 8-5 BMW 车系 F01/F02 车型的 MOST 多媒体影音娱乐系统

K-CAN2—车身控制器局域网络 2；K-CAN—车身控制器局域网络；OBD—诊断插座；PT-CAN—动力传动系统控制器局域网络；ZGM—中央网关模块；DVDC/DVD—换碟机；CIC—车辆信息计算机；RSE High /RSE Mid—后座区娱乐系统；VM—视频模块；KOMBI—组合仪表；SDARS—卫星调谐器

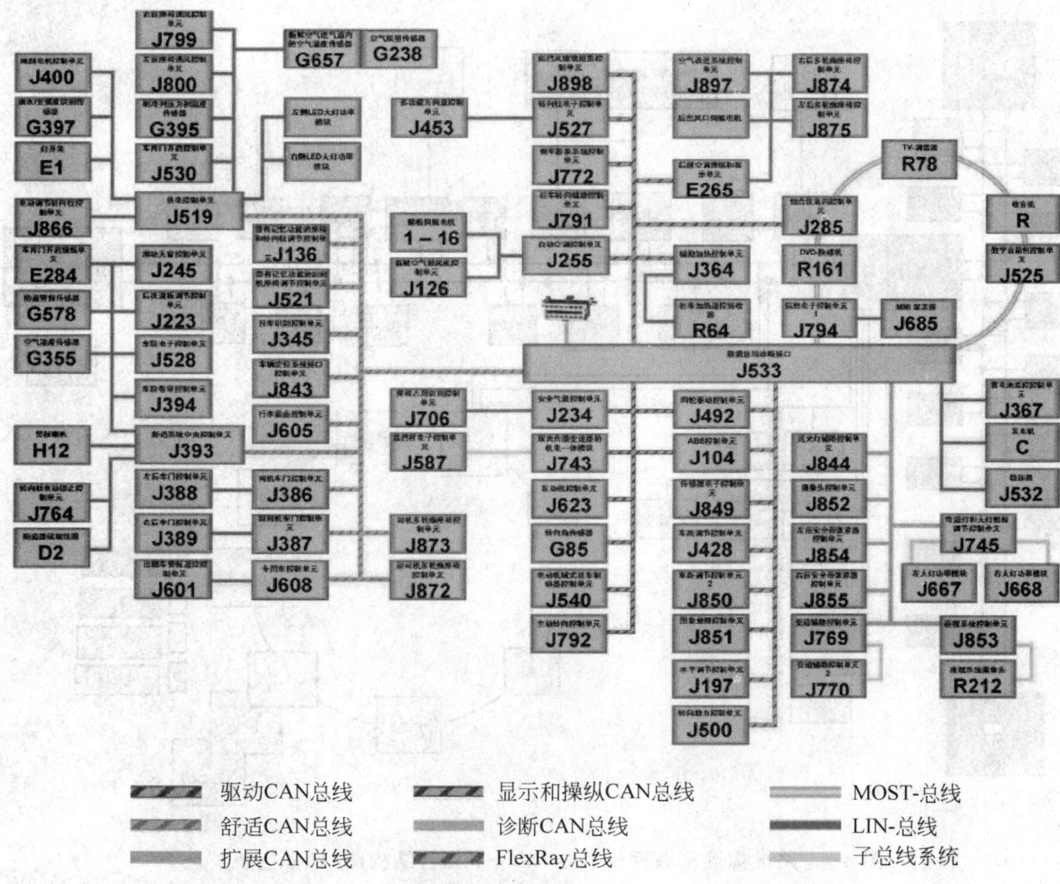

图 8-6 奥迪 C7 车载网络系统/MOST 拓扑结构图(见彩色插页)

J400—雨刮电机控制单元；J223—后扰流板调节控制单元；J245—滑动天窗控制单元；J519—供电控制单元；J530—车库门开启控制单元；G395—制冷剂压力和温度传感器；G238—空气质量传感器新鲜空气进气道内的；G657—空气湿度传感器；D2—防盗器读取线圈；J764—转向柱电动锁止控制单元；H12—警报喇叭；G355—空气湿度传感器；G578—防盗警报传感器；E284—车库门开启操纵单元；J866—电动调节转向柱控制单元；E1—灯开关；G397—雨水/光强度识别传感器；J587—选挡杆电子控制单元；J608—专用车控制单元；J386—司机车门控制单元；J605—行李厢盖控制单元；J843—车辆定位系统接口控制单元；J345—挂车识别控制单元；J521—带有记忆功能的副司机座椅调节控制单元；J136—带有记忆功能的座椅和转向柱调节控制单元；J601—出租车警报遥控控制单元；J389—右后车门控制单元；J388—左后车门控制单元；J393—舒适系统中央控制单元；J394—车顶卷帘控制单元；J528—车顶电子控制单元；J387—副司机车门控制单元；J873—司机多轮廓座椅控制单元；J872—副司机多轮廓座椅控制单元；J799—右前座椅通风控制单元；J800—左前座椅通风控制单元；1-16—翻板伺服电机；J453—多功能方向盘控制单元；J126—新鲜空气鼓风机控制单元；J706—座椅占用识别控制单元；J791—驻车转向辅助控制单元；J772—倒车影像系统控制单元；J527—转向柱电子控制单元；J898—前挡风玻璃投影控制单元；J854—左前安全带张紧器控制单元；J852—摄像头控制单元；J844—远光灯辅助控制单元；J197—水平调节控制单元；J851—图像处理控制单元；J850—车距调节控制单元；J428—车距调节控制单元；J849—传感器电子控制单元；J104—ABS 控制单元；J492—四轮驱动控制单元；R212—夜视系统摄像头；J853—夜视系统控制单元；J668—右大灯功率模块；J667—左大灯功率模块；J745—弯道灯和大灯照程调节控制单元；J532—稳压器；C—发电机；J367—蓄电池监控控制单元；J743—双离合器变速器的机电一体模块；J540—电动机械式驻车制动器控制单元；G85—转向角传感器；J623—发动机控制单元；J500—转向助力控制单元；J685—MMI 显示屏；J525—数字式音响包控制单元；R—收音机；J794—信息电子控制单元；R161—DVD-换碟机；J285—组合仪表内控制单元；J364—辅助加热控制单元；R78—TV-调谐器；E265—后部空调操纵和显示单元；J234—后出风口伺服电机安全气囊控制单元；J533—数据总线诊断接口；J255—自动空调控制单元；J770—变道辅助控制单元；J769—变道辅助控制单元；J855—右前安全带张紧器控制单元；R64—驻车加热遥控接收器；J792—诊断接口主动转向控制单元；J897—空气改进系统控制单元；J874—右后多轮廓座椅控制单元；J875—左后多轮廓座椅控制单元

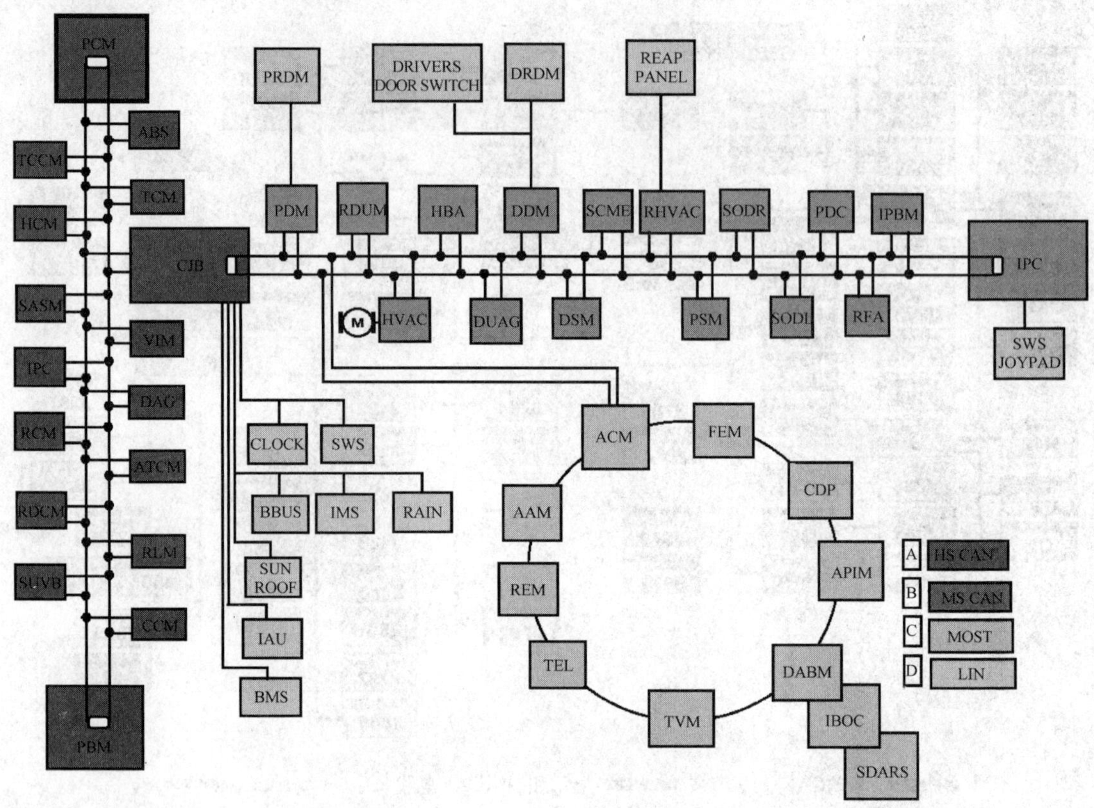

图 8-7 路虎揽胜车载网络系统/MOST 拓扑结构图(见彩色插页)

PCM—动力控制模块；TCCM—差速器控制模块；HCM—大灯控制模块；SASM—转向角度传感器模块；IPC—仪表；RCM—约束控制模块；RDCM—后差速器控制模块；SUMB—自适应减振器模块(悬架)；PBM—驻车制动模块；CCM—巡航控制模块；ABS—防抱死制动系统；TCM—变速器控制模块；CJB—中央接线盒(车身控制模块)；VIM—转向柱锁模块；DIAG—诊断插座；ATCM—全地形反馈控制模块；RLM—空气悬架模块；PRDM—乘客侧后门模块；PDM—乘客车门模块；RDUM—驾驶遥控模块；HBA—大灯远光辅助；DDM—驾驶员车门；DROM—驾驶员侧后门模块；DRIVERS DOOR SWITCH—驾驶员门开关；SCME—座椅控制模块；REAR PANEL—后面板；RHVAC—后加热通风空调控制模块；SODR—侧面物体监测(右)；PDC—倒车雷达；IPBM—图像处理模块；SWS JOYPAD—转向盘手柄开关；RFA—遥控功能控制器；SODL—侧面物体监测(左)；PSM—乘客座椅模块；DSM—驾驶员座椅模块；HVAC—加热通风空调控制模块；ACM—音响控制模块；FEM—前娱乐模块；CDP—CD 播放器；APIM—附加协议接口模块；DABM—数字收音机模块；IBOC—高分辨率无线电；SDARS—卫星数字收音机接收系统；TVM—电视模块；TEL—电话模块；REM—后娱乐模块；AAM—音频放大模块；CLOCK—模拟时钟；SWS—转向盘开关；BBUS—有源响声器；IMS—内部监控传感器；RAIN—雨量传感器；SUN ROOF—天窗；IAU—防盗无线单元；BMS—蓄电池监测系统

8.2 MOST 总线的传输介质——光导纤维

8.2.1 光导纤维的特点

光导纤维的任务是将某一控制单元发射器内产生的光波传送到另一个控制单元的接收

器。光导纤维作为MOST总线的传输介质，应具有如下特点。

(1) 光波在光导纤维中传送时的衰减很小。

(2) 光波是直线传播的，且不可弯曲，但光波应能通过弯曲的光导纤维来传送。

(3) 光导纤维应是柔性的，光导纤维在安装和振动中不能被损坏。

(4) 在－40～85℃的温度范围内，光导纤维应能保证功能，适应车内的各种温度变化。

(5) 发射器与接收器之间的距离可以达到数米远。

8.2.2　光导纤维的结构

光导纤维由纤芯、反射涂层、黑色包层和彩色包层组成，如图8-8～图8-12所示。纤芯是光导纤维的核心部分，它是用有机玻璃制成的光导线，根据全反射的原理进行几乎无损失的传导。透光的反射涂层是用氟聚合物制成的，它包在纤芯周围，对全反射起到关键作用。黑色包层由尼龙制成，它用来防止外部光的照射。彩色包层起到识别、保护及隔热的作用。为了使传输过程中的损失尽量小，光纤的端面应光滑、垂直、洁净。光导纤维在汽车多媒体系统中的应用如图8-11所示。

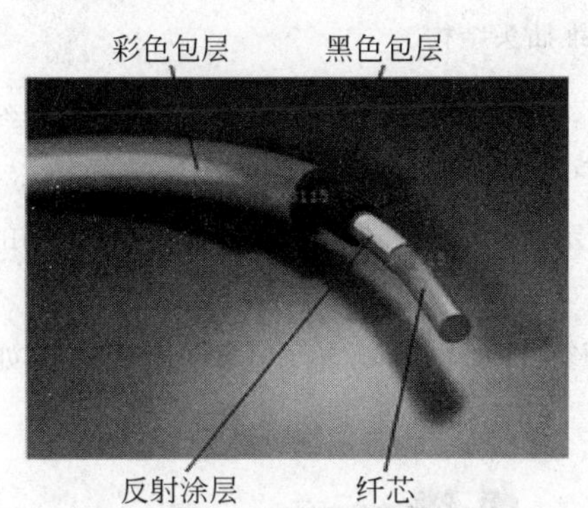

图8-8　光导纤维的结构

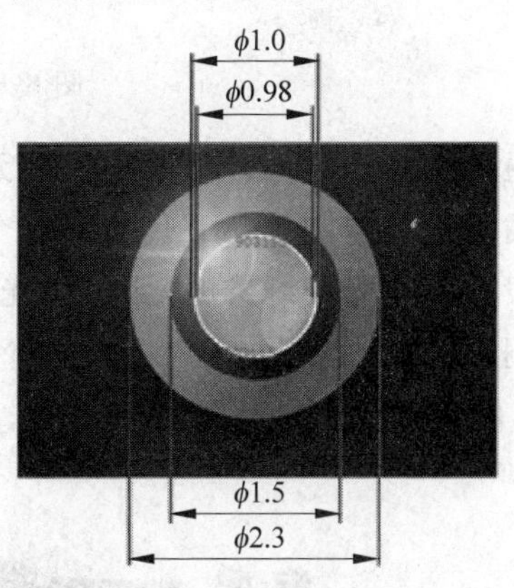

图8-9　光导纤维各部分的尺寸

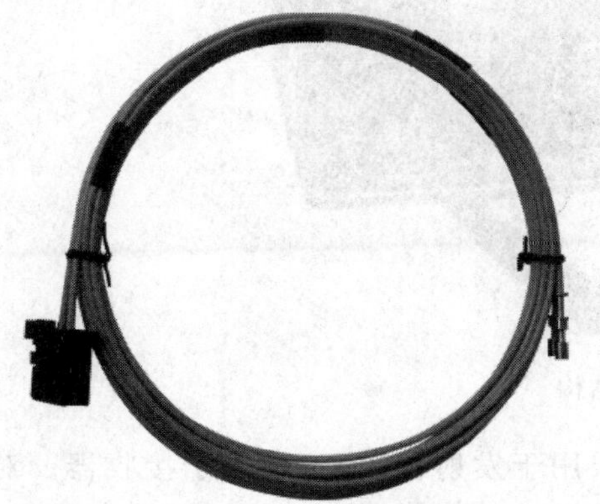

图8-10　光导纤维外形图

图8-11　光导纤维在汽车多媒体系统中的应用

8.2.3 光导纤维的插头

(1) 光导纤维插头。为了能将光导纤维连接到控制单元上,在光学传输系统中使用了一种专用插头与控制单元连接。插座本体上有一个信号方向箭头,表示光波传输方向(通向接收器)。如图 8-12 所示,插头壳体就是与控制单元的连接处。

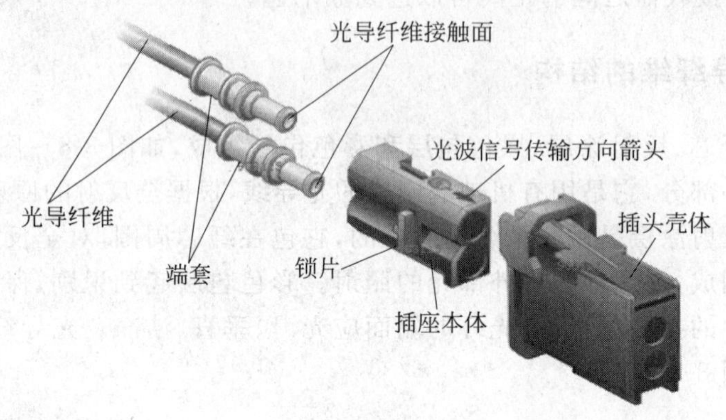

图 8-12 光导纤维插头结构

光通过纤芯的端面传送至控制单元的发射器/接收器,这样光信号通过由光导纤维导线和光导插头进入控制单元或传往下一个总线用户。

一般在生产光导纤维时,为了将光导纤维固定在插头壳体内,使用了激光焊接的塑料端套或黄铜端套。

(2) 电气插头。该插头用于供电、环断裂自诊断以及输入/输出信号。其结构如图 8-13 所示。

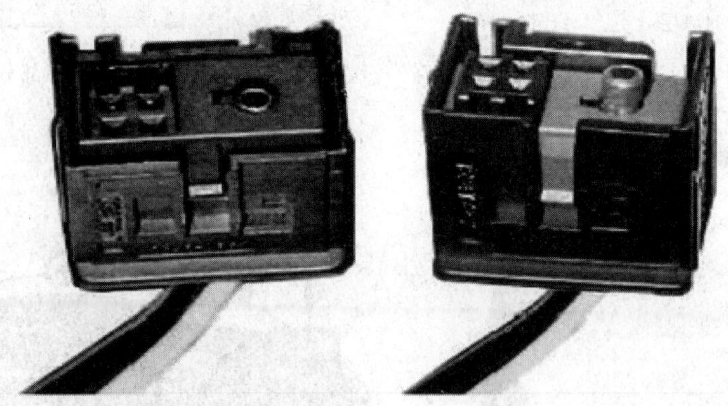

图 8-13 电气插头结构

MOST 总线一个控制单元有两根光导纤维,一根用于发射器,另一根用于接收器。对于 MOST 总线插头而言,2 芯光导纤维插头的结构如图 8-14 所示。光导纤维线脚 Pin1 始终用于输入,光导纤维线脚 Pin2 始终用于转发,其上有箭头符号。

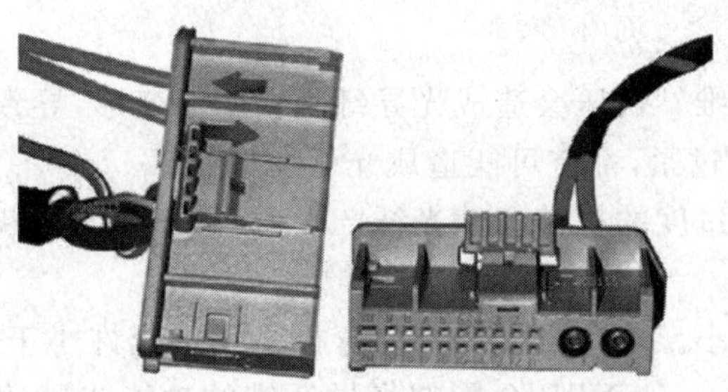

图 8-14　2 芯光导纤维插头

8.2.4　光导纤维的使用

(1) 信号衰减。光导纤维内光脉冲发射距离越大功率损失也越大,这种自然形成的功率损失称为自然衰减。为防止自然衰减过度,光纤使用长度有一定的要求。还有一种衰减是因为光脉冲传输区域有缺陷而产生的,称为故障衰减。信号衰减产生的原因如图 8-15 所示。

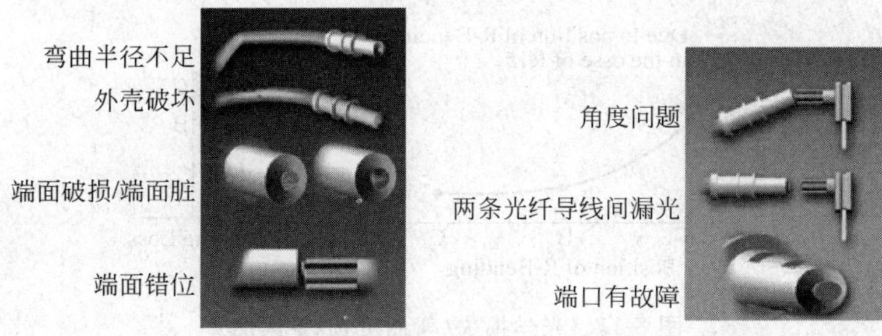

图 8-15　MOST 总线传输系统信号衰减增大的原因

(2) 光学损耗。光导纤维的光学损耗如图 8-16 所示。

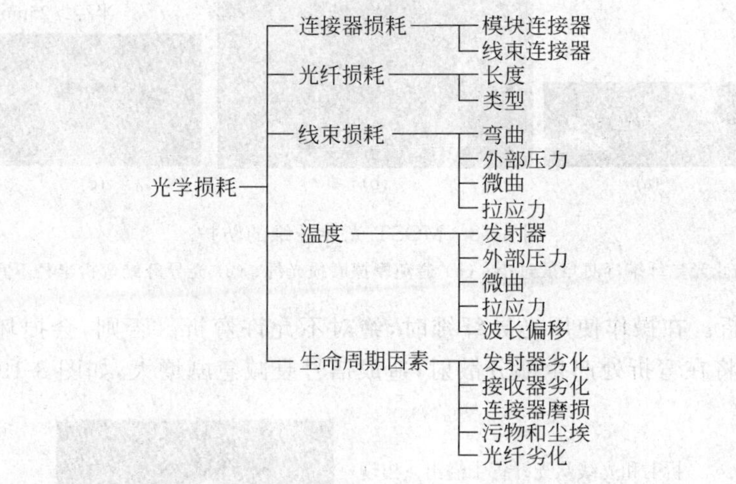

图 8-16　光导纤维的光学损耗

(3) 光纤使用注意事项。

为了使光导纤维信号衰减幅度不致过大,确保信号传输质量,使用光导纤维应注意以下事项。

① 不准挤压光导纤维。挤压会造成光导纤维横断面变形，导致衰减加大。在装配线束时无意的踩踏、线束捆扎过紧，都有可能造成光纤变形。

② 严禁拉伸光纤。过度的拉伸会使光纤产生变形，纤芯的横断面减小，光通量减少，影响光波的正常传输。

③ 弯曲半径不宜过小。玻璃光导纤维的弯折半径不允许小于 50mm，塑料光导纤维的弯折半径不允许小于 25mm。否则，会影响光导纤维的功能或导致光导纤维损坏。弯曲度损耗具有累加效应，如图 8-17 所示。

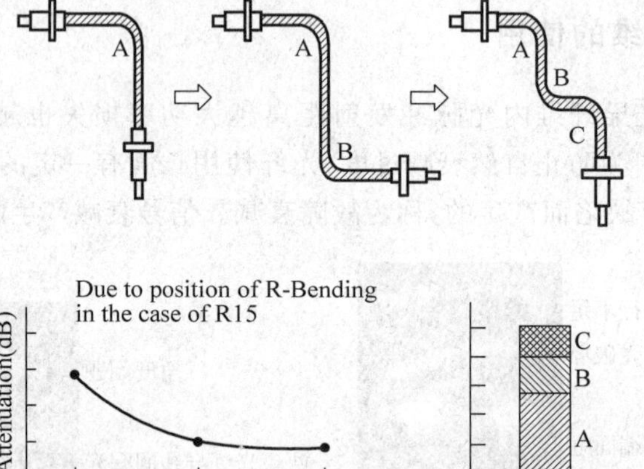

图 8-17　光学损失(弯曲度损耗-累加)

为防止弯曲角度过小，采用波纹管套装在光纤上，如图 8-18 所示。

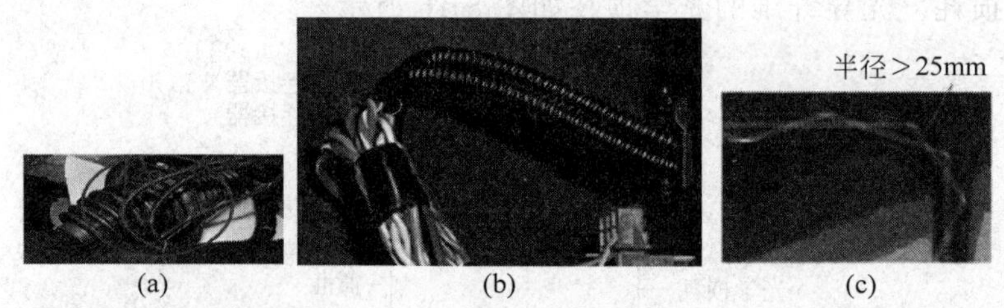

(a)　(b)　(c)

图 8-18　MOST-光导纤维的防护

(a) 防止光导纤维弯曲角度过小；(b) 避免摩擦磨损光纤；(c) 光导纤维弯折半径不宜过小

④ 不许弯折。在操作使用光导纤维时，绝对不允许弯折。否则，会损坏光导纤维的纤芯和包层，光线将在弯折处产生部分散射，造成信号衰减急剧增大，如图 8-19 所示。

折射和光线从光纤管中溢出＞出现光线损失

可能原因：光线错误的入射角(插头故障)，或者光纤弯曲角度超过R25

图 8-19　光线从光纤管中溢出

⑤ 禁止摩擦磨损光纤。在车上安装布置光导纤维线束时，要特别注意不要产生摩擦磨损，尤其线束穿越车身孔、壁等处时，要格外注意，妥善防护。

⑥ 防止光纤过热。在布置光纤线束时，应远离汽车上的高温热源。

⑦ 避免光纤浸水。光导纤维的接头铜套一旦浸水，将会导致光波传输出现故障。

⑧ 光导纤维端面不得有污染和损伤。为了能使传输过程中的损失尽量小，维修光导纤维时，需要使用专用工具，以保证光导纤维端面光滑、垂直、洁净、平整，切削面上的污垢和刮痕会加大传送损失(衰减)。

⑨ 不允许用下述方法维护光导纤维及其构件。

a. 热处理之类的维修方法，如钎焊、热粘结及焊接。

b. 化学及机械方法，如粘贴、平接对接。

c. 两条光导纤维线绞合在一起，或者一根光导纤维与一根铜线绞合在一起。

d. 包层上打孔、切割、压缩变形等。另外装入车内时不可有物体压到包层。

e. 端面上不可脏污，如液体、灰尘、工作介质等。只有在插接和检测时才可小心地取下保护盖。

f. 在车内铺设时不可打结，更换光导纤维时注意其正确的长度。

8.3 MOST 总线的拓扑结构——MOST 光纤环

MOST 总线各个控制单元之间的信息传输、数据交换通过 MOST 环型结构来实现，数据在 MOST 总线环内始终沿某一方向传送。每个控制单元都可以将数据发送到 MOST 总线上，形成了一个数据只沿一个方向传输的 MOST 光纤环。控制单元通过光导纤维沿环形方向将数据传送到下一个控制单元，这个过程一直在持续进行，直到首先发出数据的控制单元又接收到这些数据为止，这样 MOST 总线系统就形成了一个封闭环——MOST 光纤环。

8.3.1 VOLVO 轿车 MOST 总线拓扑

VOLVO 轿车 MOST 总线联网模块在车上的位置如图 8-20 所示，VOLVO 轿车 MOST 光纤环如图 8-21 所示。

VOLVO 轿车 MOST 网络联网的模块如下。

(1) 信息娱乐控制模块(ICM)。信息娱乐控制模块用于监测 MOST 网络，是主控制模块，可连接到 MS CAN 以及 MOST 网络。ICM 属于 MOST 网络的标准设置，必须连接到 MOST 网络才能工作。

(2) 整体式音响模块(IAM)。整体式音响模块有 CD 播放机和 CD 换片机两种型号，自带 AM/FM 天线，是 MOST 网络上的从属模块，是 MOST 网络的标准装备。

(3) 音响模块(AUD)。在汽车配备音响模块(AUD)情况下，放大器直接连接所有喇叭。音响模块是 MOST 网络上的从属模块。

(4) 遥控数位音响接收器(RDAR)。遥控数位音响接收器用于接收数字式卫星和地面转播无线电信号，是 MOST 网络上的从属模块。

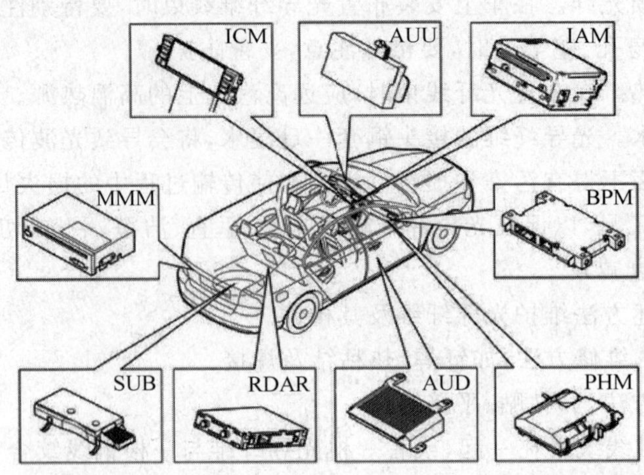

图 8-20 VOLVO 轿车 MOST 总线联网模块在车上的位置

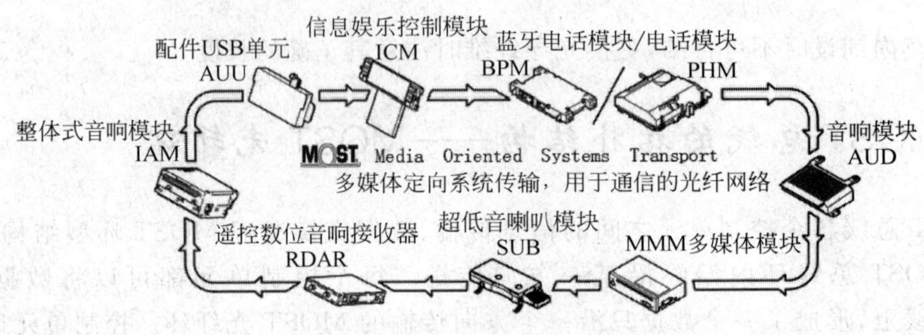

图 8-21 VOLVO 轿车 MOST 光纤环

(5) 配件 USB 单元(AUU)。配件 USB 单元是汽车信息娱乐系统和外部 USB 单元之间的界面，支持基于 USB 1.1 和 2.0 的移动式媒体，是 MOST 网络上的从属模块。

(6) 电话模块(PHM)。电话模块用于控制汽车电话功能，是 MOST 网络上的从属模块，不能安装到配备蓝牙电话模块(BPM)的车辆内。

(7) 蓝牙电话模块(BPM)。蓝牙电话模块用于配备着蓝牙技术的、汽车的信息娱乐系统和移动电话之间的无线连接，是 MOST 网络上的从属模块，不能安装到配备电话模块(PHM)的车辆内。

(8) 多媒体模块(MMM)。多媒体模块用于在前屏幕控制模块(HLDF)显示交通信息，整合了 TMC 和 GPS 接收器，是 MOST 网络上的从属模块。

(9) 超低音喇叭模块(SUB)。超低音喇叭模块用于管理从音响模块(AUD)到超低音喇叭的声音复制功能，是 MOST 网络上的从属模块。

8.3.2 路虎车系 MOST 总线拓扑

路虎车系的 MOST 总线系统连接示意图、拓扑结构示意图如图 8-22、图 8-23 所示。

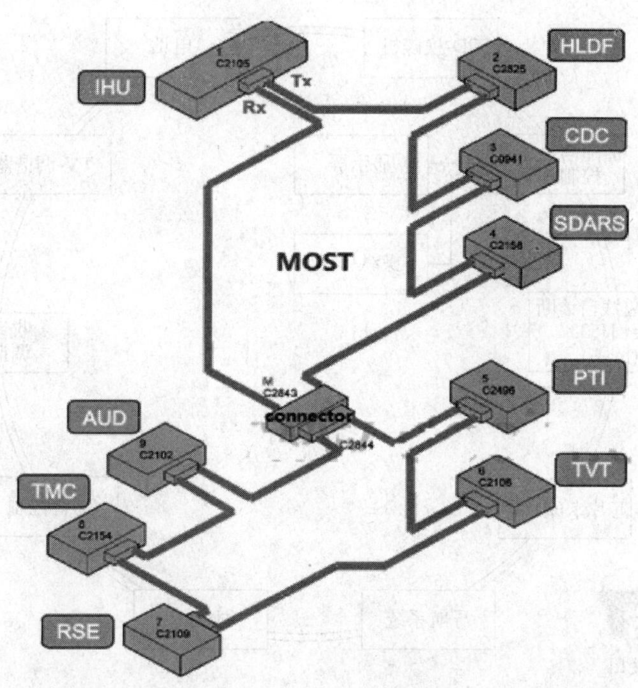

图 8-22 路虎 MOST 总线系统的连接示意图

IHU—音响控制单元；AUD—音响模块；TMC—电视；RSE—后座娱乐；TVT—后座娱乐；PTI—个人集成电话；SDARS—卫星数字收音机接收系统；CDC—光盘转换匣；HLDF—前端高级显示屏

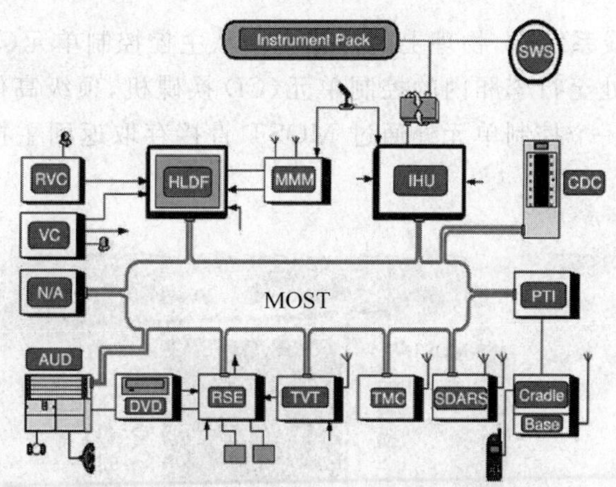

图 8-23 路虎 MOST 总线系统拓扑结构示意图

IHU—音响控制单元；AUD—音响模块；TMC—电视；RSE—后座娱乐系统；TVT—后座娱乐；PTI—个人集成电话；SDARS—卫星数字收音机接收系统；CDC—光盘转换器；HLDF—前端高级显示屏；MMM—多媒体模块；RVC—后视摄像机

8.3.3 奥迪车系 MOST 总线拓扑

奥迪车系 MOST 总线拓扑结构如图 8-24 所示。

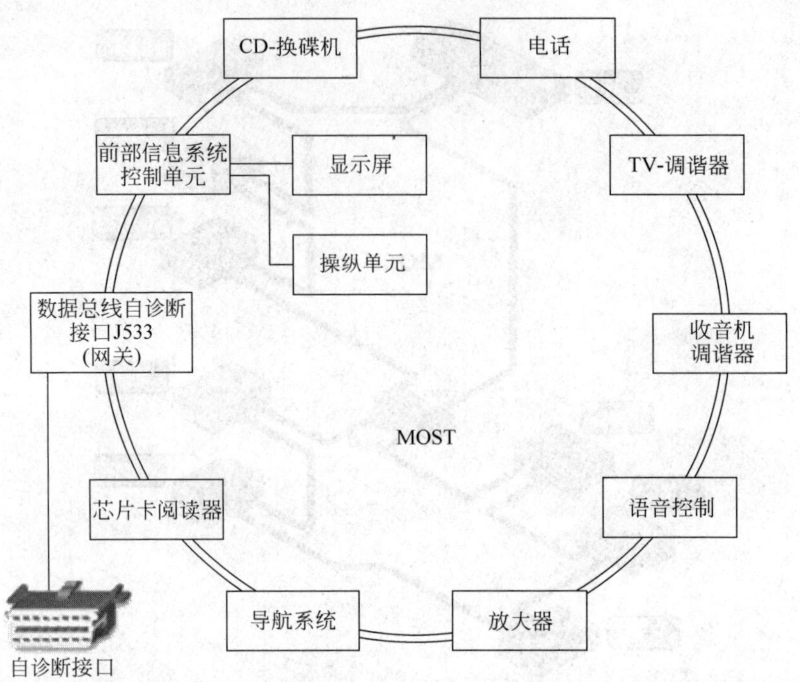

图 8-24 奥迪车系 MOST 总线拓扑结构(MOST 光纤环)

8.3.4 宝马车系 MOST 总线拓扑

在宝马 MOST 总线系统中,物理上的光线方向从主控控制单元(车辆通信计算机)至光缆连接器,再从连接器处至行李厢内的控制单元(CD 换碟机,顶级高保真音响放大器,视频模块等)。光线从最后一个控制单元处通过 MOST 直接存取返回主控控制单元,如图 8-25 和图 8-26 所示。

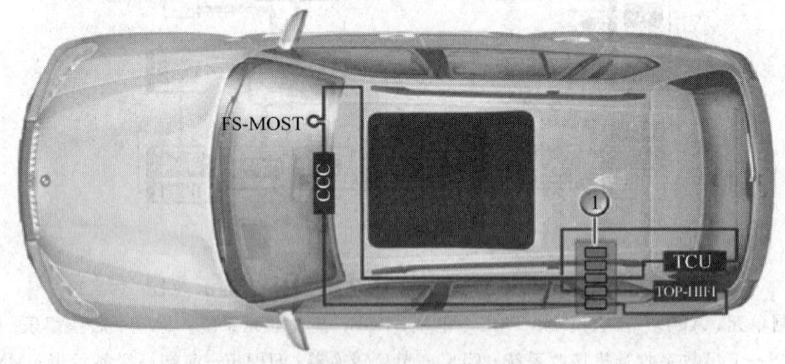

图 8-25 宝马 E70 MOST 结构布置示例

CCC—车辆通信计算机；TOP-HIFI—顶级高保真音响放大器；TCU—远程通信系统控制单元；FS—MOST 直接存取接口；1—光缆连接器

F01/02 车型的 MOST 总线拓扑如图 8-27 所示。该车系 MOST 总线主要用于车载信息/娱乐通信系统,车辆信息计算机(CIC)作为主控控制单元使用。始终安装的控制单元包

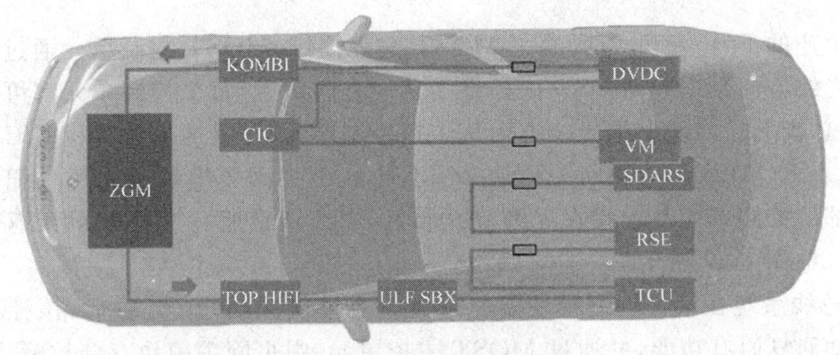

图 8-26　宝马 F01/F02 车型 MOST 结构布置

TOP HIFI—顶级高保真音响放大器；CIC—车辆信息计算机；DVDC—DVD 换碟机；KOMBI—组合仪表；RSE—后座区娱乐系统；SDARS—卫星收音机调谐器；TCU—远程通信系统控制单元；ULFSBX—接口盒；VM—视频模块；ZGM—中央网关模块

括中央网关模块(ZGM)、组合仪表(KOMBI)、汽车信息计算机(CIC)。同时根据车辆特殊装备,可能配装 DVD、顶级高保真放大器(AMPT)、电子信息系统控制单元或接口盒(TCU 或 ULF-SBX)、后座区视听设备(ULF-SB-H)、视频模块或卫星调谐器(RSE)(VM 或 SDARS)等。

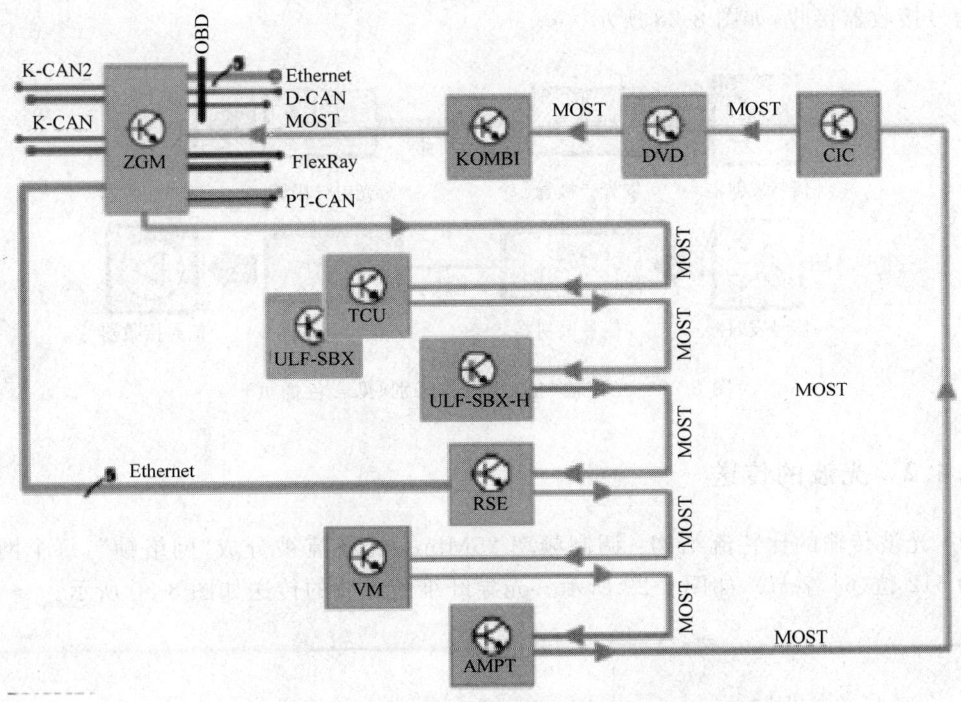

(图中箭头显示 MOST 环形结构内光线的方向)

图 8-27　宝马 F01/F02 车型 MOST 拓扑结构(MOST 光纤环)

Ethernet—局域数据网络技术；FlexRay—快速容错总线；D-CAN—诊断总线；K-CAN2—车身控制器局域网络；K-CAN—车身控制器局域网络；OBD—诊断插座；PT-CAN—动力传动系统控制器局域网络；TOP HIFI—顶级高保真音响放大器；CIC—车辆信息计算机；DVD—换碟机；KOMBI—组合仪表；RSE—后座区娱乐系统；SDARS—卫星收音机调谐器；TCU—远程通信系统控制单元；ULF-SBX—接口盒；VM—视频模块；ZGM—中央网关模块

宝马新生产的F01/02车型取消了MOST编程接口，MOST控制单元通过以太网接口进行编程。光线方向数据在MOST内始终沿某一方向传送，每个控制单元都可以将数据发送到MOST总线上。物理上的光线方向从主控控制单元（车辆通信计算机CIC）经DVD换碟机、组合仪表KOMBI至中央网关模块ZGM，再从中央网关模块至光缆分配器。所有安装在车辆尾部的控制单元都连接在光缆分配器上，光线从最后一个控制单元返回主控控制单元，如图8-26、图8-27所示。

MOST总线系统在某一控制模块温度过高时有可能关闭，10分钟后，该控制单元冷却后系统将自动回复原有功能，并通过MOST主控单元、中央网关模块存储故障代码。

8.4 MOST总线的工作原理

8.4.1 信号的光学传输

与传统的电传输信号不同，光学传输是将所传输的电子信号通过信号发生器、发光二极管转换成光信号，然后通过光导纤维传输，再通过光电二极管将光信号转换为电信号，最后由信号接收器接收，如图8-28所示。

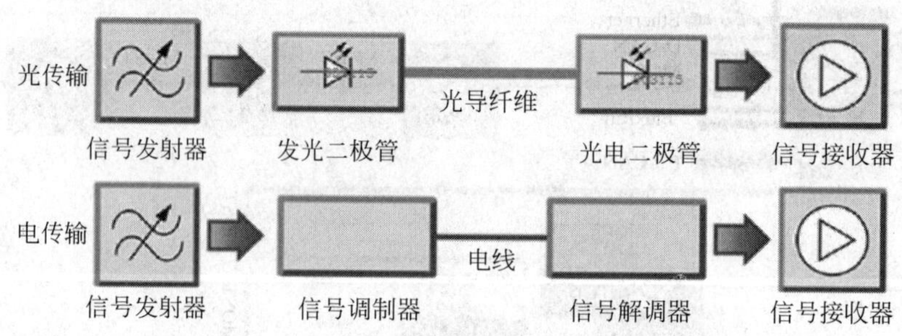

图8-28 光传输与电传输的区别（见彩色插页）

8.4.2 光波的传送

(1) 光波传输的比特流结构：调制频率25Mbps，比特流被分成“网络帧”，每个网络帧长度为512位（64字节），如图8-29所示。光导纤维中光波的传送如图8-30所示。

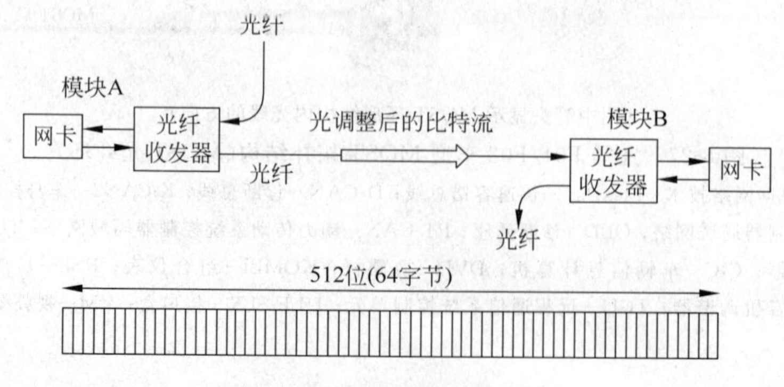

图8-29 光波传输数据链路层

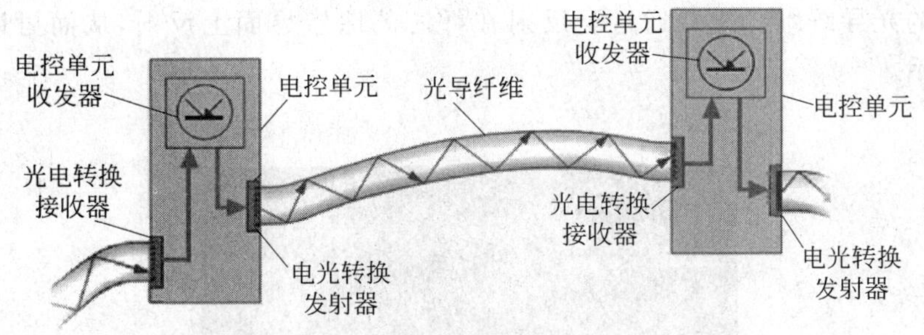

图 8-30　光导纤维中光波的传送(见彩色插页)

在 MOST 总线中,每个终端设备(节点、控制单元)在一个具有环型结构的网络中通过光导纤维环相互连接,如图 8-31 所示。光导纤维的任务是将在某一控制单元发射器内产生的光波传送到另一控制单元的接收器。

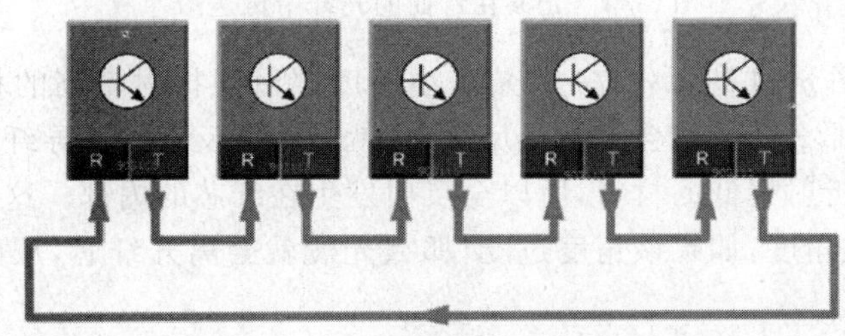

图 8-31　音频、视频数据信息在 MOST 环型总线上循环

R—接收器; T—发射器

(2) 光波的传送。

光波沿光导纤维的传输过程中,只有一部分是沿直线传输的,绝大部分是按全反射原理在纤芯表面以"Z"字形曲线传送的。当一束光以小角度照射到折射率高的材料(纤芯)和折射率低的材料(涂层)之间的界面时,光束就会在纤芯的内部被完全地反射。这种全反射效应取决于从内部照射到界面的光波角度,如果角度过陡,也就是光导纤维弯曲或弯折过度时,光波就会离开纤芯,从而造成很大的损失。所以,光导纤维的曲率半径不可小于 25mm。

① 笔直的光导纤维。在笔直的光导纤维中,只有一部分光波沿直线传送,而绝大部分光波是以"Z"字形曲线进行传送,其结果是在纤芯表面产生了全反射,如图 8-32 所示。

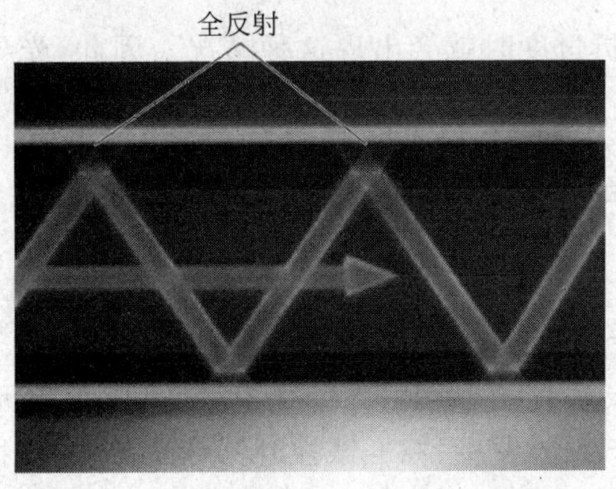

图 8-32　光波在笔直的光纤中传送

② 弯曲的光导纤维。光波通过全反射在纤芯的涂层界面上反射，从而可以弯曲传送，如图 8-33 所示。

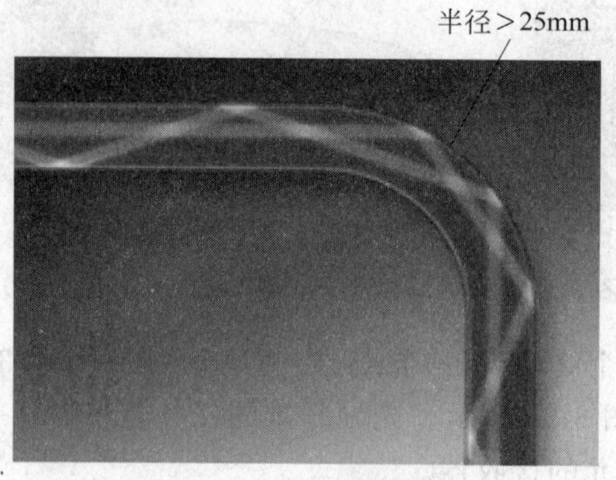

图 8-33 光波在弯曲的光纤中传送图

③ 全反射。如图 8-34 所示，当一束光以小角度照射到折射率高的材料与折射率低的材料之间的界面时，那么光束就会被完全反射，这就叫作全反射。光导纤维中的纤芯是折射率高的材料，涂层是折射率低的材料，所以全反射发生在纤芯的内部。这个效应取决于从内部照射到界面的光波角度，如果该角度过陡，那么光波就会离开纤芯，从而造成较大光学损失和信号衰减。

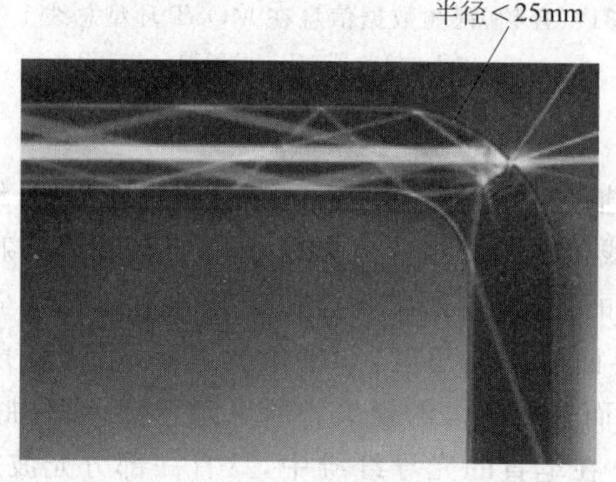

图 8-34 光纤弯曲半径过小时光波传输大幅衰减

当光导纤维弯曲或弯折过度时就会出现这种情况。因此，光导纤维的曲率半径不可小于 25mm。

8.4.3 MOST 光学传输控制单元

在光学总线中，每一个总线用户（收音机、CD 唱机、视频导航仪等）都有一个光学传输控制单元，用于实现光学传输的信号调制、解调和控制。

如图 8-35 所示，光学传输控制单元由内部供电装置、收发单元-光导发射器 FOT（光电二极管、发光二极管）、MOST-收发机、标准微控制器（CPU）、光导插头、电气插头、专用部件等组成。光导插头和电气插头。光导插头由一进一出两条光纤组成，光信号通过这个插头进入控制单元,或将产生的光信号传往下一个总线用户。电气插头主要用于供电、环断裂自诊断以及输入/输出信号。

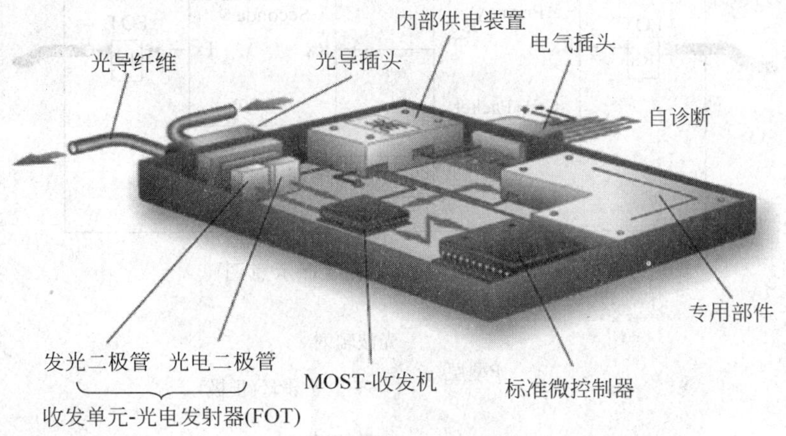

图 8-35 光学传输控制单元

(1) 收发单元-光导发射器(FOT)由一个光电二极管和一个发光二极管构成(图 8-36)。光电二极管把光信号转换成电信号后传至 MOST-收发机,发光二极管的作用是把 MOST-收发机的电信号转换成光信号。

在每个控制单元中,各有 1 个收发单元-光导发射器(FOT)来负责光波的传递。到达的光波信号由光电二极管转化为电压信号,并继续传输给收发机。发光二极管的任务是将 MOST-Bus 收发机的电压信号转化为光波信号,产生波长为 650nm 的红色光波,如图 8-37 所示。数据将通过光波的调制来传输,经调制后的光波接着将通过光波导体被导向下一个控制单元。光纤收发器的原理示意图如图 8-38 所示。

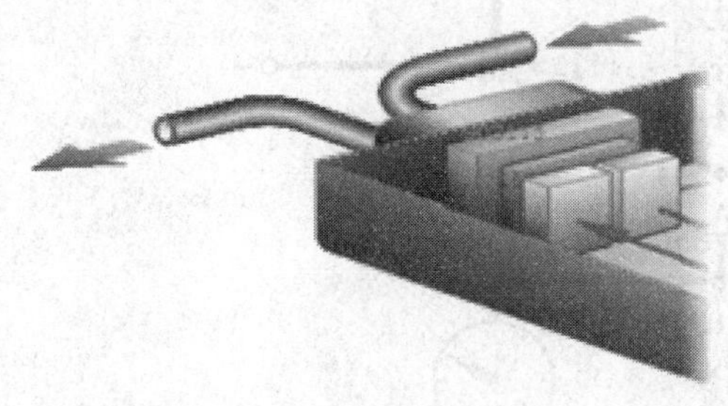

图 8-36 光导发射器(FOT)

图 8-37 波长 650nm 的可见红光

光电二极管是利用光电效应原理将光波转换成电压信号的。如图 8-39 所示,光电二极管内有一个 P-N 结,入射光可以照射到这个 P-N 结上。在 P 型层上有一个正极触点(滑环),N 型层与金属底板(负极)相连。

如果入射光或红外线照射到 P-N 结上,P-N 结内就会产生自由电子和空穴,从而形成穿越 P-N 结的电流。照射到光电二极管上的入射光越强,流过光电二极管的电流就越大。这个现象称为光电效应,如图 8-40 所示。

(2) MOST-收发机。MOST-收发机由发射机和接收机两个部分组成,发射机将要发送的信号作为电压信号传至光导发射器,接收机接收到信号后将所需的数据传至控制单元内

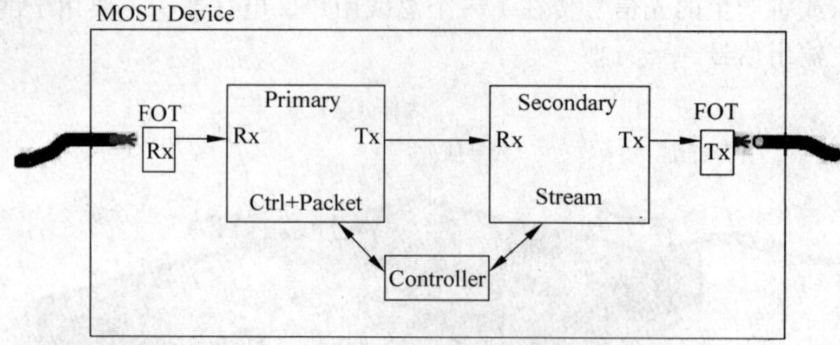

图 8-38 光纤收发器原理示意图

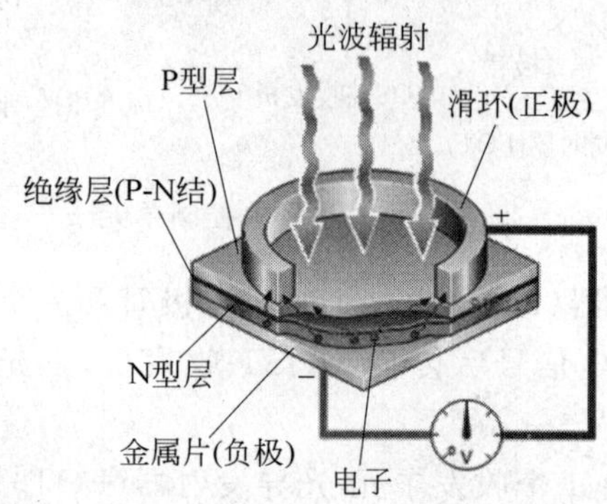

图 8-39 光电二极管的结构示意图

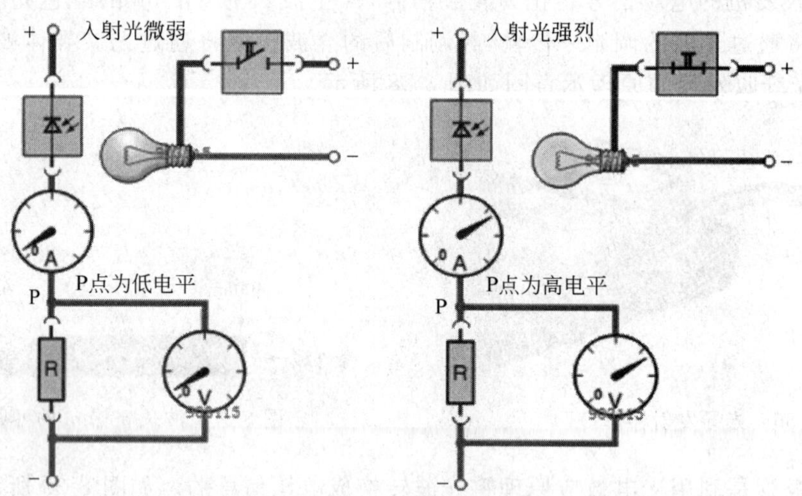

图 8-40 光电效应原理

的“标准微控制器”,其他控制单元不需要的信息由收发机来传送,这些信息被原封不动地发至下一个控制单元,而不是将数据传到 CPU 上。

(3) 标准微控制器(CPU)。标准微控制器(CPU)是控制单元的核心元件,它的内部有一个微处理器,用于操纵控制单元的所有基本功能。

(4) 内部供电装置。由电气插头送入的电再由内部供电装置分送到各个部件,这样就可单独关闭控制单元内某一部件，从而降低了静态电流。

(5) 光导纤维-光导插头。光信号通过该开关进入控制单元，或产生的光信号通过该开关传往下一个总线用户。

(6) 电气插头。该插头用于供电、环断裂自诊断以及输入/输出信号。

(7) 专用部件。这些部件用于控制某些专用功能，例如CD播放机和收音机调谐器。

8.4.4 MOST总线系统管理器

MOST系统管理器与诊断管理器共同负责MOST总线内的系统管理。其作用如下。

(1) 控制系统状态。

(2) 发送MOST总线信息。

(3) 管理传输容量。

8.4.5 MOST总线系统数据流信道

1. 信道

在MOST网络中，信息以帧格式进行传送，一个MOST帧分为一些数据段，如图8-41所示，总线上不断传送信息帧的相同数据段，连续不断地传送着某种信息，构成了这种信息的一个数据通道，此通道称为信道(Channels)。MOST总线系统信道包括控制通道、异步通道和同步通道。其结构和功能如图8-41、图8-42所示。所谓的数据传输，在MOST网络中体现为节点之间根据协议通过信道交换彼此间的数据。

同步数据：实时传送音频信号、TV和视频信号等流动型同步数据。

异步数据：传送访问网络及访问数据库等的非周期性数据包，如导航。

控制数据：传送控制报文及控制整个MOST网络的数据，例如调节光强度。

2. MOST系统数据信道的作用

每个MOST控制单元都可以将数据发送到MOST总线上。只有网关控制单元能够实现MOST总线与其他总线系统之间的数据交换。控制单元CHAMP、多功能音频系统控制器和车辆通信计算机作为网关和主控控制单元使用。

MOST总线通过不同通道传输数据。由于应用目的不同，因此数据被发送到数据流(通道)内的不同时间窗上。

(1) 控制通道。控制信号通过控制通道发送，例如顶级高保真音响放大器音量调节和诊断数据。

(2) 同步通道。同步通道主要用于传送音频数据。

(3) 异步通道。异步通道传输导航系统的图像数据，例如地图视图和方向箭头。

对MOST总线内的控制单元进行编程时使用控制通道和异步通道，这些通道已针对MOST直接存取进行相应调整。

8.4.6 MOST总线系统的信息帧

MOST传输协议由分成帧的数据块组成。每一帧包含流数据、分组数据和控制数据结构。如图8-43所示，一个信息帧的大小为64字节(1字节为8bit)，可分成起始区、分界区、

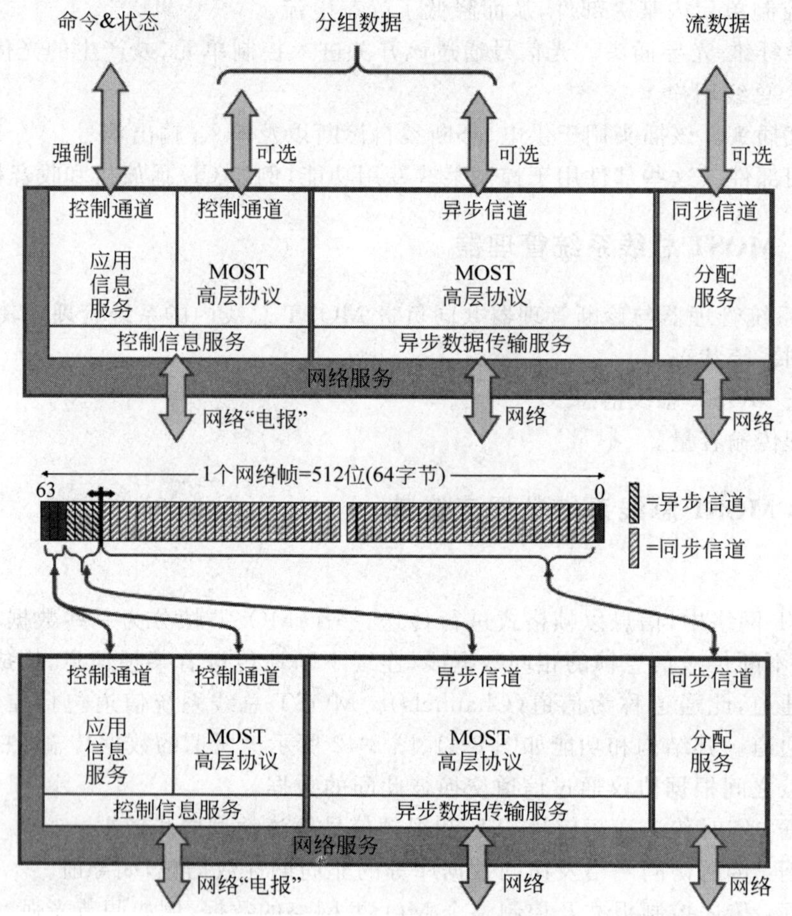

图 8-41 MOST 总线数据流通道结构

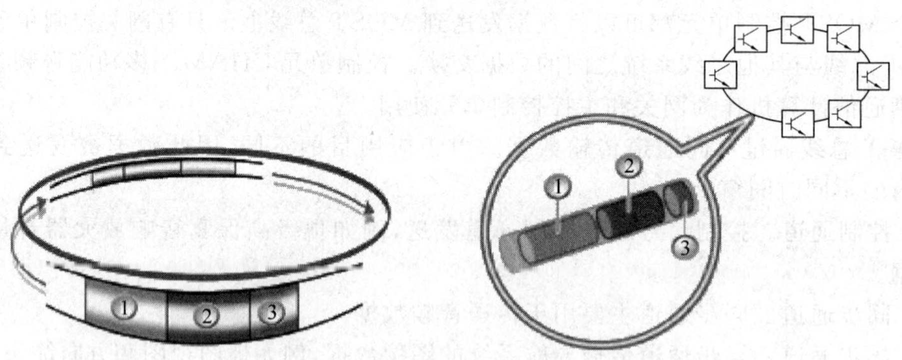

图 8-42 MOST 网络内的数据流通道

1—同步通道；2—异步通道；3—控制通道

数据区、状态区、奇偶校验区和 2 个校验字节。

(1) 起始区：表示一个信息帧的开始，每段信息帧都有自己的起始区。

(2) 分界区：分界区用于区分起始区和数据区。

(3) 数据区：将有效数据发送至控制单元(最多可发送 60 个字节)。数据区可分为同步

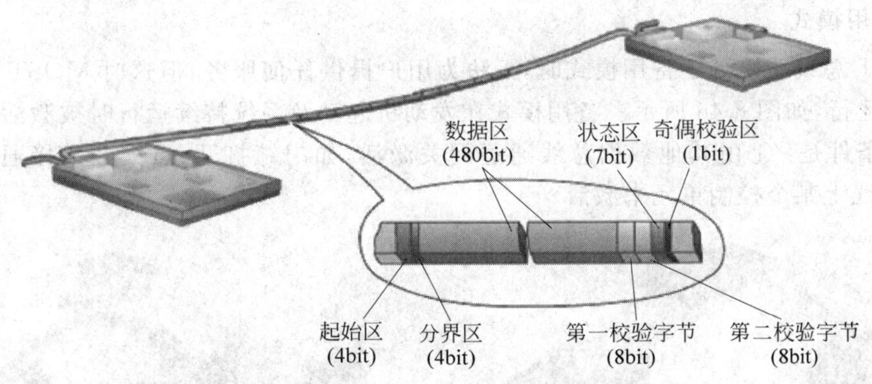

图 8-43 MOST 信息帧的结构

数据和异步数据两种类型,如图 8-44 所示。声音和视频作为同步数据在 24～60 个字节,具有优先权进行传递;图片、用于计算的信息及文字作为异步数据以 4 个字节为一个数据包被记录并发射到接收器上。

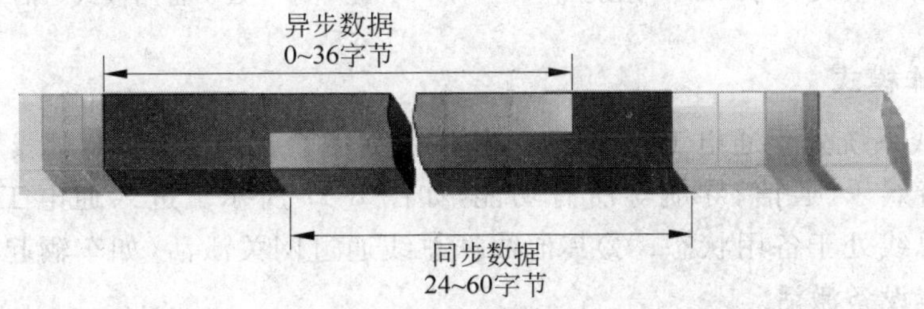

图 8-44 数据区的类型(同步和异步数据)

(4) 状态区:信息帧的状态区包含用于给接收器发送信息帧的信息。

(5) 奇偶校验区:奇偶校验区用于最后检查数据的完整性,该区的内容将决定是否需要重复一次发送过程。

(6) 校验字节:两个校验字节传送发射器/接收器地址(标识符)和接收器的控制指令(如放大器音量增大或音量减小)信息。

8.4.7 MOST 总线系统状态

1. 休眠模式

处于休眠模式时,MOST 总线内没有数据交换,静态电流降至最小值,系统处于待命状态,只能由系统管理器发出的光波启动脉冲来激活,如图 8-45 所示。信息显示控制单元 J523 执行系统的管理功能。

进入休眠的条件:①MOST 系统所有控制单元都准备好要切换到休眠状态;②其他系统没有通过网关提出任何要求;③故障自诊断系统未处于工作状态。在上述条件下,MOST 总线可在蓄电池放电时通过蓄电池管理器经网关切换到休眠状态,或通过自诊断激活传输模式,切换到休眠状态。

2. 备用模式

MOST 总线系统处于备用模式时，无法为用户提供任何服务，但这时 MOST 总线系统仍在后台运行，如图 8-46 所示。备用模式在发动机起动及系统持续运行时被激活。备用模式的激活条件是：①由其他数据总线通过网关激活，如门锁打开、点火开关接通等；②由 MOST 总线上某个控制单元来激活。

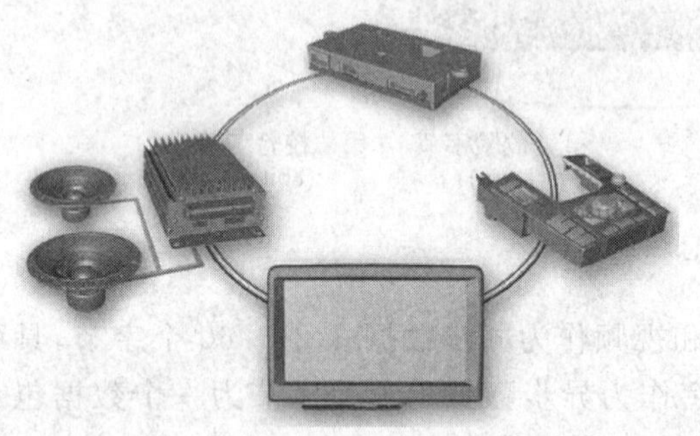

图 8-45 处于休眠模式下的 MOST 系统

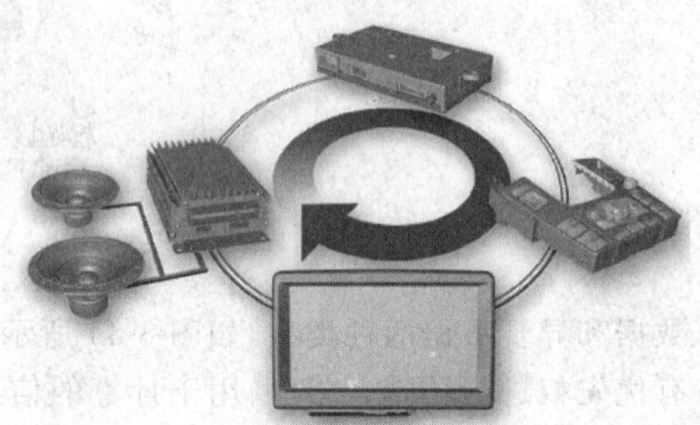

图 8-46 处于备用模式下的 MOST 总线系统

3. 通电工作模式

MOST 总线系统处于通电工作模式时，控制单元完全接通，MOST 总线上有数据交换，用户可使用影音娱乐、通信、导航等所有功能，如图 8-47 所示。进入通电工作模式的条件是：①MOST 总线处于备用状态；②其他数据总线通过网关激活（如车辆起动等）；③通过用户操作多媒体设备激活。

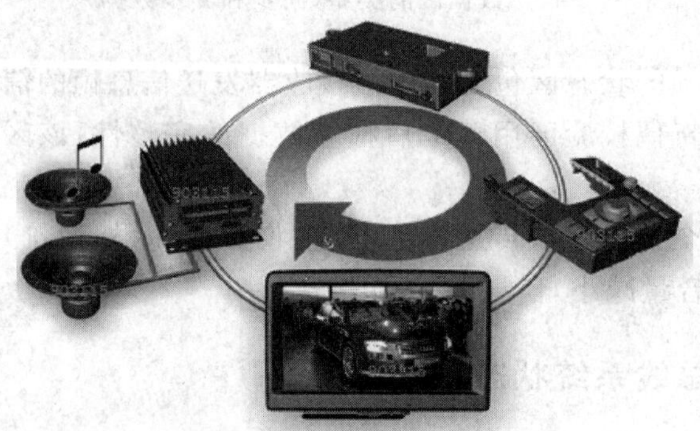

图 8-47 处于通电工作模式下的 MOST 系统

8.4.8 MOST 总线工作过程（以奥迪 A6 为例）

MOST 总线基于环型拓扑，从而允许共享多个发送和接收器的数据。在光纤环路系统中，信息显示控制单元 J523、数据总线诊断接口（网关）J533、电话控制单元 R36、导航控制单元 J104、电视调谐器 R78、收音机控制单元 R、音响控制单元 J525 及换碟机 R41 通过光纤组成一个封闭的环型结构，各控制单元通过光纤（LWL）以相同的方向在环路中发送数据到相邻的下一个控制单元。

1. 系统启动(唤醒)

假如 MOST 总线处于休眠模式,那么首先须通过唤醒过程将系统切换到备用模式。如果某一控制单元(系统管理器除外)唤醒了 MOST 总线,那么该控制单元就会向下一个控制单元发射一种专门调制的光(称为伺服光),如图 8-48 所示。

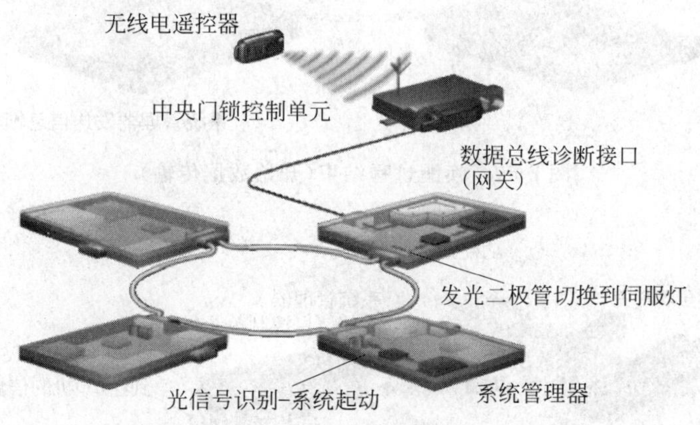

图 8-48　伺服光波的传输过程

环状总线上的下一个控制单元通过在休眠模式下工作的光电二极管来接收这个伺服光并将此光继续下传。该过程一直进行到系统管理器为止。

如图 8-49 所示,系统管理器根据传来的伺服光来识别是否有系统起动的请求。然后系统管理器向下一个控制单元发送一种专门调制的光(称为主光)。这个主光由所有的控制单元继续传递,光导发射器(FOT)接收到主光后,系统管理器就可识别出环形总线现在已经封闭了,可以开始发送信息帧了。

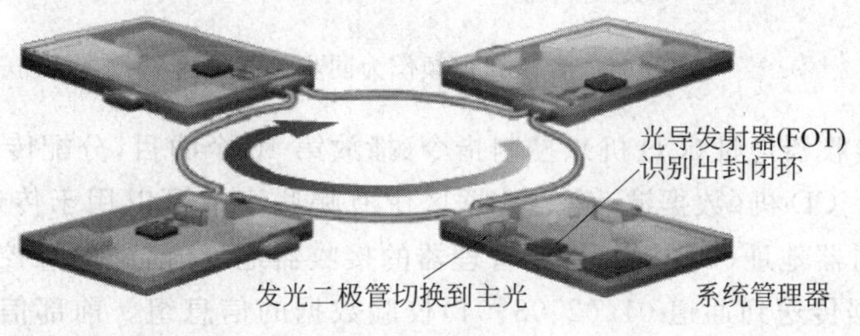

图 8-49　主光波

首批信息帧要求 MOST 总线上的控制单元提供标识符。系统管理器根据标识符向环型总线上的所有控制单元发送实时顺序(实际配置),于是就可以进行根据地址的数据传递了。诊断管理器将报告上来的控制单元(实际配置)与一个所安装的控制单元存储表(规定配置)进行对比。如果实际配置与规定配置不相符,诊断管理器就会存储相应的故障。这时唤醒过程即结束,可以开始数据传递了,如图 8-50 所示。

2. 音频和视频作为同步数据的传递

如图 8-51 所示,用户通过多媒体操纵单元(E380)和信息显示单元(J685)来选择 CD 上的曲目。E380 通过一根数据线将控制信号传给前部信息控制单元(J523),即系统管理器。然后系统管理器在不断发送的信息帧内加入一个带有发射器地址(前部信息控制单元

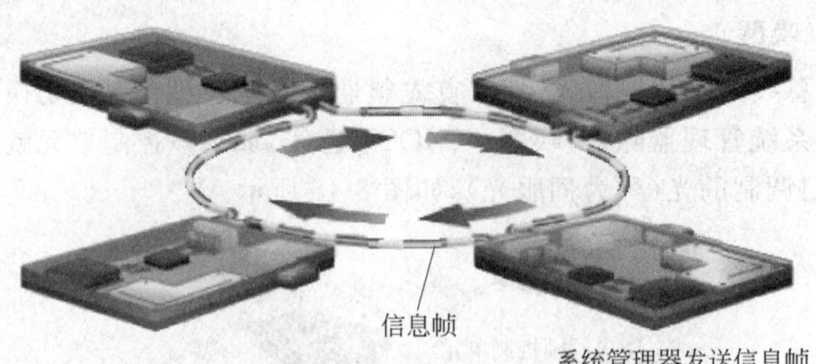

图 8-50 唤醒过程结束(开始数据传输)

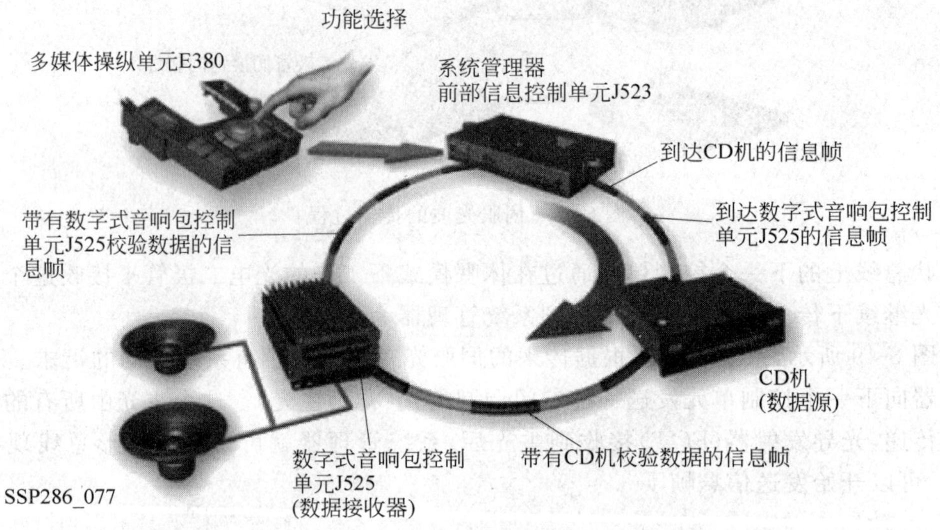

图 8-51 音频和视频作为同步数据传递

J523)、数据源的接收器地址(CD 机)、控制指令(播放第 10 个曲目,分配传送通道)校验数据的信息组(16 帧)。CD 机(数据源)确定数据区中有哪些字节可以用于传送其数据,然后加入带有信息源发射器地址(CD 机)、系统管理器的接收器地址(前部信息控制单元 J523)、控制指令(CD 的数据传送到通道 01、02、03、04)校验数据的信息组。前部信息控制单元 J523 用带有发射器地址(前部信息控制单元 J523)、接收器地址(数字式音响包控制单元 J525)、控制指令(读出通道 01、02、03、04 并通过扬声器播出,当前的音响效果设定,如音量、前后音量平衡、左右音量平衡、低音、高音、中音,关闭静音切换等)校验数据的信息组,向数字式音响包控制单元 J525(数据接收器)发出播放音乐的指示。CD 上的数据先被保存在数据区,直至信息帧经环形总线又到达 CD 机(数据源)为止。这时这些数据就被新的数据所取代,该循环又重新开始。这样可使得 MOST 总线上的所有输出装置(音响包、耳机)都可使用同步数据。系统管理器通过发送相应的校验数据来确定哪个装置使用数据。

3. 同步传递的数据管理

(1) 传递通道。音频和视频的传递需使用每个数据区的数个字节。数据源会根据信号类型预定一些字节,这些已被预定的字节就称为通道。一个通道包含一个字节的数据。

(2) 传递通道的数量。不同的信号,其通道数量是不一样的。如图 8-52 所示,单声道为 2 个通道,立体声为 4 个通道,环绕立体声为 12 个通道。通过这种预定通道的方式,多个数据源的同步数据即可同时传递。

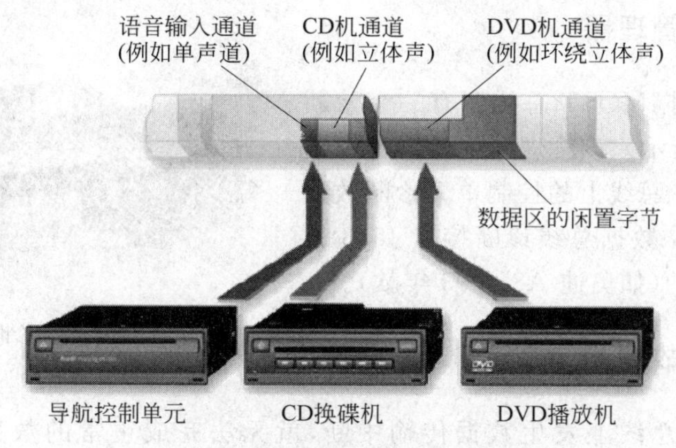

图 8-52 同步传递的数据管理

4. 图片、文本和功能作为异步数据的传递

如图 8-53 所示,导航系统的地图显示、导航计算、互联网和 E-mail 等是按异步数据传递的。异步数据源是以不规则的时间间隔来发送这些数据的。为此,每个数据源将其异步数据存储到缓冲寄存器内,然后数据源开始等待,直至接收到带有接收器地址的信息组。数据源将数据记录到该信息组数据区的空闲字节内。记录是以每 4 个字节为一个数据包的形式进行的。接收器读取数据区中的数据包并处理这些信息。异步数据停留在数据区,直至信息组又到达数据源。数据源从数据区提取数据,在合适的时候用新数据取代这些数据。

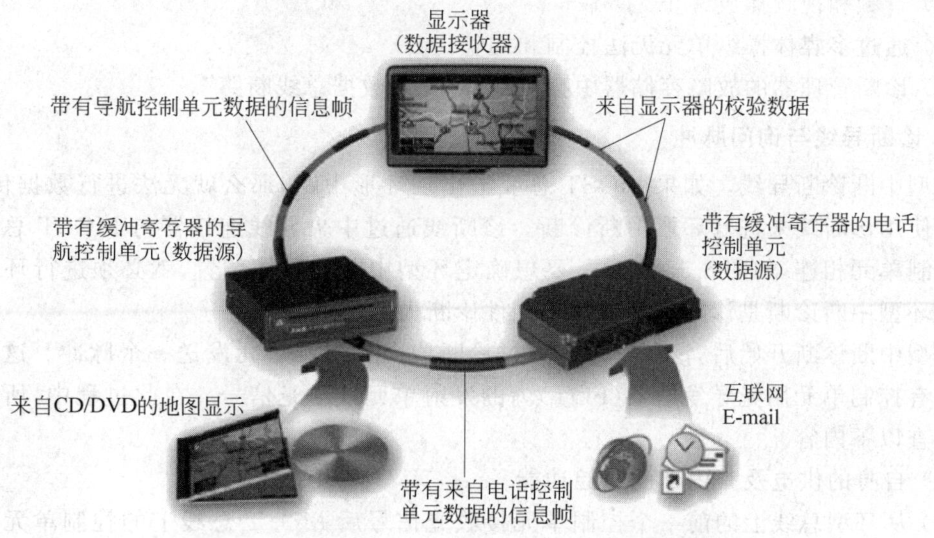

图 8-53 图片、文本和功能作为异步数据的传递

8.5 MOST 总线系统诊断及检修(以奥迪为例)

8.5.1 诊断管理器

除系统管理器外,MOST 总线还有一个诊断管理器,如图 8-54 所示。该管理器执行环型中断诊断,并会将 MOST 总线上的控制单元诊断数据传给诊断控制单元。数据总线诊断接口 J533 就是执行自诊断功能的(如奥迪 A8 2003 年款)。

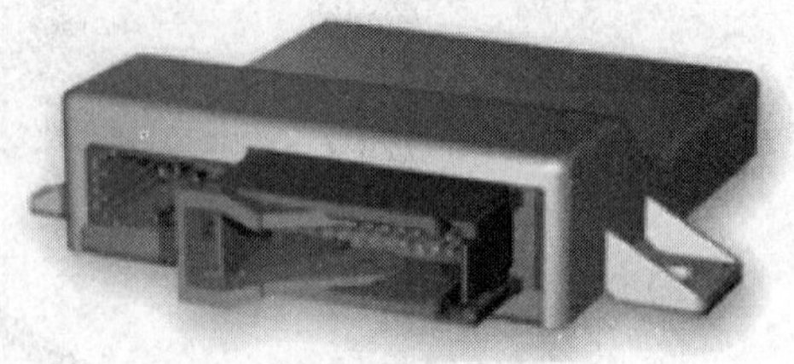

图 8-54 诊断管理器

8.5.2 系统故障

如果在 MOST 总线上发生数据传输中断,就无法完成正常的数据传输任务。由于 MOST 总线是环型结构,因此将这种数据传输中断称为环路断开,也即总线断路。

诊断管理器的故障存储器中存有故障信息——“光纤数据总线断路”。

8.5.3 MOST 总线环路断开故障诊断

发生环型中断的原因如下。

(1) 光导纤维断路。

(2) 发射器或接收器控制单元的供电有故障。

(3) 发射器或接收器控制单元损坏。

环型中断的影响如下。

(1) 音频和视频播放终止。

(2) 通过多媒体操纵单元无法控制和调整。

(3) 诊断管理器的故障存储器中存有故障“光纤数据总线断路”。

1. 诊断导线与询问脉冲

环型中断诊断导线。如果 MOST 总线上出现环形中断,那么就无法进行数据传递了,因此应使用诊断线来进行环形中断诊断。诊断线通过中央导线连接器与 MOST 总线上的各个控制单元相连,如图 8-55 所示。要想确定环型中断的具体位置,就必须进行环型中断诊断。环型中断诊断是诊断管理器执行元件诊断内容的一部分。

环型中断诊断开始后,诊断管理器通过诊断线向各控制单元发送一个脉冲。这个脉冲使得所有控制单元用光导发射器(FOT)内的发射单元发出光信号。在此过程中,所有控制单元检查以下内容。

(1) 自身的供电及其内部的电控功能。

(2) 从环型总线上的前一个控制单元接收光信号后 MOST 总线上的控制单元在一定时间内会应答,这个时间的长短由控制单元软件来确定。环形中断诊断开始后到控制单元做出应答有一段时间间隔,诊断管理器根据这段时间的长短就可判断出哪一个控制单元已经做出了应答。

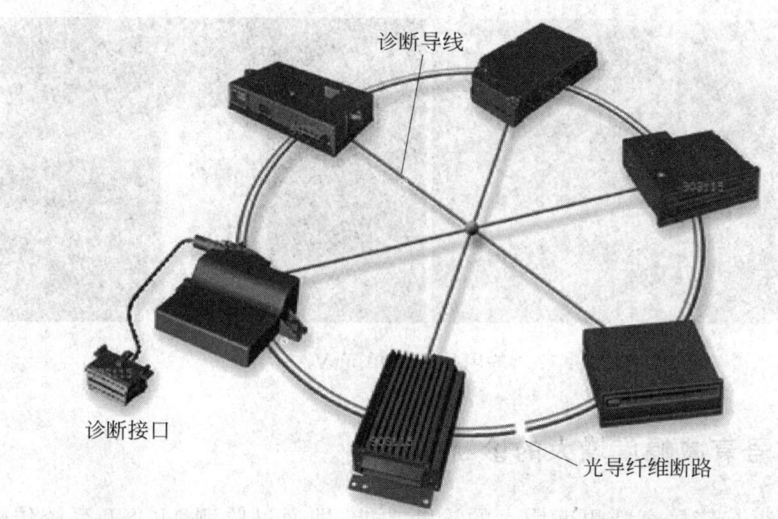

图 8-55　诊断导线与 MOST 总线上的各个控制单元相连

2. 应答的内容

环型中断诊断开始后,MOST 总线上的控制单元发送以下两种信息。

(1) 控制单元电气方面正常,也就是说,本控制单元的电控功能正常,如供电情况。

(2) 控制单元光学方面正常,也就是说,本控制单元的光电二极管接收到环形总线上位于其前面的控制单元发出的光信号。

诊断管理器通过这些信息就可识别:①MOST 总线系统是否有电气故障(供电故障)以及是哪个控制单元出现了电气故障;②MOST 总线系统中哪两个控制单元之间的数据传输中断了,即哪两个控制单元之间的光导纤维发生了断路。

3. 故障的确认

可利用备用的控制单元 VAS6186 来替换可疑控制单元,如图 8-56 和图 8-57 所示,然后观察 MOST 系统是否恢复正常。若替换后,系统恢复正常,则可确认故障确系可疑控制单元损坏所致。

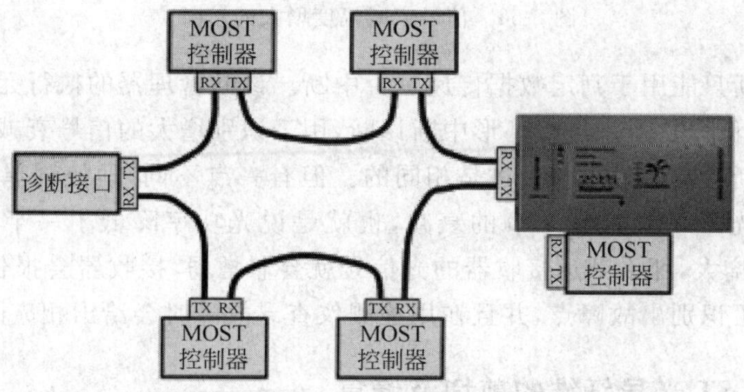

图 8-56　用备用的控制单元 VAS6186 替换可疑控制单元

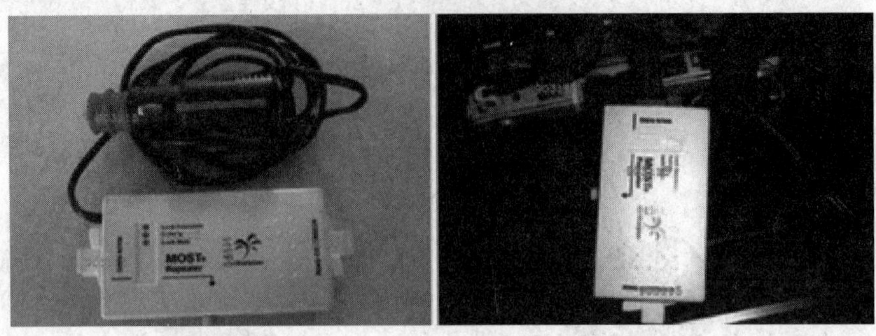

图 8-57 备用的控制单元 VAS6186

8.5.4 信号衰减幅度增大的诊断

诊断管理器还有信号衰减幅度增大的诊断功能，即通过监测 MOST 系统传输光波功率的降低来判断光学系统在信号传输过程中是否存在信号衰减幅度过大的故障，如图 8-58 所示。

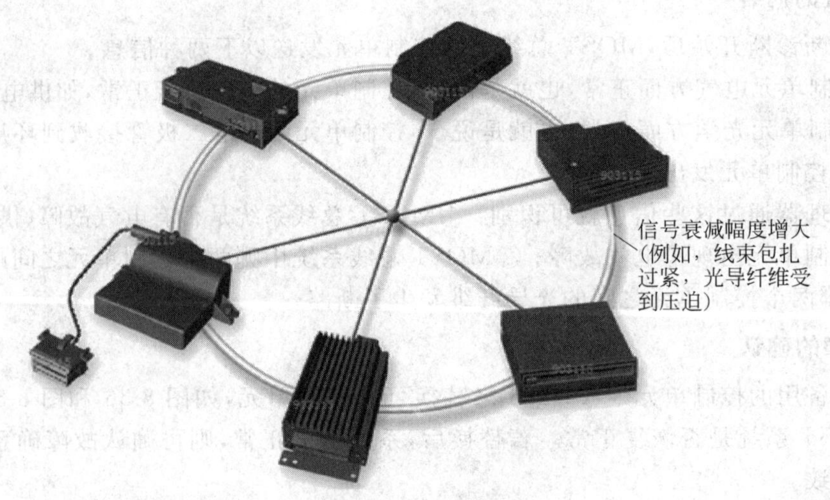

图 8-58 信号衰减幅度增大的诊断

环型中断诊断只能用于判定数据传递是否中断。诊断管理器的执行元件诊断还有一项功能，就是通过降低光功率来进行环形中断诊断，用于识别增大的信号衰减。通过降低光功率来进行环形中断诊断的过程与上述是相同的。但有一点不同，即控制单元接通光导发射器(FOT)内的发光二极管时有 3dB 的衰减，也就是说光功率降低了一半。如果光导纤维(LWL)信号衰减增大，那么到达接收器的光信号就会非常弱，接收器会报告“光学故障”，于是诊断管理器就可识别出故障点，并且在用检测仪查寻故障时会给出相应的帮助信息。

8.5.5 MOST 光导纤维的剪切及修复

光纤剪切钳的构造如图 8-59 所示。按照图 8-60～图 8-65 所示的流程进行光导纤维的剪切和修复，操作过程中，严禁弯折，在剥除保护层时不得损伤光纤纤芯。

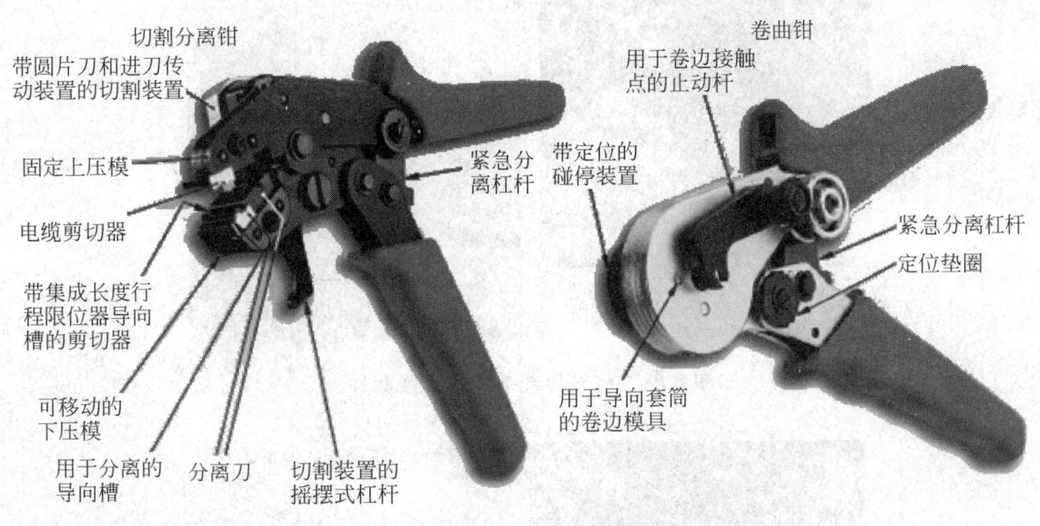

图 8-59 光纤剪切钳

图 8-60 光导纤维预切割

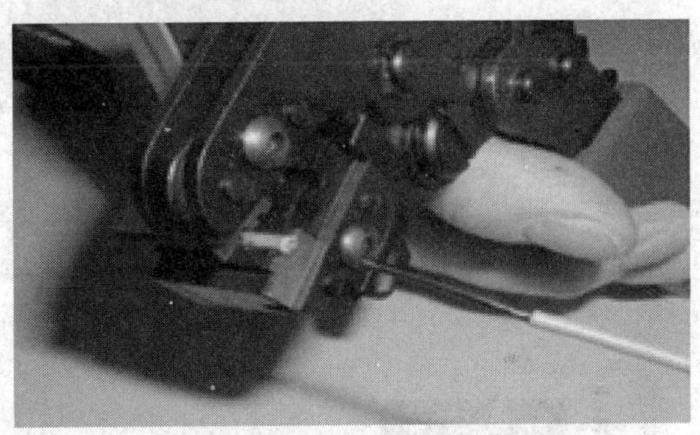

图 8-61 剥除保护层(橙红色包层)

图 8-62 将光纤电缆放入夹钳

图 8-63 用切割轮切割光缆

图 8-64 将光导纤维插入压紧套件

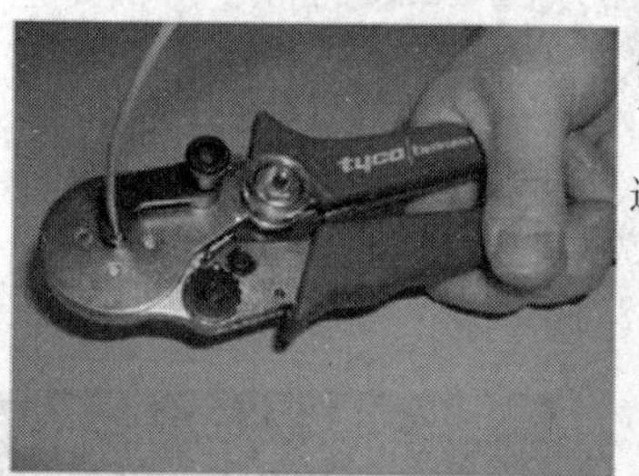

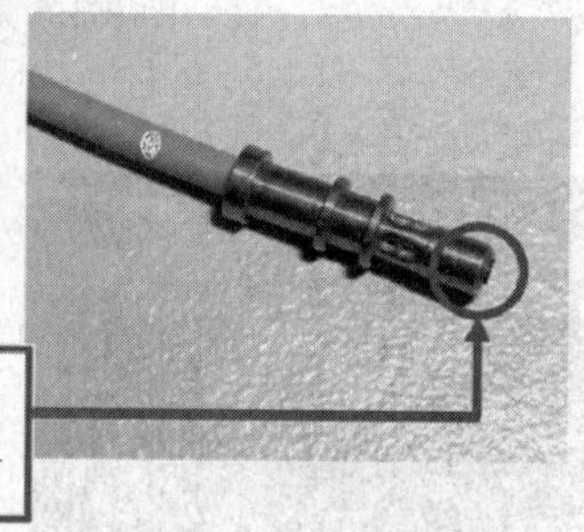

图 8-65 光缆压接(见彩色插页)

任务实施

通过学习自学手册进行分析，如果数据传输在 MOST-Bus 中的一点断开，因其环型结构我们便把它叫作环路断开。环路断开的后果有：①声音和图像输出的中断；②多媒体操作单元的操作和设置的中断；③在故障诊断管理器故障存储器中记录光纤数据总线中断的故障存储。环路断开的原因可能是：①光波导体中断；②发射或接收器控制单元电源故障；③发射或接收器控制单元故障。要确定环路断开的位置就必须实施环路断开故障诊断。

使用 VAS5052 对该车进行环路中断诊断导线的测量程序。考虑到维修便利性的原则，先从行李舱的左后衬板内断开音响控制单元 J525，如图 8-66 所示，测量其电器插头上的环路中断诊断导线的电压，发现环路中断诊断导线与搭铁线之间的电压为 5V，其标准值就是 5V。

若 MOST-Bus 中某个控制单元内有电器故障，则可以用光学替换控制单元 VAS6186 来替换出现故障的控制单元。如果没有专用工具 VAS6186，可以用一段光纤和一个适合的插头把某个控制单元进行短接，再继续观察 MOST-Bus 系统是否恢复正常。

按照由简单到复杂的原则，用光学替换控制单元 VAS6186 来替换音响控制单元 J525，如图 8-67 所示，发现 MOST-Bus 系统恢复正常。由此，可以判断是音响控制单元 J525 有故障。

故障原因及排除：拆下音响控制单元 J525，发现上面有水流的白色痕迹，经检查发现该

图 8-66 音响控制单元 J525

车发生过事故，更换过后风挡玻璃，由于装配不好有漏水现象，下雨时漏下的水产生短路，从而烧坏了音响控制单元 J525。重新安装后风挡玻璃，更换音响控制单元 J525 后故障排除。

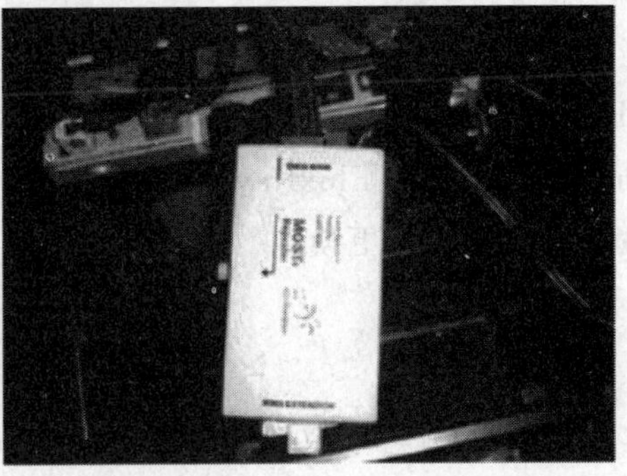

图 8-67 光学替换控制单元 VAS6186

结果检查

(1) 对学生任务完成情况进行检查监督，并提出改进意见。

(2) 根据厂家标准和资料进行过程和结果检查。

(3) 组间交流、互检。

(4) 按照企业的 5S 标准整理工作现场。

评价总结

(1) 根据学生任务工单，指出检修过程中的不足，提出改进意见。

(2) 根据教学目标，考核学生技能和情境知识掌握程度，并分析成因。

(3) 小组讨论进行自我工作评估。

(4) 分析工作步骤的合理性，根据教师评价建议修改。

(5) 工作任务完成情况评价及考核。

任务9

FlexRay总线结构及原理认知

任务目标

能正确描述宝马 F01/F02 轿车 FlexRay 总线系统动态稳定控制系统(DSC)、主动转向系统 HSR 的组成及工作过程,掌握宝马 F01/F02、宝马 E70、奥迪 A8 轿车 FlexRay 总线的特点、组成及结构,知道 FlexRay 总线系统各控制模块的安装位置及作用,能完成 FlexRay 总线一般性修复或部件更换。

任务描述

有客户反映一辆宝马 F02 轿车仪表上 DSC 故障指示灯点亮,不知什么原因,请求按专业要求解决。

任务分析

宝马 F02 轿车装备的动态稳定控制系统(DSC)通过对特定车轮的制动压力进行控制的同时精确地控制发动机输出扭矩,确保车辆的动态稳定性,主动避免如不足转向、过度转向、甚至甩尾失控等危险状况,可安全地将车辆性能发挥到极致。

DSC 系统的信号包括:偏转率、横向加速度、纵向加速度、转向角、车速/轮速等。DSC 系统从获得的这些测量值中计算出车辆当前的运动状态。然后将实际状态与 DSC 控制单元中计算出的标准值比较,当实际值与标准值出现偏差时,DSC 被激活,并进行制动系统和发动机控制干预。

如果中央网关控制单元 ZGM/FlexRay 总线路径上有线路故障,将会造成 DSC 故障指示灯点亮。

为完成此工作任务,需要认识、理解 FlexRay 总线系统的结构、原理和检修方法。

9.1 FlexRay 总线概览

9.1.1 FlexRay 总线与以太网简述

1. FlexRay 总线简述

FlexRay 是一种用于汽车的高速、可确定性的，具备故障容错能力的总线技术，它将事件触发和时间触发两种方式相结合，具有高效的网络利用率和系统灵活性特点，可以作为新一代汽车内部网络的主干网络。

FlexRay 是一种新型通信系统，目标是在电气与机械电子组件之间实现可靠、实时、高效的数据传输，以确保满足现在和未来创新功能联网的需要。目前，FlexRay 总线已经成为汽车网络系统的标准，将在未来引领汽车网络系统的发展方向。

2. 以太网简述

宝马车系 F01/F02 车型的 FlexRay 总线系统采用快速以太网(Ethernet，100Mbps)作为快速编程接口，快速以太网负责在 CIC(车辆信息计算机)与 RSE(后座区娱乐系统)之间传输媒体数据，只有插入 BMW 编程系统(ICOM A)时才会启用诊断插座内的以太网。

以太网是应用最广泛的局域网之一，包括以太网(10Mbps)、快速以太网(100Mbps)和 10G 以太网(10Gbps)，目前汽车上使用的是数据传输速率为 100Mbps 的 IEEE 803.3u 标准。以太网的特点包括：①数据传输速率高达 100Mbps；②建立连接和分配地址时系统启动用时 3s，进入休眠模式时用时 1s；③只能通过 BMW 编程系统访问以太网。

在 OBD 诊断插座、ZGM 和 CIC 之间通过两个没有附加屏蔽层的双绞线连接。此外还有一个为各控制单元内以太网控制器供电的启用导线。CIC 与 RSE 之间的导线带有屏蔽层，取代了启用导线，如图 9-1 所示。

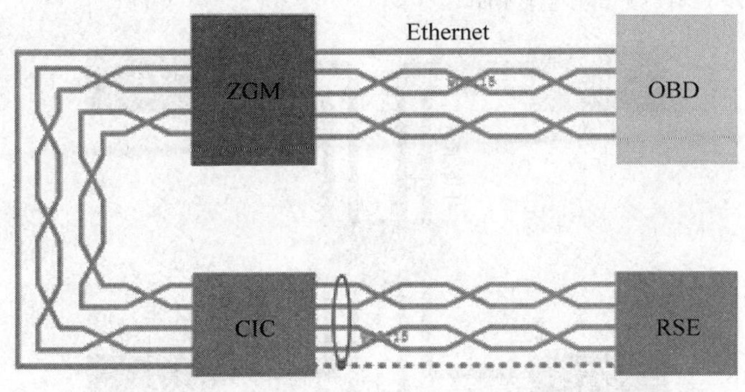

图 9-1　以太网的导线连接

CIC—车辆信息计算机；OBD—诊断插座；RSE—后座区娱乐系统；ZGM—中央网关模块

9.1.2 FlexRay 总线应用领域

现阶段，FlexRay 总线主要用于行驶动态管理系统和发动机管理系统的联网，是行驶管理系统的综合性主总线系统。比如，动态稳定控制系统（DSC）、垂直动态管理系统（VDM）、转向柱开关控制（SZL）、后桥侧偏角控制（HSR）、主动转向（AL）、变换车道警告（SWW）、电子减振器控制系统卫星控制单元、集成式底盘管理系统（ICM）等。

9.1.3 FlexRay 总线结构及原理

1. FlexRay 总线拓扑结构

（1）线性总线拓扑结构（图 9-2 和图 9-3）

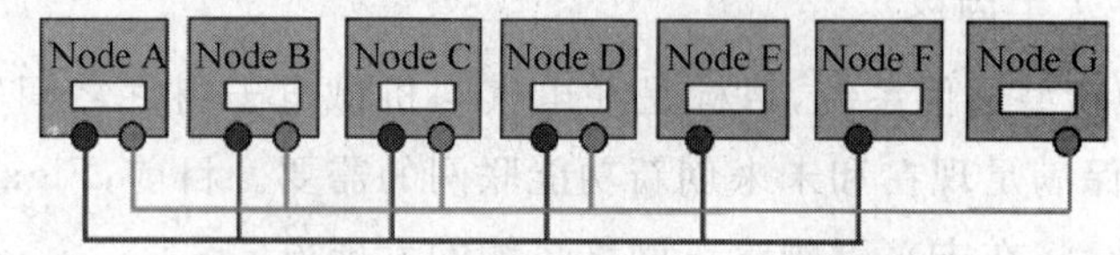

图 9-2 总线型拓扑（可选择冗余信道；可延用当前的物理层）

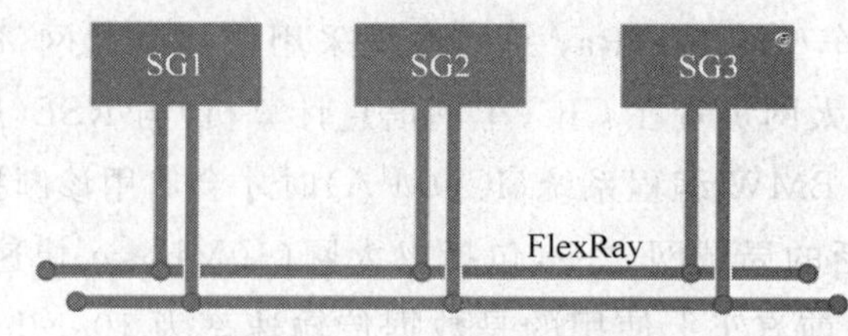

图 9-3 线性总线拓扑结构

线性总线拓扑结构中所有控制单元（SG1～SG3）都通过一个双线总线连接。该总线采用铜芯双绞线。在 CAN 总线中也使用这种连接方式。相同的信息在两根导线上传输，但是其电压电平不同，所传输的差动信号对干扰不敏感。线性拓扑结构仅适用于电气数据传输。

（2）星型总线拓扑结构（图 9-4 和图 9-5）

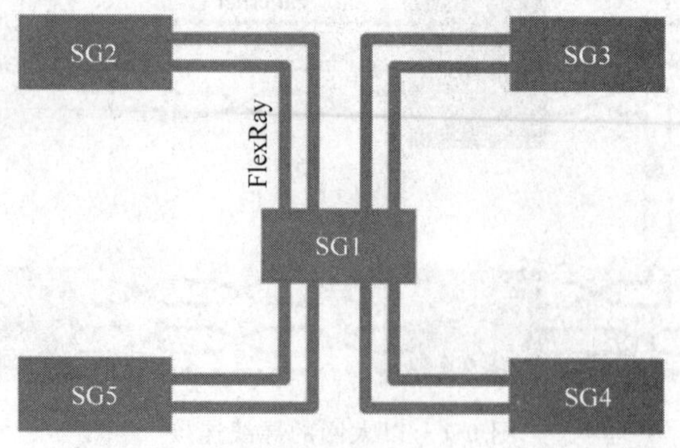

图 9-4 星型总线拓扑结构

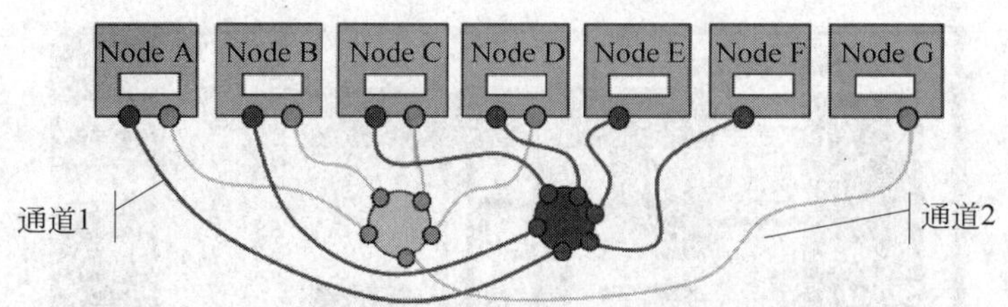

图 9-5　星型拓扑(可选择冗余信道；点对点形式的物理连接)

在星型总线拓扑结构中,卫星式控制单元(控制单元 SG2～SG5)分别通过一个独立的导线与中央主控控制单元(SG1)连接。星型拓扑结构既适合于电气数据传输,也适合于光学数据传输。

使用星型拓扑可解决容错问题,因为如果出现意外情况,星型的支路可以有选择地切断。如果无源总线线缆长度超过规定限制,星型拓扑还可以用作复制器。

(3) 混合型总线拓扑结构(图 9-6)

在混合总线拓扑结构中一个总线系统内使用不同的拓扑结构。总线系统的一部分采用线性结构,另一部分为星型结构。

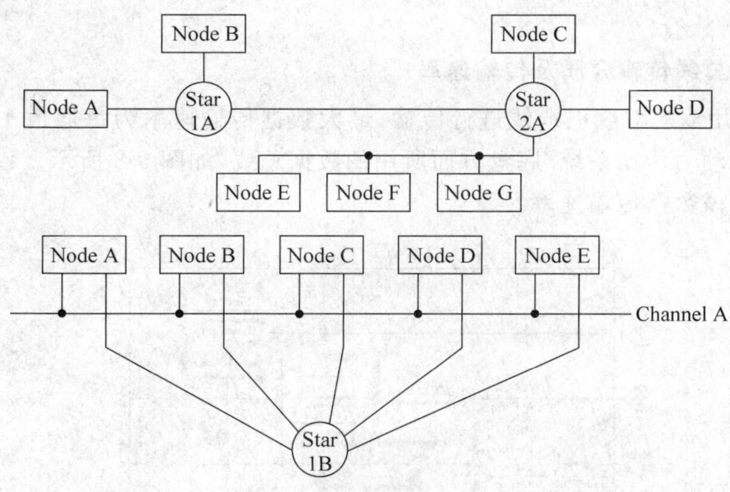

图 9-6　混合型拓扑结构

2. FlexRay 节点结构

FlexRay 节点(Node),也就是 ECU(Electronic Control Unit),是接入车载网络中的独立完成相应功能的控制单元,主要由电源供给系统(Power Supply)、主处理器(Host)、固化 FlexRay 通信控制器 CC(Communication Controller)、可选的总线监控器 BG(Bus Guardian)和总线驱动器 BD(Bus Driver)组成,如图 9-7 所示。主处理器提供和产生数据,并通过 FlexRay 通信控制器传送出去。其中 BD 和 BG 的个数对应于通道数,与通信控制器和微处理器相连。总线监控逻辑必须独立于其他的通信控制器。总线驱动器连接着通信控制器和总线,或是连接总线监控器和总线。主处理器把 FlexRay 控制器分配的时间槽通知给总线监视器,然后总线监视器就允许 FlexRay 控制器在这些时间槽中来传输数据。数据可以在任何时候被接收。

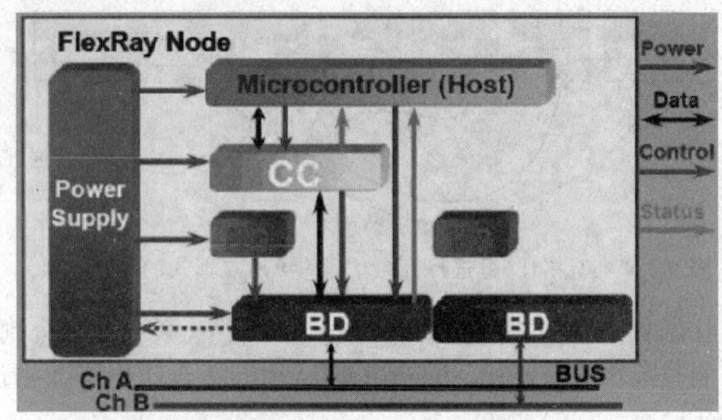

图 9-7 FlexRay ECU(节点)

节点的两个通信过程如下。

(1) 发送数据：Host 将有效的数据送给 CC，在 CC 中进行编码，形成数据位流(Bit Stream)，通过 BD 发送到相应的通道上。

(2) 接收数据：在某一时刻，由 BD 访问栈，将数据位流送到 CC 进行解码，将数据部分由 CC 传送给 Host。

3. FlexRay 总线传输介质及传输速率

FlexRay 采用双芯双绞电缆线进行传输，最大数据传输速率为每通道 10Mbps，明显高于以前在车身和动力传动系统/底盘方面所用的数据总线，如图 9-8 所示。以前只有使用光导纤维才能达到该数据传输速率。

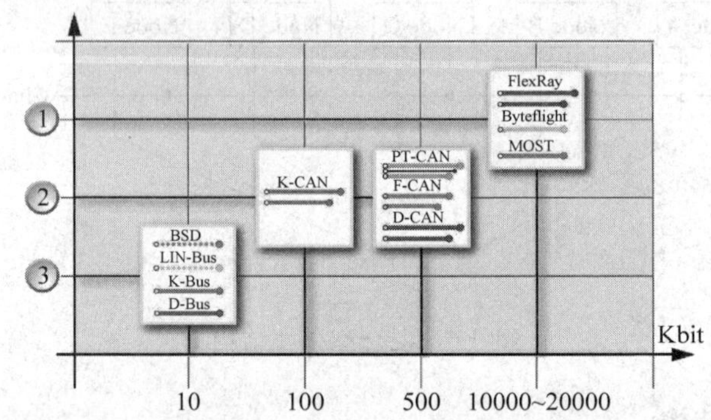

图 9-8 车载网络总线数据传输速率

1—实时、确定性(严格规定)和冗余(重复出现)；2—有条件实时(对于控制系统来说已足够)；3—非实时

4. FlexRay 总线数据传输

(1) FlexRay 帧格式

FlexRay 帧格式包括帧头段(Header Segment)、有效载荷段(Payload Segment)及帧尾段(Trailer Segment)，如图 9-9 所示。节点在网络上传输数据时，首先传输的帧头段，其次是有效载荷段，最后传输的是帧尾段。

FlexRay 帧头段由 5 个字节(共 40bit)，包括保留位(1 位)、净荷指示位(1 位)、空帧指示位(1 位)、同步帧指示位(1 位)、启动帧指示位(1 位)、帧 ID 位(11)、有效数据长度(7 位)、

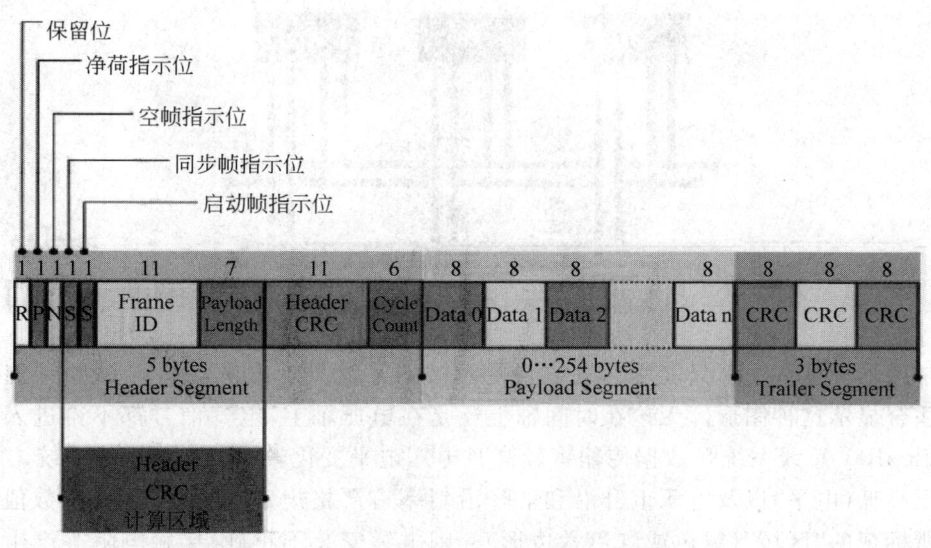

图 9-9 FlexRay 帧格式

头部 CRC(11 位)、周期(6 位)。

FlexRay 有效载荷段有 0～254 字节,在图中分别以 data 0、data 1,…,data n 表示。

FlexRay 帧尾只含有 24 位的校验域,这个域包含了由帧头段与有效载荷段计算得出的 CRC 校验码。

(2) FlexRay 帧编码与解码

编码的过程实际上就是对要发送的数据进行"打包"的过程,如加上各种校验位、ID 符等。解码的过程就是对收到的数据帧进行"解包"的过程。编码与解码主要发生在通信控制器与总线驱动器之间,如图 9-10 所示。

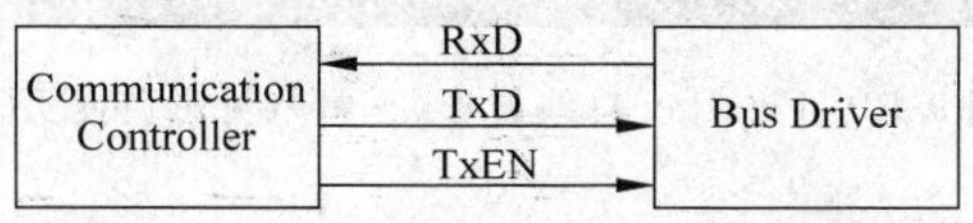

图 9-10 FlexRay 帧编码与解码

其中 RxD 位接收信号,TxD 为发送信号,TxEN 为通信控制器请求数据信号。信息的二进制表示采用"不归零"码。对于双通道的节点,每个通道上的编码与解码的过程是同时完成的。编码与解码的过程主要由 3 个过程组成:主编码与解码过程(CODEC)、位过滤(bit strobing)过程和唤醒模式解码过程(WUPDEC),以主编码与解码过程为主要过程。

(3) 冗余数据传输

在容错性系统中,即使某一总线导线断路,也必须确保数据能继续可靠传输。这一点通过在第二个数据通道上进行冗余数据传输来实现。

具有冗余数据传输能力的总线系统使用两个彼此无关的通道。每个通道都由一个双绞线连接组成。一个通道失灵时,故障通道应传输的信息放到非故障通道上一起传输,如图 9-11 所示。即使带有冗余数据传输,也可以利用 FlexRay 使用混合拓扑结构。

(4) 信号特性

FlexRay 总线信号必须在规定界限内。图 9-12 和图 9-13 分别为总线信号的正常图形

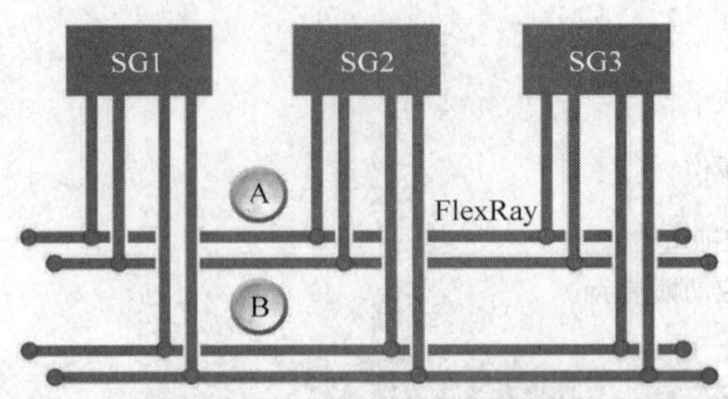

图 9-11 冗余数据传输

和非正常图形。这些图形只能用速度很快的示波器才能显示出来，BMW 诊断系统中的示波器不适合显示这种图形。无论在时间轴上还是在电压轴上，电气信号都不得进入内部区域内。FlexRay 总线系统是数据传输率较高且电压电平变化较快的一种总线系统。

电压高低（电平）以及电压上升沿和下降沿斜率有严格规定，必须位于指定数值内。不得进入所标记的“区域”（绿色或红色六边形）。因电缆安装不正确、接触电阻等产生的电气故障可能引起数据传输率问题。

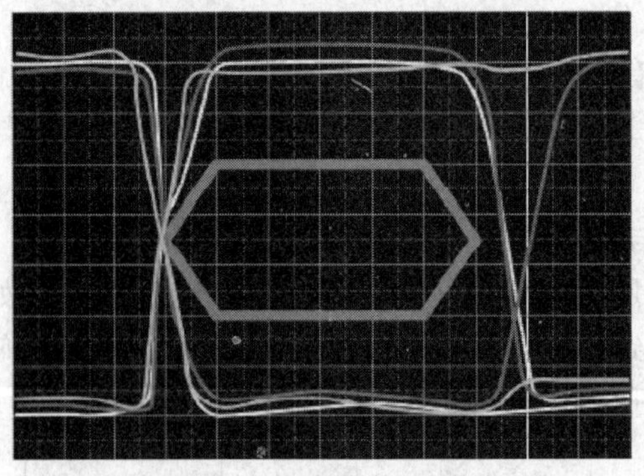

图 9-12 FlexRay 总线波形（正常）（见彩色插页）

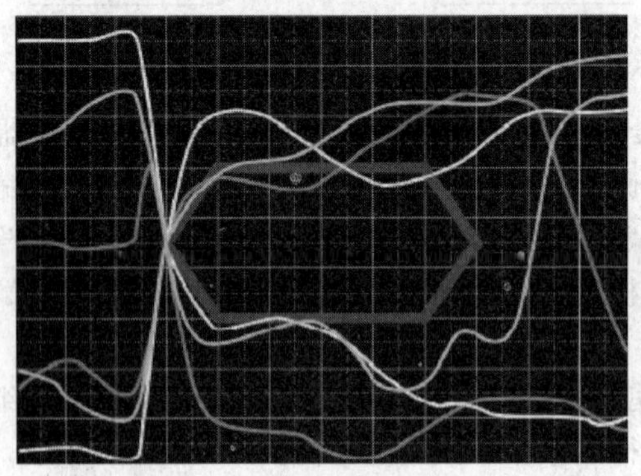

图 9-13 FlexRay 总线波形（不正常）（见彩色插页）

FlexRay 总线系统的电压范围电压值（对地测量方式）如下。

① 系统接通，总线不通信时，电压为 2.5V。

② 高电平信号，高电平电压为 3.1V（电压信号上升 600mV）。

③ 低电平信号,低电平电压为 1.9V(电压信号下降 600mV)。

(5) 确定性数据传输(时间控制型)

FlexRay 总线系统是一种时间控制型总线系统,该系统可以用于以事件控制方式传输数据传输的部分区域,如图 9-14 所示。

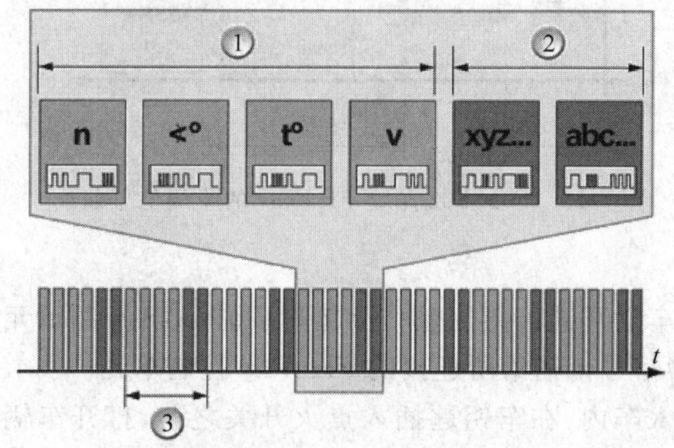

图 9-14　FlexRay 总线系统内确定性数据的传输过程(见彩色插页)

1—循环数据传输的时间触发区域; 2—循环数据传输的事件触发区域; 3—循环[总循环时间 5ms,其中 3ms 为静态(时间触发),2ms 为动态(事件触发)]; n—转速; ∢°—角度; t°—温度; v—车速; xyz...,abc...—事件触发的信息; t—时间

CAN 总线系统是一种事件控制型总线系统,存在一个事件时就会传输数据。如果许多事件汇集在一起,则可能在另一条信息能够发送前出现延迟现象。如果无法成功且无错误地传输一条信息,则该信息将一直发送到通信设备做出确认。如果总线系统内出现故障,则可能导致这些事件控制的信息汇集在一起并造成这些系统过载,就是说各信号的传输要延迟很长时间,这种情况可能导致各系统的控制特性变差。

而 FlexRay 总线系统在时间控制的区域内时隙分配给确定信息。一个时隙是指一个规定的时间段,该时间段对某一信息(例如转速)开放。这样,在 FlexRay 总线系统内重要的周期性信息以固定的时间间隔传输,因此不会造成 FlexRay 总线过载。对时间要求不高的其他信息则在事件控制的区域内传输。

FlexRay 为时间控制型总线,确定性数据传输用于确保时间控制区域内的每条信息都实时传输(实时表示在规定时间内进行传输)。因此不会由于总线系统过载而导致重要总线信息发送过迟。如果由于暂时性故障(例如 EMC 故障)而造成一条信息丢失,则这条信息不会再次发送。在为此规定的下一个时隙内将发送当前数值。

5. FlexRay 总线唤醒和休眠特性

在宝马 F01/F02 车型中,尽管可以通过总线信号唤醒 FlexRay 总线控制单元,但大部分 FlexRay 控制单元由 CAS(便捷登车及起动系统)通过一个附加唤醒导线启用,该唤醒导线的功能与以前 PT-CAN 内的唤醒导线(15WUP)相同,其信号曲线与 PT-CAN 的信号曲线一样。

主动转向系统(AL)和垂直动态管理系统(VDM)不通过唤醒导线,而是通过总线信号唤醒。随后通过接通供电直接由 VDM 启用 4 个减振器卫星式控制单元。FlexRay 的唤醒信号曲线如图 9-15 所示,从中可以清楚地看出车辆开锁(打开车门锁)和起动时的典型的电

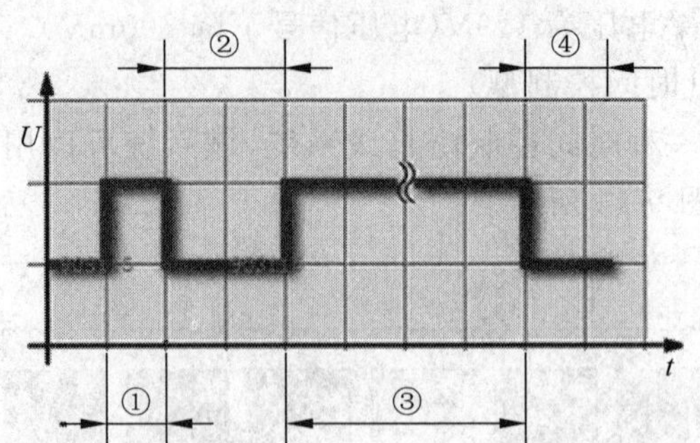

图 9-15 F01/F02 车型 FlexRay 的唤醒信号曲线

压曲线。

阶段 1：驾驶员将车辆开锁。便捷登车及起动系统 CAS 控制单元启用唤醒脉冲并通过唤醒导线将驾驶员开锁信号传输给所连接的 FlexRay 控制单元。

阶段 2：驾驶员进入车内，在车钥匙插入点火开关之前，打开车辆，总线端 R 仍处于关闭状态，总线系统内的电压电平再次下降。总线端 R 如图 9-16 所示。

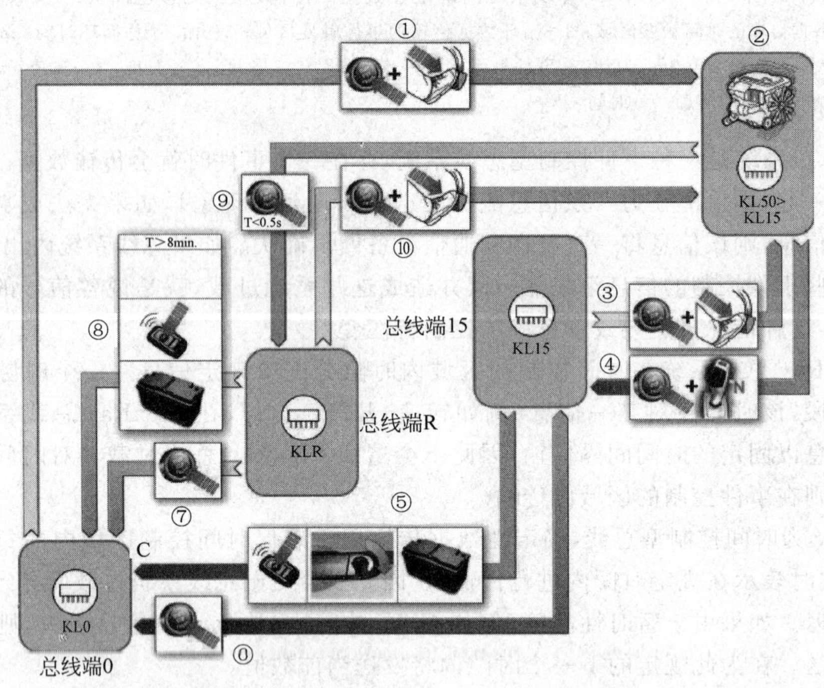

图 9-16 F01/F02 车型 FlexRay 总线端控制

阶段 3：起动车辆，总线端 15 接通，电压电平保持在设定值，直至再次关闭总线端 15。总线端 15 如图 9-16 所示。

阶段 4：驾驶员关闭发动机，锁好车门，总线端 R 再次关闭，此时整个车辆网络必须进入休眠模式，以免耗电过多。为确保所有控制单元都“休眠”，网络内的每个控制单元都自动注销。

供电总线端包括：总线端 30、总线端 30B、总线端 30F、总线端 15N，通过不同总线端为车载网络内的设备供电。唤醒车辆时，便捷登车及启动系统控制继电器显示状态信息，并通过 K-CAN 发送总线端状态信号。逻辑总线端(包括总线端 R、总线端 15、总线端 50，宝马新车型总线端名称有变化）不能作为供电总线端使用，只能表示一种状态。通过按压START-STOP按钮启用或停用。例如总线端15用于发出“点火开关打开/点火开关关闭”状态信号，不用于供电。

电源模块通过总线端0于60分钟后进入休眠电流监控功能，如果在60分钟以内对车辆进行操作（例如打开ZV、行李厢盖），就会开始执行休眠电流监控功能。如果3周内没有任何操作请求，就会断开蓄电池与车载网络的连接，从而避免蓄电池过度放电。

为了防止用电器持续启用期间蓄电池放电，总线端R关闭16分钟后将执行中央用电器关闭功能。这些用电器包括：IB（车内照明装置）、VAK（车身区域的用电器关闭）、VAD（车顶区域的用电器关闭）。

F01/F02车型FlexRay总线端控制过程如图9-16所示。

(1) 操作START-STOP按钮和制动踏板→启用总线端50且起动发动机。

(2) 发动机运转（总线端50→总线端15）。

(3) 操作START-STOP按钮和制动踏板→起动发动机。

(4) 将选挡杆挂入“N”挡且通过START-STOP按钮使发动机停止运转时，总线端15接通15分钟。

(5) 车辆上锁或达到起动能力限值时，总线端15关闭。

(6) 通过操作START-STOP按钮在总线端15和总线端0之间切换总线端状态。

(7) 通过操作START-STOP按钮使总线端状态从总线端R切换至总线端0。

(8) 超过8分钟或车辆上锁或达到起动能力限值时，从总线端R切换至总线端0。

(9) 短促按压START-STOP按钮→发动机停止运转。

(10) 操作START-STOP按钮和制动踏板→起动发动机。

6. 同步化

为了能够在联网控制单元内同步执行各项功能，需要一个共同的时基。因为所有控制单元利用其自身的时钟脉冲发生器工作，所以必须通过总线进行时间匹配。

控制单元测量某些同步位的持续时间，据此计算平均值并根据这个数值调整总线时钟脉冲。同步位在总线信息的静态部分中发送。

系统启动后，只要CAS控制单元发送一个唤醒脉冲，FlexRay上的两个授权唤醒控制单元（图9-17中带有“S”标记的控制单元）之间就会开始进行同步化。该过程结束时，其余控制单元相继自动在FlexRay上注册，计算出各自的差值并进行校正。

此外，在运行期间还会对同步化进行计算校正。这样可以确保最小的时间差，从而在较长时间内不会导致传输错误。

9.2 宝马F01/F02车型FlexRay总线

9.2.1 宝马F01/F02车载网络系统概述

宝马F01/F02车载网络系统总体概览如图9-17所示，由诊断总线D-CAN、车身控制总线K-CAN、动力传动控制总线PT-CAN、多媒体信息娱乐传输总线MOST、行驶动态管理系统总线FlexRay、子系统总线LIN等组成。

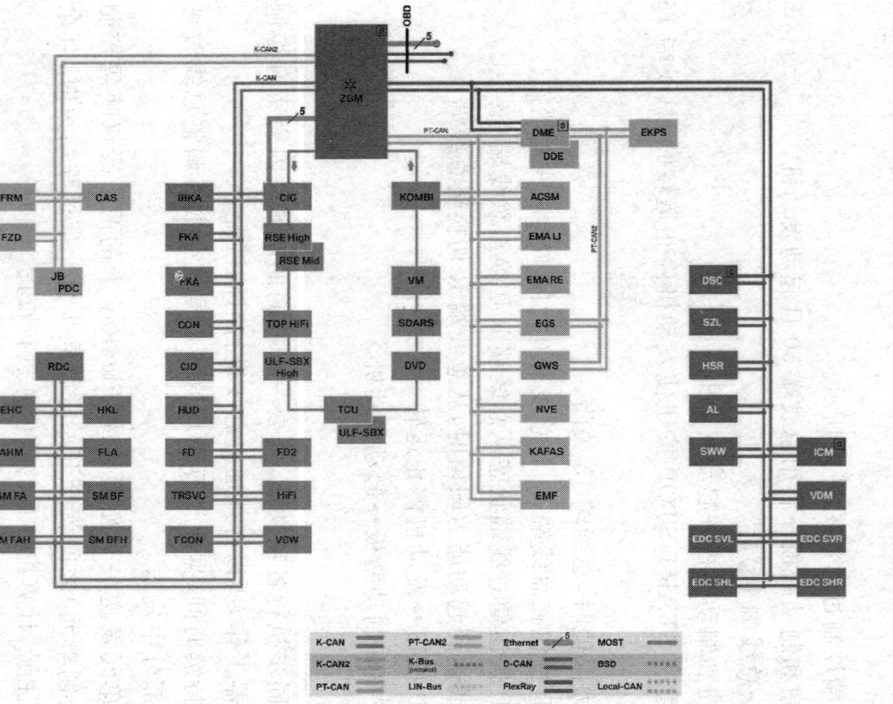

图 9-17 宝马 F01/F02 车载网络系统拓扑图(见彩色插页)

ACSM—碰撞和安全模块(高级碰撞和安全模块)；AHM—挂车模块；AL—主动转向系统；CAS—便捷登车及起动系统；CIC—车辆信息计算机；CID—中央信息显示屏；CON—控制器；DDE—数字式柴油机电子系统；DME—数字式发动机电子系统；DSC—动态稳定控制系统；DVDC—DVD 换碟机；EDC SHL—左后电子减振器控制系统卫星式控制单元；EDC SHR—右后电子减振器控制系统卫星式控制单元；EDC SVL—左前电子减振器控制系统卫星式控制单元；EDC SVR—右前电子减振器控制系统卫星式控制单元；EGS—变速箱电子控制系统；EHC—车辆高度电子控制系统；EKPS—电动燃油泵控制系统；EMA LI—左侧电动安全带收卷装置(安全带)；EMA RE—右侧电动安全带收卷装置(安全带)；EMF—电动机械式驻车制动器；FCON—后座区控制器；FD—后座区显示屏；FD2—后座区显示屏 2；FKA—后座区暖风和空调系统；FLA—远光灯辅助系统；FRM—脚部空间模块；FZD—车顶功能中心；GWS—选挡开关；HiFi—高保真音响放大器；HKA—后部空调系统；HKL—行李厢盖举升装置；HSR—后桥侧偏角控制系统；HUD—平视显示屏；ICM—集成式底盘管理系统；IHKA—自动恒温空调；JB—接线盒电子装置；KAFAS—基于摄像机原理的驾驶员辅助系统；KOMBI—组合仪表；NVE—夜视系统电子装置；PDC—驻车距离监控系统；RDC—轮胎压力监控系统；OBD—诊断插座；RSE-Mid—后座区娱乐系统；RSE-High Professional—后座区娱乐系统；SDARS—卫星调谐器(美规)；SMBF—前乘客座椅模块；SMBFH—前乘客侧后部座椅模块；SMFA—驾驶员座椅模块；SMFAH—驾驶员侧后部座椅模块；SWW—换车道警告；SZL—转向柱开关中心；TCU—远程通信系统控制单元；TOPHiFi—顶级高保真音响系统；TRSVC—倒车摄像机和侧视系统控制单元(顶部后方侧视摄像机)；ULF-SBX—接口盒(ULF 功能)；ULF-SBX High—高级接口盒(蓝牙电话技术、语音输入和 USB /音频接口)；VDM—垂直动态管理系统(电子减振器控制系统的中央控制单元)；VM—视频模块；VSW—视频开关；ZGM—中央网关模块；☆星形连形器——中央网关模块内 FlexRay 接口的分配器；Ⓢ启动节点—负责 FlexRay 总线系统启动和同步的控制单元

K-CAN、K-CAN2 车身总线用于将普通车辆电气系统、信息和通信系统及安全系统的组件联网。其他具有通信功能并相互交换数据的控制单元也连接到 K 总线上，K 总线是一个双向单线接口。

PT-CAN 为动力传动控制总线，PT-CAN 表示动力传动系系统控制器区域网络，用于将动力传动系的所属组件联网。例如，数字式发动机电子系统和动态稳定控制系统。PT-CAN 以线性拓扑结构为基础。PT-CAN 与 K-CAN 总线结构的不同之处仅在于具有第三根导线，第三根导线仅作为唤醒导线使用。

MOST 多媒体系统总线是一种专门针对车内使用而开发的、服务于多媒体应用的通信技术。MOST 总线利用光脉冲传输数据。

FlexRay 目前主要应用于车辆行驶动态稳定管理系统，FlexRay 的最大数据传输率为每通道 10Mbps，明显高于以前在车身和动力传动系统/底盘方面所用的数据总线。可以说以前只有使用光缆才能达到该数据传输率，FlexRay 总线依靠双绞线做到了。除较高带宽外，FlexRay 还支持确定性数据传输且能以容错方式进行配置，即个别组件失灵后余下的通信系统仍能可靠地继续运行。

9.2.2 宝马 F01/F02 车型 FlexRay 总线

1. FlexRay 总线拓扑结构

FlexRay 总线的拓扑结构如图 9-18 所示。根据车辆配置情况，中央网关模块 ZGM 带有一个或者两个星型连接器，每个星型连接器都有 4 个总线驱动器。总线驱动器将控制单元数据通过控制器传输给 ZGM，根据 FlexRay 控制单元的终端形式，总线驱动器通过两种方式与这些控制单元相连。

FlexRay 总线以跨系统方式实现汽车行驶动态管理系统和发动机管理系统的联网，同时，FlexRay 总线是行驶管理系统的综合性主总线系统，中央网关模块用于系统不同总线与 FlexRay 总线之间的连接，如图 9-19 所示。

宝马 F01/F02 车型 FlexRay 总线主要包括集成式底盘管理系统 ICM、行驶动态稳定管理系统 DSC、纵向动态管理系统、横向动态管理系统、垂直动态管理系统 VDM、主动转向系统 AL、后桥侧偏角控制系统 HSR 以及变换车道警告 SWW。

2. FlexRay 总线终端电阻

与大多数总线系统一样，为了避免在总线上产生信号反射，FlexRay 总线的数据导线两端也使用了终端电阻，这些终端电阻的阻值由数据传输速率和导线长度决定，终端电阻位于控制单元内部。只在个别情况下才会直接安装在导线束内，例如 D-CAN。如果一个总线驱动器上仅连接一个控制单元（例如 SZL 与总线驱动器 BD0 相连），则总线驱动器和控制单元的接口各有一个终端电阻。中央网关模块的这种连接方式称为“终止节点终端”。终端电阻的设置如图 9-20 和图 9-21 所示。

如果控制单元上的接口不是物理终止节点（例如总线驱动器 BD2 上的 DSC、ICM 和 DME），则称为 FlexRay 传输和继续传输导线。在这种情况下，每个总线路径两端的组件都必须以终端电阻终止。这种连接方式既用于中央网关模块，也用于一些控制单元。但带有

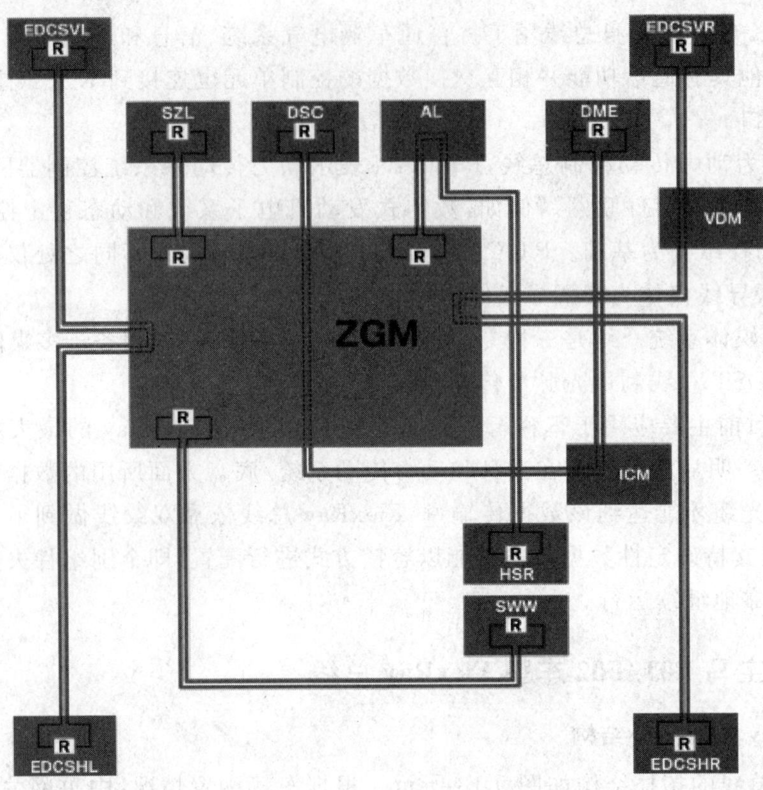

图 9-18 F01/F02 FlexRay 的物理结构(拓扑结构)

AL—主动转向系统;BD—总线驱动器;DME—数字式发动机电子系统;DSC—动态稳定控制系统;EDCSHL—左后电子减振器控制系统卫星式控制单元;EDCSHR—右后电子减振器控制系统卫星式控制单元;EDCSVL—左前电子减振器控制系统卫星式控制单元;EDCSVR—右前电子减振器控制系统卫星式控制单元;HSR—后桥侧偏角控制系统;ICM—集成式底盘管理系统;SZL—转向柱开关中心;VDM—垂直动态管理系统;ZGM—中央网关模块

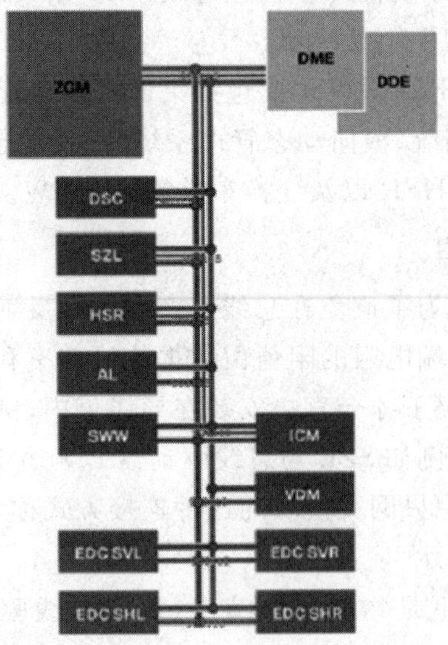

图 9-19 FlexRay 总线系统通过 ZGM 与车载其他总线进行连接

传输和继续传输导线的控制单元使用一个“非终止节点终端”获取数据。受到这种终端形式的电阻/电容器电路所限，无法通过测量技术在控制单元插头上对其进行检查。通过测量(无电流)FlexRay 总线确定导线或终端电阻时，必须使用车辆电路图。

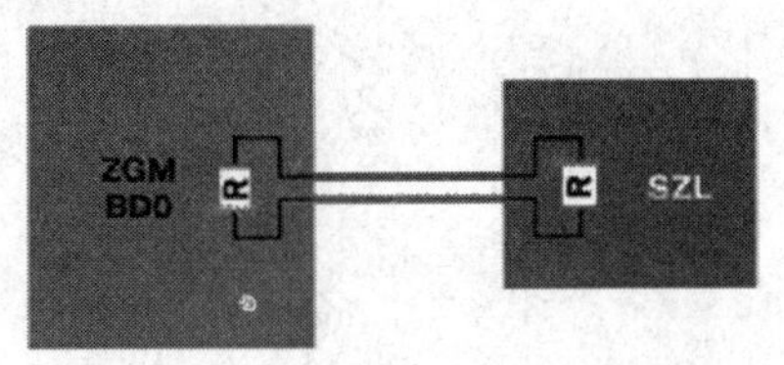

图 9-20 终止节点终端内部的终端电阻

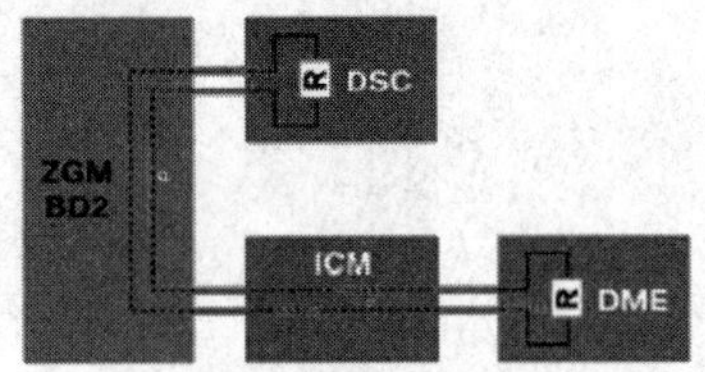

图 9-21 形成环路的 FlexRay 终端电阻的设置

3. FlexRay 总线在 F01/F02 车型上的应用

宝马 F01/F02 车型行驶动态管理系统绝大部分控制单元采用 FlexRay 总线进行数据传输和交换，行驶动态管理系统涵盖了集成式底盘管理系统(ICM)和垂直动态管理系统(VDM)、ICM 诊断和维修、行驶动态操控系统 FDC。

行驶动态管理系统的控制单元、传感器和执行机构如图 9-22 和图 9-23 所示。F01/F02 行驶动态管理系统总线(FlexRay 总线)概览如图 9-24 所示。

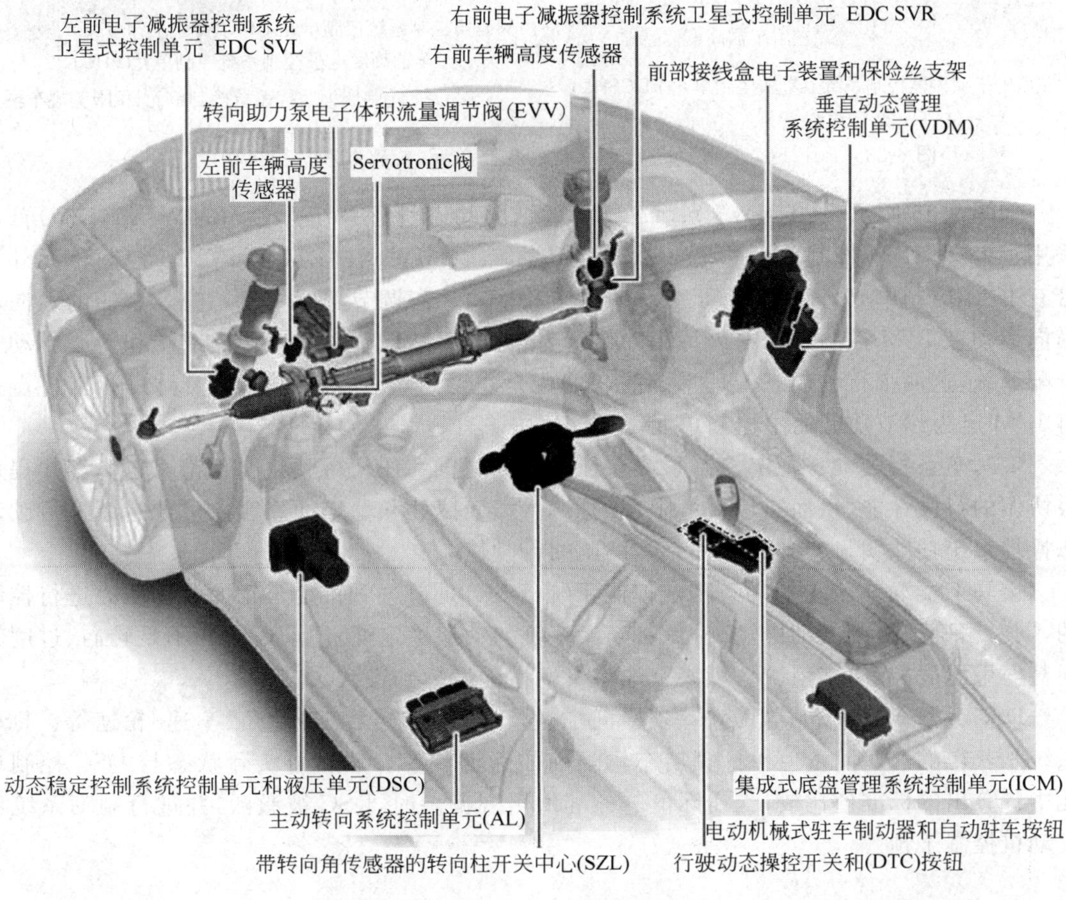

图 9-22 F01/F02 行驶动态管理系统的控制单元、传感器和执行机构(车前部)

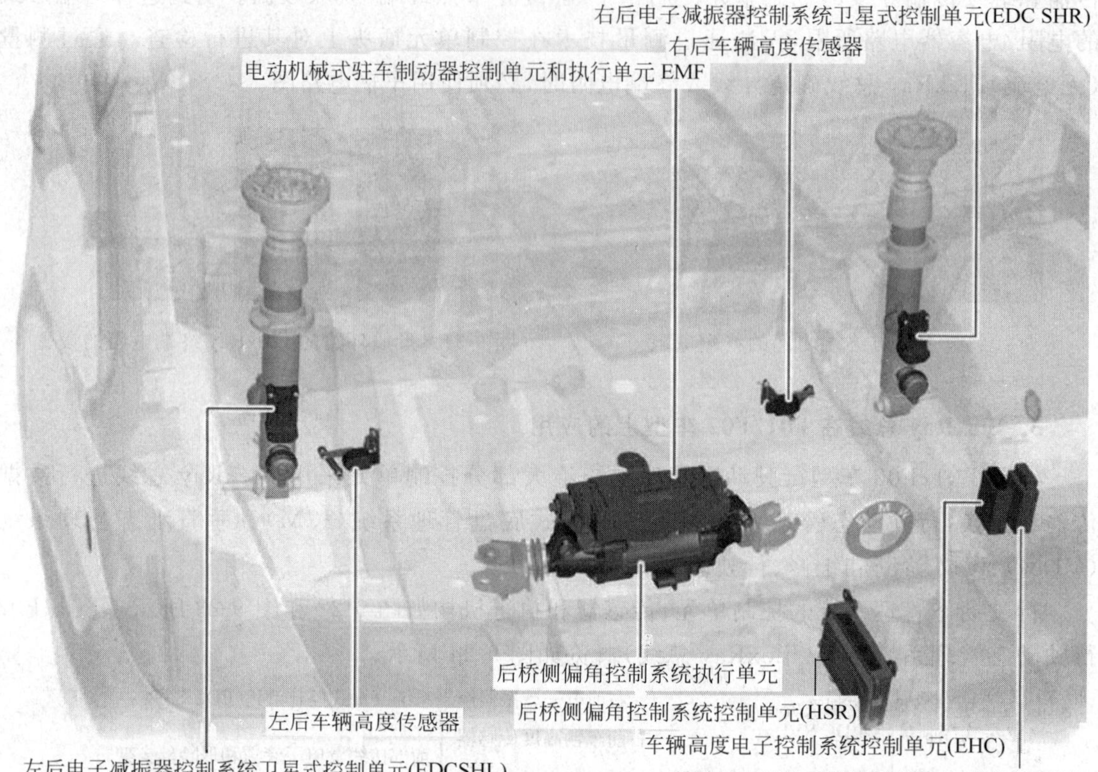

图 9-23 F01/F02 行驶动态管理系统的控制单元、传感器和执行机构(车后部)

如图 9-25 所示,从 BMW3 系(E9x)引入纵向动态管理系统开始,BMW X5(E70)首次采用了带有 VDM 控制单元的垂直动态管理系统。BMW X6(E71)除 VDM 控制单元外还带有 ICM 控制单元,该控制单元首次将纵向和横向动态调节功能集于一身。车辆的纵向和横向运动在 ICM 控制单元内进行集中分析,根据分析结果使用主动转向系统和动态驱动力分配系统,这两个行驶动态管理系统的功能配合也通过 ICM 控制单元进行协调,其特点是将 ICM 定为调节功能的主控制单元。

宝马车系行驶动态稳定控制系统在任何车辆配置和任何行驶状况下都可以为客户提供最协调的行驶性能,从而实现最大限度的舒适性、敏捷性和稳定性。客户可通过新型行驶动态操控系统功能明显感受到这种完美协调的行驶性能。

宝马 F02 轿车装备的动态稳定控制系统(DSC)是通过对特定车轮的制动压力进行控制的,同时精确地控制发动机输出扭矩,确保车辆的动态稳定性,主动避免如不足转向、过度转向甚至甩尾失控等危险状况,可安全地将车辆性能发挥到极致。

DSC 系统的信号包括:偏转率、横向加速度、纵向加速度、转向角、车速/轮速等。DSC 系统从获得的这些测量值中计算出车辆当前的运动状态。然后将实际状态与 DSC 控制单元中计算出的标准值比较,当实际值与标准值出现偏差时,DSC 被激活,并进行制动系统和发动机控制干预。

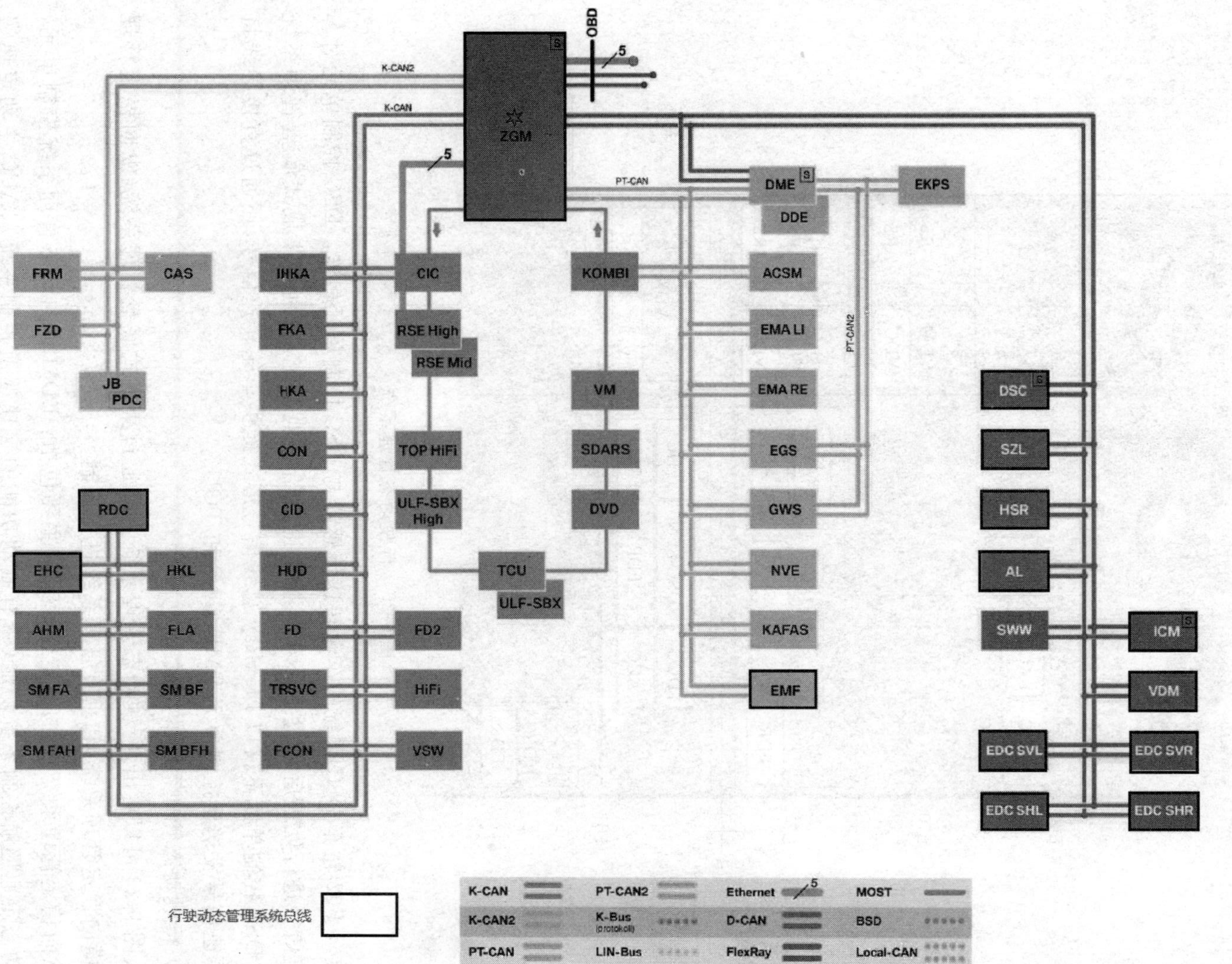

图 9-24 F01/F02行驶动态管理系统总线(FlexRay总线)概览(见彩色插页)

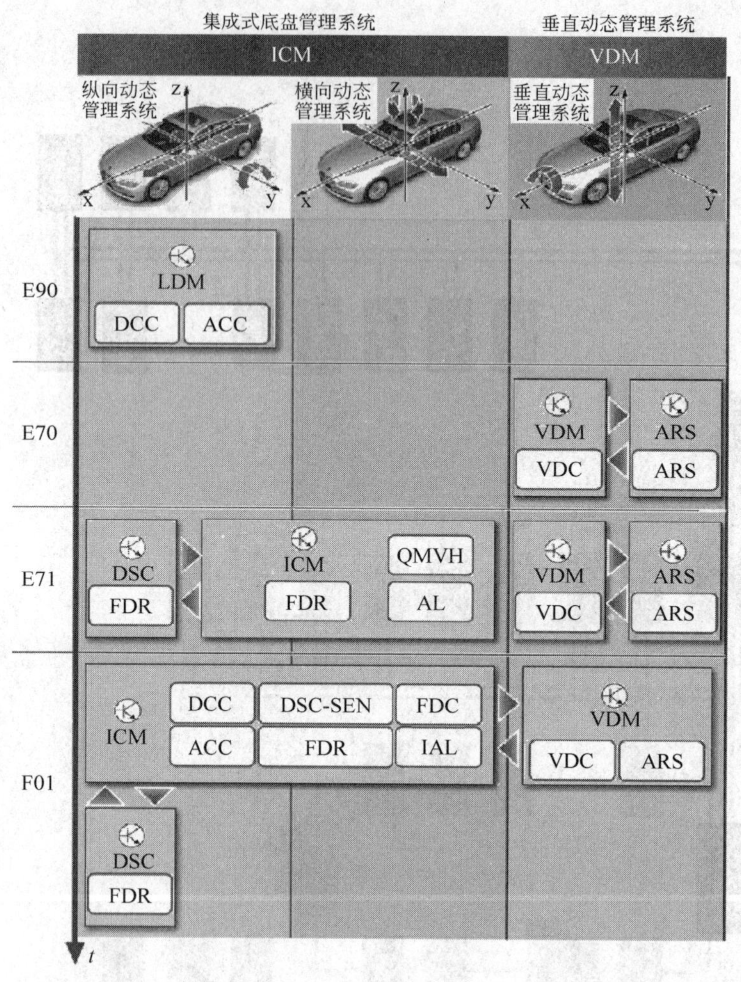

图 9-25 行驶动态管理系统

宝马 F02 轿车 DSC 系统的车轮转速传感器与 DSC 控制单元相连。DSC 控制单元对车轮转速信号进行处理后通过 FlexRay 总线提供给其他系统，特别是集成式底盘管理系统 ICM。DSC 控制单元不仅以 FlexRay 总线信号形式提供车轮转速信号，还通过直接导线将车轮转速信号发送至控制单元 EMF、CAS 和 TCU。

1）行驶动态管理系统的组成

从图 9-25 可以看出，行驶动态管理系统主要通过集成式底盘管理系统（纵向稳定管理系统、横向稳定管理系统）和垂直管理系统进行控制。

纵向稳定管理系统、横向稳定管理系统主要包括：LDM 纵向动态管理系统控制单元、DCC 动态定速巡航控制系统功能（带有制动功能的定速巡航控制系统）、ACC 主动定速巡航控制系统功能、DSC 动态稳定控制系统控制单元、FDR 行驶动态协调控制系统功能、ICM 集成式底盘管理系统控制单元、QMVH 后桥横向力矩分配功能（动态驱动力分配系统）、AL 主动转向系统功能、DSC-SEN ICM 控制单元内的 DSC 传感器、FDC 行驶动态操控系统功能、IAL Integral 主动转向系统功能。

垂直管理系统主要包括：VDM 垂直动态管理系统控制单元、VDC 垂直动态控制系统功能、ARS 主动侧翻稳定装置控制单元和功能(动态驾驶系统)。

2) 集成式底盘管理系统控制单元 ICM

ICM 控制单元不但可以读取外部传感器信号,还可以读取所装传感器的信号。这些传感器信号经过处理后转化为表明车辆行驶动力性的物理信号,并供车内的许多系统使用,例如车速信号和横向加速度信号。ICM 内的中央行驶动态协调控制系统首先评估当前行驶状态和驾驶员要求,此外还考虑车辆上安装了哪些行驶动态管理系统。根据这些信息决定是否对行驶动力性实施干预以及干预程度。先进的行驶动态管理系统可以在诸如出现不足转向趋势时便进行柔和且几乎感觉不到的干预调节。通过一个协调器确保在各种情况下启用最适合的执行机构。同时使用多个执行机构时,特别注重确保各种干预协调进行,如图 9-26 所示。

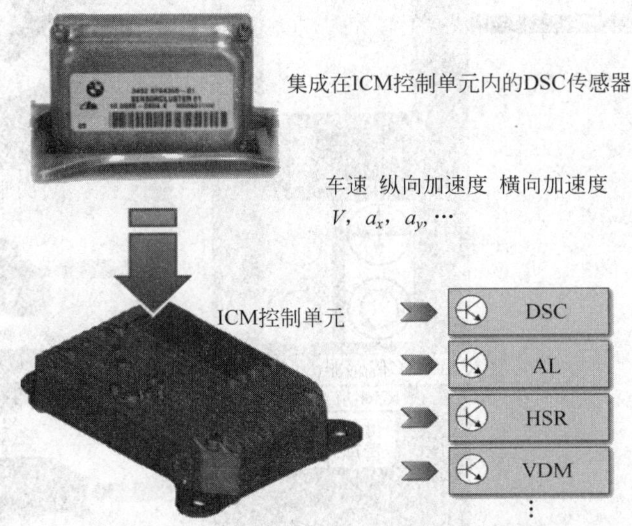

图 9-26 ICM 控制单元提供的行驶动态信号

F01/F02 车型实现了集成式底盘管理系统与垂直动态管理系统间的功能联网,通过 ICM 记录、处理并向 VDM 发送车辆高度信息。作为中央行驶动态协调控制系统的组成部分,ICM 还通过主动控制主动侧翻稳定装置影响自转向特性。其信号处理和分配示意图如图 9-27 所示。通过传统底盘设计可以得知,某一车桥上的稳定杆刚度越大,该车桥上可提供的总侧向力便越小。通过动态驾驶系统稳定杆内的摆动马达可以模仿不同刚度稳定杆的效果。

因此 ICM 的中央行驶动态协调控制系统可通过动态驾驶系统的主动式稳定杆有针对性地影响某一车桥上可提供的侧向力大小。车辆过度转向时,后桥上可提供的侧向力很小。此时最好减小后桥上的侧倾稳定力矩。为此使后桥获得较高侧向力,以保持车辆稳定。

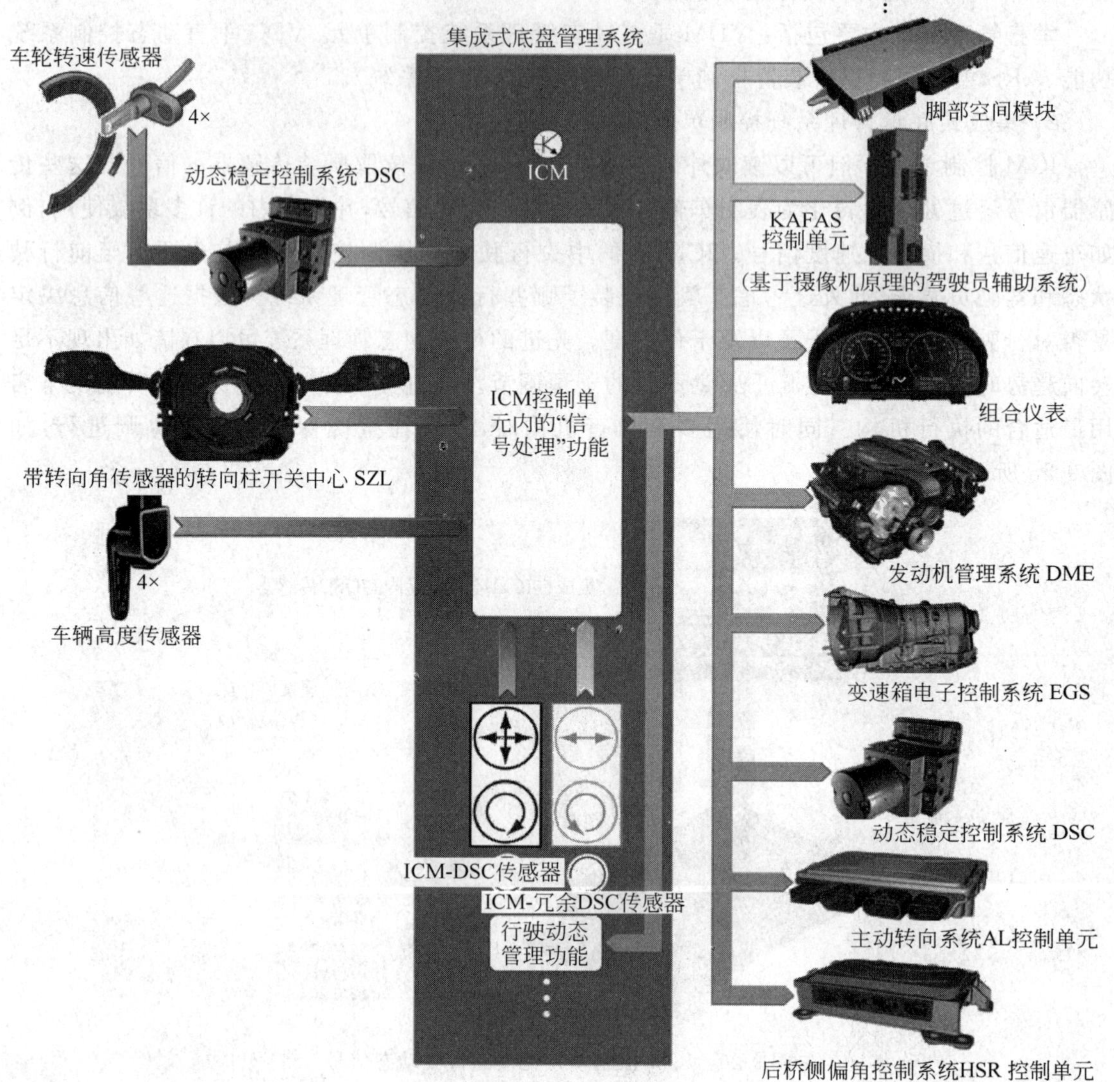

图 9-27 信号处理和分配(通过 ICM 提供信号)

9.3 FlexRay 总线在宝马 E70 汽车上的应用

9.3.1 宝马 E70 总线简介

宝马 E70 总线系统可分为两组：主总线系统、子总线系统。

主总线系统负责控制单元之间跨系统的数据交换。其中包括诊断、网络管理、编程和设码等系统功能。例如，E70 车门上锁时，车门触点状态就会通过脚部空间模块读入。该信息通过 K-CAN 传送至接线盒控制单元，随后该控制单元控制中控锁传动装置。

子总线系统负责某个功能分组内的数据交换。例如，驾驶员车门开关组件的数据由接线盒控制单元读入并继续传输至脚部空间模块。驾驶员车门开关组件与接线盒控制单元之间通过 LIN 总线形式的一个子总线连接。

宝马 E70 车载网络系统在车上的布置如图 9-28 所示,系统概览如图 9-29 所示。

图 9-28 宝马 E70 车载网络系统在车上的布置(见彩色插页)

9.3.2 宝马 E70 车载网络系统主总线

宝马车系主总线特性比较一览表见表 9-1。

表 9-1 宝马车系主总线特性比较一览表

主总线系统	数据传输速率	总线结构	应用领域
K 总线*(车身总线)	9.6Kbps	线性,单线	K 总线用于将普通车辆电气系统、信息和通信系统及安全系统的组件联网。其他具有通信功能并相互交换数据的控制单元也连接到 K 总线上,比如用来控制空调、收音机、CD 换碟机、中央信息显示屏、电子禁起动防盗锁以及驻车距离报警等系统
D-Bus 诊断总线	10.5～115Kbps	线性,单线	D-Bus 总线应用单铜线进行传输,连接诊断座与 ZGM(中央网关模块),提供自诊断功能
K-CAN(车身控制总线)	100Kbps	线性,双线	K-CAN 用于传输车身控制系统的信息,将舒适和车身电子系统组件(车灯控制、座椅调节和空调器等)联网。K-CAN 的数据传输速率比 K 总线快得多,因此,目前在宝马车系中,K-CAN 已经取代了 K 总线
F-CAN(底盘控制总线)	100Kbps	线性,双线	F-CAN 专门用于传输底盘控制系统的数据,如动态稳定控制系统、主动转向系统等

续表

主总线系统	数据传输速率	总线结构	应用领域
PT-CAN（动力传动控制总线）	500Kbps	线性，双线	PT-CAN用于将动力传动和底盘系统的控制单元连成网络。如发动机控制单元、ABS控制单元等。PT-CAN的特点是使用了3根导线（CAN-H导线、CAN-L导线、CAN-WUP导线），CAN-WUP导线作为唤醒导线使用，与PT-CAN的数据传输功能无关。唤醒导线可使控制单元从休眠状态（节电模式）进入正常工作状态
FlexRay总线	10Mbps	星型，双线	行驶动态管理系统和发动机管理系统的联网，是行驶管理系统的综合性主总线系统。比如，动态稳定控制系统（DSC）、垂直动态管理系统（VDM）
Byteflight（安全总线）	10Mbps	星型，光纤	Byteflight是应用在智能安全和集成系统上的光纤网络，主要连接全车安全系统的电控单元，如左侧A柱卫星控制单元（SASL）、安全信息模块（SIM）等控制单元
MOST（多媒体传输系统总线）	22.5Mbps	环形，光纤	MOST系统可连接汽车音响系统、视频导航系统、车载电视、高保真音频放大器、车载电话、多碟CD播放器等多媒体传输系统的模块

注：*为在早期车型中，K总线称为I总线。

(1) 诊断CAN D-CAN。连接一个BMW诊断系统后，网关（接线盒控制单元）将BMW诊断系统的请求传输给内部总线。为确保对这些车辆进行诊断，需使用一个光学编程系统OPS或者一个光学检测和编程系统OPPS以及一个具有以下标记的OPS的OBD连接电缆。D-CAN接口的安装位置（诊断插座位于驾驶员侧仪表板下）如图9-30、图9-31所示。

(2) 车身CAN、K-CAN与前述CAN系统一样。受控制单元在车内的分布所限，控制单元连接在不同的节点上。导线束内和接线盒控制单元内有许多K-CAN接口。从电气工程角度来看，只有一个K-CAN。就是说，从电气工程角度看所有连接的控制单元都并联在K-CAN上。实际上不同控制单元一起连接在节点上或连接在接线盒控制单元上。E70 K-CAN的结构布置示意图如图9-32所示。

(3) MOST总线系统。E70车型MOST系统如图8-26、图8-27所示。E70上安装了一个MOST直接存取接口。

MOST直接存取接口位于车内右侧，仪表板下，如图9-33所示。松开一个盖罩即可接触到MOST直接存取接口。必须将两个处于连接状态的插头从固定在盖罩上的支架上取出，如图9-34所示。将两个插头彼此连接在一起，然后将两个插头像OPS/OPPS一样与插在一起的插头连接起来，如图9-35所示。

光缆连接器位于后座椅靠背旁的左侧盖板后。光缆连接器布置在MOST总线系统内，车辆前部区域（主控单元，CDC/MMC和HUD）与后部区域（TEL，VM等）之间，如图9-36所示。

(4) FlexRay总线系统。FlexRay总线系统在车上的位置如图9-37所示，它将VDM控制单元（垂直动态管理系统）与减振器处的EDC卫星式控制单元连接起来，如图9-38～图9-40所示。

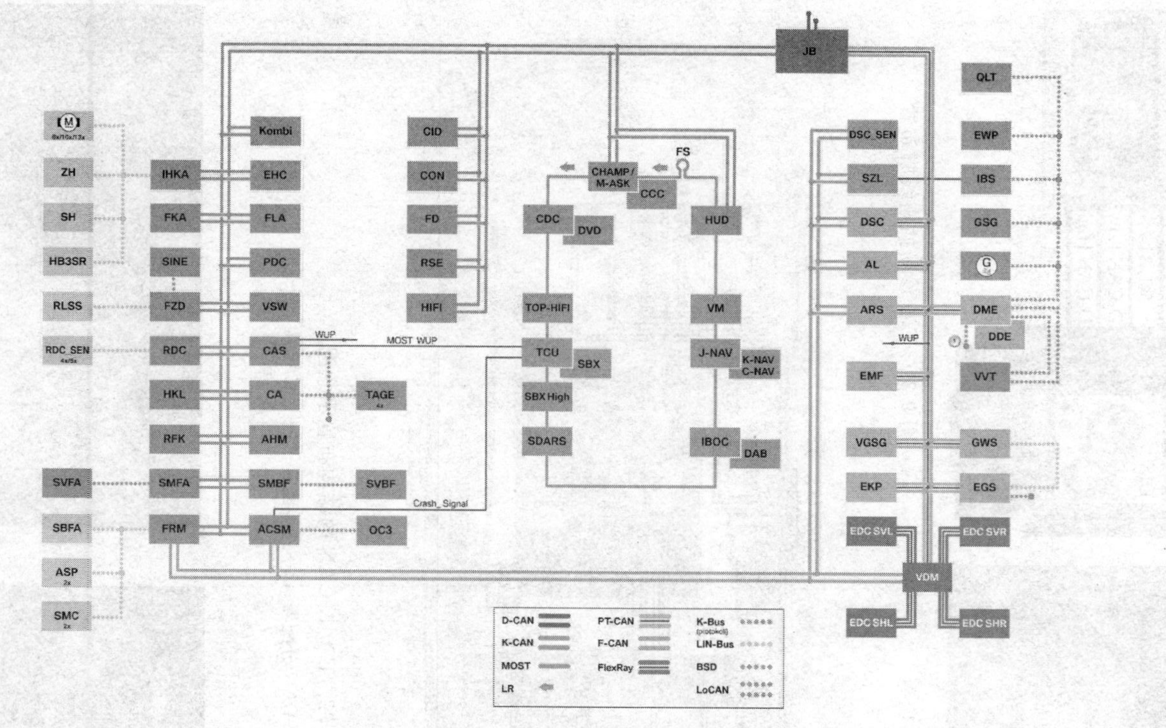

图 9-29 宝马 E70 车载网络系统概览(见彩色插页)

ACSM—ACSM控制单元；AHM—挂车模块；AL—主动转向系统；ARS—主动侧翻稳定装置；ASP—车外后视镜；CA—舒适登车系统；CAS—便捷登车及起动系统；CCC—车辆通信计算机；CDC—CD换碟机；CHAMP—中央主控单元和多媒体平台；CID—中央信息显示屏；C-NAV—中国导航系统；CON—控制器；DAB—数字音频广播；DDE—数字式柴油机电子系统；DME—数字式发动机电子系统；DSC—动态稳定控制系统；DSC_SEN—DSC传感器；DVDC—DVD换碟机；EDC SHL—左后电子减振器控制系统卫星式控制单元；EDC SHR—右后电子减振器控制系统卫星式控制单元；EDC SVL—左前电子减振器控制系统卫星式控制单元；EDC SVR—右前电子减振器控制系统卫星式控制单元；EGS—变速箱电子控制系统；EHC—车辆高度电子控制系统；EKP—电动燃油泵；EMF—电动机械式驻车制动器；EWP—电动水泵；FD—后座区显示屏；FKA—后座区暖风和空调系统；FLA—远光灯辅助系统；FRM—脚部空间模块；FZD—车顶功能中心；GSG—预热控制单元；GWS—选挡开关；HB3SR—第3排座椅暖风和通风；HiFi—高保真音响放大器；HKL—行李厢盖举升装置；HUD—平视显示屏；IBOC—高清晰度收音机；IBS—智能型蓄电池传感器；IHKA—自动恒温空调；JB—接线盒控制单元；J-NAV—日本导航系统；K-NAV—韩国导航系统；Kombi—组合仪表；M-ASK—多功能音频系统控制器；OC3—美规座椅占用识别垫；PDC—驻车距离监控系统；QLT—质量、油位和温度传感器；RDC—轮胎压力监控系统；RDC_SEN—轮胎压力监控传感器；RFK—倒车摄像机；RLSS—雨量、光线和阳光传感器；RSE—后座区信息娱乐系统；SBFA—驾驶员侧开关组件；SBX—接口盒(ULF的功能)；SBX High—高级接口盒(蓝牙电话技术，语音输入和USB/音频接口)；SDARS—卫星调谐器；SH—驻车暖风；SINE—倾斜报警传感器的报警器；SMBF—前乘客座椅模块；SMC—步进电机控制器；SMFA—驾驶员座椅模块；SVBF—前乘客座椅调节装置；SVFA—驾驶员座椅调节装置；SZL—转向柱开关中心；TAGE—车门外侧拉手电子装置；TCU—远程通信系统控制单元；TOP-HIFI—顶级高保真音响放大器；VDM—垂直动态管理系统(电子减振器控制系统的中央控制单元)；VGSG—分动器控制单元；VM—视频模块；VSW—视频开关；VVT—可变气门机构；ZH—电气加热器

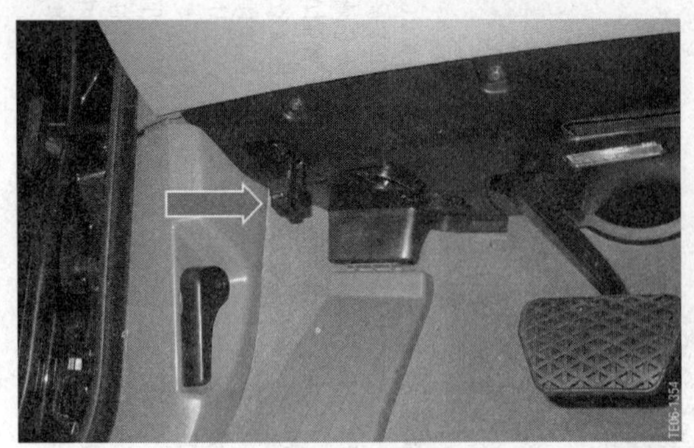

图 9-30　D-CAN 接口安装位置

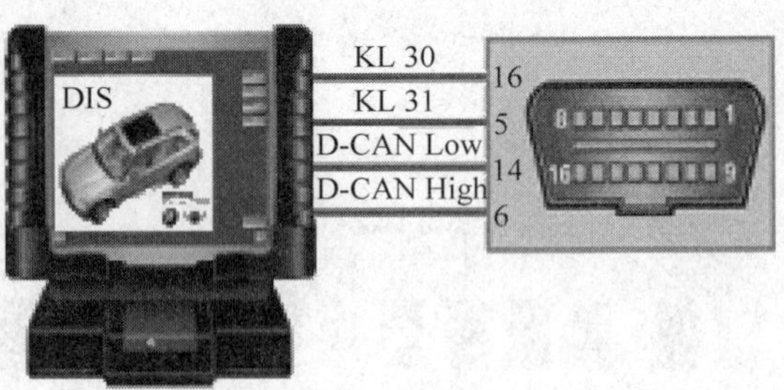

图 9-31　E70 诊断插座线脚布置

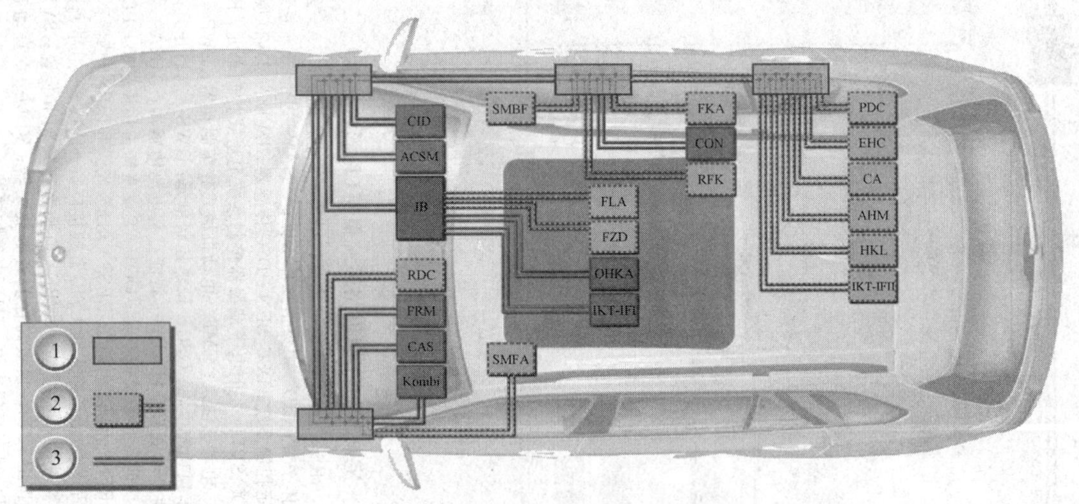

图 9-32　E70 K-CAN 的结构布置示意图

1—K-CAN 分配器；2—选装配置；3—K-CAN

图 9-33　MOST 直接存取接口

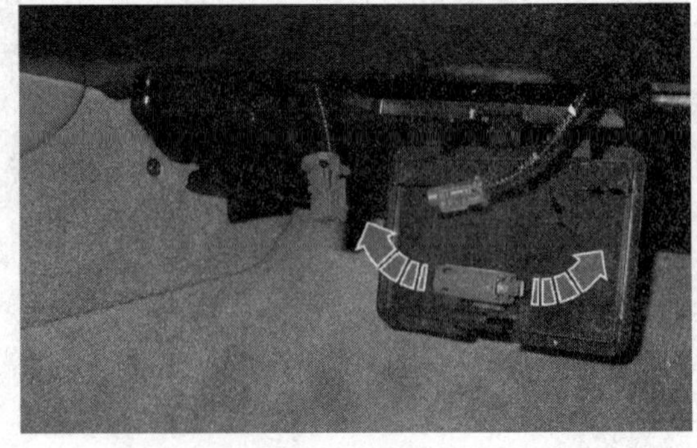

图 9-34　取出两个处于连接状态的插头

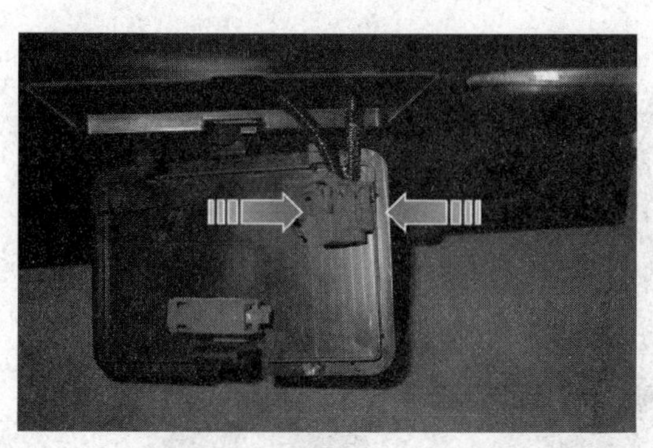

图 9-35 将插头连接在一起

图 9-36 E70 MOST 总线连接板的安装位置

图 9-37 E70 FlexRay 总线在车上的位置

① FlexRay 总线拓扑结构。在 E70 上 FlexRay 总线系统的物理结构为星型结构，如图 9-39 所示。所有 EDC 卫星式控制单元都分别通过插接连接件连接在 VDM 控制单元上。但是，在内部左侧和右侧 EDC 卫星式控制单元则连接为一个线性拓扑结构。两个线性结构通过一个由两个总线驱动器组成的双星型结构连接在一起。由某一个 EDC 卫星式控制单元或由中央 VDM 控制单元发出的每一条信息都会到达所连接的所有控制单元处。

② FlexRay 总线与 PT-CAN 的连接。E70 FlexRay 总线系统是单通道形式的双线总线系统。VDM 控制单元作为网关将总线系统 PT-CAN 与 FlexRay 连接起来。FlexRay 上的 EDC 卫星式控制单元与 E70 上安装的其余控制单元之间通过 VDM 控制单元进行数据通信，如图 9-40 所示。

③ FlexRay 总线唤醒和休眠特性。控制单元通过一个附加的唤醒导线启用。该唤醒

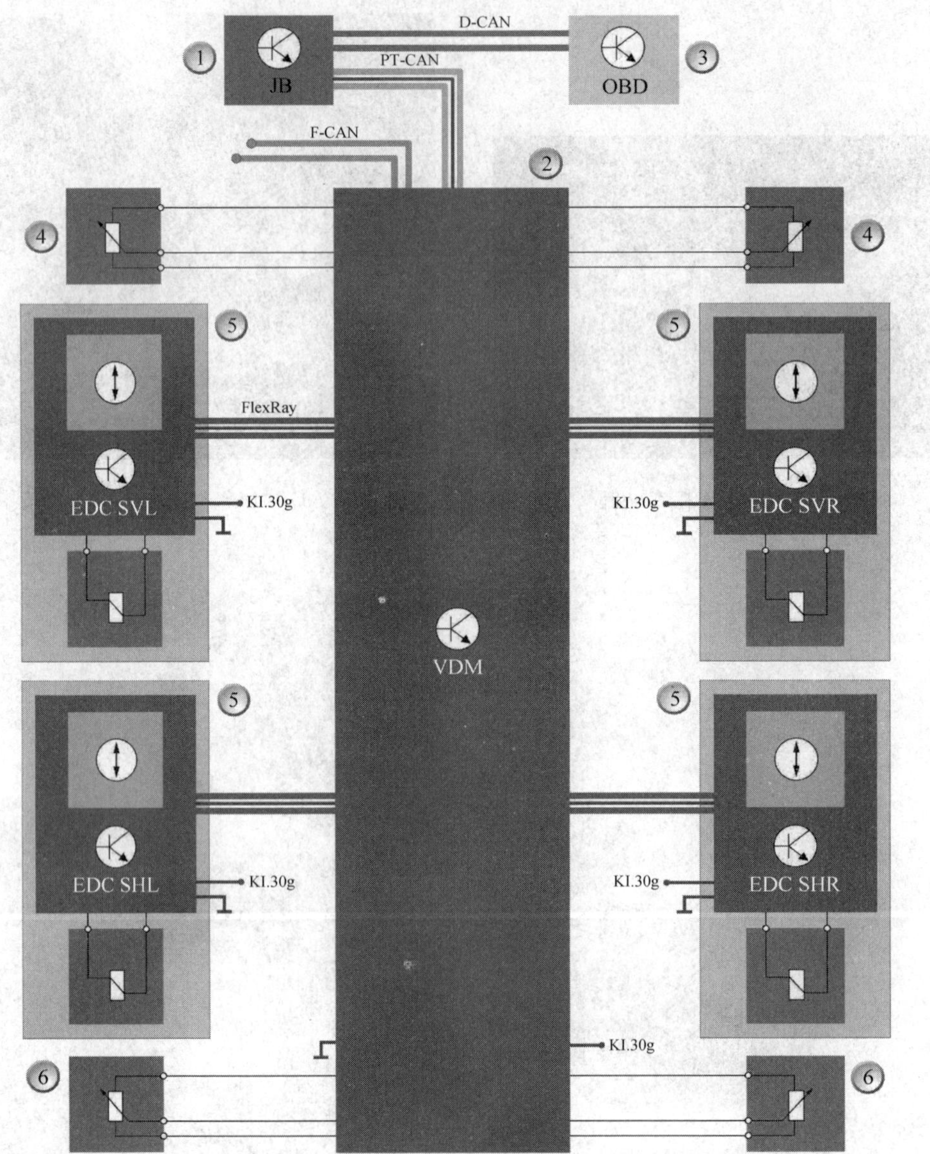

图 9-38 FlexRay 总线在 E70 车型垂直动态管理系统上的应用

1—接线盒控制单元；2—垂直动态管理系统 VDM；3—诊断插座；4—前部车辆高度传感器；5—带有垂直加速度传感器和电磁阀的 EDC 卫星式控制单元；6—后部车辆高度传感器；D-CAN—诊断 CAN；F-CAN—底盘 CAN；PT-CAN—动力传动系 CAN

导线的功能与 PT-CAN 内的唤醒导线(15WUP)相同。信号曲线与 PT-CAN 的信号一样。只要唤醒该总线系统，VDM 就会使 PT-CAN 切换到一个高电平并将这个信号传输到 FlexRay 的唤醒导线内，从而唤醒卫星式控制单元。在图 9-41 中给出了车辆开锁和起动时典型的电压曲线状态。

阶段 1：驾驶员将车辆开锁，CAS 控制单元启用 K-CAN 和 PT-CAN，PT-CAN 内的电压电平短时切换到高电平，VDM 复制这个信号并将其传输至 FlexRay 上的唤醒导线。

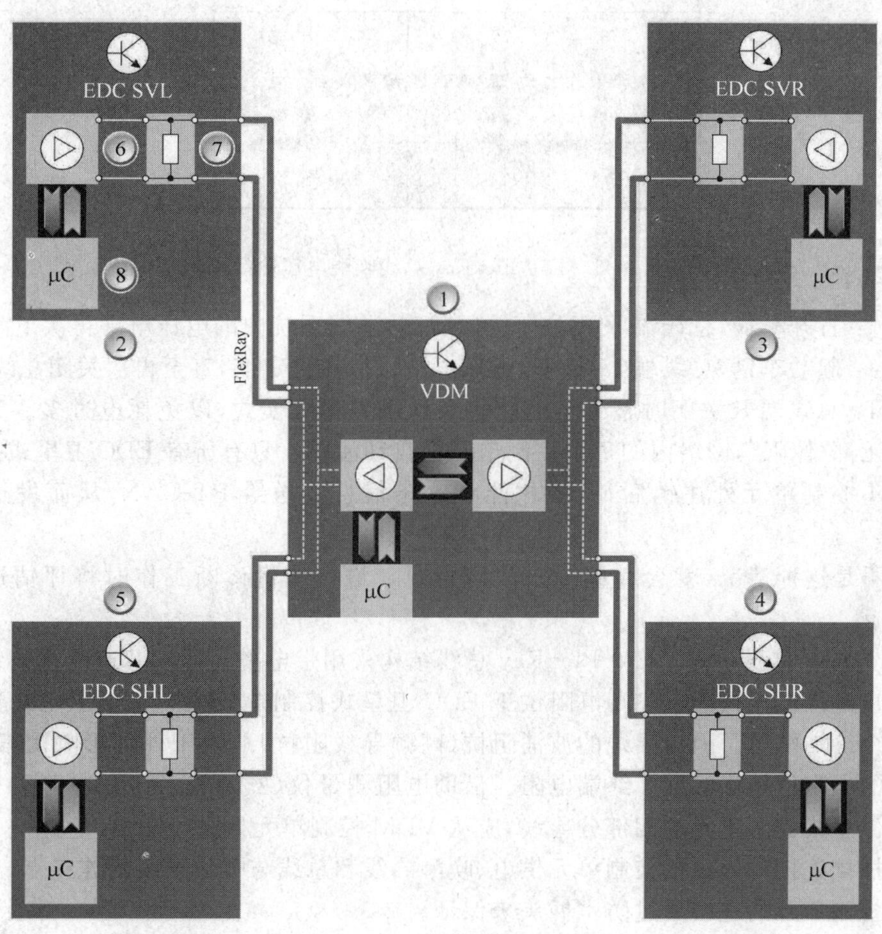

图 9-39　E70 车型 FlexRay 总线拓扑结构

1—垂直动态管理系统 VDM；2—左前 EDC 卫星式控制单元 EDC SVL；3—右前 EDC 卫星式控制单元 EDC SVR；4—右后 EDC 卫星式控制单元 EDC SHR；5—左后 EDC 卫星式控制单元 EDC SHL；6—总线驱动器；7—终端电阻；8—微处理器

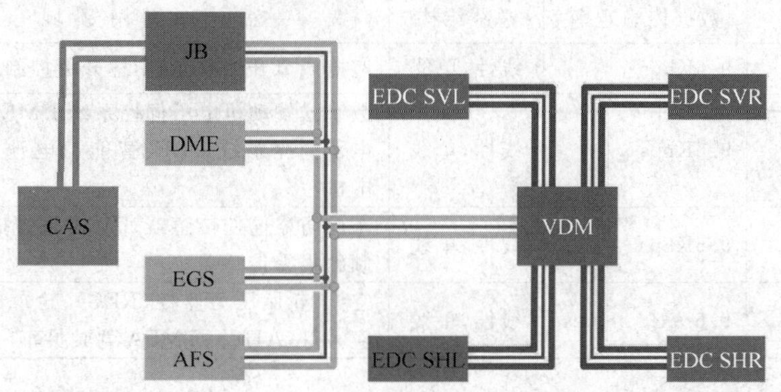

图 9-40　FlexRay 总线通过 VDM 与 PT-CAN 上的控制单元连接

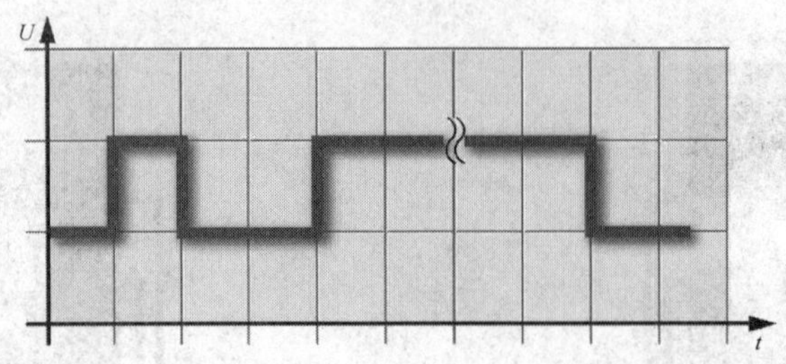

图 9-41 E70 FlexRay 总线唤醒电压曲线

阶段 2：打开车辆，总线端 R 仍处于关闭状态，总线系统内的电压电平再次下降。

阶段 3：起动车辆，总线端 15 接通，电压电平保持在设定值，直至再次关闭总线端 15。

阶段 4：总线端 R 关闭时整个车辆网络必须进入休眠模式，以免耗电过多。为确保所有控制单元都"休眠"，网络内的每个控制单元都自动注销。只有所有 EDC 卫星式控制单元都在 VDM 控制单元处注销后，后者才能将这条信息发送给 PT-CAN，从而发送给整个网络。

如果不是这种情况，就会存储一条故障信息。进行能量诊断工作时将评估这条故障信息。

④ FlexRay 总线布线。E70 FlexRay 总线结构采用带电缆套的双芯双绞线电缆。电缆套用于防止电缆机械损坏。终端电阻位于 EDC 卫星式控制单元内。每个卫星式控制单元都带有一个终端电阻。因为导线的波涌阻抗（高频导线阻抗）取决于外部影响因素，所以针对所要求的电阻值精确匹配了终端电阻。借助电阻测量仪（欧姆表，万用表）可以相对简单地检测至卫星式控制单元的四部分导线，应从 VDM 控制单元处进行测量。

两个插接连接件内包括控制单元供电、唤醒导线和总线与唤醒导线的连接点，与车轮罩内卫星式控制单元的连接通过防水插头来保证。

9.3.3 宝马 E70 车载网络系统子总线

宝马车系子总线特性比较一览表见表 9-2。

表 9-2 宝马车系子总线特性比较一览表

子总线系统	数据传输速率	总线结构	应 用 领 域
K 总线（座椅）	9.6Kbps	线性，单线	座椅调节开关单元、中柱开关控制中心
BSD 位串行数据接口	9.6Kbps	线性，单线	数字式发动机电子伺控系统 DME/数字式柴油机电子伺控系统 DDE、智能蓄电池传感器 IBS、发电机
DWA 总线	9.6Kbps	线性，单线	车内防盗监控传感器、DWA 防盗报警器及集成的倾斜报警传感器
LIN 总线	9.6～19.2Kbps	线性，单线	空调、轮胎压力监控（RDC）、轮罩中的天线、自适应大灯（AHL）、TMFA 驾驶员车门模块等

1. LIN 总线

在 E70 上利用 LIN 总线实现了下列连接。

(1) 脚部空间模块至驾驶员车门开关组件的连接。

(2) 脚部空间模块至高级车外后视镜之间的连接。

(3) 从车顶功能中心至雨量、光线和阳光传感器的连接。

(4) 控制 IHKA 伺服电机。

(5) 脚部空间模块至步进电机控制器的连接。

(6) 选挡杆模块与变速箱电子控制系统之间的连接。

2. BSD

E70 上仍继续使用位串行数据接口 BSD。该接口用于从发动机管理系统至相应子系统的以下连接。

(1) 智能型蓄电池传感器。

(2) 发电机调节器。

(3) 机油状态传感器。

(4) 预热控制单元。

(5) 电动冷却液泵。

9.3.4 终端电阻

终端电阻用于确保总线系统内准确的信号流程。这些终端电阻装在总线系统的控制单元内。K-CAN 的每个控制单元内都装有终端电阻。在主总线系统 F-CAN 和 PT-CAN 内，终端电阻始终只安装在总线内的两个控制单元内。F-CAN 中的终端电阻位于以下两个控制单元内：①转向柱开关中心；②动态稳定控制系统。

PT-CAN 中的终端电阻位于以下两个控制单元内：①电动机械式驻车制动器；②动态稳定控制系统。

9.4 FlexRay 总线在奥迪 A8 轿车上的应用

9.4.1 奥迪 A8 FlexRay 总线简介

10 款奥迪 A8 采用 FlexRay 总线是为了满足将来对汽车控制单元联网结构更高的要求，特别是为了实现更快的数据传输率、更强的实时控制和更高的容错运算。使用 FlexRay 总线之后才可以实现驾驶动态控制、车距控制 ACC 和图像处理功能。

10 款奥迪 A8 的 FlexRay 具有采用双绞线总线，数据传输率最快可达 10Mbps，为“主动”星型拓扑结构。传输三种信号状态：“空闲”、“Data 0”、“Data 1”。

FlexRay 总线的基本工作方式与使用至今的数据总线系统（CAN 总线、LIN 总线和 MOST 总线）不同。总线用户通过 FlexRay 总线发送信息的时间点精准地确定；发出信息到达接收器的时间也可以精确地识别。即使总线用户不发送任何信息，也为它预留一定的带宽，不需要像在 CAN 总线上那样设定信息的优先级。控制单元总是发送信息，但用 Update Bit 标记新内容。如果没有可以使用的新数据，则再次发送旧数据。

9.4.2 FlexRay 总线协议

在 FlexRay 总线上，信息通过“通信周期”(communication cycles)传输。通信周期不断循环，也就是说，接连不断。一个通信周期持续 5 毫秒。通信周期的组成包括：静态段、动态段、网络空闲时间(空载)。

(1) 静态段。静态段在总线用户之间传递信息。为了传输数据，静态段被分为 62 个时隙，即“时间槽”。一个静态时隙只能发送到一个特定的总线用户中，但是，所有总线用户可以接收所有静态时隙，也包括那些与它没有确定关系的时隙。所有静态时隙的长度都相等，都是 42 字节。时隙的顺序固定不变。在接连不断的通信周期中，各个静态段传输不同内容的信息。一般，无论所有时隙是否都承载信息，整个时隙结构都会被传输。在奥迪车上，总线用户还会持续发送 Update Bit。

(2) 动态段。动态段被分成若干“最小时隙(minislot)”，所有总线用户都会接收动态段。动态段是通信周期中为了能够传输事件触发的数据而预留的位置。

(3) 网络空闲时间。网络空闲时间就是“网络静止时间”。在这段时间内，FlexRay 总线上没有信息在传输。数据总线诊断接口 J533 需要这段时间同步 FlexRay 总线上数据传输的过程。所有总线用户利用网络空闲时间使内部时钟与全球时基同步。

9.4.3 FlexRay 总线结构

奥迪 A8 车载网络系统结构概览如图 9-42、表 9-3 所示。

表 9-3 奥迪 A8 车系总线特性一览表

总线系统	导线颜色	规格	数据传输率	特性
CAN 驱动		双绞线总线系统	500Kbps	非单芯线
CAN 舒适		双绞线总线系统	500Kbps	非单芯线
CAN 扩展		双绞线总线系统	500Kbps	非单芯线
CAN 显示和操作		双绞线总线系统	500Kbps	非单芯线
CAN 诊断		双绞线总线系统	500Kbps	非单芯线
FlexRay		双绞线总线系统	10Mbps	非单芯线
MOST 总线		光缆总线系统	22.5Mbps	环型结构 断开＝整个总线系统故障
LIN 总线		单线总线系统	20Kbps	单芯线
副总线系统		双绞线总线系统	500Kbps	非单芯线

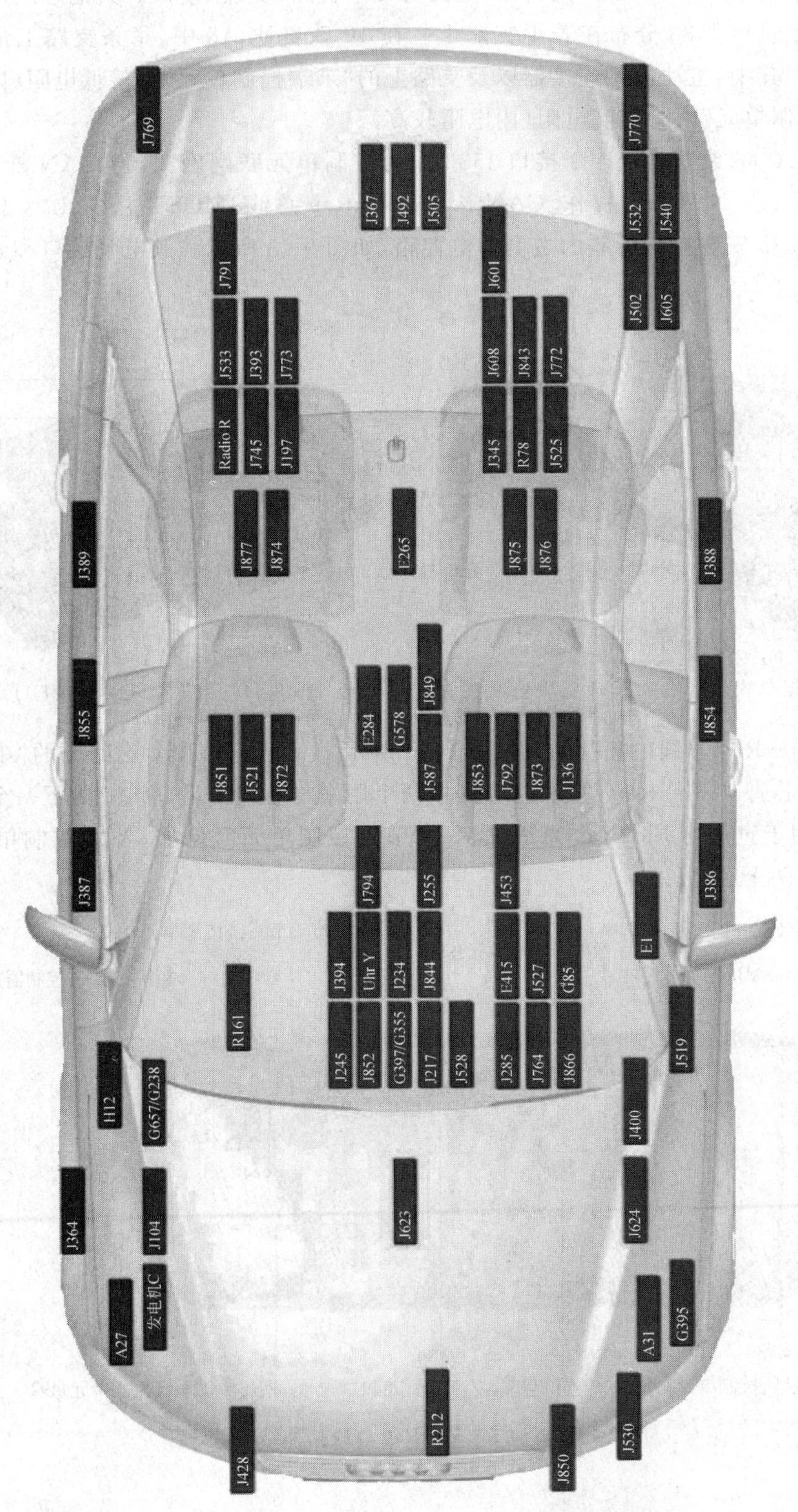

图 9-42 奥迪 A8 车载网络系统结构

数据总线诊断接口 J533 用作控制器，上面有 4 个支路(支线)接口。其他总线用户围绕着数据总线诊断接口 J533 分布在若干支路上。在 10 款奥迪 A8 中，每条支路上最多连接两个控制单元。其中，主动星型连接器以及支路上的“末端控制单元”终接低电阻(内电阻较低)，而“中间控制单元”则终接高电阻(内电阻较高)。

10 款奥迪 A8 的数据总线诊断接口 J533 作为控制单元联网网关，与 CAN 舒适、CAN 驱动、CAN 扩展、CAN 显示与操作、CAN 诊断、FlexRay 总线、MOST 总线、LIN 总线等总线系统连接。J533 安装在行李厢内右侧的电控箱，如图 9-43 所示。其电气接口和光学接口如图 9-44 所示。

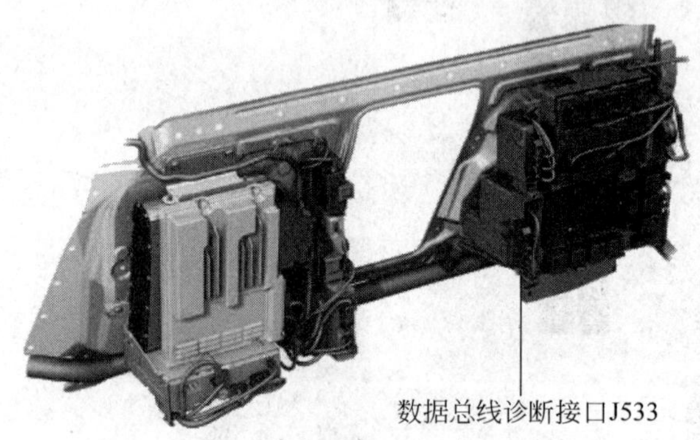

图 9-43 数据总线诊断接口 J533 安装位置

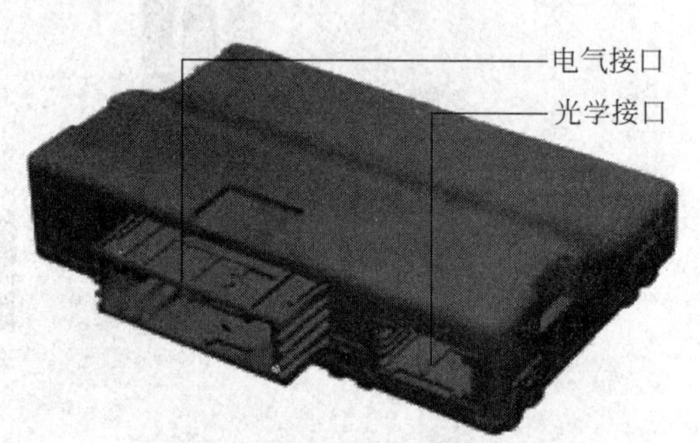

图 9-44 数据总线诊断接口 J533

奥迪 A8 FlexRay 总线的拓扑结构如图 9-45 所示。一条 FlexRay 支路上的“中间控制单元”通过 4 个芯脚与 FlexRay 总线连接，其中两个用来将总线信号“转送”给下一个控制单元；另外两个用于直接与 FlexRay 总线通信。“节点控制单元”，例如，ABS 控制单元 J104 (图 9-46)，只有两个芯脚。

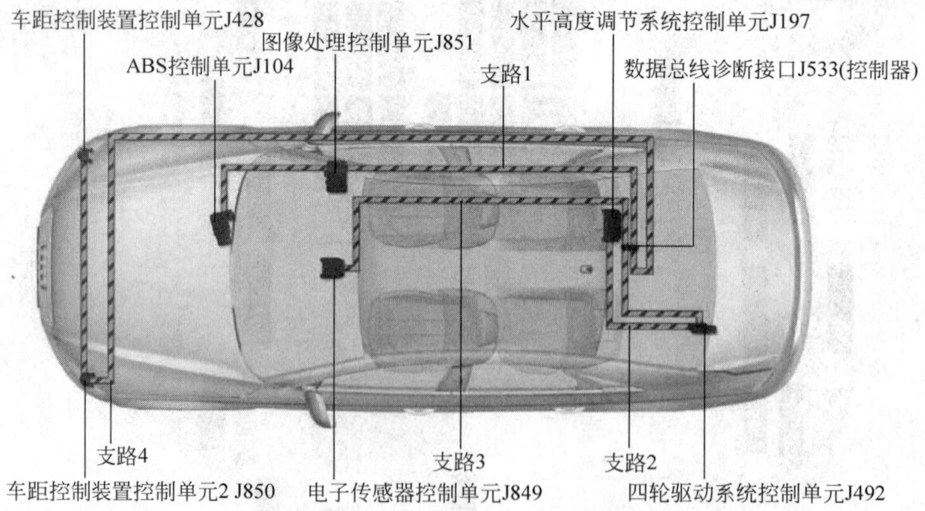

图 9-45 奥迪 A8 FlexRay 总线拓扑结构

9.4.4 FlexRay 总线信号状态

FlexRay 总线的两条导线,分别是 Busplus 和 Busminus。两条导线上的电平在最低值 1.5V 和最高值 3.5V 之间变换。FlexRay 的信号状态有 3 种,如图 9-47 所示。

(1)“空闲”——两导线的电平都为 2.5V。

(2)“Data 0”——Busplus 上低电平,Busminus 上高电平。

(3)“Data 1”——Busplus 上高电平,Busminus 上低电平。

一个比特占 100ns 带宽。传输时间与导线长度以及总线驱动器的传输用时有关。信号差别传输,也就是说,需要两条导线。接收器通过两个信号的差别确定本来的比特状态。典型的数值是 1.8～2.0mV 的压差。发送器附近必须至少有 1200mV 的压差;接收器处的直接最小压差为 800mV。如果在 640～2660μs 总线上没有变化,FlexRay 总线自动进入休眠模式(空闲)。

图 9-46 ABS 控制单元

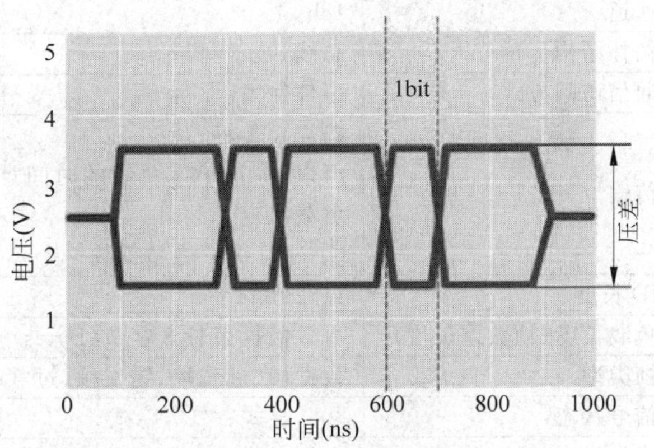

图 9-47 FlexRay 总线信号波形

9.4.5 FlexRay 总线唤醒及启动

1. 唤醒

如果 FlexRay 总线处于休眠模式,系统会先通过唤醒过程使 FlexRay 变成待机模式。即使激活所有接线端 30 的用户,FlexRay 总线也无法主动进行通信。唤醒时,唤醒控制单元在 FlexRay 总线上发送“唤醒符号”。在发送前总是要延时确定 FlexRay 总线上是否真的没有通信,所有控制单元是否真的都处于休眠状态。

2. 启动阶段

启动后,FlexRay 总线才有真正的通信。启动,指的就是网络的启动,只能由“冷态启动”控制单元完成。第一个向 FlexRay 总线发送信息的“冷态启动”控制单元开始启动过程。“冷态启动”和同步控制单元将会启动网络,并建立同步。

“冷态启动”和同步控制单元有:数据总线诊断接口 J533、ABS 控制单元 J104、电子传感器控制单元 J849。

然而,“非冷态启动”控制单元则不会启动 FlexRay 总线,对建立同步也没有帮助。只有当两个以上其他总线用户在 FlexRay 总线上发送信息后，非冷态启动控制单元才可以发送信息。

非冷态启动控制单元有：车距控制装置控制单元 J428、车距控制装置控制单元 J850、图像处理控制单元 J851、四轮驱动系统控制单元 J492、水平高度调节系统控制单元 J197。

9.5 FlexRay 总线与 CAN 总线特性比较

FlexRay 总线与 CAN 总线特性比较一览表见表 9-4。

表 9-4 FlexRay 总线与 CAN 总线特性比较一览表

特　性	CAN	FlexRay
布线	双绞线	双绞线
数据传输率(波特率)	500Kbps-1Mbps	10Mbps
通道	1ch	2/1ch(optional)
拓扑结构	总线，被动星型	总线、主动星型及混合型
通信访问方式	事件触发	事件触发＋时间触发
传输	按需要传输； 可以使用 CAN 总线的时间点由负载决定； CAN 总线可能超负载	传输数据帧的时间点确定； 传输持续时间确定； 即使不需要，也保留时间槽
ID 长度	11/29bits	11bits
负载长度(帧数据长度)	有效数据最长 8 字节(Bytes)	有效数据最长 254 字节(Bytes)
帧类型	数据帧、远程帧、错误帧、过载帧	数据帧
信号状态	“0”，显式；“1”，隐式	“空闲”，“Data 0”，“Data 1”
优先设定	先发送优先级别比较高的信息	无，数据在固定的时间点发送
确认信号	接收器确认接收到有效的数据帧	发送器不会获得数据帧是否传输正确的信息
故障日志	在网络中能用故障日志标记故障和错误	每个接收器自行检测接收到的数据帧是否正确

9.6 FlexRay 总线故障诊断

1. 汽车网络系统故障的原因

(1) 汽车电源系统引起的故障。如果汽车电源系统提供的工作电压低于电控单元的正常工作电压，则电控单元可能短暂地停止工作，从而造成整个汽车局域网络暂时无法通信的故障。此时，可以利用示波器等仪器检查发电机、蓄电池等电源系统部件的工作是否正常。

(2) 汽车局域网络系统的通信线路故障。当汽车局域网络系统的通信线路出现故障(如通信线路短路、断路等)时，会引起多个电控单元无法工作或电控系统动作错误。可以利用示波器或专用汽车故障诊断仪观察通信数据信号是否与标准通信数据信号相符来判断此类故障。

(3) 汽车局域网络系统中的电控单元故障。包括软件故障和硬件故障两类：软件故障是指传输协议或软件程序有缺陷或冲突，从而导致局域网络系统通信出现混乱或无法工作；硬件故障一般是由于通信芯片或集成电路故障造成汽车局域网络系统无法正常工作。软件故障一般成批出现，且无法维修；硬件故障可以通过替换法排除。

2. FlexRay 总线维修

FlexRay 总线电缆损坏时可以用普通电缆连接器连接在一起，但是安装时必须遵守其特殊要求。FlexRay 线路是一个双绞线导线，维修后必须尽可能保持这种双绞线布置方式，剥掉绝缘层的维修部位必须冷缩，配合软管密封住，进水后可能会影响波涌阻抗，从而影响总线系统的效率。

3. 宝马车系 FlexRay 总线的故障处理与检测

(1) 故障诊断思路

对于宝马车系的 FlexRay 总线系统故障，可使用 OBD 通用扫描工具、宝马专用检测仪 Modic 或 ISID 可以对宝马汽车局域网络系统所有 ECU 故障进行诊断。诊断总线 D-Bus 的所有诊断操作必须通过中央网关模块 ZGM 才能实现与其他控制单元的连通。通过分析各个 ECU 与网关 ECU 的相互逻辑关系和诊断连接通路，可以推算出系统内具体某个 ECU 不良及由此给整个系统带来的影响。例如，如果安全信息 ECU SIM 不良，则整个安全气囊系统无法进行故障自诊断；但如果转向柱开关总成 SZL ECU 不良，则只是 SZL ECU 无法诊断，其他 ECU 可以正常进行故障诊断。

需要更换 DSC 单元时，必须首先拆下车辆地板饰板。DSC 单元安装在车辆地板内，紧靠左前车轮罩后边缘。

(2) 故障处理

宝马车系 FlexRay 总线导线出现链路故障或模块故障，可能会切断各控制单元或整个支路与总线之间的通信，但带有 4 个授权唤醒 FlexRay 控制单元(ZGM、DME、DSC、ICM)除外。如果这些控制单元之间的通信中断，则发动机无法起动。控制单元内的这种总线监控功能还能防止在非授权时间发送信息，从而防止覆盖其他信息。

(3) 终端电阻及导线的测量

FlexRay 总线采用带电缆套的双芯双绞电缆线，终端电阻位于中央网关模块和终端设备内，各终端电阻都进行了精确调节，为避免影响，应从中央网关模块处测量终端电阻。

(4) 测量 FlexRay 导线电阻

检测 FlexRay 导线必须参阅车型的电路图，否则会对测量结果做出错误判断。

① 检测 FlexRay 导线电阻时必须使用车辆电路图。

② FlexRay 导线电阻的检测结果无法 100%地判断出系统功能正常与否。静态模式和动态模式下，电气性能差别很大。

对于宝马 E70FlexRay 的导线，借助电阻测量仪(欧姆表，万用表)可以相对简单地检测至卫星式控制单元的 4 部分导线，应从 VDM 控制单元处进行测量。

$R_{BP\text{-}BM}$：10W——这部分导线短路。

$R_{BP\text{-}BM}$：10～90W——这部分导线损坏(例如插头潮湿，导线挤压变形)。

$R_{BP\text{-}BM}$：90～110W——这部分导线正常且卫星式控制单元已连接(注意：不识别阻抗误差)。

$R_{BP\text{-}BM}$：大于 110W——该导线断路、卫星式控制单元未插上或者至卫星式控制单元的连接断开。

FlexRay 导线电阻的测量结果无法 100%体现出系统线路的功能。出现挤压变形或插头腐蚀等损坏情况时，在静态模式下电阻值可能位于公差范围内。但是，在动态模式下电气影响因素可能引起波涌阻抗提高，从而出现数据传输问题。

4. 奥迪 A8 车型 FlexRay 总线诊断及维修

(1) FlexRay 总线诊断

数据总线诊断接口 J533 识别到网络中的故障，并使没有故障的区域可以继续工作。故障可能仅出现在某一部分网络内，但是也有可能涉及整个网络。

下列 FlexRay 总线故障可以用车辆诊断测试仪诊断(地址码 19—数据总线诊断接口)：

① 控制单元无通信；

② FlexRay 数据总线损坏；

③ FlexRay 数据总线初始化失败；

④ FlexRay 数据总线信号出错。

出现故障时 FlexRay 总线的表现如下。

① 一条导线对地短路。数据总线诊断接口 J533 识别到一个持续不变的压差。相关的总线支路关闭，直到再次"空闲"，也就是说，识别到休眠模式的电平。

② 两条导线相互短路。数据总线诊断接口 J533 识别到"空闲"电压持久不变。该总线支路上再也无法发送和接收数据。

③ 控制单元持续发送"空闲"。数据总线诊断接口 J533 识别到总线支路"空闲"，并关闭总线支路。

(2) FlexRay 导线的维修

FlexRay 导线和 CAN 导线一样绞扭，还包裹一层外衣。但这层外衣不是为了屏蔽电磁干扰作用，而是为了将外部因素，例如湿度和温度，对导线阻抗特性的影响减至最低。原则上，在维修中，FlexRay 总线的导线可以分段更换。维修时，要注意绞线松开的长度①和剥去外层的长度②，如图 9-48 所示。

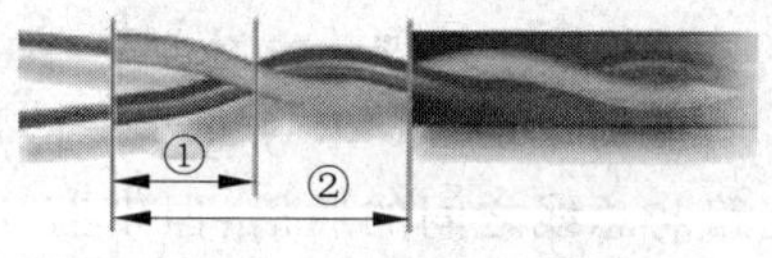

图 9-48 FlexRay 导线的维修

任务实施

(1) 查阅宝马 F02 维修手册，按照维修手册的要求进入诊断流程。

(2) 和客户沟通了解汽车使用及维修情况，了解故障成因。

(3) 连接 ISID 进行诊断，读取故障码，分析 FlexRay 路径上有无线路故障，结合 DSC 故障指示灯点亮，考虑轮速传感器等元件及线路故障。

宝马 F02 轿车 DSC 系统的车轮转速传感器与 DSC 控制单元相连。DSC 控制单元对车轮转速信号进行处理后通过 FlexRay 总线提供给其他系统，特别是集成式底盘管理系统 ICM。DSC 控制单元不仅以 FlexRay 总线信号形式提供车轮转速信号，还通过直接导线将车轮转速信号发送至控制单元 EMF、CAS 和 TCU。

由此可知，如果中央网关控制单元 ZGM/FlexRay 总线路径上有线路故障，将会造成 DSC 故障指示灯点亮。

(4) 根据系统分析及检测情况排除故障。

检查检验

(1) 对学生任务完成情况进行检查监督,并提出改进意见。
(2) 根据厂家标准和资料进行过程及结果检查。
(3) 组间交流、互检。
(4) 按照企业的5S标准整理工作现场。

评价总结

(1) 根据学生任务工单,指出检修过程中的不足,提出改进意见。
(2) 根据教学目标,考核学生技能和情境知识掌握程度,并分析原因。
(3) 小组讨论进行自我工作评估。
(4) 分析工作步骤的合理性,根据教师评价建议修改。
(5) 工作任务完成情况评价及考核。

参 考 文 献

[1] 闫炳强，黄伟青．汽车车载网络技术与检修[M]．北京：北京大学出版社，2013.
[2] 凌永成，王岩松．汽车网络技术[M]．北京：清华大学出版社，2012.
[3] 黄建文．汽车车载网络系统检修一体化项目教程[M]．上海：上海交通大学出版社，2012.
[4] 刘春晖，刘宝君．汽车车载网络技术详解[M]．北京：机械工业出版社，2013.
[5] 周旭，沈沉，庞成立．汽车总线技术[M]．北京：北京理工大学出版社，2014.
[6] 宝马汽车技术培训资料，宝马汽车集团.
[7] 奥迪汽车技术培训资料，大众汽车集团.
[8] 大众汽车技术培训资料，大众汽车集团.
[9] 通用汽车技术培训资料，通用汽车公司.
[10] 丰田汽车技术培训资料，丰田汽车公司.